Mathematiklernen vom Kindergarten bis zum Studium

Aiso Heinze, Meike Grüßing (Hrsg.)

Mathematiklernen vom Kindergarten bis zum Studium

Kontinuität und Kohärenz als Herausforderung
für den Mathematikunterricht

Waxmann 2009
Münster / New York / München / Berlin

Bibliografische Informationen der Deutschen Nationalbibliothek
Die Deutsche Nationalbibliothek verzeichnet diese Publikation in der
Deutschen Nationalbibliografie; detaillierte bibliografische Daten sind
im Internet über http://dnb.d-nb.de abrufbar.

GEFÖRDERT VOM

Bundesministerium
für Bildung
und Forschung

ISBN 978-3-8309-2188-2

© Waxmann Verlag GmbH, Münster 2009

www.waxmann.com
info@waxmann.com

Umschlag: Christian Averbeck, Münster
Titelbild: IPN, Kiel
Satz: Karin Vierk und Katrin Gutzmann, Kiel
Druck: Hubert und Co., Göttingen
Gedruckt auf alterungsbeständigem Papier, säurefrei gemäß ISO 9706

Alle Rechte vorbehalten
Printed in Germany

Inhalt

Vorwort
Mathematiklernen vom Kindergarten bis zum Studium
Rosa Gutschke und Beate von der Heydt 9

Einleitung
Institutionelle Übergänge im individuellen Bildungsverlauf
Aiso Heinze und Meike Grüßing 11

**1 Vom Elementarbereich in den Primarbereich:
Mathematische Kompetenzen fördern** 15

1.1 Die Entwicklung mathematischer Kompetenzen bis zum Beginn
der Grundschulzeit
Kristin Krajewski, Meike Grüßing und Andrea Peter-Koop 17

1.2 Diagnose und Prävention von Rechenschwäche als Herausforderung
im Elementar- und Primarbereich
Jens Holger Lorenz 35

1.3 Orientierungspläne Mathematik für den Elementarbereich – ein Überblick
Andrea Peter-Koop 47

1.4 Mathematische Kompetenzentwicklung zwischen Elementar-
und Primarbereich: Zusammenfassung und Forschungsdesiderata
Meike Grüßing 53

**2 Vom Primarbereich in den Sekundarbereich:
Der Aufbau anschlussfähiger mathematischer Kompetenzen** 59

2.1 BIGMATH – Ergebnisse zur Entwicklung mathematischer Kompetenz
in der Primarstufe
Stefan Ufer, Kristina Reiss und Aiso Heinze 61

2.2 Der Übergang von der Primarstufe in die Sekundarstufe
Stefan Ufer 87

2.3 Hochbegabte Kinder im Mathematikunterricht
Marianne Nolte 105

2.4 Mathematische Kompetenz zwischen Grundschule und Sekundarstufe:
Zusammenfassung und Forschungsdesiderata
Kristina Reiss 117

3 Der Erwerb mathematischer Kompetenzen in der Sekundarstufe 123

3.1 Die Entwicklung mathematischer Kompetenzen in der Sekundarstufe –
Ergebnisse der Längsschnittstudie PALMA
Rudolf vom Hofe, Thomas Hafner, Werner Blum und Reinhard Pekrun 125

3.2 Kompetenzdefizite von Schülerinnen und Schülern
im Bereich des Bürgerlichen Rechnens
Michael Kleine 147

3.3 Rechenstörungen in der Sekundarstufe: die Bedeutung des
Übergangs von der Grundschule zur weiterführenden Schule
Sebastian Wartha 157

3.4 Mathematische Bildung in der Sekundarstufe: Orientierungen
für die inhaltliche Ausgestaltung von Übergängen
Michael Neubrand 181

3.5 Mindeststandards als Herausforderung für den Mathematikunterricht
Kristina Reiss 191

3.6 Erwerb mathematischer Kompetenzen in der Sekundarstufe:
Zusammenfassung und Forschungsdesiderata
Kristina Reiss 199

**4 Vom Sekundarbereich in die berufliche Ausbildung:
Wie viel Mathematik braucht der Mensch?** 203

4.1 Mathematische Kompetenzen von Auszubildenden und ihre Relevanz für
die Entwicklung der Fachkompetenz – ein Überblick zum Forschungsstand
Reinhold Nickolaus und Kerstin Norwig 205

4.2 Zum Spannungsverhältnis zwischen mathematischen Anforderungen
im Schulunterricht und im Berufsleben
Mathias Musch, Stefanie Rach und Aiso Heinze 217

4.3 Ausblick und Forschungsdesiderata
Aiso Heinze 229

**5 Mathematiklernen in der Sekundarstufe II und im Studium:
Die besondere Herausforderung beim Übergang
zur akademischen Mathematik** 233

5.1 Mathematische Grundkompetenzen von Studierenden
Alexander Roppelt 235

5.2 Mathematiklernen in der Schule – Mathematiklernen an der Hochschule:
die Schwierigkeiten von Lernenden beim Übergang ins Studium
Astrid Fischer, Aiso Heinze und Daniel Wagner 245

5.3 Mathematiklernen in der Sekundarstufe II und im Studium:
Zusammenfassung und Forschungsdesiderata
Astrid Fischer und Daniel Wagner 265

6 Übergänge beim Mathematiklernen gestalten: Projekte aus der Praxis 269

6.1 Übergänge beim Mathematiklernen gestalten:
vom Kindergarten in die Primarstufe
Hedwig Gasteiger 271

6.2	Übergänge beim Mathematiklernen gestalten: von der Primarstufe in die Sekundarstufe *Franziska Marschick und Wolfram Kriegelstein*	281
6.3	Übergänge beim Mathematiklernen gestalten: von der Sekundarstufe in die Ausbildung *Mathias Musch und Hans Spielhaupter*	291
6.4	Übergänge beim Mathematiklernen gestalten: von der Sekundarstufe II in das Studium *Silke Meiner, Ruedi Seiler und Daniel Wagner*	301
7	**Kompetenzentwicklung über die Lebensspanne – Erhebung von mathematischer Kompetenz im Nationalen Bildungspanel** *Timo Ehmke, Christoph Duchhardt, Helmut Geiser, Meike Grüßing, Aiso Heinze und Franziska Marschick*	313
7.1	Das Nationale Bildungspanel – Ein Überblick	313
7.2	Rahmenkonzeption zur Beschreibung mathematischer Kompetenz über die Lebensspanne	316
7.3	Ausblick	326
8	**Mathematiklernen vom Kindergarten bis zum Studium: Zusammenfassung und Ausblick** *Aiso Heinze und Meike Grüßing*	329
8.1	Die Übergangsphasen vom Elementarbereich bis zum Tertiärbereich im Überblick	329
8.2	Themenbereiche für die Übergangsforschung	332
Verzeichnis der Autorinnen und Autoren		337

Vorwort

Mathematiklernen vom Kindergarten bis zum Studium

Mathematiklernen ... jetzt also schon vom *Kindergarten* bis zum Studium? Ist denn die Mathematik wirklich so wichtig, dass man bereits im Kindergarten mit dem Mathematiklernen anfangen muss und die Frage der „Kontinuität und Kohärenz" beim Erwerb mathematischer Kompetenzen ein ganzes Buch wert ist?

Im vergangenen Jahr wurde – begleitet durch viele Aktionen und Veranstaltungen – ein ganzes Jahr der Wissenschaft Mathematik gewidmet, um die Bedeutung der Mathematik für Alltag und Gesellschaft zu verdeutlichen. „Du kannst mehr Mathe, als Du denkst!" war das Motto dieses Jahres der Mathematik 2008. Aber braucht jeder Mensch auch mehr Mathe, als er denkt? Einerseits ja, denn Mathematik begegnet uns allen in unzähligen Alltagssituationen und durchdringt weite Lebensbereiche einer modernen Gesellschaft. Ohne Mathematik sind technische Entwicklung und moderne Naturwissenschaft nicht möglich: Vom Automobilbau bis zur Computertechnologie, vom Wetterbericht bis zum Bahnverkehr – in allem steckt Mathematik! Und dies betrifft nicht nur einige wenige Expertinnen und Experten. Auch im Privatleben wird man immer wieder mit mathematikhaltigen Problemen konfrontiert, sei es beim Einkauf im Supermarkt, bei der Heizkostenabrechnung oder bei der Steuererklärung.

Andererseits braucht man aber nicht immer soviel Mathe, wie man denkt. Beispielsweise erleben wir als Nicht-Mathematikerinnen in der Abteilung Didaktik der Mathematik am IPN fast täglich Situationen, in denen unsere „mathematischen" Kolleginnen und Kollegen kleinere Alltagsaufgaben mit viel mehr Mathematik lösen wollen, als dies nötig wäre. Manchmal scheint es, als sähen sie den Wald vor lauter Bäumen nicht. Da wird lange diskutiert, wie die Geburtstagstorte einer Kollegin in zwölf Stücke zu teilen sei. Die einfache Haushaltsvariante – vierteln und jedes Viertel noch einmal dritteln – scheint erst nach längerer Diskussion akzeptabel zu sein. Warum man dann anstelle des Kuchenessens erst noch die Frage klären muss, wie man eine Torte in 13 gleich große Stücke teilen kann und dabei auf die Konstruierbarkeit regelmäßiger 13-Ecke zu sprechen kommt, scheinen nur Leute zu verstehen, die zu viel Mathe können. Wir würden – wenn überhaupt – an dieses „Problem" intuitiv und mit gesundem Menschenverstand herangehen, während die langwierige mathematische Diskussion über Lösbarkeit und Unlösbarkeit dazu führt, dass die Kolleginnen und Kollegen darben.

Nichtsdestotrotz ist es notwendig, mathematische Kompetenzen im persönlichen Bildungsverlauf zu erwerben, um adäquat am gemeinschaftlichen Leben unserer Gesellschaft partizipieren zu können. Eine Problematik unseres Bildungssystems ergibt sich daraus, dass die Lernenden mit zahlreichen Übergängen im Bildungsweg konfrontiert werden, d. h. vom vorschulischen Bereich in die Primarstufe, von der Primarstufe in die Sekundarstufe, zwischen den Schulformen der Sekundarstufe sowie zwischen der Sekundarstufe und der beruflichen Ausbildung bzw. dem Studium. Diese

Übergänge stellen eine Herausforderung dar, sowohl für die Lernenden als auch hinsichtlich der Lernangebote in ihren Inhalten, Zielen und Anforderungen. Angesichts der großen Bedeutung mathematischer Kompetenz resultiert daraus insbesondere für den Mathematikunterricht ein hoher Anspruch, die mit dem Übergang implizierten Schwierigkeiten zu bewältigen.

Doch müssen Übergänge immer Krisen sein, wie Goethe es in Wilhelm Meisters Lehrjahren provokant formuliert hat? Lassen sich diese nicht auch kontinuierlich und kohärent gestalten? Dieser Frage gingen zahlreiche Expertinnen und Experten auf einer Tagung nach, die im November 2008 in Berlin stattfand. „Mathematiklernen vom Kindergarten bis zum Studium – Kontinuität und Kohärenz als Herausforderung für den Mathematikunterricht" – so auch der Titel des vorliegenden Buches – war Gegenstand des wissenschaftlichen Austausches und der Diskussion auf dieser Expertentagung.

Das hieraus erwachsene Buchprojekt greift diese Thematik auf, indem verschiedene Autorinnen und Autoren in wissenschaftlichen Beiträgen den Stand der Forschung präsentieren und Anregungen für weiterführende Forschung geben. Nachdem auch wir alle Beiträge (nicht nur Korrektur) gelesen haben, hat sich unsere Auffassung noch einmal bestätigt: Mathematiklernen ist wichtig, und entsprechend ist eine optimale Unterstützung durch kohärente Lernangebote vom Kindergarten bis zum Studium mehr als notwendig.

Rosa Gutschke, M.A.
Beate von der Heydt, M.A.

Einleitung

Institutionelle Übergänge im individuellen Bildungsverlauf

Aiso Heinze und Meike Grüßing

Mathematik als bedeutender Lerninhalt begleitet die meisten Menschen vom Kindesalter bis zur Ausbildung bzw. zum Studium. Eine wesentliche Bedingung für die individuelle Kompetenzentwicklung in diesem stark strukturierten Fachgebiet ist dabei die Kohärenz der Lernangebote in ihren Inhalten, Zielen und Anforderungen. Inkohärenzen – etwa durch nicht abgestimmte Curricula oder Änderungen in Anforderungsprofilen beim Wechsel von Bildungseinrichtungen – stellen potentielle Gefahren für kognitive Brüche in den Lehr-Lern-Prozessen dar, die ein kumulatives Lernen nachhaltig beeinträchtigen können.

Unser Bildungssystem sieht vor, dass Mathematik im individuellen Bildungsverlauf in verschiedenen Bildungsinstitutionen gelernt wird. Diese formale Trennung der Bildungsphasen für die Lernenden hat als strukturelle Folge, dass auch bei der Ausbildung von Lehrkräften oder Erzieherinnen und Erziehern genauso wie in der Lehrplanentwicklung und sogar in der Forschung nicht selten separate Teilbereiche entstehen. Kontinuität und Kohärenz in Bezug auf das Mathematiklernen ist damit allenfalls innerhalb der Teilbereiche gesichert, nach außen wird aber zu wenig miteinander kommuniziert und die Bereiche werden entsprechend zu wenig aufeinander abgestimmt.

Um diese Problematik zu diskutieren und Lösungsansätze zu erarbeiten, fand am 25.11.2008 in Berlin eine vom Bundesministerium für Bildung und Forschung (BMBF) finanzierte Expertentagung zum Thema „Mathematiklernen vom Kindergarten bis zum Studium – Kohärenz und Kontinuität als Herausforderung für den Mathematikunterricht" statt, die von der Abteilung Didaktik der Mathematik des Leibniz-Instituts für die Pädagogik der Naturwissenschaften (IPN) organisiert wurde. Neben 50 Expertinnen und Experten der wissenschaftlichen Disziplinen Mathematikdidaktik, Mathematik, Erziehungswissenschaften, Psychologie und Berufs- und Wirtschaftspädagogik nahmen auch Vertreterinnen und Vertreter der Bundesländer und des Bundes teil. Im Rahmen dieser Tagung wurden vor allem die Übergänge vom vorschulischen Bereich in die Primarstufe, von der Primarstufe in die Sekundarstufe, Übergänge innerhalb der Sekundarstufe sowie der Übergang von der Sekundarstufe II in das Studium thematisiert. Wesentliche Ziele waren einerseits die Aufarbeitung des Standes der Forschung sowie der aktuellen Situation in der Praxis und andererseits darauf aufbauend die Herausarbeitung von konkretem Forschungsbedarf sowie von konkreten schulpraktischen Maßnahmen.

Das vorliegende Buch schließt an die Ergebnisse dieser Tagung an. Die Autorinnen und Autoren stellen wesentliche Ergebnisse zum Stand der Forschung in den einzelnen Abschnitten der Bildungskette sowie zu den Übergängen dar und zeigen weiteren Forschungsbedarf auf. Die Kapitel 1-5 greifen dazu jeweils die spezifischen

Herausforderungen der einzelnen Bildungsphasen und der dazwischen liegenden Schnittstellen auf. Ergänzend zu den im Rahmen der Expertentagung diskutierten Übergängen wird hier auch der Übergang von der Sekundarstufe I in die Berufsausbildungsphase thematisiert.

Trotz der sehr unterschiedlichen Herausforderungen der einzelnen Übergänge liegen den Kapiteln gemeinsame Leitfragen zugrunde. Vor dem Hintergrund der Zielsetzung der Verbesserung von Kontinuität und Kohärenz beim Mathematiklernen in den verschiedenen Institutionen stellt sich zunächst die Frage nach empirischen Befunden bzw. empirisch geprüften Modellen zur individuellen Kompetenzentwicklung in den einzelnen Bildungsabschnitten. Ein besonderer Fokus wird in den einzelnen Kapiteln dabei jeweils auf die Übergangsphasen im Bildungsverlauf gelegt. Die zweite Leitfrage in den Kapiteln ist an das Themenfeld der Diagnostik angegliedert, das ebenfalls für alle Übergänge von Bedeutung ist. Vor dem Hintergrund der Heterogenität der Gruppe der Lernenden wird insbesondere auch die Übergangsproblematik spezieller Gruppen von Lernenden, z. B. der sogenannten „Risikogruppen", berücksichtigt. Neben der Kompetenzentwicklung und der Diagnostik werden in verschiedenen Beiträgen als dritter Schwerpunkt auch die Rahmenbedingungen im Bildungssystem in den Blick genommen. Die Bedingungen des Mathematiklernens in den verschiedenen Bildungsphasen und Institutionen sind durch spezifische Anforderungen und Lernkulturen sowie in einigen Bereichen durch spezifische Bildungskonzeptionen gekennzeichnet. Ein Bewusstsein für diese spezifischen Bedingungen ist die Grundlage für das Gelingen anschlussfähiger Bildungsprozesse.

Ergänzend zu der in den ersten fünf Kapiteln eingenommenen Forschungsperspektive gibt Kapitel 6 einen exemplarischen Einblick in ausgewählte Einzelprojekte und Programme aus der Praxis, die aufgrund des bestehenden Handlungsbedarfs von Kindergärten, Schulen, Verbänden, Hochschulen sowie der Bildungsadministration initiiert wurden. Es handelt sich dabei um Praxisprojekte und innovative Ansätze, die an der Gestaltung der Übergänge im Hinblick auf eine verbesserte Kontinuität und Kohärenz beim Mathematiklernen arbeiten. Diese werden in einzelnen Beiträgen durch konkrete Handlungsvorschläge für weitere Praxismaßnahmen ergänzt.

Das Kapitel 7 rundet das Buch zum Mathematiklernen vom Kindergarten bis zum Studium ab, indem ein Überblick über die geplante Erhebung von mathematischer Kompetenz über die Lebensspanne im Rahmen des Nationalen Bildungspanels gegeben wird. Dieses nationale Verbundprojekt zielt darauf ab, Daten über den Erwerb von Bildung und seine Folgen für individuelle Lebensverläufe bereitzustellen. Dabei wird natürlich insbesondere auch die mathematische Kompetenzentwicklung in den Übergangsphasen erfasst.

In einer Schlussbemerkung werden in Kapitel 8 schließlich die zentralen Erkenntnisse der einzelnen Beiträge dieses Buches strukturiert und zusammengefasst. Dazu werden übergreifende Themenbereiche für zukünftige Forschungslinien im Rahmen der Übergangsforschung dargestellt.

Zum Schluss dieser Einleitung möchten wir es nicht versäumen, den Personen zu danken, ohne die dieses Buch nicht entstanden wäre. Dazu gehören einerseits natürlich die Autorinnen und Autoren der einzelnen Beiträge. Ihnen gilt unser Dank für die Bereitschaft, für die jeweiligen Bereiche die Forschungslage zusammenzutragen und für das Buch aufzubereiten. Ausdrücklich einschließen möchten wir auch die Teilnehmerinnen und Teilnehmer der Expertentagung „Mathematiklernen vom Kindergarten bis zum Studium", welche am 25. November 2008 in Berlin stattfand. Die Beiträge und Diskussionen auf dieser Tagung schafften die Grundlage zum Entstehen dieses Buches. Ein besonderer Dank gilt diesbezüglich dem Bundesministerium für Bildung und Forschung für die finanzielle Förderung der Tagung und der Herausgabe dieses Buches. Namentlich seien hier vor allem Frau Antje Scharsich und Dr. Andreas Paetz vom Referat 324 genannt, die das gesamte Projekt sehr konstruktiv begleitet und unterstützt haben.

Für die wichtige Unterstützung bei der arbeitsreichen organisatorischen und technischen Umsetzung des Buchprojektes sind wir unseren Kolleginnen Rosa Gutschke M.A. und Beate von der Heydt M.A. für das umfangreiche Korrekturlesen sowie Dipl.-Biol. Katrin Gutzmann und Dipl.-Des. Karin Vierk für den schnellen Satz der Druckvorlage zu großem Dank verpflichtet. Schließlich möchten wir uns bei Frau Melanie Völker M.A. vom Waxmann Verlag herzlich bedanken. Insbesondere ihre vorausschauend großzügig angelegte Zeitplanung sorgte in Stressphasen immer wieder schnell für Beruhigung.

1 Vom Elementarbereich in den Primarbereich: Mathematische Kompetenzen fördern

Mathematiklernen beginnt bereits im frühen Kindesalter und nicht erst mit dem Eintritt in die Schule. Schon im Elternhaus sind Kinder vielfältigen Anforderungssituationen mit mathematischem Charakter ausgesetzt. Sie erwerben dabei mathematische Basiskompetenzen vor allem in informellen Kontexten. Da in Deutschland die Bildungsbeteiligung in Kindertagesstätten inzwischen bei bis zu 95 % der 4- und 5-Jährigen liegt, ist es nahe liegend, dass auch die Kindertageseinrichtungen eine wichtige Rolle in der frühen mathematischen Kompetenzentwicklung einnehmen sollten. Entsprechend wurde in einem Beschluss der Jugendministerkonferenz im Jahr 2002 der Bildungsauftrag der Kindertageseinrichtungen betont. Diese sollen nicht nur ein Raum zum Spielen sein, sondern es sollte auch der Grundstein für späteres Lernen gelegt werden.

Mit dieser Forderung werden gleichzeitig Fragen aufgeworfen, die im vorliegenden Kapitel thematisiert werden. Welche Fähigkeiten und Fertigkeiten können bei Kindergartenkindern im Sinne von Vorläuferfähigkeiten als bedeutsam für das weitere Mathematiklernen angesehen werden? Wie entwickeln sich mathematische Basiskompetenzen? Wie können sich anbahnende Schwierigkeiten schon früh identifiziert werden? Wie gelingt eine frühe Förderung? Wie können geeignete institutionelle Rahmenbedingungen gestaltet werden?

Kristin Krajewski, Meike Grüßing und Andrea Peter-Koop geben in ihrem Beitrag einen Überblick über bisher vorliegende Forschungsbefunde zur Entwicklung mathematischer Kompetenzen von Kindern im Elementarbereich. In einem Ausblick zu den Möglichkeiten der frühen Förderung mathematischer Kompetenzen weisen sie auf die Notwendigkeit der Erarbeitung von fachdidaktischen Kriterien hin, um Erzieherinnen und Erzieher dabei zu unterstützen, Kinder in ihrer Kompetenzentwicklung sinnvoll zu fördern.

Aufgrund der vorliegenden Forschungserkenntnisse, dass sich defizitäre Entwicklungen mathematischer Basiskompetenzen bereits im Vorschulalter zeigen und häufig im Verlauf der Schulzeit erhalten bleiben, stellen auch die Diagnose und Prävention von Rechenschwäche eine bedeutende Herausforderung für den Elementarbereich dar. Jens Holger Lorenz geht in dem zweiten Beitrag dieses Kapitels zunächst der Frage nach den Grundlagen des Erlernens arithmetischer Zusammenhänge und des Rechnens nach. Hemmende Einflussfaktoren sind schon vor Schulbeginn erkennbar und sollten aus diesem Grunde auch schon zu diesem Zeitpunkt diagnostiziert werden, um mit individueller Förderung anzusetzen.

Der dritte Beitrag von Andrea Peter-Koop thematisiert die institutionellen Rahmenbedingungen des Mathematiklernens im Elementarbereich. Bildungs- oder Orientierungspläne sind als Voraussetzung für Kontinuität und Kohärenz von Bildung zu sehen. Peter-Koop weist jedoch in ihrem Beitrag darauf hin, dass aus wissenschaftlicher Sicht eine noch stärkere Fokussierung auf die Entwicklung von Vorläuferfertigkeiten und die Bedeutung des Übergangs vom Kindergarten zur Grundschule für den individuellen mathematischen Lernerfolg sinnvoll wäre.

Alle drei Beiträge dieses Kapitels machen deutlich, wie wichtig es ist, die individuellen mathematischen Kompetenzen schon vor dem Beginn der Schule zu erfassen. Gegebenenfalls sollten bereits im Kindergarten notwendige Fördermaßnahmen initiiert werden, um den Kindern die besten Voraussetzungen für den Übergang in die Schule zu ermöglichen. Wie Meike Grüßing abschließend in dem vierten Beitrag des Kapitels zusammenfasst, sind dazu allerdings noch eine Reihe offener Forschungsfragen zu klären. Diese betreffen nicht nur die individuelle mathematische Kompetenzentwicklung und ihre Bedingungen sondern auch die Professionalisierung der pädagogischen Fachkräfte und die Schaffung von kohärenten Lernangeboten im Übergang vom Elementar- in den Primarbereich.

1.1 Die Entwicklung mathematischer Kompetenzen bis zum Beginn der Grundschulzeit

Kristin Krajewski, Meike Grüßing und Andrea Peter-Koop

1.1.1 Einleitung

Die Entwicklung mathematischer Kompetenzen beginnt bereits in der frühen Kindheit. Kinder machen Erfahrungen mit mathematischen Anforderungen, die sich allen inhaltlichen Grundideen der Mathematik sowie den verschiedenen Komponenten mathematischer Denkprozesse zuordnen lassen. Clements und Sarama (2007) beschreiben in einem Überblicksbeitrag frühes Mathematiklernen in fünf Inhaltsbereichen und heben dabei gleichzeitig die Bedeutung mathematischer Prozesse wie Problemlösen, Argumentieren, Kommunizieren und Darstellen hervor. Auch in der Rahmenkonzeption zur Erhebung mathematischer Kompetenz im Rahmen des nationalen Bildungspanels (vgl. Ehmke et al., in diesem Band) wird eine Kompetenzstruktur angenommen, die mathematische Kompetenz in vier inhaltlichen Bereichen und sechs kognitiven Komponenten mathematischer Prozesse beschreibt. Zur Erfassung der individuellen Kompetenzentwicklung über die Lebensspanne wird diese Kompetenzstruktur auch für fünfjährige Kinder konkretisiert. Mathematische Kompetenz im Kindergartenalter lässt sich somit durch eine große Bandbreite altersspezifischer Anforderungen charakterisieren.

In den letzten Jahren haben sich sowohl entwicklungspsychologische als auch mathematikdidaktische Studien verstärkt der Entwicklung früher mathematischer Kompetenzen zugewendet. Während insbesondere in den Bereichen „Muster und Strukturen" und „Daten und Wahrscheinlichkeit" auch international noch ein Mangel an empirischen Studien besteht (vgl. Clements & Sarama, 2007, S. 524), liegen im Bereich „Mengen, Zahlen und Operationen" umfangreiche empirische Befunde vor. Die Bedeutung der im Rahmen von bereichsspezifischen Entwicklungsmodellen beschriebenen frühen Mengen-Zahlen-Kompetenzen für spätere Mathematikleistungen konnte in Langzeitstudien belegt werden. Auch Clements und Sarama (2007) heben die Bedeutung dieses Bereiches hervor. „For early childhood, number and operations is arguably the most important area of mathematics learning. In addition, learning in this area may be one of the best developed domains in mathematics research" (Clements & Sarama, 2007, S. 466). Im Rahmen dieses Beitrags wird daher ein Schwerpunkt auf die Entwicklung früher Kompetenzen im Umgang mit Mengen und Zahlen gelegt. Ausgehend von den Arbeiten von Piaget werden verschiedene Befunde zur Zahlbegriffsentwicklung betrachtet. Diese werden schließlich zusammengeführt und zu einem Entwicklungsmodell ausgebaut. Daran anknüpfend werden einige empirische Ergebnisse zur Bedeutung dieser frühen mathematischen Kompetenzen für das schulische Mathematiklernen dargestellt.

1.1.2 Die Erforschung der Zahlbegriffsentwicklung: Piaget und seine Nachfolger

Bezüglich des Zahlbegriffserwerbs lassen sich im Wesentlichen zwei konkurrierende Modelle zu den Bedingungen des Zahlbegriffs unterscheiden: das auf den Schweizer Kognitionspsychologen Jean Piaget zurückgehende sogenannte *Logical-Foundations*-Modell sowie die sich klar von Piagets Theorien absetzenden *Skills-Integration*-Modelle, die neuere entwicklungspsychologische und fachdidaktische Befunde reflektieren.

Das Logical-Foundations-Modell nach Piaget

Piaget, dessen Arbeiten die Theorie und Praxis der mathematischen Frühförderung in den 1960er und 1970er Jahren (und darüber hinaus) entscheidend beeinflusst haben, geht davon aus, dass sich der Zahlbegriff auf der Grundlage von logisch formalen Operationen entwickelt (Piaget & Szeminska, 1972).

Dabei geht er im Wesentlichen von drei zentralen Operationen aus (vgl. Piaget, 1967a): Erhaltung der Quantitäten und Invarianz der Mengen (1), kardinale und ordinale Eins-zu-eins-Zuordnungen (2) sowie additive und multiplikative Kompositionen (3).

Die Herleitung des *kardinalen* Aspekts (eine Zahl gibt die Anzahl der Elemente einer Menge an) erfolgt bei Piaget über die Klassifikationen, die Herleitung des *ordinalen* Aspekts (eine Zahl gibt den Rangplatz in einer geordneten Menge an) über die Ordnungsrelationen. Beide entwickeln sich synchron und bedingen sich gegenseitig: „Worin besteht das Wesen der Zahl? Es besteht in der Verwandlung der Elemente in Einheiten [...]. Diese Beziehung der Teile untereinander bedeutet aber, daß das Prinzip der Aufreihung und das Prinzip der Hierarchie der Äquivalenzen zu einem einzigen Prinzip verschmolzen werden" (Piaget, 1972, S. 101).

Piaget sieht das Verständnis des Zahlbegriffs in Abhängigkeit vom Verständnis der *Klassifikation* (d. h. das Zusammenfassen oder Unterscheiden von Objekten nach Übereinstimmungen bzw. Unterschieden, also die Zusammenfassung von Objekten zu Klassen oder Unterklassen) und der *Seriation* (die Anordnung von Objekten nach bestimmten Kriterien, z. B. von lang nach kurz, vom größten zum kleinsten Element etc.) – sogenannter logischer Operationen: „Wir nehmen [...] an, daß die Zahl die Logik voraussetzt, daß eine logische Operation notwendig ist, damit sich eine Zahl bildet. Andererseits ist die Zahl nicht die reine Logik, sondern sie setzt zunächst eine Synthese logischer Operationen voraus" (Piaget, 1967b, S. 51).

Zählübungen haben hingegen nach Piaget keinen operativen Wert und somit keinen förderlichen Einfluss auf die Zahlbegriffsentwicklung: „Man darf nämlich nicht glauben, ein Kind besitze die Zahl schon nur deshalb, weil es verbal zählen gelernt hat" (Piaget & Inhelder, 1975, S. 106).

Piagets Postulate zur Zahlbegriffsentwicklung beeinflussen vielfach bis heute die Arbeit von Vorschulpädagoginnen und -pädagogen. Durch entsprechend geplante

Aktivitäten regen sie die Kinder zu logischen Operationen, d.h. zum Klassifizieren und zur Reihenbildung (Seriation) an, um sie „bei der Entwicklung ihres Zahlenverständnisses vorbereitend zu begleiten" (van Oers, 2004, S. 313), obwohl Piagets Theorien bereits seit den späten 1970er Jahren in die Kritik von Entwicklungspsychologen und Fachdidaktikern gerieten.

Bei aller Wertschätzung für Piagets bahnbrechenden Forschungsansatz der sogenannten *klinischen Methode*, der die moderne Entwicklungspsychologie dahin gehend beeinflusst hat, sich verstärkt den Lösungsstrategien und Erklärungen von Kindern zuzuwenden, bezog sich die Kritik an Piagets Untersuchungen neben forschungsmethodologischen Fragen in Bezug auf die Durchführung seiner Experimente auch auf fachliche sowie fachdidaktische Aspekte. So ist z.B. Piagets Ansatz, dass Kardinal- und Ordinalzahl weitgehend simultan entwickelt werden (s. o.), nach verschiedenen Untersuchungen nicht länger haltbar (vgl. Brainerd, 1979; Williams, 1991). Es konnte gezeigt werden, dass das Verständnis der Ordinalzahl offenbar vor dem Verständnis der Kardinalzahl entwickelt wird und dass gezieltes ordinales Training zu größerem Zuwachs an arithmetischen Fähigkeiten führt als schwerpunktmäßig kardinale Aktivitäten.

Numerische Fähigkeiten von Kleinkindern und Säuglingen

Während Piaget und seine Mitarbeiter im Rahmen ihrer Stufentheorie (vgl. Piaget, 1967a) davon ausgingen, dass Kinder erst bei Erreichen der konkret-operationalen Stufe (in der Regel im Alter von sechs bis sieben Jahren) einen operativen Zahlbegriff erworben haben, zeigten z.B. Wiederholungen des Piagetschen Experiments zur Mengeninvarianz[1] von Mehler und Bever (1967) bereits, dass nicht nur Vier- und Fünfjährige, sondern auch schon zwei- bis dreijährige Kinder richtige Antworten geben, wenn das Experiment methodisch leicht verändert wird.

Auch Ergebnisse der Säuglingsforschung stehen im Widerspruch zu Piagets Theorien. So konnte in Studien seit den 1980er Jahren gezeigt werden, dass bereits Säuglinge offenbar Fähigkeiten in Bezug auf Mengendiskrimination und das Erkennen von Mengenveränderungen haben. Eine Vorreiterrolle kommt dabei den Forschungen von Prentice Starkey und seinen Mitarbeitern zu. Ergebnisse einer 1980 veröffentlichten Versuchsreihe mit Hilfe des Habituierungsparadigmas[2] belegen, dass vier bis acht Monate alte Säuglinge erkennen, wenn sich bei wiederholter Darbietung die

---

1   Mit Mengeninvarianz wird die Fähigkeit bezeichnet, die Mächtigkeit einer Menge (d.h. die Anzahl ihrer Elemente) als invariant von Art und Lage der Elemente zu erkennen.
2   Hier macht man sich die Tatsache zunutze, dass Säuglinge bereits eine Gewöhnung an Reize zeigen, die sich bei wiederholter Präsentation im Absinken der Aufmerksamkeit äußert. Wird nun im Anschluss an diese wiederholten Darbietungen ein Reiz gezeigt, auf den die Babys wieder mit erhöhter Aufmerksamkeit reagieren, schlussfolgert man, dass sie den neuen Reiz als verschieden erkannten (vgl. dazu auch Grube, 2006, S. 32).

Anzahl gezeigter Punkte von zwei auf drei erhöhte oder sich von drei auf zwei reduzierte (Starkey & Cooper, 1980). Bei einer Wiederholung des Versuchs konnten Antell und Keating (1983) zeigen, dass Babys offenbar bereits wenige Tage nach ihrer Geburt zwischen zwei und drei Punkten unterscheiden können.

Ein weiterer Durchbruch gelang zu Beginn der 1990er Jahre Karen Wynn. Sie konnte zeigen, dass vier bis fünf Monate alte Babys offenbar einen Sinn für Additions- und Subtraktionsleistungen haben, indem sie mit Erstaunen reagierten, wenn bei der Nacheinanderdarbietung und Abdeckung von zwei Objekten ein Herunterklappen der Verdeckung nur ein Objekt offenbarte bzw. beim Wegnehmen eines von zwei Objekten entgegen ihrer Erwartung dennoch zwei Objekte übrig blieben (Wynn, 1992).

Entsprechend folgert Stern (1998): „Die Annahme von Piaget, dass der Mensch als numerisches Tabula-Rasa-Wesen geboren wird und dass numerische Kompetenzen als Folge der Entwicklung inhaltsunspezifischer Repräsentationsmechanismen entstehen, kann als widerlegt gelten" (S. 64).

Doch obwohl die Säuglingsforschung nahe legt, dass das menschliche Gehirn mit einem angeborenen Mechanismus für das Erfassen numerischer Größen ausgestattet ist, bleiben diese Fähigkeiten von kleinen Kindern „doch strikt auf die elementarste Arithmetik beschränkt" (Dehaene, 1999, S. 71) und scheinen zudem weniger einen Sinn für diskrete Anzahlen als eher die Fähigkeit zur Unterscheidung kontinuierlicher Größen widerzuspiegeln (vgl. Clearfield & Mix, 1999, 2001 sowie Rousselle, Palmers & Noël, 2004). Auch für die sogenannten Rechenfertigkeiten von Babys, die ausschließlich für die Addition und Subtraktion sowie Anzahlen bis zu drei Objekten demonstriert wurden, legen neuere Studien nahe, dass Wynns Befunde weniger auf das Vorhandensein eines expliziten Anzahlkonzepts, sondern eher auf ein intuitives Wissen um physikalische Gesetzmäßigkeiten zurückgehen (vgl. Simon, Hespos & Rochat, 1995 sowie Feigenson, Carey & Spelke, 2002).

Skills-Integration-Modelle zur Zahlbegriffsentwicklung

Im Kontext der Kritik an Piagets Theorie zur Zahlbegriffsentwicklung und dem diesbezüglichen *Logical-Foundations*-Modell wurden seit den 1980er Jahren basierend auf den Ergebnissen entsprechender Untersuchungen vor allem im angloamerikanischen Sprachraum alternative Modelle entwickelt, die Clements (1984) unter dem Begriff *Skills-Integration-Models* zusammenfasst. Unter der Annahme, dass junge Kinder bereits über Einsichten und Fertigkeiten in Bezug auf Zahlen verfügen, basiert die Entwicklung des Zahlbegriffs auf der Integration verschiedener Begriffe, Fähigkeiten und Fertigkeiten. Insbesondere die Integration von sogenannten *Number Skills* wie Zählen, Subitizing und Vergleichen wird von Vertretern dieses Ansatzes (vgl. z. B. Gelman & Gallistel, 1978; Fuson, 1983; Resnick, 1983) hervorgehoben.

In einer Interventionsstudie konnte Clements (1984) zudem empirisch belegen, dass Vorschulkinder bezüglich ihrer Zahlbegriffsentwicklung deutlich von einem auf

Zählfertigkeiten basierten Training profitieren konnten. In seiner Untersuchung wurden zwei Gruppen von vierjährigen Vorschulkindern jeweils acht Wochen lang trainiert. Dabei wurden in Gruppe 1 speziell logische Operationen wie Klassifikation und Seriation geübt, während in Gruppe 2 vornehmlich Zählfertigkeiten trainiert wurden. Gruppe 3 diente als Kontrollgruppe und wurde nicht speziell trainiert. Nach dem Training wurden mit allen drei Gruppen zwei verschiedene Nachtests durchgeführt: ein sogenannter *Number Skills Test* und ein *Logical Operations Test*. Da Gruppe 1 und Gruppe 2 in beiden Tests signifikant besser abschnitten als die nicht speziell geförderte Kontrollgruppe, lässt sich ein Transfer beider Trainings auf den jeweils anderen Bereich festmachen. Ferner erzielten die Kinder der Gruppe 2, die im Bereich Zählfertigkeiten trainiert worden waren, im entsprechenden Test deutlich bessere Ergebnisse als die Kinder der Gruppe 1, während es beim Test zu den logischen Operationen jedoch keinen signifikanten Unterschied zwischen den beiden Trainingsgruppen gab. Die Ergebnisse der Studie indizieren demnach, dass beim Training der Zählfertigkeiten die logischen Operationen offenbar implizit mittrainiert wurden.

Auch Moser Opitz (2001) betont, dass das operative Zahlverständnis nach Piaget nicht die Voraussetzung für numerisches Arbeiten und mathematisches Lernen ist, sondern vielmehr in der Auseinandersetzung mit dem mathematischen Gegenstand erworben wird. Entsprechend ist spezielles Training in logischen Operationen eher unnötig, während ein gut strukturiertes Training von Zählkompetenzen nicht nur die Entwicklung dieser Fähigkeiten fördert, sondern auch die Grundlage für den Erwerb eines umfassenden Zahlbegriffs bildet.

Die Entwicklung von Zählkompetenz und Zahlbegriff

Resnick (1989) beschreibt die zunächst unabhängige Entwicklung von zwei Typen kognitiver Schemata. Neben dem Erwerb der Zahlwortreihe entwickelt sich auch räumlich-analoges Wissen über Quantitäten. Bevor Kinder Mengen exakt beurteilen können, erwerben sie ein nichtnumerisches quantitatives Wissen, das Resnick (1989) als protoquantitative Schemata bezeichnet. Das protoquantitative Schema des Vergleichs versetzt Kinder in die Lage, Urteile über Quantitäten zu fällen, indem sie eine Menge von Objekten zunächst als viel, wenig etc. bezeichnen und anschließend Mengen von Objekten wahrnehmungsgebunden miteinander vergleichen. Mit dem protoquantitativen Schema der Zunahme und Abnahme können Kinder beurteilen, dass eine numerisch unbestimmte Menge mehr wird, wenn etwas hinzugefügt wird, weniger, wenn etwas weggenommen wird und dass sie gleich bleibt, wenn nichts hinzugefügt oder weggenommen wird. Verknüpft mit dem Wissen über die Zahlwortreihe bildet dieses Schema die Grundlage für die Addition und Subtraktion. Das protoquantitative Teil-Ganzes-Schema junger Kinder spiegelt schließlich das Verständnis über die Zerlegung einer Menge in (numerisch unbestimmte) Teile und die Zusammenfügung dieser Teile zur ganzen Menge wider. Erhält dieses Schema später auch einen

Zahlbezug (zahlbezogenes Teil-Ganzes-Schema), gelangen Kinder zu Erkenntnissen über die Beziehungen zwischen Zahlen, was von Resnick (1983) als bedeutender Schritt in der Entwicklung des mathematischen Verständnisses gesehen wird: „Probably the major conceptual achievement of the early school years is the interpretation of numbers in terms of part and whole relationships" (S. 114). Das zahlbezogene Teil-Ganzes-Schema organisiert das Wissen über die Beziehungen zwischen Teilen und dem Ganzen in Zahlentripeln wie z. B. 2–5–7. Es ermöglicht Formen des mathematischen Denkens, die jüngeren Kindern nicht zugänglich sind. Insbesondere liegt das Teil-Ganzes-Schema verschiedenen Typen von Textaufgaben zugrunde, in denen nach verschiedenen Mengen wie der Summe, der Differenz, der Startmenge oder der Austauschmenge gefragt wird. Der komplexe Prozess der Entwicklung von Zählkompetenz besteht unter anderem aus einem Zusammenspiel der Kenntnis der Zahlwortreihe, dem Abzählen im Sinne der Eins-zu-eins-Zuordnung von Objekt und Zahlwort sowie dem Verständnis verschiedener Zahlaspekte.

Die Zählentwicklung ist an den Erwerb der Zahlwortreihe geknüpft. Fuson (1988) unterscheidet diesbezüglich in einem Modell der Zählentwicklung fünf aufeinanderfolgende Levels. In ihrer sprachlichen Entwicklung beginnen Kinder früh mit dem Aufsagen von Zahlwortreihen. Fuson (1988) beschreibt erste Schritte in der Zählentwicklung mit dem *String Level,* in dem eine kurze Sequenz der Zahlwortreihe in einem undifferenzierten Wortganzen („einszweidreivierfünfsechssieben") wie ein Gedicht aufgesagt wird. Die Zahlwortreihe ist in der Regel begrenzt auf einige Zahlwörter, mit denen jedoch noch keine Bedeutung verbunden ist. Eine Eins-zu-eins-Zuordnung von Zahlwort und Objekt wird erst im nächsthöheren Level (*Unbreakable Chain)* möglich. Jedem zu zählenden Objekt wird hier bereits eindeutig ein Zahlwort zugeordnet, so dass das Zählen zum Abzählen genutzt werden kann. Diese Eins-zueins-Zuordnung wird zunächst häufig durch Zeigen unterstützt. Mit dem *Unbreakable Chain Level* ist nach Fuson auch die beginnende Entwicklung des kardinalen Verständnisses verknüpft. Das letzte Zahlwort im Zählvorgang wird auf das Kardinalwort übertragen (count-to-cardinal-transition) (vgl. Fuson & Hall, 1983). Zunächst auf einer mechanischen Ebene und schließlich auch auf Verständnis beruhend beantworten Kinder die Frage „Wie viele?" durch die Nennung des letzten Zahlworts, das die Mächtigkeit der Menge beschreibt. Im Gegensatz zum String Level können die einzelnen Zahlwörter voneinander abgegrenzt werden. Dennoch wird die Zahlwortreihe als Einheit empfunden, die immer mit der Startzahl eins beginnen muss. Erst im Alter von etwa vier Jahren erreicht ein Kind den *Breakable Chain Level* und kann von jeder beliebigen Startzahl aus mit dem Zählen beginnen. Dabei wird diese Startzahl auch als Kardinalzahl einer Teilmenge bewusst. Beginnt das Kind also bei drei mit dem Zählen, steht nach Fuson diese Zahl bereits für eine Menge mit drei Objekten. Kardinalzahl und Zählzahl werden wechselseitig aufeinander bezogen (cardinal-tocount-transition). Mit dem Erreichen des Breakable Chain Levels sind Kinder auch in der Lage, den Vorgänger oder Nachfolger einer Zahl sowie Zahlen zwischen zwei Zahlen anzugeben. Es folgt der *Numerable Chain Level,* in dem ein Kind von jeder beliebigen Zahl schrittweise weiterzählen kann. Jedes Zahlwort beschreibt die Menge der abgezählten Objekte und zugleich die Anzahl der vorausgegangenen Zahlworte und Zählschritte. Damit wird auch die Zahlwortreihe zählbar. Jede Teilkette wird als numerische Situation wahrgenommen, die gezählt und verglichen werden kann. Durch Hoch- und Herunterzählen, z. B. mit Hilfe der Finger, wird zählendes Rechnen ermöglicht. Auf der letzten Ebene, dem *Bidirectional Chain Level*, kann schließlich von jeder beliebigen Zahl sowohl vorwärts als auch rückwärts gezählt und flexibel zählend gerechnet werden.

Während Fuson davon ausgeht, dass die Gelegenheiten und Aktivitäten, die Kindern zum Lernen und Erproben der Zahlwortreihe geboten werden, den Zahlbegriffserwerb wesentlich beeinflussen, gehen Gelman und Gallistel (1978; vgl. auch Gallistel & Gelman, 1991) davon aus, dass einige Prinzipien des Zählens vor dem Erlernen der eigentlichen Zahlwortreihe vorhanden sind.

Das *Eindeutigkeitsprinzip* (one-to-one principle) beschreibt die Eins-zu-eins-Zuordnung von Zahlworten und den Elementen der abzuzählenden Menge. Beim Zählen muss jedem zu zählenden Gegenstand genau ein Zahlwort zugeordnet werden. Das Antippen, Zeigen oder sogar Weglegen der bereits gezählten Gegenstände stellt dabei eine Hilfe dar. Das *Prinzip der stabilen Ordnung* (stable order principle) benennt die Notwendigkeit einer festen Reihenfolge der Zahlworte beim Zählen. Diese Bedingung ist auch dann erfüllt, wenn die Reihenfolge der Zahlwörter nicht der konventionellen Zahlwortreihe entspricht und ein Kind beispielsweise in gleich bleibender Ordnung „neun, zehn, zwölf, dreizehn" zählen würde. Mit dem *Kardinalzahlprinzip* (cardinal principle) wird beschrieben, dass das im Zählprozess zuletzt genannte Zahlwort nicht nur dieses Objekt charakterisiert, sondern auch die Anzahl aller abgezählten Elemente angibt. Da mit diesem Prinzip noch keine vollständige Integration von Zählzahl und Kardinalzahl gefordert ist, sondern ein Kind zunächst nur auf die Frage „Wie viele?" das letzte Zahlwort angeben können muss, bevorzugen andere Forscherinnen und Forscher wie Fuson für dieses Prinzip den Begriff „last-word response". Das *Abstraktionsprinzip* (abstraction principle) gibt an, dass beliebige Gegenstände unabhängig von ihren Merkmalen zu einer Menge zusammengefasst und gezählt werden können. Auch die Anordnung der zu zählenden Objekte und die Reihenfolge, in der sie gezählt werden, sind schließlich nach Aussage des *Prinzips der Irrelevanz der Anordnung* (order-irrelevance principle) für das Zählergebnis nicht relevant.

Im Vergleich beider Ansätze zum Erwerb des Zählens sprechen einige Befunde dafür, dass beim Aufbau der Zählkompetenz zunächst der sprachliche Erwerb der Zahlwortreihe im Vordergrund steht, aus der sich schließlich der Ordinalzahlbegriff entwickelt. Über Erfahrungen in Zählsituationen und Generalisierungsprozessen entwickeln die Kinder auch eine Einsicht in die Zählprinzipien. Aus der Verknüpfung von Zählzahl und der Mächtigkeit der abgezählten Menge entwickelt sich schließlich auch das kardinale Verständnis. Beide Theorien haben gemeinsam, dass sie dem Zählen eine bedeutende Rolle im Rahmen des Zahlbegriffserwerbs beimessen und sich somit von Piagets *Logical-Foundations*-Modell abheben. Wie bereits Resnick (1989) herausstellte, scheint jedoch gerade in der Verknüpfung von Zählsequenz und logischen Operationen mit Mengen, wie etwa der Invarianz bzw. der Zu- und Abnahme numerisch unbestimmter Mengen, das Fundament der kindlichen Zahlbegriffsentwicklung zu liegen.

1.1.3 Entwicklungsmodell früher mathematischer Kompetenzen

Das folgende aus der Theorie von Resnick (1989) weiterentwickelte Modell von Krajewski (2008) beschreibt, wie sich die Verknüpfung von Zählfertigkeiten mit dem Verständnis für Mengen und Mengenoperationen vollzieht und wie frühe Mengen-Zahlen-Kompetenzen über drei Ebenen erworben werden (vgl. Abbildung 1.1.1).

Kompetenzebene I: Ausbildung numerischer Basisfertigkeiten

Im ersten Entwicklungsstadium sind Fähigkeiten im Umgang mit Mengen und Zählfertigkeiten noch völlig isoliert voneinander. Kinder kommen mit der Fähigkeit auf die Welt, „unscharf" zwischen Mengen zu unterscheiden, d. h. sie können Mengen differenzieren, die sich in ihrer Ausdehnung bzw. Fläche voneinander unterscheiden (Mengenunterschiede). Mit Entwicklung der Sprache benutzen sie hierfür auch Begriffe wie „mehr als" oder „weniger als". Zählfertigkeiten jedoch werden völlig unabhängig davon erworben und demonstrieren in diesem Stadium nicht mehr als das bloße Aufsagen der Zahlwortfolge (bereits ab zwei Jahren), das etwa dem späteren Aufsagen der Buchstabenfolge vergleichbar ist. Zahlen werden noch nicht mit Mengen in Verbindung gebracht. Hier ist beispielsweise Piagets Feststellung einzureihen, verbales Zählen spiegele noch nicht den kindlichen Besitz der Zahl wider (siehe oben).

Kompetenzebene II: Erwerb einer „Mengenbewusstheit von Zahlen"

Ab einem Alter von drei bis vier Jahren beginnen Kinder Zahlworte mit Mengenbegriffen zu verknüpfen. Sie werden sich bewusst, dass Zahlen für Mengen bzw. *An*zahlen stehen (Anzahlkonzept). Diese „Mengenbewusstheit von Zahlen" erwerben sie in zwei Phasen. In der ersten Phase (unpräzises Anzahlkonzept) ordnen sie Zahlworte zunächst groben Mengenkategorien zu. Sie erkennen, dass es Zahlworte (wie etwa „drei" oder „eins") gibt, die dem Begriff „wenig" zugeordnet werden können, dass andere Zahlworte (wie etwa „acht" oder „zwanzig") für „viel" stehen und wieder andere Zahlworte (wie etwa „hundert" oder „tausend") den Begriff „sehr viel" repräsentieren. Kinder können dies schon verstehen, wenn sie selbst noch gar nicht bis zwanzig, hundert oder tausend zählen können. Möglicherweise gelangen sie hier allein durch die Beobachtung größerer Kinder zur Erkenntnis, dass man für das Er-

1.1 Entwicklung mathematischer Kompetenzen bis zur Grundschulzeit

Ebene I: Basisfertigkeiten

- Mengenunterscheidung
- Zählprozedur
- exakte Zahlenfolge

Ebene II: Anzahlkonzept

Mengenrelationen
Teil-Ganzes, Zu-Abnahme

a) unpräzises Anzahlkonzept

wenig (zwei, drei, eins) — viel (zwanzig, acht) — sehr viel (hundert, tausend)

b) präzises Anzahlkonzept

1 2 3 4 5
eins, zwei, drei, vier, fünf

Mengenbewusstheit von Zahlen: Zahlen als Anzahlen

Ebene III: Anzahlrelationen

Mengenrelationen als Anzahlen

Zusammensetzung und Zerlegung von (An-)Zahlen

5 „fünf" = 3 „drei" + 2 „zwei"

Differenzen zwischen (An-)Zahlen

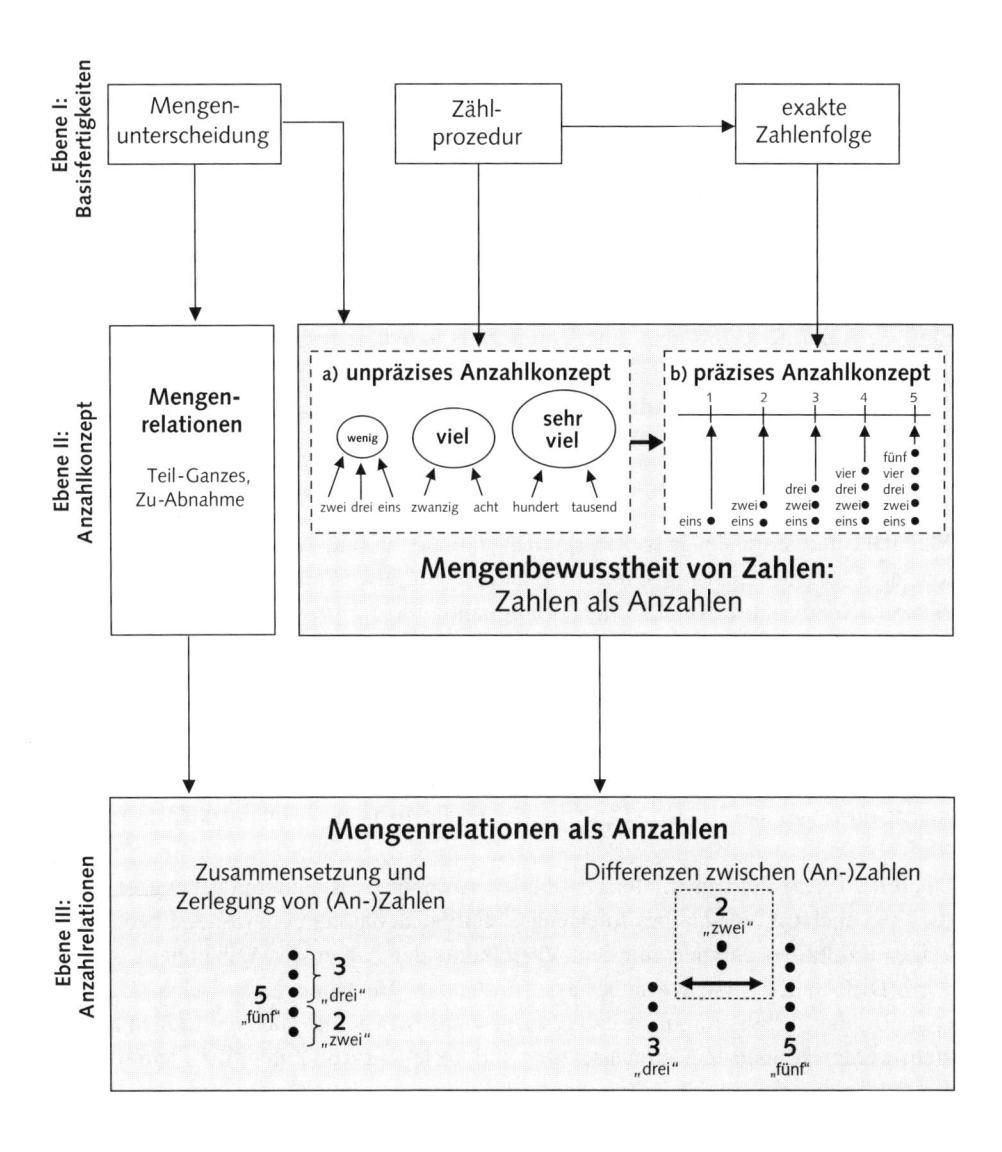

2 „zwei" zwischen 3 „drei" und 5 „fünf"

Abbildung 1.1.1: Entwicklungsmodell früher numerischer Kompetenzen nach Krajewski (2008; siehe auch Krajewski & Schneider, 2006)

reichen mancher Zahlworte *länger* zählen muss als für das anderer. Sie sind fähig, größenmäßig zwischen Zahlworten zu unterscheiden, die verschiedenen groben Mengenkategorien angehören, da diese Kategorien bereits als verschieden voneinander wahrgenommen werden („wenig", „viel", „sehr viel"). Sie können beispielsweise angeben, dass zwanzig („viel"; ggf. weil „viel Zeit zum Zählen) weniger ist als hundert („sehr viel"; ggf. weil „sehr viel Zeit zum Zählen"). Zahlworte, die derselben Kategorie angehören (etwa „acht" und „zwanzig") können hier größenmäßig jedoch noch nicht differenziert werden („viel" vs. „viel").

Nahe beieinander liegende Zahlworte zu unterscheiden, wird den Kindern erst in der zweiten Phase (präzises Anzahlkonzept) möglich, wenn die Zahlworte nicht mehr nur groben Mengenkategorien, sondern diskreten, aufsteigenden Mengen durch punktuelle Zuordnung exakt zugeordnet werden. Dies gelingt erst, wenn die Kenntnis der exakten Zahlwortfolge mit der Fähigkeit zur Seriation von numerisch unbestimmten Mengen gekoppelt wird. Hierfür ist entscheidend, dass ein Kind nicht nur die eineindeutige Zuordnung der Zahlen zu exakten korrespondierenden Anzahlen erkennt, sondern auch zur Einsicht gelangt, dass die Zahlenfolge exakte, aufsteigende Quantitäten repräsentiert (Anzahlseriation). Erst jetzt verfügen Kinder über ein präzises Kardinalverständnis.

Unabhängig von der Verknüpfung der Zahlwortfolge mit einer exakten Mengenfolge entwickelt sich etwa zwischen drei und fünf Jahren auch das Verständnis für Mengen (ohne Zahlbezug) weiter. Kinder erkennen bereits ohne Rückgriff auf Zahlen, dass sich Mengen nur dann verändern, wenn etwas hinzugefügt oder weggenommen wird (vgl. Resnick, 1989: protoquantitatives Zunahme-Abnahme-Schema; Piaget, 1972: Invarianz) und dass Mengen in kleinere Mengen zerlegt und aus diesen wieder zusammengesetzt werden können (vgl. Resnick, 1989: protoquantitatives Teil-Ganzes-Schema).

Kompetenzebene III: Verständnis für Beziehungen zwischen Zahlen

Die dritte Ebene der frühen Mengen-Zahlen-Kompetenz ist dadurch gekennzeichnet, dass nun auch das Verständnis für Mengenrelationen, das auf der zweiten Ebene noch keinen Zahlbezug aufwies, mit dem Verständnis der Zahlen als Anzahlen verknüpft wird. Die Kinder verstehen nun, dass Teil-Ganzes-Beziehungen zwischen Mengen (vgl. Resnick, 1989: protoquantitatives Teil-Ganzes-Schema) auch mit Zahlen dargestellt werden können (Zusammensetzung und Zerlegung von Zahlen). Zudem werden sie sich bewusst, dass der Unterschied zwischen zwei Zahlen mit einer dritten Zahl belegt werden kann. Sie gelangen damit zur bedeutenden Erkenntnis, dass der Unterschied zwischen zwei Zahlen wieder eine Zahl ist.

Verschiebungen in der individuellen Entwicklung

Die hier dargestellten drei Kompetenzebenen werden nicht zwangsläufig für die verbalen Zählzahlen und die arabischen Ziffern gleichzeitig durchlaufen. Zudem kann ein Kind mit großen Zahlen noch auf der ersten oder zweiten Ebene operieren, für kleine Zahlen aber bereits die dritte Ebene erreicht haben. Ein Kind kann sich demnach für verschiedene Teile der Zahlwortreihe gleichzeitig in verschiedenen Entwicklungsphasen befinden (vgl. auch Fuson, 1988). Beachtet werden muss darüber hinaus, dass sich durch die Ausdifferenzierung und Erweiterung des Anzahlkonzepts auf größere Zahlenräume die Zuordnung der Zahlen zu den groben Mengenkategorien (Ebene IIa) verändern kann und Zahlen (z. B. „zwanzig") zunächst der einen Kategorie (z. B. „viel"), später jedoch einer anderen Kategorie („wenig") zugeordnet sein können. Diese Verschiebungen innerhalb und zwischen den Kompetenzebenen machen es schwierig, ein Kind hinsichtlich seiner numerischen Entwicklung exakt auf *ein* Entwicklungsniveau festzulegen.

Ferner sollte man sich bei der Diagnostik bewusst sein, dass die Beherrschung dieser Kompetenzen auch in Abhängigkeit von der dargebotenen Repräsentationsform variieren kann (vgl. Bruner, Olver & Greenfield, 1971; Aebli, 1976). Die im Modell dargestellten höheren Kompetenzebenen (Anzahlkonzept und Anzahlrelationen) können an realen Darstellungsmitteln erworben und beherrscht werden, sodass ein Kind möglicherweise bereits Aufgaben der dritten Ebene lösen kann, wenn es hierfür auf konkretes Material zurückgreifen darf, während es gegebenenfalls noch an Aufgaben zur zweiten Ebene scheitert, weil diese mit bildlichem Material oder auf der abstrakten Zeichenebene präsentiert sind. Geeignete visuelle Veranschaulichungsmaterialien können demnach eine zentrale Rolle spielen, wenn ein Kind Einsichten in die Verknüpfung von Zahlen und Mengen erlangen soll. Dies scheint bedeutend, weil auch den Gedächtnisressourcen eines Kindes eine herausragende Bedeutung beim Erwerb mathematischer Kompetenzen zukommt (Grube & Barth, 2004; Lepach, Petermann & Schmidt, 2007; Thomas, Zoelch, Seitz-Stein & Schumann-Hengsteler, 2006; von Aster, Schweiter & Weinhold-Zulauf, 2007). So beeinflusst die Kapazität zur Verarbeitung visuell-räumlicher Informationen besonders den Erwerb höherer Mengen-Zahlen-Kompetenzen (Krajewski & Schneider, 2009). Ein Kind, das „auf einen Blick" beispielsweise doppelt so viele Informationen wahrnehmen und verarbeiten kann wie ein anderes Kind, wird folglich bedeutend leichter Mengen hinsichtlich ihrer Anzahl beurteilen und mit den zugehörigen Zahlen verknüpfen können. Da diese basalen Gedächtnisressourcen kaum trainierbar sind, kommt der äußeren Repräsentation von Zahlbeziehungen durch klar strukturierte und die Gedächtniskapazität entlastende Veranschaulichungsmaterialien eine herausragende Bedeutung im Erwerb der Mengen-Zahlen-Kompetenzen zu.

1.1.4 Empirische Ergebnisse zur Bedeutung früher mathematischer Kompetenzen für das schulische Mathematiklernen

In den letzten Jahren konnte in einer Reihe von Langzeitstudien die Bedeutung der hier beschriebenen frühen Mengen-Zahlen-Kompetenzen für die späteren schulischen Mathematikleistungen empirisch nachgewiesen werden (Aunola, Leskinen, Lerkkanen & Nurmi, 2004; Koponen, Aunola, Ahonen & Nurmi, 2007; Krajewski & Schneider, 2006, 2009; Jordan, Kaplan, Locuniak & Ramineni, 2007; Passolunghi,

Vercelloni & Schadee, 2007; Stern, 1997; von Aster et al., 2007; Weißhaupt, Peucker & Wirtz, 2006). In den beiden Langzeitstudien von Krajewski und Schneider klärten diese im Vorschulalter erfassten Kompetenzen jeweils ein Viertel der Varianz in den Mathematikleistungen der dritten bzw. vierten Klasse auf. Darüber hinaus wird durch Untersuchungen mit Kindern, die in der Schule besonders schwache Mathematikleistungen zeigen, die Bedeutung der frühen Mengen-Zahlen-Kompetenzen für die Früherkennung von Auffälligkeiten in der mathematischen Entwicklung deutlich. Hier konnte vielfach gezeigt werden, dass die Mengen-Zahlen-Kompetenzen der ersten beiden Ebenen bei rechenschwachen Schülerinnen und Schülern bis in den Sekundarstufenbereich hinein defizitär sind (Berg, 2008; Bull, Espy & Wiebe, 2008; Gaupp, Zoelch & Schumann-Hengsteler, 2004; Geary, Hamson & Hoard, 2000; Krajewski & Schneider, im Druck; Landerl, Bevan & Butterworth, 2004). So ließen sich bei rechenschwachen Viertklässlern noch Defizite in den numerischen Basisfertigkeiten (Zahlen lesen und schreiben, Zählfertigkeiten) und den Kompetenzen der zweiten Ebene (Zahlen vergleichen, Anzahlen ordnen, Mengen schätzen) finden. Selbst bei rechenschwachen Fünft- und Achtklässlern konnte Moser Opitz (2007) Schwierigkeiten mit Rechenoperationen nachweisen, die auf dem Verständnis von Anzahldifferenzen und dem Teil-Ganzes-Zahlverständnis, also Mengen-Zahlen-Kompetenzen der dritten Ebene, beruhen. Lücken in den grundlegenden Mengen-Zahlen-Kompetenzen stellen demnach ein besonderes Entwicklungsrisiko für den Erwerb des Rechnens dar.

1.1.5 Ausblick: Vorschulische Förderung mathematischer Kompetenzen

Die in verschiedenen Langzeitstudien nachgewiesene Bedeutung früher Mengen-Zahlen-Kompetenzen für spätere Mathematikleistungen stützt die Forderung nach geeigneten Konzepten zur frühen Förderung. Eine Grundlage für die Entwicklung solcher Konzepte bilden die in den vorangegangenen Abschnitten dargestellten Erkenntnisse zur Entwicklung früher Kompetenzen im Teilbereich „Mengen und Zahlen" sowie das daran anknüpfende Entwicklungsmodell. Da nicht davon auszugehen ist, dass Kinder gleichen Alters auch einen gleichen Stand in Bezug auf die Entwicklung ihres mathematischen Denkens haben (Hasemann, 2007) und da die Gruppen in Kindergärten und Tagesstätten häufig eher altersheterogen zusammengesetzt sind, stehen Bemühungen um die mathematische Frühförderung zunächst einmal in einem doppelten Spannungsfeld.

Zum einen stehen Konzepte und Programme zur gezielten (individuellen) Förderung der oben beschriebenen Vorläuferfertigkeiten für das schulische Mathematiklernen einem frühen mathematischen Bildungskonzept gegenüber, das im Sinne eines aktivitätsorientierten Ansatzes von mathematisch reichhaltigen Spiel- und Alltagssituationen ausgeht. Vertreter dieses Ansatzes, der beispielsweise in den Niederlanden verbreitet ist, gehen vor dem Hintergrund der sozial-konstruktivistischen Lerntheorie von der Annahme aus, dass Mathematik in Interaktion gelernt wird und zwar im Kontext bedeutsamer Aktivitäten:

> Für kleine Kinder stehen diese oftmals in unmittelbarem Bezug zu ihren alltäglichen Aktivitäten, wenn sie beispielsweise essen, sich anziehen, etwas Neues ausprobieren oder spielen. Vor allem das Spiel ist ein bedeutsamer Kontext, um Gespräche mit Kindern zu führen und dadurch ihre Aufmerksamkeit auf bestimmte Vorgänge oder Aspekte der Situation zu lenken. [...] Durch die Teilnahme am Spiel des Kindes haben Erwachsene die Möglichkeit, die Aufmerksamkeit des Kindes auf die Bedeutung von Dingen, auf neue Handlungsweisen oder Fragestellungen zu lenken. Ebenso ist es möglich, neue Herangehensweisen an eine bestimmte Fragestellung zu initiieren (van Oers, 2004, S. 317–318).

Zum oben genannten Ansatz der gezielten Förderung von Vorläuferfertigkeiten zählt das Förderprogramm „Mengen, zählen, Zahlen" (*MZZ*, Krajewski, Nieding & Schneider, 2007). Ziel des Programms ist es, Defizite in den frühen Mengen-Zahlen-Kompetenzen von Risikokindern zu verringern, um die Kinder im letzten halben Jahr vor Schuleintritt auf ein adäquates Kompetenzniveau zu heben. Das Programm orientiert sich am oben beschriebenen Entwicklungsmodell und baut in 24 Sitzungen systematisch die Mengen-Zahlen-Kompetenzen von der ersten bis zur dritten Ebene auf. Hierfür werden den Kindern Darstellungsmittel zur Verfügung gestellt, welche die Mächtigkeit der einzelnen Zahlen anschaulich repräsentieren und den Kindern zudem die Struktur der Zahlen vor Augen führen (z. B. eine Zahl ist „kleiner" als eine andere, weil zu ihr weniger gleichartige Elemente gehören als zu einer größeren Zahl). Mit Blick auf die begrenzten Arbeitsgedächtnisressourcen der Risikokinder wird hier zunächst davon abgesehen, Konzepte wie die Verknüpfung von Menge und Zahl im Alltagskontext zu vermitteln. Vielmehr wird zunächst auf das „nackte" Numerische der Darstellungsmittel, auf die Prinzipien der aufsteigenden Zahlen fokussiert (vgl. Aebli, 1976: Darstellung des numerischen „Skeletts" von Handlungen auf der anschaulichen Ebene) und zur sprachlichen Beschreibung der Anzahlveränderung angeregt (z. B. „Vier sind weniger als fünf." oder „Von einer zur nächsten Zahl kommt immer eins dazu."). Eine Übertragung dieser Erkenntnisse auf den Alltagskontext wird hier erst als zweiter Schritt in der Förderung gesehen, der dann einsetzt, wenn das Kind die relevanten, numerischen Aspekte durchdrungen hat und aufgrund dessen entscheiden kann, was an einer Alltagshandlung numerisch ist und was nicht (vgl. Lompscher, 1989: Lernen durch das „Aufsteigen vom Abstrakten zum Konkreten"). Die Ergebnisse erster Langzeitstudien sind ermutigend und belegen kurz- und langfristige Effekte einer Förderung mit dem MZZ im Vorschulalter und mit rechenschwachen Kindern im ersten Schuljahr (Krajewski, Nieding & Schneider, 2008; Krajewski, Renner, Nieding & Schneider, 2009; Ennemoser & Krajewski, 2007).

Neben der Diskussion um gezielte Förderung oder einen aktivitätsorientierten Ansatz stehen Bemühungen um vorschulische mathematische Bildung zum anderen auch im Spannungsfeld der speziellen individuellen Bedürfnisse von Kindern mit unterschiedlichen Begabungen, Interessen und kognitiven Entwicklungsständen. Abhängig von der Frage, welcher der oben beschriebenen Ansätze verfolgt werden sollte und ob vielleicht eine Kombination beider Konzepte sinnvoll und möglich ist, ist auch die Frage nach der Zielgruppe. Frühförderangebote im Sinne des aktivitätsorientierten Ansatzes richten sich an Kinder ab drei Jahren (oder sogar jünger) und können spezielle Interessen der Kinder aufgreifen. Die Adressaten gezielter Förderprogramme hinsichtlich der Entwicklung von Vorläuferkompetenzen sind eher Kinder im letzten Kindergartenjahr vor der Einschulung. Sie verfolgen das Ziel, potenzielle Risikokinder für das schulische Mathematiklernen frühzeitig gezielt zu fördern, um späteren schulischen Lernschwierigkeiten und Leistungsschwächen vorzubeugen.

Eng verbunden mit der Zielgruppe ist sicherlich auch die Frage nach den mathematischen Inhalten, die im Mittelpunkt der Förderung stehen. Anhand eines mathematischen Bilderbuchprojektes (vgl. Peter-Koop & Grüßing, 2006), das mit Eltern und Kindern einer altersgemischten Kindergartengruppe durchgeführt wurde, konnte gezeigt werden, dass bereits alle fünf in den „Bildungsstandards im Fach Mathematik für den Primarbereich" (Kultusministerkonferenz, 2005) ausgewiesenen inhaltlichen Kompetenzbereiche (d. h. Zahlen und Operationen, Raum und Form, Größen und Messen, Muster und Strukturen, Daten, Häufigkeit und Wahrscheinlichkeit) im Lebensalltag von Drei- bis Sechsjährigen repräsentiert sind. Dies konnte anhand der Fotos, die Eltern über drei Monate lang mit dem Auftrag gemacht hatten, ihr Kind immer dann zu fotografieren, wenn sie der Meinung waren, dass das Kind im weitesten Sinn mathematisch tätig war, anschaulich belegt werden. Erstaunlich waren in diesem Zusammenhang auch die Kommentare der Kinder zu „ihren" Fotos, die eindrücklich die Intensität ihrer Auseinandersetzung mit unterschiedlichen mathematischen Inhalten belegen. Um diese Situationen im Sinne eines aktivitätsorientierten Ansatzes früher mathematischer Bildung ausgehend von mathematisch reichhaltigen Spiel- und Alltagssituationen aufgreifen zu können, ist Wissen über Entwicklungsverläufe in den verschiedenen inhaltlichen Bereichen notwendig. Die Fülle und die höchst unterschiedliche fachliche wie didaktische Qualität der derzeit auf dem Markt befindlichen Lernspiele und Fördermaterialien verlangen ferner dringend nach der Erarbeitung von fachdidaktischen Kriterien für eine geeignete Auswahl (vgl. dazu erste Diskussionsansätze und Beispiele in Peter-Koop & Grüßing, 2007; Schuler, 2008), die pädagogischen Fachkräften in Kindertageseinrichtungen diesbezüglich fundierte Entscheidungsgrundlagen erlauben.

Literatur

Aebli, H. (1976). *Grundformen des Lehrens: Eine allgemeine Didaktik auf kognitionspsychologischer Grundlage* (9. Aufl.). Stuttgart: Klett.

Antell, S. E. & Keating, D. P. (1983). Perception of numerical invariance in neonates. *Child Development, 54*, 695–701.

Aunola, K., Leskinen, E., Lerkkanen, M.-K. & Nurmi, J.-E. (2004). Developmental dynamics of mathematical performance from preschool to grade 2. *Journal of Educational Psychology, 96*, 699–713.

Berg, D. H. (2008). Working memory and arithmetic calculation in children: The contributory roles of processing speed, short-term memory, and reading. *Journal of Experimental Child Psychology, 99*, 288–308.

Brainerd, C. J. (1979). *The origins of number concept*. New York: Praeger.

Bruner, J. S., Olver, R. R. & Greenfield, P. M. (1971). *Studien zur kognitiven Entwicklung*. Stuttgart: Klett.

Bull, R., Espy, K. & Wiebe, S. A. (2008). Short-term memory, working memory, and executive functioning in preschoolers: Longitudinal predictors of mathematical achievement at age 7 years. *Developmental Neuropsychology, 33*, 205–228.

Clearfield, M. W. & Mix, K. S. (1999). Number versus contour length in infant's discrimination of small visual sets. *Psychological Science, 10*, 408–411.

Clearfield, M. W. & Mix, K. S. (2001). Amount versus number: Infants' use of area and contour length to discriminate small sets. *Journal of Cognition and Development, 2*, 243–260.

Clements, D. (1984). Training effects on the development and generalization of Piagetian logical operations and knowledge of number. *Journal of Educational Psychology, 76*, 766–776.

Clements, D. H. & Sarama, J. (2007). Early childhood mathematics learning. In F. K. Lester (Ed.), *Second Handbook of Research on Mathematics Teaching and Learning* (pp. 461–555). New York: Information Age Publishing.

Dehaene, S. (1999). *Der Zahlensinn oder warum wir rechnen können*. Basel: Birkhäuser.

Ennemoser, M. & Krajewski, K. (2007). Effekte der Förderung des Teil-Ganzes-Verständnisses bei Erstklässlern mit schwachen Mathematikleistungen. *Vierteljahreszeitschrift für Heilpädagogik und ihre Nachbargebiete, 76*, 228–240.

Feigenson, L., Carey, S. & Spelke, E. (2002). Infant's discrimination of number vs. continuous extent. *Cognitive Psychology, 44*, 33–66.

Fuson, K. C. (1983). Matching, counting, and conservation of numerical equivalence. *Child Development, 54*, 91–97.

Fuson, K. C. (1988). *Children's counting and concepts of number*. New York: Springer.

Fuson, K. C. & Hall, J. W. (1983). The acquisition of early number word meanings: A conceptual analysis and review. In H. Ginsburg (Ed.), *The development of mathematical thinking* (pp. 49–107). New York: Academic Press.

Gallistel, C. R. & Gelman, R. (1991). Preverbal and verbal counting and computation. *Cognition, 44,* 43–74.

Gaupp, N., Zoelch, C. & Schumann-Hengsteler, R. (2004). Defizite numerischer Basiskompetenzen bei rechenschwachen Kindern der 3. und 4. Klassenstufe. *Zeitschrift für Pädagogische Psychologie, 18*, 31–42.

Geary, D. C., Hamson, C. O. & Hoard, M. K. (2000). Numerical and arithmetical cognition: A longitudinal study of process and concept deficits in children with learning disability. *Journal of Experimental Child Psychology, 77*, 236–263.

Gelman, R. & Gallistel, C. R. (1978). *The child's understanding of number*. Cambridge, MA: Harvard University Press.

Grube, D. (2006). *Entwicklung des Rechnens im Grundschulalter*. Münster: Waxmann.

Grube, D. & Barth, U. (2004). Rechenleistung bei Grundschülern: Zur Rolle von Arbeitsgedächtnis und basalem Faktenwissen. *Zeitschrift für Pädagogische Psychologie, 18*, 245–248.

Hasemann, K. (2007). *Anfangsunterricht Mathematik* (2. Aufl.). Heidelberg: Spektrum.

Jordan, N. C., Kaplan, D., Locuniak, M. N. & Ramineni, C. (2007). Predicting first-grade math achievement from developmental number sense trajectories. *Learning Disabilities Research and Practice, 22*, 36–46.

Koponen, T., Aunola, K., Ahonen, T. & Nurmi, J.-E. (2007). Cognitive predictors of single-digit and procedural calculation skills and their covariation with reading skill. *Journal of Experimental Child Psychology, 97*, 220–241.

Krajewski, K. (2008). Vorschulische Förderung mathematischer Kompetenzen. In F. Petermann & W. Schneider (Hrsg.), *Enzyklopädie der Psychologie, Reihe Entwicklungspsychologie, Bd. Angewandte Entwicklungspsychologie* (S. 275–304). Göttingen: Hogrefe.

Krajewski, K., Nieding, G. & Schneider, W. (2007). *Mengen, zählen, Zahlen: Die Welt der Mathematik verstehen (MZZ)*. Berlin: Cornelsen.

Krajewski, K., Nieding, G. & Schneider, W. (2008). Kurz- und langfristige Effekte mathematischer Frühförderung im Kindergarten durch das Programm „Mengen, zählen, Zahlen". *Zeitschrift für Entwicklungspsychologie und Pädagogische Psychologie, 40*, 135–146.

Krajewski, K., Renner, A., Nieding, G. & Schneider, W. (2009). Frühe Förderung von mathematischen Kompetenzen im Vorschulalter. *Zeitschrift für Erziehungswissenschaft, 10,* 91–103.

Krajewski, K. & Schneider, W. (2006). Mathematische Vorläuferfertigkeiten im Vorschulalter und ihre Vorhersagekraft für die Mathematikleistungen bis zum Ende der Grundschulzeit. *Zeitschrift für Psychologie in Erziehung und Unterricht, 53*, 246–262.

Krajewski, K. & Schneider, W. (2009). Exploring the impact of phonological awareness, visual-spatial working memory, and preschool quantity-number competencies on mathematics achievement in elementary school: Findings from a 3-year-longitudinal study. *Journal of Experimental Child Psychology, 103*, 516–531.

Krajewski, K. & Schneider, W. (in press). Early development of quantity to number-word linkage as a precursor of mathematical school achievement and mathematical difficulties: Findings from a four-year longitudinal study, *Learning and Instruction (2008), doi:10.1016/ j.learninstruc.2008.10.002*

Kultusministerkonferenz (2005). *Bildungsstandards im Fach Mathematik für den Primarbereich*. München: Luchterhand.

Landerl, K., Bevan, A. & Butterworth, B. (2004). Developmental dyscalculia and basic numerical capacities: A study of 8–9-year-old students. *Cognition, 93*, 99–125.

Lepach, A. C., Petermann, F. & Schmidt, S. (2007). Neuropsychologische Diagnostik von Merk- und Lernstörungen mit der MLT-C. *Kindheit und Entwicklung, 16*, 16–26.

Lompscher, J. (1989). *Psychologische Analysen der Lerntätigkeit*. Berlin: Volk und Wissen.

Mehler, J. & Bever, T. G. (1967). Cognitive capacity of very young children. *Science, 158*, 141–142.

Moser Opitz, E. (2001). *Zählen, Zahlbegriff, Rechnen*. Bern: Haupt.

Moser Opitz, E. (2007). *Rechenschwäche/Dyskalkulie. Theoretische Klärungen und empirische Studien an betroffenen Schülerinnen und Schülern*. Bern: Haupt.

Passolunghi, M. C., Vercelloni, B. & Schadee, H. (2007). The precursors of mathematics learning: Working memory, phonological ability, and numerical competence. *Cognitive Development, 22*, 165–184.

Peter-Koop, A. & Grüßing, M. (2006). Mathematische Bilderbücher. In M. Grüßing & A. Peter-Koop (Hrsg.), *Die Entwicklung mathematischen Denkens in Kindergarten und Grundschule* (S. 150–169). Offenburg: Mildenberger.

Peter-Koop, A. & Grüßing, M. (2007). Kinder fördern – Kinder fordern. Mathematik im Kindergarten und Anfangsunterricht. In A. Filler & S. Kaufmann (Hrsg.), *Kinder fördern – Kinder fordern* (S. 89–102). Hildesheim: Franzbecker.

Piaget, J. (1967a). *Psychologie der Intelligenz*. Stuttgart: Klett.

Piaget, J. (1967b). Die Genese der Zahl beim Kind. In H. Abel et al. (Hrsg.), *Rechenunterricht und Zahlbegriff* (S. 60–72). Braunschweig: Westermann.

Piaget, J. (1972). *Die Entwicklung des Erkennens: Das mathematische Denken*. Stuttgart: Klett-Cotta.

Piaget, J. & Inhelder, B. (1975). *Die Entwicklung der physikalischen Mengenbegriffe beim Kinde*. Stuttgart: Klett.

Piaget, J. & Szeminska, A. (1972). *Die Entwicklung des Zahlbegriffs beim Kinde*. Stuttgart: Klett.

Resnick, L. B. (1983). A developmental theory of number understanding. In H. Ginsburg (Ed.), *The development of mathematical thinking* (pp. 109–151). New York: Academic Press.

Resnick, L. B. (1989). Developing mathematical knowledge. *American Psychologist, 44*, 162–169.

Rousselle, L., Palmers, E. & Noël, M.-P. (2004). Magnitude comparison in preschoolers: What counts? Influence of perceptual variables. *Journal of Experimental Child Psychology, 87*, 57–84.

Schuler, S. (2008). Was können Mathematikmaterialien im Kindergarten leisten? Kriterien für eine gezielte Bewertung. In É. Vásárhelyi (Hrsg.), *Beiträge zum Mathematikunterricht 2008* (S. 721–724). Münster: WTM.

Simon, T. J., Hespos, S. J. & Rochat, P. (1995). Do infants understand simple arithmetic? A replication of Wynn (1992). *Cognitive Development, 10*, 253–269.

Starkey, P. & Cooper, R. G. (1980). Perception of numbers by human infants. *Science, 210*, 1033–1035.

Stern, E. (1997). Early training: Who, what, when, why, and how? In M. Beishuizen, K. P. E. Gravemeijer & E. C. D. M. van Lieshout (Ed.), *The role of contexts and models of mathematical strategies and procedures* (pp. 239–253). Culemborg, NL: Technipress.

Stern, E. (1998). *Die Entwicklung mathematischen Verständnisses im Kindesalter.* Lengerich: Pabst.

Thomas, J., Zoelch, C., Seitz-Stein, K. & Schumann-Hengsteler, R. (2006). Phonologische und zentral-exekutive Arbeitsgedächtnisprozesse bei der mentalen Addition und Multiplikation bei Grundschulkindern. *Psychologie in Erziehung und Unterricht, 53*, 275–290.

van Oers, B. (2004). Mathematisches Denken bei Vorschulkindern. In W. Fthenakis & P. Oberhuemer (Hrsg.), *Frühpädagogik international. Bildungsqualität im Blickpunkt* (S. 313–329). Wiesbaden: Verlag für Sozialwissenschaften.

von Aster, M., Schweiter, M. & Weinhold-Zulauf, M. (2007). Rechenstörungen bei Kindern: Vorläufer, Prävalenz und psychische Symptome. *Zeitschrift für Entwicklungspsychologie und Pädagogische Psychologie, 39*, 85–96.

Weißhaupt, S., Peucker, S. & Wirtz, M. (2006). Diagnose mathematischen Vorwissens im Vorschulalter und Vorhersage von Rechenleistungen und Rechenschwierigkeiten in der Grundschule. *Psychologie in Erziehung und Unterricht, 53*, 236–245.

Williams, R. B. (1991). Relations among tasks assessing young children's number concept. *Perceptual and Motor Skills, 72*, 1031–1038.

Wynn, K. M. (1992). Addition and subtraction by human infants. *Nature, 358*, 749–750.

1.2 Diagnose und Prävention von Rechenschwäche als Herausforderung im Elementar- und Primarbereich

Jens Holger Lorenz

1.2.1 Prävention von Rechenschwäche als Forschungs- und Praxisproblem

Im Kontext der Entwicklungsstörungen bei Kindern haben die Rechenstörungen in der Forschung bislang bei weitem nicht die Aufmerksamkeit gefunden wie die Störungen des Spracherwerbs sowie die des Lesens und Schreibens. Dies mag zum einen an der größeren sozialen Bedeutung liegen, die den sprachlichen und schriftsprachlichen gegenüber den mathematischen Fertigkeiten beigemessen wird, zum anderen ging man lange Zeit davon aus, dass auch den Rechenstörungen primär sprachliche Defizite zugrunde liegen.

Rechenschwäche stellt sich als ein Forschungsproblem dar, an dem die Disziplinen Kognitionspsychologie, Entwicklungspsychologie, Mathematikdidaktik und Neuropsychologie beteiligt sind. Was sie vereint ist die Sichtweise, Rechenschwäche nicht als Krankheit aufzufassen, sondern als ein Phänomen mit vielfältigen Ursachen und eingebunden in ein breites System miteinander verwoben, sie mildernden oder verstärkenden Faktoren.

Nach wie vor ist ein Mangel an einschlägigen Längsschnittstudien zu beklagen. Nimmt man allerdings die verfügbaren Arbeiten zur Legasthenieforschung als Vergleichsmaßstab, so lässt sich konstatieren, dass sich defizitäre Entwicklungen auch in den mathematischen Basiskompetenzen zu einem sehr frühen Zeitpunkt manifestieren und oft über den gesamten Verlauf der Schulzeit erhalten bleiben (z. B. Stern, 2003). Die Befunde sprechen also dafür, möglichst frühzeitig Interventions- bzw. Präventionsmaßnahmen durchzuführen.

Die neuro- und entwicklungspsychologischen Befunde der letzten Jahre zeigen zudem, dass aus einer Modellierung der „normalen" Kompetenzentwicklung eine darauf aufbauende Diagnose der Entwicklung der mathematischen Vorläuferfertigkeiten zum Zweck der Früherkennung möglich ist, auf die schließlich mit einem Einsatz gezielter Interventionsmaßnahmen reagiert werden kann (Krajewski, 2008a, b; Lorenz, 2007, 2008a, b).

1.2.2 Das Rechnen im Kopf (und seine Störungen)

Wie rechnen kompetente Rechner, wie rechnen wir Erwachsene? Die Frage ist keineswegs banal, denn ihre Beantwortung zeigt den Weg, auf dem wir die Kinder begleiten, und die Hürden, die sie nehmen müssen. Wie rechnet die Leserin bzw. der Leser die Aufgabe 56+19? Nun, sie bzw. er wird wahrscheinlich rechnen: 56+20-1. Aber was passiert dabei im Kopf? Wie kommt das Gehirn auf diese Strategie? Die Zahl 19 sieht ganz anders aus als die 20, die verwendet wurde. Beobachten sich Erwachsene beim Rechnen, dann stellen sie fest, dass sie diese Rechnungen in einem vorgestellten Zahlenraum, auf einer imaginären Zahlenlinie durchführen. Inzwischen ist aus neuropsychologischen Untersuchungen bekannt, dass es hierfür neuronale Grundlagen im Gehirn gibt, um Zahlen in dieser Form zu repräsentieren.

Dieser Zahlenraum in der Anschauung bildet die Zahlbeziehungen ab. Die Zahlen besitzen darin ihren Ort – 50 liegt etwa in der Mitte zwischen 0 und 100, 18 liegt zwischen 10 und 20, aber näher an der 20 etc. – und arithmetische Operationen sind meist Bewegungen in diesem Raum: Sprünge nach rechts für die Addition, nach links für die Subtraktion (in unserem Kulturkreis, im arabischen umgekehrt, was wohl an der Schriftsprache liegen dürfte), wiederholte Sprünge für die Multiplikation und Zerlegungen für die Division. Der eigene Zahlenraum unterscheidet sich in der Regel von demjenigen anderer Menschen, da es sich um individuelle Konstruktionen, die bereits im Vorschulalter oder in den Eingangsklassen mit Hilfe der Veranschaulichungsmittel durchgeführt wurden, handelt.

Um nun diese Vorstellung des Zahlenraumes ausbilden, nutzen und mit ihm im Kopf rechnen zu können, bedarf es einiger kognitiver Fähigkeiten. Diese können unzureichend entwickelt sein, so dass sich das Rechnenlernen erschwert und arithmetische Operationen nur durch schematisches, aber unverstandenes Auswendiglernen verinnerlicht werden. Meist bleiben diese Kinder sogenannte Zähler, d. h. sie rechnen in den Eingangsklassen (und darüber hinaus) an den Fingern oder mit Hilfe anderer Ersatzmaterialien.

1.2.3 Modell zur Erklärung des (gestörten) Mathematiklernens

Das Erlernen arithmetischer Zusammenhänge und das Rechnen selbst erfordern eine Vielzahl von unterschiedlichen, zusammenwirkenden Komponenten. In einem entwicklungspsychologischen Ansatz von Dehaene (1999) wurde ein „Triple-Code"-Modell numerischer Kognitionen entworfen, das drei verschiedene Bereiche, sog. Module enthält.

1. Das erste Modul, der sog. „auditive verbale Wort-Rahmen", enthält Fertigkeiten wie das Zählen und das Aufsuchen arithmetischer Fakten (z. B. das Kleine Einmaleins), die auf generellen sprachlichen Informationsprozessen beruhen. Jenseits der Sprachform ist für diese Fähigkeit keine andere spezifische Repräsentationsform notwendig. Die Zählsequenz wird wie jede andere Sprachsequenz gelernt, d. h. wie das Alphabet, die Wochentage und die Monate.
2. Das zweite Modul, die sog. „visuelle arabische Zahlform", bezieht sich auf numerische Operationen innerhalb der speziellen Syntax des arabischen Notationssys-

tems, z. B. schriftliche arithmetische Verfahren bei mehrstelligen Zahlen. Diese Operationen werden visuell repräsentiert und räumlich organisiert.
3. Das dritte Modul, die „analoge Größen-Repräsentation", bezieht sich auf die Fähigkeit, numerische Quantitäten zu vergleichen und abzuschätzen. Das analoge (semantische) Verständnis der individuellen Charakteristik einer Quantität, die durch eine Zahl repräsentiert wird, verlangt die schnelle Orientierung über die Lösungsrichtigkeit eines arithmetischen Problems. Das Verständnis von Zahlen und Zahlzusammenhängen wird über mentale Vorstellungsbilder von Zahlenräumen bzw. Zahlenlinien gebildet.

Das Triple-Code-Modell wird durch klinische Untersuchungen unterstützt. Liegen gleichzeitig Störungen sprachlicher und numerischer Fähigkeiten vor, dann weisen diese Personen vor allem Defizite im ersten Modul auf. Die Unabhängigkeit des zweiten Moduls wird durch die Beobachtung unterstrichen, dass Störungen sprachlicher und numerischer Fähigkeiten durchaus getrennt voneinander auftreten können. So werden reine, nicht-aphasische Akalkulie-Patienten beobachtet, ebenso treten reine Zahldyslexien auf, d. h. die Unfähigkeit des Lesens von Zahlen bei ansonsten intakter Lesefähigkeit für Worte und Buchstaben und das genaue Gegenteil, die Dyslektiker für Worte und Buchstaben mit intakter Lesefähigkeit für Ziffern und Zahlen.

Die vielfältigen numerischen Informationen, die in den drei Modulen enthalten sind, verlangen für ihre Verarbeitung zum einen unterschiedliche kognitive, sprachliche und nicht-sprachliche Fähigkeiten, zum anderen spezifische gedächtnisbezogene Repräsentationsformen.

Dies wird auch durch Untersuchungen belegt, in denen bei Kindern mit Rechenstörungen die Schwierigkeit beobachtet wurde, visuell dargebotene geometrische Gestalten aus dem Gedächtnis zu rekonstruieren. Dieses Funktionsdefizit scheint insofern eine Bedeutung zu haben, als es für die Fähigkeit, mathematische Konzepte zu erwerben und in einem inneren Zahlenraum Richtung und Dimension einer Aufgabe durch gedankliche Bewegung zu erfassen, wesentlich und bestimmend ist. Die Erkenntnis, dass rechengestörte Kinder länger auf die Benutzung der Finger oder andere visuelle Anschauungshilfen angewiesen sind und die Entwicklung und Anwendung mentaler Strategien stark verzögert ist, verweist auf die Bedeutung der räumlich-dynamischen Vorstellungsfähigkeit und ihrer Defizite (Lorenz, 2003b, 2004).

Die zuvor genannten Überlegungen wurden in einem Projekt zur Früherkennung von Rechenstörungen bestätigt, in dem in der Anfangsphase der 1. Grundschulklasse die kognitiven Fähigkeiten der Schulanfänger erhoben wurden. Insbesondere die visuell-räumlichen Komponenten stellten sich als bedeutsam für den künftigen Lernerfolg in Mathematik heraus. Wurden diese Fähigkeiten frühzeitig gefördert, dann konnte ein Leistungseinbruch verhindert werden. Die durch gezielte Hilfsmaßnahmen geförderten Kinder schnitten am Ende des 2. Schuljahres so gut ab wie ihre Klassenkameraden. Erhielten die diagnostizierten „Risikokinder" hingegen keine Förderung, dann war der Abstand zum Klassendurchschnitt zu diesem Zeitpunkt bereits beträchtlich und signifikant angewachsen. Dies belegt die Wichtigkeit der frühzeitigen Erkennung von potentieller Rechenschwäche (Kaufmann, 2003).

1.2.4 Die Funktion der Sprache (und ihrer Störungen)

Die ersten zahlenbezogenen Konzepte werden über Erfahrungen im Umgang mit kleinen Anzahlen zunehmend flexibler und befähigen junge Vorschulkinder im kleinen Anzahlbereich bereits zu arithmetischen Operationen. Mit dem Erwerb der Zahlwörter werden dann – zunächst noch getrennt von den analog repräsentierten Anzahlkonzepten – die verbalen Repräsentationen der Zahlwortreihe als ordinale Rangfolge der Zahlwörter aufgebaut. Mit den einzelnen Zahlwörtern kann nun die Position der Zahl in der Rangreihe der Zahlwörter bestimmt werden: Es ist aber noch keine Anzahlvorstellung im Sinne eines kardinalen Zahlenverständnisses möglich. Erst über Erfahrungen beim Abzählen von größeren Mengen und der damit verbundenen Einsicht, dass die Zählhandlung der Bestimmung der Größe einer Menge dient, wird ein kardinales Zahlenverständnis als Grundlage für das Rechnen erreicht. Damit werden im Sinne eines Repräsentationswechsels die vorher voneinander getrennten Konzepte der Anzahl und der Ordinalzahl in das komplexe Konzept der Kardinalzahl integriert. Im weiteren Verlauf wird das Kardinalzahlkonzept ausdifferenziert. Über eine Strukturierung der verbalen Zahlwortreihe bei ersten Rechenversuchen mit Hilfe von Zählstrategien und über die Verknüpfung von analog repräsentierten Kardinalzahlen entwickelt sich das Teile-Ganzes-Konzept. Dieses Konzept beinhaltet das Verständnis, dass Kardinalzahlen beim Rechnen beliebig in andere (kleinere) Kardinalzahlen zerlegt und wieder aus diesen zusammengesetzt werden können. Werden Zahlen so miteinander verbunden, entwickelt sich aus vielfältigen Zahlbeziehungen ein arithmetisches Netzwerk, das die Grundlage für Rechenleistungen bildet.

Die Entwicklung der Zahlwortreihe beginnt als (fehlerhafte) Sprachkette, ohne Bewusstsein von Prinzipien. Zählprinzipien entwickeln sich im Laufe des Gebrauchs der Zahlwortreihe, insbesondere

- das Prinzip der Eins-zu-Eins-Zuordnung
- das Prinzip der stabilen Ordnung
- das Prinzip der Irrelevanz der Anordnung
- das Kardinalprinzip und schließlich
- das Abstraktionsprinzip

Diese Prinzipien sind nicht bewusst und schon gar nicht explizit versprachlichbar. Sie werden in bestimmten Bereichen angewendet, sind aber nicht übertragbar.

Dornheim (2008) konnte zeigen, dass das Zahlen-Vorwissen im Vorschulalter mit seinen drei Komponenten „Zählen und Abzählen", „Anzahlen Erfassen" und

„Anwenden von Zahlen-Vorwissen" als Hauptprädiktor der Rechenleistung fungiert. D. h. der Kompetenz des (verbalen) Zählens kommt eine wesentliche Funktion zu, die im Falle von Störungen den Entwicklungsprozess negativ beeinflusst. Die besonderen Schwächen im Zahlen-Vorwissen und in den spezifischen allgemein-kognitiven Fähigkeiten von rechenschwachen Kindern im Vorschul- und Grundschulalter dienen als Vorhersagevariablen, d. h. es ist möglich, die Rechenschwäche bestimmter Kinder vorherzusagen (Dornheim, 2008).

Zahlen-Vorwissen wurde dabei auf der Grundlage eines Modells zur Entwicklung von Zahlkonzept und Rechenleistung in drei Komponenten aufgeteilt: Die erste Komponente enthält den Ordinalzahlbegriff mit der Beherrschung der Zahlwortreihe. Die zweite Komponente umfasst das Anzahl- und Kardinalzahlkonzept, in dem verbale Zahlen mit einer Anzahlvorstellung verbunden werden. Die dritte komplexe Komponente wird von den ersten beiden vorhergesagt und beinhaltet komplexe Leistungen im Umgang mit Zählzahlen und Anzahlen in Verbindung mit dem Teile-Ganzes Konzept. Dies kann z. B. das strukturierte, flexible Zählen rückwärts oder in Schritten und das Verknüpfen von Anzahlen beim ersten Rechnen beinhalten.

Das spezifische Zahlen-Vorwissen im Vorschulalter ist im Vergleich mit alternativen Prädiktoren, wie dem konzeptuellen Mengenverständnis (sensu Piaget), dem mathematikbezogenen Sprachverständnis oder dem Zahlsymbol-Vorwissen, der Hauptprädiktor der Rechenleistung der 1. und 2. Klasse der Grundschule. Zudem sagt es auch noch über die allgemeine Intelligenz hinaus einen beträchtlichen Anteil der Varianz an der Rechenleistung vorher.

In die Vorhersage wurden neben dem Zahlen-Vorwissen zusätzlich allgemein-kognitive Fähigkeiten auf der Basis des Intelligenzkonstrukts und eines Arbeitsgedächtnismodells einbezogen. Dabei zeigt sich bei Kindern mit 5;9 Jahren, dass visuell-räumliche und zentral-exekutive Arbeitsgedächtnisleistungen oder alternativ die räumliche Intelligenzkomponente (verschiedene räumliche Intelligenztestaufgaben zum Nachzeichnen, Erkennen von Spiegelbildern, Puzzleteilen oder Konstruieren von Mustern) als globaler nonverbaler Prädiktor gemeinsam das vorschulische Zahlen-Wissen prognostizieren. Die Rechenleistung lässt sich aber nicht direkt vorhersagen. Auch die sprachliche Arbeitsgedächtnisleistung scheint in diesem Alter für die Vorhersage noch wenig relevant zu sein.

Mit 6;3 Jahren ist jedoch ein deutlicher Shift zu beobachten, ab dem das phonologische Arbeitsgedächtnis zusätzlich zu den nonverbalen allgemein-kognitiven Fähigkeiten mit einem zusätzlichen direkten Beitrag vor allem für die Vorhersage der Rechenleistung der 2. Klasse prädiktiv wird.

Dieser Befund deutet an, dass sich mit sechs Jahren die Wirkrichtung zwischen sprachbasiertem Zahlen-Vorwissen und der phonologischen Schleife des Arbeitsgedächtnisses umdreht. Je mehr sprachliches Zahlen-Wissen bis dahin aufgebaut wurde, desto besser kann die funktionale Kapazität der phonologischen Schleife genutzt werden. Damit wird die Arbeitsgedächtnisleistung zu einer Vermittlungsvariablen, welche die Umsetzung des sprachlichen (Zahlen-)Wissensaufbaus in funktionale mentale Kapazität anzeigt und die Rechenleistung ein oder zwei Jahre später vorhersagen kann.

Die auf der Basis der spezifischen und allgemein-kognitiven Vorhersagevariablen ermittelten Vorhersagevaliditäten dieser Längsschnittuntersuchung zur Vorhersage der Rechenleistung sind in mehreren Studien nachgewiesen worden (Krajewski, 2003; Krajewski & Schneider, 2005a, b, 2006). Dies zeigt sich auch bei der klassifikatorischen Vorhersage schwacher Rechenleistung im Einzelfall: Auf der Basis des Zahlen-Vorwissens, ergänzt durch die Zahlsymbolkenntnisse als Bildungsindikator, ist eine zufriedenstellende bis gute Vorhersage rechenschwacher Kinder (PR < 16 im Rechentest) möglich. Werden noch mit dem Zahlen-Vorwissen interagierende allgemein-kognitive Fähigkeiten wie Arbeitsgedächtnisleistungen oder die räumliche Intelligenz-Komponente in die klassifikatorische Vorhersage mit einbezogen, kann die Sensitivität der Vorhersage auf gute Werte verbessert werden, so dass 80 % der „Risikokinder" im Vorschuljahr erfasst werden können. Diesbezüglich weisen Untersuchungen über das kindliche Gedächtnis darauf hin, dass bei einer reichen Verfügbarkeit von Repräsentationen die Gedächtnisanforderungen reduziert werden und sich damit die arithmetische Leistung erhöht.

1.2.5 Frühe Diagnose

Die kognitiven Voraussetzungen zum Erwerb der arithmetischen Schulinhalte werden bei Schuleintritt nicht erfasst, denn die (medizinische) Schuleingangsdiagnostik legt andere Schwerpunkte. Störungen bleiben in der Regel unerkannt, da diese Fähigkeiten im Vorschulalter

- aufgrund mangelnder Anforderungssituationen nicht beobachtet werden
oder
- die Störungen durch andere kognitive Fähigkeiten kompensiert werden können.

Aus diesem Grund ist es notwendig, bei Eintritt in die Grundschule eine Diagnostik durchzuführen. Da geeignete normierte Tests noch nicht hinreichend zur Verfügung stehen (lediglich der OTZ, s. Luit, Rijt & Hasemann, 2001, und der ZAREKI, s. Aster, 2003), ist eine geleitete Beobachtung notwendig, die sich den kritischen kognitiven Bereichen widmet. Hierdurch sollte es möglich sein, aus der Analyse der Fehlleistungen nicht nur eine gezielte Diagnose abzuleiten, sondern entsprechende Fördermaßnahmen und -materialien für den (vor-)schulischen Gebrauch zu entwickeln und bereitzustellen.

Es versteht sich, dass es sich hierbei nicht um curriculargebundene arithmetische Differenzierungseinheiten handeln kann, sondern um Maßnahmen zur Förderung der für den Mathematikunterricht basalen kognitiven Fähigkeiten. Die sich im Anfangsunterricht ansonsten entwickelnden Lernprobleme wachsen sich aufgrund der hierarchischen Struktur der Arithmetik zu gravierenden Wissenslücken aus und führen zu suboptimalen Rechenstrategien. Meistens persistiert bei diesen Kindern das Zählen, eines der Hauptsymptome bei rechenschwachen Kindern.

Je eher Anzeichen einer möglichen (!) Rechenschwäche nachgegangen wird, desto günstiger ist die Prognose. Werden die Ursachen erst spät erkannt, dann sind nicht nur die eventuell unzureichend entwickelten kognitiven Faktoren zu stärken, die der Lernschwierigkeit zugrunde liegen, sondern es ist auch ein breiter Bereich falsch oder unzureichend aufgebauter mathematischer Begriffe von Grund auf neu zu bilden – ein mühseliges Unterfangen für alle Beteiligten.

1.2.6 Fehlender Repräsentationswechsel bei rechenschwachen Kindern

Die kognitive Repräsentation von Zahlen und ihrer Bedeutung durchlaufen in der kindlichen Entwicklung einen Wechsel, sie werden zu verschiedenen Zeitpunkten unterschiedlich repräsentiert. Solche Repräsentationswechsel sind notwendig. Für rechenschwache Kinder lässt sich allerdings sagen, dass Wissen nicht mit Verständnis gekoppelt sein muss. Im Rahmen kindlicher arithmetischer Lernprozesse ist eher das Gegenteil zu erwarten. Für Wissen ohne konzeptionelles Verständnis und notwendige Repräsentationsänderungen lassen sich beispielhaft anführen:

- Kinder zeigen ihr Alter mit Fingern, können aber weder ihr Alter sagen noch die Zahl mit Mengen oder in anderer Form darstellen.
- Die Verwendung des Kommutativgesetzes (a+b = b+a), welches die Kinder bei der min-Strategie der Addition anwenden, indem sie vom größeren Summanden weiterzählen; hierbei liegt keine explizite Erkenntnis der Ergebnisgleichheit, sondern ein unterschiedliches konzeptionelles Verstehen vor.
- Verwendung der Inversion (a+b-b); hierbei muss in der kindlichen Entwicklung zwischen einer *qualitativen* Inversion, die bereits im Vorschulalter vorliegt und die Ergebnisgleichheit bei Entfernung der hinzugelegten Objekte unabhängig von der Ausgangszahl konstatiert, und einer *quantitativen* Inversion, der im Schulalter die Ergebnisgleichheit auch bei Entfernung anderer, aber gleich vieler Elemente entspricht, unterschieden werden. Noch schwieriger und daher erst in einer höheren Altersstufe zu erreichen ist die Inversion a+b-a. Sie bedarf einer sehr formalen Repräsentation.

Zahlen werden im Vorschulalter aber auch noch im Grundschulalter als Ergebnis eines Zählvorganges repräsentiert. Sie geben das Produkt eines Prozesses an. Dies steht in dieser Form der Zahlbereichserweiterung in den höheren Klassenstufen entgegen, da diese Repräsentationsänderung nicht vorgenommen wird. Es erschwert auch die Hinzunahme der Null zu den Zahlen, die von Kindern in einer bestimmten Entwicklungsphase noch abgelehnt wird.

Die Zahlen als Anzahlbestimmung von Mengen – und damit eng mit dem Zählprozess verbunden bzw. durch ihn repräsentiert – stehen kraftvolleren Strategien im Weg. Nicht zuletzt diese Repräsentationsverkürzung stellt das Hauptcharakteristikum von Dyskalkuliekindern dar. Die notwendige Repräsentationsänderung im Grundschulalter (vorzugsweise in den Eingangsklassen) muss zu Längen führen, zur Repräsentation von Zahlen als räumliche Beziehungen (Relationalzahlaspekt). Rechenschwache Kinder zeigen einen anderen Strategiemix als gleichaltrige Mitschülerinnen und Mitschüler, dies allerdings abhängig von der jeweiligen Art der Rechenschwäche.

Die Rechenoperationen werden ebenfalls verkürzt repräsentiert, so etwa die Addition als Mengenvergrößerung; es bedarf einer Umorganisation, die mit der Überführung der Repräsentation von Zahlen als Mengeneigenschaften hin zu Zahlen als Längenbeziehungen einhergeht. So ist der Zählprozess meist an die Finger gebunden, die Zahl aber wird von einem bestimmten Zeitpunkt der Entwicklung verändert als Länge, etwa „Fünf" als Handbreite, repräsentiert, die nun Analogiebildung und Transfers ermöglicht. Die Modalität der Repräsentation kann immer noch enaktiv sein: Im ersten Fall „Hinzutun" (Mengen), im zweiten Fall „Sprung nach rechts" in dem vorgestellten Zahlenraum, für den es nach neuesten Befunden neuronale Grundlagen als Entwicklungsbedingungen im menschlichen Gehirn gibt (Dehaene, 1999). Ähnliches gilt für die Subtraktion: In einer ersten Phase als Rückwärtszählen repräsentiert, dann als Mengenverkleinerung (Wegnehmen), die Analogiebildung auf verschiedene Mengen erlaubt und die schließlich in der Grundschule umorganisiert wird zu „Sprung nach links" (Längen im vorgestellten Zahlenraum).

Dieser Repräsentationswechsel von Mengen hin zu einer Vorstellung der Zahlen als „mental number line" stellt eine zentrale numerische Struktur im Sinne zentraler Begriffsstrukturen dar. Gelingt Kindern dieser Repräsentationswechsel nicht, d.h. bleiben sie bei der Repräsentation von Zahlen als Zählworte, dann wird der weitere Lernprozess gestört und es entwickelt sich eine Rechenschwäche. Dies erklärt die häufigste Symptomatik rechenschwacher Kinder, beim zählenden Rechnen zu verbleiben.

Dies bedeutet für den Mathematikunterricht, dass die Betonung nicht auf der Vermittlung von Repräsentationen, die Erwachsene verwenden, liegen muss, sondern auf der Veränderung der kindlichen Repräsentationen. Interventionsstudien hierzu bestätigen diese Annahme und zeigen einen signifikanten Leistungsvorsprung in diesen Klassen gegenüber einer Vergleichsgruppe.

Dies hat Auswirkungen auf die diagnostische Kompetenz, die von den Lehrkräften gefordert wird, denn eine individuelle Hilfe bei rechenschwachen Kindern ist nur auf der Basis der Kenntnis ihrer aktuellen Repräsentationen und der damit verbundenen Strategien möglich. Erst damit lässt sich eine Veränderung des Zahlenverständnisses bewirken, wie die „New Zealand numeracy initiative" zeigte.

Theoretisch interessant erscheint in diesem Zusammenhang, dass man den Übergang von prozeduralem in deklaratives Wissen auch als Repräsentationswechsel interpretieren und dementsprechende unterrichtliche Hilfen geben kann.

1.2.7 Konsequenzen für den Unterricht und die Förderung bzw. Prophylaxe

Die vorangegangenen Ausführungen haben weitreichende Folgen für den derzeitigen Mathematikunterricht, sowohl für den Umgang mit rechenschwachen als auch für die Betreuung von leistungsnormalen Kindern. Die im Unterricht verwendeten Veranschaulichungsmittel müssen dahingehend überprüft werden, ob sie den menschlichen/kindlichen Denkvoraussetzungen entsprechen bzw. den Aufbau adäquater Repräsentationen unterstützen. Insbesondere ist zu klären, ob sie dem Aufbau eines linearen Zahlenraums in der Vorstellung dienen. Hierbei erweisen sich dann jene Materialien als vorteilhaft, welche die Eigentätigkeit des (rechenschwachen) Kindes fordern und es veranlassen, seine idiosynkratischen Rechenstrategien zu erproben und zu verbessern. In den Niederlanden hat sich die Verwendung des leeren Zahlenstrahls bewährt, der auch in Deutschland mit Erfolg erprobt wird. Inzwischen gibt es auch erprobte Materialien zur Prophylaxe von Rechenschwierigkeiten, die für den Vorschulbereich („Mengen-zählen-Zahlen", Krajewski, Nieding & Schneider, 2007; „Elementar – Erste Grundlagen in Mathematik", Kaufmann & Lorenz, 2008) bzw. für den Grundschulbereich (Kaufmann & Lorenz, 2006, 2007) entwickelt wurden.

Die aktuellen Forschungsansätze sehen in rechenschwachen Schülerinnen und Schülern eine Gruppe, an der in pointierter Weise zu beobachten ist, welche kognitiven Fähigkeiten der Mathematikunterricht fordert bzw. welche Defizite zu Störungen im mathematischen Begriffserwerb führen. Welches Vorwissen ist beispielsweise vorhanden, sperrt sich aber gegen eine Integration in eine neue Repräsentation? Eine Diagnose dieser Fähigkeiten und individuellen Denkweisen ist bereits im Vorschulalter möglich. So sind hemmende Einflussfaktoren früh erkennbar und im Sinne einer Dyskalkulieprophylaxe förderbar.

Eine Dyskalkuliefördering betrifft jene kognitiven Bereiche und unzureichend ausgebildeten Repräsentationen, die das Mathematiklernen erschweren bzw. verhindern. Auch für rechenschwache Lernende reicht das simple Einüben von Algorithmen nicht aus. Hinzukommen muss die begleitende Erkennens- und Entscheidungsleistung (wo, wann und warum welche Strategien). Zu fördern ist darüber hinaus die Fähigkeit, zwischen Repräsentationsformaten zu wechseln und beispielsweise für Rechenoperationen unterschiedliche Formate (handlungsmäßig, sprachlich, bildlich und mathematisch-symbolisch) zur Verfügung zu haben. Erst die breite Darstellungsmöglichkeit beinhaltet das Verständnis der Operation und ihrer Anwendbarkeit in Alltagssituationen.

Da es sich bei der Rechenschwäche um ein schulisches Problem handelt, sollten die Beteiligten, d. h. Eltern, Lehrer und das Kind, unter Mithilfe von Schulpsychologen die geeigneten Fördermaßnahmen selbst entfalten können. Wünschenswert ist dabei eine größere Sensibilität der Lehrperson gegenüber der individuellen Denkweise des betroffenen Kindes und seinen aktuellen Repräsentationen von Zahlen, Zahlbeziehungen und den Rechenoperationen.

Literatur

Aster, M. G. v. (2003). Neurowissenschaftliche Ergebnisse und Erklärungsansätze zu Rechenstörungen. In A. Fritz, G. Ricken & S. Schmidt (Hrsg.), *Handbuch Rechenschwäche – Lernwege, Schwierigkeiten und Hilfen* (S. 163-178). Weinheim: Beltz.

Dehaene, S. (1999). *Der Zahlensinn oder warum wir rechnen können.* Basel: Birkhäuser.

Dornheim, D. (2008). *Prädiktion von Rechenleistung und Rechenschwäche: Der Beitrag von Zahlen-Vorwissen und allgemein-kognitiven Fähigkeiten.* Frankfurt: Lang.

Kaufmann, S. (2003). *Früherkennung von Rechenstörungen in der Eingangsklasse der Grundschule und darauf abgestimmte remediale Maßnahmen.* Frankfurt: Lang.

Kaufmann, S. & Lorenz, J. H. (2006). *Förder- und Diagnose-Box Mathe.* Braunschweig: Schroedel.

Kaufmann, S. & Lorenz, J. H. (2007). *Sachrechenbox 1/2.* Braunschweig: Westermann.

Kaufmann, S. & Lorenz, J. H. (2008). *Elementar – Erste Grundlagen in Mathematik.* Braunschweig: Westermann.

Krajewski, K. (2003). *Vorhersage von Rechenschwäche in der Grundschule.* Hamburg: Kovač.

Krajewski, K. (2008a). Vorschulische Förderung bei beeinträchtigter mathematischer Entwicklung. In J. Borchert, B. Hartke & P. Jogschies (Hrsg.), *Prävention von Behinderungen: Frühe Kindheit, Schul- und Jugendalter* (S. 122–135). Stuttgart: Kohlhammer.

Krajewski, K. (2008b). Prävention der Rechenschwäche. In W. Schneider & M. Hasselhorn (Hrsg.), *Handbuch der Psychologie, Bd. Pädagogische Psychologie* (S. 360–370). Göttingen: Hogrefe.

Krajewski, K., Nieding, G. & Schneider, W. (2007). *Mengen, zählen, Zahlen: Die Welt der Mathematik verstehen (MZZ).* Berlin: Cornelsen.

Krajewski, K. & Schneider, W. (2005a). Vorschulische Mengenbewusstheit von Zahlen und ihre Bedeutung für die Früherkennung von Rechenschwäche. In M. Hasselhorn, H. Marx & W. Schneider (Hrsg.), *Diagnostik von Mathematikleistungen* (S. 49–70). Göttingen: Hogrefe.

Krajewski, K. & Schneider, W. (2005b). Früherkennung von Rechenstörungen. In W. von Suchodoletz (Hrsg.), *Früherkennung von Entwicklungsstörungen. Frühdiagnostik bei motorischen, kognitiven, sensorischen, emotionalen und sozialen Entwicklungsauffälligkeiten* (S. 223–244). Göttingen: Hogrefe.

Krajewski, K. & Schneider, W. (2006). Mathematische Vorläuferfertigkeiten im Vorschulalter und ihre Vorhersagekraft für die Mathematikleistungen bis zum Ende der Grundschulzeit. *Psychologie in Erziehung und Unterricht, 53,* 246–263.

Lorenz, J. H. (2003). Eingangsdiagnostik im Mathematikunterricht. *Grundschule, 35*(5), 14–18.

Lorenz, J. H. (2004). Rechenschwäche. In G. W. Lauth, M. Grünke & J. C. Brunstein (Hrsg.), *Interventionen bei Lernstörungen – Förderung, Training und Therapie in der Praxis* (S. 34–45). Göttingen: Hogrefe.

Lorenz, J. H. (2007). Schulische Diagnostik und Förderung bei Rechenschwäche. In G. Schulte-Körne (Hrsg.), *Legasthenie und Dyskalkulie: Aktuelle Entwicklungen in Wissenschaft, Schule und Gesellschaft* (S. 389–398). Bochum: Winkler.

Lorenz, J. H. (2008a). Diagnose und Förderung zum Schulanfang. *Grundschulunterricht Mathematik, 3/2008,* 4–7.

Lorenz, J. H. (2008b). Diagnose und Förderung von Kindern in Mathematik – ein Überblick. In F. Hellmich & H. Köster (Hrsg.), *Vorschulische Bildungsprozesse in Mathematik und Naturwissenschaften* (S. 29–44). Bad Heilbrunn: Klinkhardt.

Luit, J. E. H. v., Rijt, B. A. M. v. d. & Hasemann, K. (2001). *Osnabrücker Test zur Zahlbegriffsentwicklung.* Göttingen: Hogrefe.

Stern, E. (2003). Früh übt sich: Neuere Ergebnisse aus der LOGIK-Studie zum Lösen mathematischer Textaufgaben in der Grundschule. In A. Fritz, G. Ricken & S. Schmidt (Hrsg.), *Handbuch Rechenschwäche – Lernwege, Schwierigkeiten und Hilfen* (S. 116–130). Weinheim: Beltz.

1.3 Orientierungspläne Mathematik für den Elementarbereich – ein Überblick

Andrea Peter-Koop

1.3.1 Hintergrund der Entwicklung von Orientierungsplänen

Bereits im Kindergartenalter entwickeln sich entscheidende Vorläuferfähigkeiten für die späteren schulischen Lernprozesse (Faust-Siehl, 2001). Dies gilt insbesondere auch für den Lernbereich Mathematik. Dabei kommt – noch unabhängig von jeweiligen pädagogischen Konzepten – dem bloßen Besuch einer Kindertagesstätte eine erhebliche Bedeutung zu. So belegt u. a. die PISA-Studie 2003 (Ehmke, Siegle & Hohensee, 2005) einen signifikanten Zusammenhang zwischen der Dauer des Kindergartenbesuchs und späteren Schulleistungen am Ende der Sekundarstufe:

> Der *Besuch einer Vorschuleinrichtung* liefert für den Kompetenzerwerb einen bedeutsamen Vorhersagebeitrag. Kinder, die weniger als ein Jahr lang eine Vorschuleinrichtung besucht haben, erreichen um 35 Kompetenzpunkte geringere Werte als Jugendliche, die eine längere Vorschulförderung erfahren haben. Dies bestätigt die bereits in PISA und IGLU festgestellten Befunde. (Ehmke et al., 2005, S. 250)

Vor dem Hintergrund der Befunde internationaler Vergleichsstudien wurde 2002 in einem Beschluss der Jugendministerkonferenz „Bildung fängt im frühen Kindesalter an" die Bedeutung des Bildungsauftrags der Kindertageseinrichtungen hervorgehoben:

> Die Jugendministerkonferenz teilt die Auffassung des 11. Kinder- und Jugendberichtes der Bundesregierung, dass Kindertagesstätten nicht allein als Spielraum zu verstehen sind und sich auch der Bildung im ganzheitlichen Sinne widmen müssen. [...] Sie will mit diesem Beschluss den Stellenwert frühkindlicher Bildungsprozesse und die Bildungsleistungen der Tageseinrichtungen hervorheben und – angesichts der neuen Herausforderung an die Förderung von Kindern – zugleich die Notwendigkeit einer neuen Bildungsoffensive betonen. (Jugendministerkonferenz, 2002, S. 1–2)

In der Folge wurden in allen Bundesländern Bildungs- und Orientierungspläne für vorschulische Einrichtungen entwickelt.

1.3.2 Bildungsförderung im Vorschulalter – ein Rückblick

Die aktuell zu beobachtende bildungspolitische Zuwendung zur vorschulischen Bildung und Erziehung ist keineswegs ein neues Phänomen. So betont z. B. Wogatzki bereits 1972 in einem Aufsatz über Ansätze und Modelle einer revidierten Vorschulförderung in Niedersachsen, „daß es sich niemand mehr ernstlich leisten kann, die Vorschulerziehung aus der Bildungsdiskussion auszuklammern" (S. 94). Begründet wurden diesbezügliche Reformbestrebungen mit der besonderen Bedeutung des Vorschulalters für eine optimierte Intelligenz- und Begabungsentwicklung, mit der Notwendigkeit zur Weckung und Förderung von Begabungsreserven und der Verpflichtung, soziokulturell benachteiligten Kindern zu helfen – Argumente, die auch heute noch entsprechend angeführt werden. In Bezug auf das frühe Mathematiklernen waren praktische Ansätze der Förderung eng verbunden mit der stark strukturbezogenen „Neuen Mathematik". Mathematische Früherziehung unterlag häufig einer strengen Systematik und war i.W. rein *pränumerisch* ausgerichtet (vgl. Dienes & Lunkenbein, 1972; Neunzig, 1972). Entsprechende Forschungs- und Versuchsprojekte dieser Zeit wären ohne den Einfluss der Arbeiten von Zoltan Dienes und seiner Mitarbeiter nicht denkbar gewesen, wie Radatz, Rickmeyer und Bauersfeld (1972) betonen:

> Mehr als Dreiviertel der Versuchskurse benutzen *Dienes*-Material bzw. -Methoden, so daß die überwiegende Mehrheit der Versuche sehr wahrscheinlich ohne Z. P. Dienes nicht entstanden wäre. Die wachsende Einsicht in die Bedeutung kompensatorischer Erziehung der Drei- bis Siebenjährigen und das Streben nach einer Modernisierung des Mathematikunterrichts allein hätten wohl schwerlich ausgereicht. (Radatz et al., 1972, S. 230)

Das schnelle Verschwinden vieler diesbezüglicher Ansätze und Projekte in den 1980er Jahren führt Royar (2007) auf den Gegensatz zwischen großen Zielen und hohem Anspruch auf der einen und mühsamer Kleinarbeit und wenig allgemeiner Akzeptanz für die Methoden auf der anderen Seite zurück (zum Scheitern der Neuen Mathematik siehe Besuden, 2007). Kritik am strukturbezogenen Ansatz der mathematischen Frühförderung betraf vor allem das verschulte Vorgehen, das nicht an Alltags- und Spielerfahrungen der Kinder gebunden war. Im Gegensatz zu den verschulten und streng pränumerisch ausgerichteten Konzepten der 1960er und 1970er Jahre betonen gegenwärtige forschungsbezogene Ansätze und bildungspolitische Vorgaben vielfach *inhaltlich* die Auseinandersetzung mit Zahlen und Zählen sowie *methodisch* einen engen Alltags- und Spielbezug vorschulischer mathematischer Förderung: „Vielmehr ist es für das mathematische Grundverständnis wichtig, dass die Mädchen und Jungen in unterschiedlichen Situationen im Alltag und im Spiel angeregt werden, Mengen zu erfassen und zu vergleichen [...] Dabei wird mit zunehmendem Alter der Kinder auch das Zählen angebahnt und durch Spiele und Abzählreime eingeübt." (Niedersächsisches Kultusministerium, 2005, S. 24–25)

Grundlage für diese Zuwendung zu numerischen Kompetenzen sind neuere wissenschaftliche Erkenntnisse und Modelle zur Zahlbegriffsentwicklung (siehe dazu das Kapitel 1.1 von Krajewski, Grüßing & Peter-Koop, in diesem Band).

1.3.3 Unterschiedliche Konzepte, Inhalte und Methoden in den Vorgaben der einzelnen Bundesländer

Bei einer Gegenüberstellung der individuellen Bildungs- und Orientierungspläne der Länder[1] fällt die Divergenz der entsprechenden Dokumente unmittelbar ins Auge. Laut Diskowski (2004) verweisen bereits die Titel auf ihre Unterschiedlichkeit und „repräsentieren fast die gesamte denkbare Breite: der Bayerische Bildungs- und Erziehungsplan, das Berliner Bildungsprogramm, die Brandenburger Grundsätze, die Nordrhein-Westfälische Vereinbarung und die Rheinland-Pfälzischen Empfehlungen" (S. 89). Auch die Bedeutung des Lernbereichs Mathematik im Rahmen der vorschulischen Bildung wird offenbar sehr unterschiedlich eingeschätzt. Während man in den Inhaltsverzeichnissen der Orientierungspläne von Baden-Württemberg, Bremen und Nordrhein-Westfalen vergeblich nach dem Begriff Mathematik sucht,[2] ist in den Dokumenten der Länder Berlin, Hamburg, Hessen, Mecklenburg-Vorpommern, Niedersachsen, Saarland, Sachsen-Anhalt und Thüringen explizit ein Bildungsbereich Mathematik ausgewiesen.[3] In den Plänen von Bayern, Brandenburg, Rheinland-Pfalz und Schleswig-Holstein ist Mathematik Teil des Lernbereichs „Mathematik und Naturwissenschaft" bzw. „Mathematik, Naturwissenschaft, Technik". Hier unterscheiden sich die einzelnen Dokumente aber deutlich hinsichtlich ihres Umfangs. Während der mathematischen Bildung im Bayerischen Bildungs- und Erziehungsplan immerhin 21 Seiten gewidmet sind, umfassen die Ausführungen zur Mathematik in den anderen drei Dokumenten lediglich zwei bzw. drei Seiten. Auch in den übrigen Ländern schwankt der Umfang zwischen zwei und 16 Seiten.

Nur in knapp der Hälfte der vorliegenden Pläne wird zudem in meist knapper Form ein theoretischer Hintergrund dargestellt – allerdings auch hier in unterschiedlicher Qualität. Zum Teil sind die Ausführungen auf einzelne Handlungsansätze beschränkt oder verfolgen eine eher fragwürdige Systematik (vgl. Royar, 2007). Auffällig ist ferner, dass ein fachlicher Hintergrund nur in einigen wenigen Plänen durchscheint. Problematisch erscheint in diesem Zusammenhang der teilweise falsche bzw. missverständliche Gebrauch mathematischer Fachbegriffe wie „Menge" oder „Operation". Erkennbar umfangreich wissenschaftlich begleitet sind zudem lediglich die bayerischen und hessischen Bildungspläne.

Unterschiede ergeben sich weiterhin in Bezug auf die Adressaten, die Inhalte und Ziele sowie auch auf die propagierten Methoden. Während sich die meisten Do-

---

1 Eine Übersicht mit den Links zu den Plänen aller 16 Bundesländer findet sich auf dem deutschen Bildungsserver unter der Adresse http://bildungsserver.de/zeigen.html?Seite=2027 (Zugriff am 15.05.2009)
2 Im baden-württembergischen Orientierungsplan ist Mathematik im „Bildungs- und Entwicklungsfeld: Denken" enthalten.
3 Auch hier unterscheiden sich im Einzelnen die genauen Bezeichnungen: „mathematische Grunderfahrungen", „mathematisches Grundverständnis", „mathematische Bildung", „elementares mathematisches Denken".

kumente auf die institutionelle vorschulische Bildung in Kindertageseinrichtungen beziehen, umfassen die Vorlagen von Hessen und Thüringen mit dem Altersbereich 0–10 Jahre auch die Grundschulzeit. Der Bildungsplan des Landes Sachsen richtet sich explizit an pädagogische Fachkräfte in Krippen, Kindergärten und Horten sowie an die Tagespflege. Zudem wird im Vorwort zum hessischen Bildungsplan explizit ein Kerngedanke der Bemühungen um die vorschulische Bildung herausgestellt, der den meisten Plänen zugrundeliegt. Betont wird, dass das Kind – und nicht allein die Institution – in den Mittelpunkt tritt und in diesem Zusammenhang eine enge Zusammenarbeit von Kindergarten, Grundschule und Elternhaus angestrebt wird.

Positiv zu bewerten ist ferner sicherlich, dass (mit Ausnahme des Bremer Rahmenplans und der Bildungsvereinbarung Nordrhein-Westfalens, die grundsätzlich keine Angaben zur Mathematik machen) keines der Dokumente inhaltlich auf den pränumerischen Bereich beschränkt bleibt wie noch schwerpunktmäßig in den 1960er und 1970er Jahren (siehe oben). In allen Bildungsplänen finden sich bezüglich der inhaltlichen Arbeit Hinweise auf die Entwicklung von Mengenvorstellungen und Zahlenverständnis sowie Zählfertigkeiten – zumindest in Bezug auf einen dieser genannten Bereiche. Allerdings wird die Bedeutung diesbezüglicher Kompetenzen als Vorläuferfähigkeiten für das schulische Mathematiklernen vor dem Hintergrund aktueller Forschungsbefunde nicht näher erläutert. Lediglich in der aktuellen Fassung des Hessischen Bildungs- und Erziehungsplans (Stand Dezember 2007) erfolgt ein Hinweis auf die besondere Bedeutung des Aufbaus von Mengenverständnis und der damit verbundenen Zahlen- und Zählkompetenz im Rahmen eines vorschulischen Bildungskonzepts.

Ferner sind die den einzelnen Dokumenten zu Grunde liegenden methodischen Zugänge durchaus heterogen und reichen von mehrheitlich spiel- und alltagsbezogenen mathematischen Erfahrungen und Aktivitäten bis hin zu einem eher verschulten Ansatz im Sinne eines Lehrgangskonzepts im „Rahmenplan für die zielgerichtete Vorbereitung von Kindern auf die Schule" in Mecklenburg-Vorpommern.

Insgesamt ist jedoch festzustellen, dass die Mehrzahl der 16 Dokumente hinsichtlich ihres fachlich-theoretischen Hintergrunds sowie ihrer Ziele, Inhalte, Methoden und konkreten Handlungsansätze eher oberflächlich und unverbindlich ausfallen. Für die verantwortlichen pädagogischen Fachkräfte (die ja in der Regel bislang meist nicht speziell mathematikdidaktisch ausgebildet sind) ist die Oberflächlichkeit und fachliche Beziehungslosigkeit vieler Bildungspläne sicherlich wenig hilfreich für ihre praktische Arbeit. Royar (2007) stellt in diesem Zusammenhang fest:

> Ein einheitliches Bildungskonzept für die Mathematik im vorschulischen Bereich ist bislang nicht zu erkennen. Der „gemeinsame Rahmen" hat bisher nicht dazu beigetragen, ein solches zu entwickeln. Ob sich die Hoffnung erfüllt, aus nebeneinander stehenden Bildungsplänen im Laufe der Zeit nach einem Auswahlverfahren gemäß der „Best Practice" einem gemeinsamen und wirkungsvollen Plan näher zu kommen, mag die Zukunft weisen. (Royar, 2007, S. 45–46)

In diesem Zusammenhang sei daher auf das Projekt „Natur-Wissen schaffen" der Deutsche Telekom-Stiftung an der Universität Bremen hingewiesen. Mit dem Ziel, eine einheitliche und umfassende Grundlage für die vorschulische mathematische Bildung für pädagogische Fachkräfte in allen 16 Bundesländern bereit zu stellen, wurde eine Handreichung zur mathematischen Bildung entwickelt (Fthenakis, Schmitt, Daut, Eitel & Wendell, 2009). Ausgehend von den Zielen mathematischer Bildung und den Prinzipien der Bildung im Elementarbereich werden u. a. entwicklungspsychologische Grundlagen erläutert sowie konkrete vorschulische Bildungsziele im Bereich Mathematik formuliert und anhand von Projektbeispielen illustriert.

1.3.4 Orientierungspläne für die vorschulische Bildung – ein Fazit

Grundsätzlich ist zu betonen, dass aus pädagogischer, fachdidaktischer wie bildungspolitischer Sicht ein Bekenntnis zur vorschulischen (mathematischen) Bildung und ein diesbezüglicher Bildungsauftrag vorschulischer Institutionen im Rahmen von Orientierungsplänen in allen 16 Bundesländern zu begrüßen ist. Die Bildungs- bzw. Orientierungspläne sind die Voraussetzung für eine institutionell verankerte Kontinuität und Kohärenz in Bezug auf die Auseinandersetzung mit mathematischen Inhalten und die Anschlussfähigkeit von Bildungsprozessen von der frühen Kindheit bis ins Erwachsenenalter. Angesichts der Bedeutung von Vorläuferfähigkeiten für den Erfolg in Bezug auf das schulische Mathematiklernen in der Grundschule und darüber hinaus (vgl. dazu die Kapitel 1.1 und 1.2, in diesem Band) kommt der Zeit des Übergangs vom Kindergarten zur Grundschule für die individuelle (mathematische) Bildungsbiografie eine bedeutende Rolle zu. Durch vorschulische Bemühungen und die individuelle Unterstützung von Kindern bei der Entwicklung mathematischer Vorläuferfähigkeiten und Kompetenzen besteht die Chance, später in der Schule auftretenden Schwierigkeiten beim Mathematiklernen präventiv zu begegnen. In diesem Sinne wäre es wünschenswert, wenn die Bildungspläne die Entwicklung von Vorläuferfähigkeiten stärker in den Blick nehmen und die Bedeutung des Übergangs vom Kindergarten zur Grundschule für den individuellen (mathematischen) Lernerfolg deutlicher thematisieren würden.

Literatur

Besuden, H. (2007). Hat die „Neue Mathematik" zur mathematischen Bildung beigetragen? In A. Peter-Koop & A. Bikner-Ahsbahs (Hrsg.), *Mathematische Bildung – Mathematische Leistung* (S. 35–49). Hildesheim: Franzbecker.

Dienes, Z. & Lunkenbein, D. (1972). Zur Einführung von Kindern in mathematische Grundbegriffe. Ergebnisse neuerer Forschungen und Versuche am Psychomathematischen Forschungszentrum der Universität Sherbrooke. In E. Schmalohr &

K. Schüttler-Janikulla (Hrsg.), *Bildungsförderung im Vorschulalter. Zur Reform der Vorschulerziehung Bd. 1* (S. 219–228). Oberursel: Finken.

Diskowski, D. (2004). Das Ende der Beliebigkeit? Bildungspläne für den Kindergarten. In D. Diskowski (Hrsg.), *Lernkulturen und Bildungsstandards. Kindergarten und Schule zwischen Vielfalt und Verbindlichkeit* (S. 75–105). Baltmannsweiler: Schneider Hohengehren.

Ehmke, T., Siegle, T. & Hohensee, F. (2005). Soziale Herkunft und Ländervergleich. In PISA-Konsortium Deutschland (Hrsg.), *PISA 2003. Der zweite Vergleich der Länder in Deutschland – Was wissen und können Jugendliche?* (S. 235–268). Münster: Waxmann.

Faust-Siehl, G. (2001). Konzept und Qualität im Kindergarten. In G. Faust-Siehl & A. Speck-Hamdan (Hrsg.), *Schulanfang ohne Umwege* (S. 53–79). Frankfurt/Main: Arbeitskreis Grundschule.

Fthenakis, W. E., Schmitt, A., Daut, M., Eitel, A. & Wendell, A. (2009). *Natur-Wissen schaffen. Band 2: Frühe mathematische Bildung*. Troisdorf: Bildungsverlag EINS.

Jugendministerkonferenz (2002). *Bildung fängt im frühen Kindesalter an. Beschluss vom 6./7. Juni 2002*. (http://www.brandenburg.de/sixcms/media.php/1222/beschl_top4_062002.pdf, (Zugriff am 15.05.2009).

Neunzig, W. (1972). *Mathematik im Vorschulalter: Praktische Vorschläge zu einer mathematischen Früherziehung für Kindergärtnerinnen, Sozialpädagogen, Eltern und Lehrer*. Freiburg: Herder.

Niedersächsisches Kultusministerium (2005). *Orientierungsplan für Bildung und Erziehung im Elementarbereich niedersächsischer Tageseinrichtungen*. Hannover: Niedersächsisches Kultusministerium.

Radatz, H., Rickmeyer, K. & Bauersfeld, H. (1972). Mathematik im frühen Kindesalter. Überblick über Forschungs- und Versuchsprojekte in der Bundesrepublik Deutschland. In E. Schmalohr & K. Schüttler-Janikulla (Hrsg.), *Bildungsförderung im Vorschulalter. Zur Reform der Vorschulerziehung Bd. 1* (S. 229–237). Oberursel: Finken.

Royar, T. (2007). Mathematik im Kindergarten. Kritische Anmerkungen zu den neuen „Bildungsplänen" für Kindertageseinrichtungen. *mathematica didactica, 30*(1), 29–48.

Staatsinstitut für Frühpädagogik München (2006). *Der Bayerische Bildungs- und Erziehungsplan für Kinder in Tageseinrichtungen bis zur Einschulung*. Weinheim: Beltz.

Wogatzki, R. (1972). Ansätze und Modelle einer revidierten Vorschulförderung im Lande Niedersachsen. In E. Schmalohr & K. Schüttler-Janikulla (Hrsg.), *Bildungsförderung im Vorschulalter. Zur Reform der Vorschulerziehung Bd. 1* (S. 94–109). Obcrursel: Finken.

1.4 Mathematische Kompetenzentwicklung zwischen Elementar- und Primarbereich: Zusammenfassung und Forschungsdesiderata

Meike Grüßing

Kinder erwerben bereits im frühesten Kindesalter mathematische Basiskompetenzen. Seit einigen Jahren wendet sich die entwicklungspsychologische und mathematikdidaktische Forschung verstärkt diesen informellen mathematischen Lernprozessen zu und konnte inzwischen die Bedeutung früher mathematischer Kompetenzen für das schulische Mathematiklernen nachweisen (z. B. Krajewski & Schneider, 2006). Auch in der Bildungspolitik wird vor dem Hintergrund dieser Ergebnisse sowie der Befunde internationaler Vergleichsstudien der Bildungsauftrag der Kindertageseinrichtungen im Elementarbereich betont. In den seit 2002 entwickelten Bildungs- und Orientierungsplänen für den Elementarbereich wird entsprechend die frühe mathematische Bildung explizit hervorgehoben.

In diesem Kontext stellt sich die Frage nach Modellen der Entwicklung mathematischer Basiskompetenzen sowie nach Möglichkeiten der Begleitung und Unterstützung dieses Kompetenzerwerbs. Eine besondere Herausforderung stellt dabei der Übergang vom Elementarbereich in den Primarbereich dar, da hier zwei unterschiedlich organisierte Bildungsinstitutionen mit unterschiedlichen Bildungsaufträgen aufeinandertreffen. Die Beiträge dieses Kapitels thematisieren zentrale Aspekte des Mathematiklernens im Elementarbereich sowie im Übergang in die Primarstufe

Im ersten Beitrag geben Kristin Krajewski, Meike Grüßing und Andrea Peter-Koop einen Einblick in die bisherigen Forschungsbefunde zur Entwicklung mathematischer Kompetenzen bis zum Beginn der Grundschulzeit. Während in einigen Inhaltsbereichen, wie z. B. „Muster und Strukturen" oder „Daten und Wahrscheinlichkeit", auch international ein Mangel an empirischen Studien festgestellt wird (vgl. auch Clements & Sarama, 2007), liegen im Bereich „Mengen, Zahlen und Operationen" bereits umfangreiche empirische Befunde vor. Vor dem Hintergrund verschiedener Forschungsergebnisse zur Entwicklung von Fähigkeiten im Umgang mit Mengen und Zahlen wird ein Entwicklungsmodell früher mathematischer Kompetenzen (vgl. Krajewski, 2008) dargestellt. Dieses Modell beschreibt ausgehend von der Verknüpfung von Zählfertigkeiten mit dem Verständnis von Mengen und Mengenoperationen den Erwerb früher Mengen-Zahlen-Kompetenzen über drei Ebenen. Die Bedeutung der beschriebenen Mengen-Zahlen-Kompetenzen für das spätere schulische Mathematiklernen konnte in den letzten Jahren in verschiedenen Langzeitstudien empirisch nachgewiesen werden. Insbesondere wird die Bedeutung im Rahmen der Früherkennung auffälliger Mathematikleistungen diskutiert. Diese Ergebnisse stützen gleichzeitig die Forderung nach geeigneten Konzepten für die frühe Förderung. Die verschiedenen Ansätze stehen dabei in einem Spannungsfeld zwischen gezielter Förderung von Vorläuferfähigkeiten und einem aktivitätsorientierten Ansatz ausgehend von mathematisch reichhaltigen Spiel- und Alltagssituationen.

Jens Holger Lorenz greift im zweiten Abschnitt dieses Kapitels das Problem der Diagnose und Prävention von Rechenschwäche als Herausforderung im Elementar- und Primarbereich auf. Dabei werden zum einen die besonderen Voraussetzungen und Bedürfnisse rechenschwacher Schülerinnen und Schüler in den Blick genommen. Zum anderen zeigen die Ergebnisse von Studien mit rechenschwachen Schülerinnen und Schülern in pointierter Weise die Bedingungen der mathematischen Kompetenzentwicklung auf. Obwohl noch ein Mangel an Längsschnittstudien vorliegt, lässt sich bereits konstatieren, dass sich defizitäre Entwicklungen in den mathematischen Basiskompetenzen bereits sehr früh manifestieren und häufig im Laufe der gesamten Schulzeit erhalten bleiben. Diese Befunde legen somit die Durchführung von möglichst frühzeitigen Interventions- und Präventionsmaßnahmen nahe.

Grundlage für kompetentes Rechnen im Kopf ist die Ausbildung der Vorstellung eines Zahlenraums, in dem Zahlbeziehungen abgebildet sind. Als Modell zur Erklärung des Mathematiklernens zieht Lorenz das Triple-Code-Modell von Dehaene (1999) heran. Das Erlernen arithmetischer Zusammenhänge und das Rechnen erfordern demnach eine Vielzahl von unterschiedlichen, zusammenwirkenden Komponenten. In einem Projekt zur Früherkennung von Rechenstörungen stellten sich insbesondere die visuell-räumlichen Komponenten als bedeutsam für den künftigen Schulerfolg heraus.

Als Hauptprädiktor für die Rechenleistung konnte in einer Studie von Dornheim (2008) das in einem Modell näher beschriebene Zahlen-Vorwissen im Vorschulalter identifiziert werden. Ergänzt durch weitere Komponenten konnte die Sensitivität der Vorhersage so weit verbessert werden, dass 80 % der „Risikokinder" im Vorschuljahr erfasst werden konnten. Störungen bleiben in der alltäglichen Praxis jedoch oft unerkannt. Lorenz plädiert daher für eine geeignete Diagnostik bei Eintritt in die Grundschule, die sich den kritischen kognitiven Bereichen widmet und aus der sich auch entsprechende Fördermaßnahmen ableiten lassen. Er weist darauf hin, dass aufgrund der hierarchischen Struktur der Arithmetik, in der anfängliche Lernprobleme sich leicht zu gravierenden Wissenslücken auswachsen können, die Prognose umso günstiger ist, je früher eine angemessene Förderdiagnostik durchgeführt wird.

Der dritte Abschnitt thematisiert schließlich die institutionellen Rahmenbedingungen des Mathematiklernens im Elementarbereich. Hier gibt Andrea Peter-Koop einen Überblick über die Bildungspläne der verschiedenen Bundesländer für den Elementarbereich. Mit Bezug auf die Bildungsdiskussion und die Befunde internationaler Vergleichsstudien wurde in einem Beschluss der Jugendministerkonferenz (2002) die Bedeutung des Bildungsauftrags der Kindertageseinrichtungen hervorgehoben. Im Anschluss wurden in allen Bundesländern Bildungs- und Orientierungspläne für vorschulische Einrichtungen entwickelt. Alle Bildungspläne gehen über den pränumerischen Bereich, in dem in den 1960er und 1970er Jahren noch schwerpunktmäßig gearbeitet wurde, hinaus. Im Einklang mit neueren Forschungsergebnissen wird bezüglich der inhaltlichen Arbeit vor allem die Entwicklung von Mengenvorstellungen und Zahlenverständnis betont. Eine genauere Analyse der Bildungs- und Orientierungspläne zeigt jedoch, dass die Mehrzahl der 16 Dokumente hinsichtlich ihres fachlich-theoretischen Hintergrunds sowie ihrer Ziele, Inhalte, Methoden und konkreten Handlungsansätze eher oberflächlich und unverbindlich ausfällt. Für die praktische Arbeit der pädagogischen Fachkräfte an Kindertagesstätten, deren Ausbildung in der Regel kaum mathematikdidaktische Anteile enthält, wäre jedoch ein differenziertes, fachlich und fachdidaktisch fundiertes Dokument wünschenswert. Insbesondere können die Bildungs- und Orientierungspläne als Voraussetzung für eine institutionell verankerte Kontinuität und Kohärenz in Bezug auf die Auseinandersetzung mit mathematischen Inhalten und die Anschlussfähigkeit von Bildungsprozessen von der frühen Kindheit bis ins Erwachsenenalter gesehen werden.

Die drei Abschnitte dieses Kapitels stellen eine Bestandsaufnahme in ausgewählten Aspekten der Entwicklung mathematischer Kompetenzen im Übergang vom Kindergarten zur Grundschule dar. Zusammenfassend lässt sich als zentraler Befund die Bedeutung früher mathematischer Basiskompetenzen für die spätere Mathematikleistung hervorheben. Bereits im deutschsprachigen Raum vorliegende Entwicklungsmodelle zielen vor allem auf die Vorhersage und Prävention von Rechenstörungen im letzten Jahr vor der Einschulung und zeigen damit gleichzeitig wichtige Bedingungen der mathematischen Kompetenzentwicklung auf. Diagnostik und Förderung mathematischer Kompetenzen können als zentrale Aufgabenbereiche von Fachkräften im Elementar- und Primarbereich angesehen werden. Normative Vorgaben wie sie im Rahmen der Bildungsstandards für die Primar- und Sekundarstufe (KMK, 2003, 2004a, b) formuliert sind, liegen für den Elementarbereich bisher nicht vor. Die Bildungspläne haben eher eine orientierende Funktion.

Das Wissen über die mathematische Kompetenzentwicklung von Kindern im Elementarbereich und im Übergang zum Primarbereich ist in vielen Bereichen noch lückenhaft. Um Kinder in ihrer Kompetenzentwicklung optimal begleiten und unterstützen zu können, ist eine tragfähige empirische Forschungsgrundlage nötig. Im Folgenden soll der Forschungsbedarf in einigen zentralen Themenfeldern noch einmal zusammengefasst werden.

Kompetenzmodelle

Ein wesentliches Forschungsdesiderat besteht in der Entwicklung von Kompetenzmodellen. Insbesondere für den Übergang vom Elementar- zum Primarbereich besteht der Bedarf an theoretisch fundierten und empirisch abgesicherten Kompetenzstrukturmodellen, die als Grundlage für die Kompetenzdiagnostik dienen können. Darüber hinaus besteht vor allem ein Bedarf an Kompetenzentwicklungsmodellen. Bisher liegen differenzierte Entwicklungsmodelle für ausgewählte Aspekte wie z. B. Mengen-Zahlen-Kompetenzen vor. Es ist jedoch wünschenswert, für weitere inhalts- und prozessbezogene Komponenten mathematischer Kompetenz Entwicklungsmodelle zu beschreiben, die schließlich eine Grundlage für die adäquate Begleitung und Unterstützung der Lernprozesse von Schülerinnen und Schülern sowie für die individuelle Förderung darstellen können. Indem sie ein Metawissen über Entwicklungsverläufe (vgl. Kretschmann, 2006) bereitstellen, bilden sie darüber hinaus eine Basis für die Entwicklung der professionellen Kompetenz von pädagogischen Fachkräften in Kindertageseinrichtungen und von Lehrkräften. Kompetenzentwicklungsmodelle mit einem spezifischen Fokus auf die Übergangsphasen können eine Grundlage für die Kommunikation und Kooperation zwischen den Fachkräften des Elementar- und Primarbereichs sein.

Prädiktoren der mathematischen Kompetenzentwicklung

Es sind weitere Längsschnittstudien nötig, um die mathematische Kompetenzentwicklung in verschiedenen Bereichen differenziert und über einen längeren Zeitraum zu beschreiben. In den vorliegenden Studien wurden zur Erfassung der Mathematikleistung in der Regel Testinstrumente eingesetzt, die nicht darauf abzielten, mathematische Kompetenz in allen Facetten abzubilden. Aus fachdidaktischer Perspektive besteht daher ein Forschungsdesiderat darin, die Prädiktorwirkung verschiedener Komponenten mathematischer Basiskompetenzen auf die spätere mathematische Kompetenz von Schülerinnen in der Primar- und Sekundarstufe zu untersuchen. Diese sollte durch geeignete Tests erhoben werden, die auf einem theoretisch fundierten Kompetenzstrukturmodell basieren.

Empirisch gesicherte Erkenntnisse über individuelle Prädiktoren für noch zu erwerbende mathematische Kompetenzen sind unverzichtbar, um individuelle Lernschwierigkeiten zu diagnostizieren und damit frühzeitige Interventionen von Erzieherinnen und Erziehern bzw. Lehrkräften zur Verbeugung von mathematischen Kompetenzdefiziten zu ermöglichen.

Speziell für die Beschreibung von Prädiktoren im Elementarbereich ist es dabei sinnvoll, auch die Entwicklung übergreifender Kompetenzen wie die Sprachentwicklung einzubeziehen.

Gestaltung von Lernumgebungen

Ein weiteres Forschungsdesiderat betrifft die Gestaltung von Lernumgebungen. Insbesondere für den Elementarbereich liegen unterschiedliche Konzepte zur Gestaltung von geeigneten Lernumgebungen vor. Diese reichen von eher aktivitätsbezogenen Konzepten ausgehend von mathematisch reichhaltigen Situationen im Alltag und im Spiel bis zu spezifischen Förderprogrammen. In diesem Kontext erscheinen z.B. weitere Interventionsstudien zur Evaluation dieser Konzepte als notwendig. Mit dem Ziel einer kohärenten Gestaltung von Lernumgebungen im Übergang vom Elementar- zum Primarbereich sollte ein besonderes Augenmerk auf die Anschlussfähigkeit z. B. im Hinblick auf eine methodische Vernetzung sowie auf den Aufbau geeigneter Repräsentationen gelegt werden.

Im unmittelbaren Zusammenhang mit den vorher genannten Forschungsschwerpunkten mit einem Fokus auf die individuelle Kompetenzentwicklung der Lernenden stehen weitere forschungs- und praxisrelevante Themenfelder.

Professionelle Kompetenz von Fachkräften an Kindertagesstätten sowie von Lehrerinnen und Lehrern im Anfangsunterricht

Ein besonderes Ziel der Aus- und Weiterbildung von Fachkräften an Kindertagesstätten und von Lehrerinnen und Lehrern im mathematischen Anfangsunterricht sollte es sein, die professionelle Kompetenz im Hinblick auf die Begleitung von frühen mathematischen Lernprozessen zu stärken. Besonders hervorzuheben ist dabei die förderdiagnostische Kompetenz. Zur Verbesserung der Kommunikation und Kooperation von Elementar- und Primarbereich kann auch eine verbesserte Abstimmung der Ausbildung in Bezug auf die Übergangsphasen beitragen.

Beschreibung von kohärenten Bildungsplänen

Eine wesentliche Bedingung für die individuelle Kompetenzentwicklung ist die Kohärenz der Lernangebote. Damit Übergänge für die Lernenden nicht als Bruch erlebt werden, sind in Inhalten und Zielen abgestimmte, kohärente Bildungspläne erforderlich, an denen sich sowohl Erzieherinnen und Erzieher als auch die Lehrkräfte an Grundschulen orientieren können. Diese sollten auf theoretisch und empirisch fundierten übergreifenden Kompetenzentwicklungsmodellen beruhen. Ein abgestimmtes Bildungsverständnis erleichtert darüber hinaus wiederum die Kommunikation und Kooperation von Elementar- und Primarbereich.

In allen genannten Themenfeldern sollte keine zu enge Sichtweise eingenommen werden. Der „Gemeinsame Rahmen der Länder für die frühe Bildung in Kindertageseinrichtungen" (Jugendministerkonferenz, 2004) betont das Prinzip der ganzheitlichen Bildung im Elementarbereich. Die Beschreibung von inhaltlichen Förderschwerpunkten dient der Orientierung. Diese sollten jedoch in der Regel nicht isoliert stehen, sondern in ein Konzept der ganzheitlichen Förderung integriert werden. Gleichzeitig zeigen Forschungsbefunde, dass das Mathematiklernen durch ein komplexes Bedingungsgefüge bestimmt ist. Es ist daher nicht nur in Bezug auf die praktische Arbeit in den Kindertageseinrichtungen sondern auch in Bezug auf zahlreiche Forschungsfragen sinnvoll und notwendig, eine interdisziplinäre Perspektive einzunehmen.

Literatur

Clements, D. H. & Sarama, J. (2007). Early childhood mathematics learning. In F. K. Lester (Ed.), *Second Handbook of Research on Mathematics Teaching and Learning* (pp. 461–555). New York: Information Age Publishing.

Dehaene, S. (1999). *Der Zahlensinn oder warum wir rechnen können.* Basel: Birkhäuser.

Dornheim, D. (2008). *Prädiktion von Rechenleistung und Rechenschwäche: Der Beitrag von Zahlen-Vorwissen und allgemein-kognitiven Fähigkeiten.* Frankfurt: Lang.

Jugendministerkonferenz (2002). *Bildung fängt im frühen Kindesalter an. Beschluss vom 6./7. Juni 2002.* Zugriff am 15.05.2009 über http://www.brandenburg.de/sixcms/media.php/1222/beschl_top4_062002.pdf.

Jugendministerkonferenz (2004). *Gemeinsamer Rahmen der Länder für die frühe Bildung in Kindertageseinrichtungen. Beschluss vom 13./14.05.2004.* Zugriff am 17.06.2009 über http://www.mbjs.brandenburg.de/media/lbm1.a.1222.de/rahmen_052004.pdf.

Krajewski, K. (2008). Vorschulische Förderung mathematischer Kompetenzen. In F. Petermann & W. Schneider (Hrsg.), *Enzyklopädie der Psychologie, Reihe Entwicklungspsychologie, Bd. 7 Angewandte Entwicklungspsychologie* (S. 275–304). Göttingen: Hogrefe.

Krajewski, K., Grüßing, M. & Peter-Koop, A. (2009). Die Entwicklung mathematischer Kompetenzen bis zum Beginn der Grundschulzeit. In A. Heinze & M. Grüßing (Hrsg.), *Mathematiklernen vom Kindergarten bis zum Studium – Kontinuität und Kohärenz als Herausforderung für den Mathematikunterricht.* Münster: Waxmann.

Krajewski, K. & Schneider, W. (2006). Mathematische Vorläuferfertigkeiten im Vorschulalter und ihre Vorhersagekraft für die Mathematikleistungen bis zum Ende der Grundschulzeit. *Zeitschrift für Psychologie in Erziehung und Unterricht,* 53, 246–262.

Kultusministerkonferenz (KMK) (2003). *Bildungsstandards im Fach Mathematik für den mittleren Schulabschluss.* Bonn: KMK.

Kultusministerkonferenz (KMK) (2004a). *Bildungsstandards im Fach Mathematik für die Jahrgangsstufe 4 (Primarstufe).* Bonn: KMK.

Kultusministerkonferenz (KMK) (2004b). *Bildungsstandards im Fach Mathematik für den Hauptschulabschluss nach Klasse 9.* Bonn: KMK.

Lorenz, J. H. (2009). Diagnose und Prävention von Rechenschwäche als Herausforderung im Elementar- und Primarbereich. In A. Heinze & M. Grüßing (Hrsg.), *Mathematiklernen vom Kindergarten bis zum Studium – Kontinuität und Kohärenz als Herausforderung für den Mathematikunterricht.* Münster: Waxmann.

Peter-Koop, A. (2009). Orientierungspläne Mathematik für den Elementarbereich – ein Überblick. In A. Heinze & M. Grüßing (Hrsg.), *Mathematiklernen vom Kindergarten bis zum Studium – Kontinuität und Kohärenz als Herausforderung für den Mathematikunterricht.* Münster: Waxmann.

2 Vom Primarbereich in den Sekundarbereich: Der Aufbau anschlussfähiger mathematischer Kompetenzen

Der Eintritt in die Primarstufe ist gekennzeichnet durch den Übergang vom Mathematiklernen in eher informellen Kontexten zu einem systematischen Mathematiklernen in einem formalen schulischen Kontext. Als ein wesentliches Ziel des Mathematikunterrichts in der Primarstufe kann vor allem der Aufbau anschlussfähiger mathematischer Kompetenzen angesehen werden, die eine tragfähige Basis für den Mathematikunterricht der Sekundarstufe bilden. Ein normativer Rahmen für die Kompetenzentwicklung in der Primarstufe ist dabei durch die Bildungsstandards Mathematik für die Jahrgangsstufe 4 gegeben. Differenzierte Beschreibungen der tatsächlichen Kompetenzentwicklung von Grundschulkindern liegen bisher allenfalls in Ansätzen vor.

Entsprechend gehen Stefan Ufer, Kristina Reiss und Aiso Heinze im ersten Beitrag dieses Kapitels detaillierter auf Fragen der Struktur und der Entwicklung mathematischer Kompetenz in der Primarstufe ein. Nach einer Diskussion von vorhandenen empirischen Studien zur Kompetenzentwicklung in der Primarstufe stellen sie ein Kompetenzstrukturmodell vor, das im Rahmen des Projekts BIGMATH entwickelt, für die Jahrgangsstufen 2, 3 und 4 konkretisiert und schließlich empirisch evaluiert wurde.

Der zweite Beitrag von Stefan Ufer thematisiert speziell die Übergangsphase von der Primarstufe in die Sekundarstufe. Dass diese Phase eine Herausforderung darstellt, zeigen empirische Studien zu schulbezogenen Einstellungen und Emotionen: Die Schülerinnen und Schüler nehmen den Übergang häufig als ein einschneidendes Lebensereignis wahr. Über zentrale Fragen im Bereich des fachspezifischen Lernens weiß man jedoch aus empirischer Sicht bisher wenig. Ufer stellt in einem Überblick bereits vorliegende Ergebnisse zur mathematischen Kompetenzentwicklung im Übergang vor und zeigt daran anknüpfend weiteren Forschungsbedarf auf.

Eine besondere Herausforderung des Mathematikunterrichts in der Grundschule ist auch der Umgang mit Heterogenität. Im dritten Beitrag dieses Kapitels widmet sich Marianne Nolte der Gruppe von hochbegabten Schülerinnen und Schülern. Für diese ist eine besondere Förderung anzustreben, in der vor allem motivationale und emotionale Aspekte berücksichtigt werden sollten. Eine Grundlage für einen solchen kompetenzfördernden Unterricht bilden herausfordernde Aufgabenstellungen, die insbesondere auch prozessbezogene mathematische Kompetenzen ansprechen.

Kristina Reiss fasst am Ende des Kapitels die dargestellten Erkenntnisse zusammenfasst und verweist auf Desiderata der bisherigen Forschung. Im Vordergrund stehen hier vor allem die Entwicklung empirisch geprüfter Kompetenzentwicklungsmodelle, die Analyse von Kompetenzverläufen beim Übergang in die Sekundarstufe sowie die empirische Untersuchung von Lernumgebungen, die der Heterogenität der Schülerinnen und Schüler gerecht wird.

2.1 BIGMATH – Ergebnisse zur Entwicklung mathematischer Kompetenz in der Primarstufe

Stefan Ufer, Kristina Reiss und Aiso Heinze

2.1.1 Einführung

Die von der Kultusministerkonferenz (2003, 2004a, 2004b) beschlossenen Bildungsstandards für den Mathematikunterricht sind nicht nur in der Richtung wegweisend, dass sie einheitliche Inhalte und Ziele für alle Länder der Bundesrepublik Deutschland benennen. Ein wesentliches Charakteristikum ist, dass mit diesen Standards ein erster Schritt weg von einer Input-Steuerung und hin zu einer Output-Steuerung des Schulsystems unternommen wurde (vgl. Klieme et al., 2003). Während in klassischen Lehrplänen die zu behandelnden Inhalte im Vordergrund stehen, verweisen die Bildungsstandards auf Kompetenzen, die Schülerinnen und Schüler im Verlauf eines Ausbildungsabschnitts bzw. der Schulzeit erworben haben sollten.

Kompetenzen beziehen sich auf fachliche Inhalte (etwa Arithmetik, Geometrie oder Sachrechnen) und Prozesse mathematischen Arbeitens (etwa Problemlösen, Argumentieren oder Kommunizieren). Ihr wesentlicher Aspekt liegt aber nicht in der Aufzählung einzelner Wissenskomponenten, sondern in der konkreten Beschreibung von Aufgaben, die auf der Basis dieses Wissens erfolgreich bearbeitet werden sollen. Um es ganz einfach zu sagen: Es reicht nicht, wenn das kleine Einmaleins im zweiten Schuljahr behandelt wird, sondern es muss auch zu einem späteren Zeitpunkt verfügbar sein und sollte beispielsweise in Sachsituationen angewendet werden können.

Auch wenn diese Forderung einfach und überzeugend klingt, ist damit ein wesentliches Problem bereits aufgezeigt: Während Lehrpläne einen ausschließlich normativen Charakter haben und festlegen, welche Inhalte im Unterricht zu behandeln sind, müssen in Bildungsstandards die Inhalte mit einer realistischen Beschreibung der zu erwerbenden Kompetenzen verbunden werden. Für jedes Schulfach und für jede Altersgruppe stellt sich entsprechend die Frage, welche strukturellen Aspekte die gewünschten Kompetenzen haben, welcher Abstufung sie folgen und wie sie sich im Laufe der Schulzeit entwickeln. Im Folgenden soll daher der Stand der Forschung zur Kompetenzstruktur und Kompetenzentwicklung für das Fach Mathematik in der Primarstufe aufgezeigt und diskutiert werden. Anschließend wird ein vorläufiges Modell mathematischer Kompetenzen in der Grundschulzeit vorgeschlagen und es werden Ergebnisse einer empirischen Studie zur Prüfung des Modells berichtet.

2.1.2 Mathematische Kompetenz in den Bildungsstandards für die Primarstufe

Betrachtet man ältere Lehrpläne, dann dominieren dort Begriffe wie Wissen, Kenntnisse, Fähigkeiten und Fertigkeiten, mit denen die Ziele des (Mathematik-)Unterrichts beschrieben werden. Nun ist es wenig sinnvoll, den Autoren zu unterstellen, es wäre ihnen nur um die Vermittlung isolierter Fakten gegangen, doch in der Konsequenz passiert genau das, wenn sich Unterricht mehr an kurzfristigen Lerninhalten und weniger an langfristigen Lernergebnissen orientiert. Das schlechte Abschneiden deutscher Schülerinnen und Schüler in internationalen Vergleichsstudien wurde entsprechend mit dieser Betonung des Inputs in einen Zusammenhang gebracht (z. B. Klieme et al., 2003).

Es geht also um mehr als Wissensvermittlung, und so ist in den letzten Jahren der Begriff der Kompetenz in die erziehungswissenschaftliche bzw. fachdidaktische Diskussion eingebracht worden. Auch wenn es zu diesem Begriff unterschiedliche Definitionen gibt, so stimmen diese weitgehend darin überein, dass Kompetenzen als Leistungsdispositionen verstanden werden, die in einen spezifischen Kontext und eine bestimmte Domäne eingebettet sind und es ermöglichen, dass Probleme erfolgreich gelöst werden (Klieme & Leutner, 2006; Weinert, 2001). Kompetenz zeigt sich in einem schulischen Umfeld also nicht so sehr, wenn geübte Inhalte im Rahmen einer Klassenarbeit oder Schuleaufgabe korrekt reproduziert werden, sondern durch den selbstständigen und erfolgreichen Umgang mit mathematikhaltigen Situationen.

In Bezug auf das Fach Mathematik und den Unterricht in Schulen sind es die Bildungsstandards der Kultusministerkonferenz (2003, 2004a, 2004b), die in der Bundesrepublik Deutschland erstmals den Begriff der Kompetenz konsequent nutzten und in den Mittelpunkt stellten. Auf einer Basis, die wesentlich durch die US-amerikanischen Standards des National Council of Teachers of Mathematics (2000) und die Expertise einer Gruppe um den Erziehungswissenschaftler Eckhard Klieme (vgl. Klieme et al., 2003) geprägt war, entstanden Bildungsstandards, in denen inhaltliche und allgemeine Kompetenzen ausgewiesen sind. Sie werden durch drei Anforderungsbereiche ergänzt und schließlich durch Aufgaben konkretisiert.

Die Inhalte umfassen in der Primarstufe die Bereiche *Zahlen und Operationen*, *Raum und Form*, *Muster und Strukturen*, *Größen und Messen* sowie *Daten, Häufigkeit und Wahrscheinlichkeit*, die allgemeinen Kompetenzen sind durch die Überschriften *Problemlösen*, *Kommunizieren*, *Argumentieren*, *Modellieren* und *Darstellen* beschrieben. Eine Differenzierung wird an dieser Stelle durch die sogenannten Anforderungsbereiche *Reproduzieren*, *Zusammenhänge herstellen* und *Verallgemeinern und Reflektieren* gegeben (Kultusministerkonferenz, 2004). Sowohl die inhaltlichen als auch die allgemeinen Kompetenzen werden dabei weiter spezifiziert, detailliert beschrieben und durch Beispielaufgaben illustriert, sodass der Umfang und das mögliche Anspruchsniveau der Mathematik in der Primarstufe grundsätzlich geklärt sind.

Mit dieser Definition von Bildungsstandards bewegt man sich allerdings genauso wie bei der Festlegung von Lehrplänen auf einer normativen Ebene. Dabei spielen fachliche, aber auch gesellschaftliche Aspekte die zentrale Rolle. Welche Inhalte und Methoden sind wichtig, damit sich Schülerinnen und Schüler der Primarstufe in ihrem konkreten Umfeld (besser) zurechtfinden? Welche Inhalte und Methoden sind bedeutsam im Hinblick auf den (Mathematik-)Unterricht in den weiterführenden Schulen? Welche Inhalte und Methoden sind wesentlich für die allgemeine Bildung und die zukünftige Teilhabe an gesellschaftlichen Prozessen? Die Passung zwischen den gesetzten Normen und den tatsächlichen Möglichkeiten der Kinder kann auf dieser Ebene nicht gewährleistet werden. Entsprechend müssen Bildungsstandards durch empirisch gewonnene Daten unterlegt werden, aus denen die Verbindung oder auch Diskrepanz zwischen erwünschten und erreichten Kompetenzen deutlich wird.

2.1.3 Kompetenzstruktur und Kompetenzentwicklung

Die Struktur mathematischer Kompetenz

In zahlreichen Studien sind in den letzten Jahren bzw. Jahrzehnten Aspekte der mathematischen Kompetenz von Grundschulkindern mehr oder minder systematisch betrachtet worden. Vor allem das Vorwissen von Schulanfängerinnen und Schulanfängern wurde dabei mehrfach thematisiert. So legten Schmidt (1982) bzw. Schmidt und Weiser (1982) deskriptive Ergebnisse zur Ausgangssituation im Mathematikunterricht vor. Dabei ging es um Aufgaben, die Kinder bereits zum Schulanfang bzw. bis zu einem halben Jahr davor lösen konnten. Ein nicht unerheblicher Teil der Kinder verfügte danach schon vor dem Eintritt in die formale Schulbildung über ein umfangreiches mathematisches Vorwissen, das vom verbalen Zählen etwa bis zur Zahl 100 über das Rückwärtszählen bis zum Lösen anspruchsvoller Aufgaben im Zahlraum bis 20 reichte. Auch die Kardinalzahl einer Menge konnte von manchen Kindern sicher bestimmt werden. Leider wurde in diesen Studien eher ein deklaratives Wissen beispielsweise um Zahlsätze erhoben, sodass unklar blieb, ob die Kinder dieses Wissen in einem geeigneten Kontext anwenden konnten. Auch wenn die hier genannten Arbeiten methodische Schwächen wie eine nicht repräsentative Stichprobenwahl oder nicht auf Gütekriterien überprüfte Testverfahren aufweisen, so können die Ergebnisse dennoch als hinreichend valide gelten. Insbesondere konnten sie in Folgeuntersuchungen wie etwa einer Studie von Hasemann (2001) auch mit anderen Testverfahren im Wesentlichen bestätigt werden. In dieser Studie konnten darüber hinaus Zählfähigkeiten am Ende der Kindergartenzeit als bedeutsamer Prädiktor für die Mathematikleistung am Ende des ersten Schuljahres identifiziert werden. Dieses Ergebnis findet man auch bei Stern (1997) und Krajewski und Schneider (2006).

Im Rahmen und in der Folge internationaler Vergleichsuntersuchungen ist in den letzten Jahren das Interesse an der mathematischen Kompetenz von Grundschulkindern und ihrer detaillierten Beschreibung gewachsen. Insbesondere liegen Ergebnisse zur Struktur mathematischer Kompetenz aus unterschiedlichen Studien vor, die in ihrer Summe alle Klassen der Primarstufe abdecken.

Als eine erste bedeutsame Untersuchung in diesem Kontext kann die internationale Lesestudie IGLU gelten, die in mehreren Bundesländern der Bundesrepublik Deutschland um Tests in Mathematik und Naturwissenschaft erweitert wurde (vgl. Bos et al., 2003). Erhoben wurde die mathematische Grundbildung von Schülerinnen und Schülern der 4. Jahrgangsstufe, die mit Hilfe von Aufgaben aus den Bereichen Arithmetik, Größen und Sachrechnen sowie Geometrie konkretisiert wurde. Die Ergebnisse wurden jeweils inhaltlich interpretiert, sodass die Fähigkeitswerte von Grundschulkindern auf Kompetenzstufen abgebildet werden konnten (Walther, Geiser, Langeheine & Lobemeier, 2003). Die fünf Kompetenzstufen reichen von (1) *rudimentärem schulischen Anfangswissen* über (2) *Grundfertigkeiten zum Zehnersystem, zur ebenen Geometrie und zu Größenvergleichen* und (3) *Verfügbarkeit von Grundrechenarten und Arbeit mit einfachen Modellen* bis zur (4) *Beherrschung der Grundrechenarten, Bewältigung von Aufgaben der räumlichen Geometrie und begriffliche Modellentwicklungen* und zum (5) *Problemlösen bei Aufgaben mit innermathematischem oder außermathematischem Kontext*. Damit lag ein *a-posteriori-Modell* mathematischer Kompetenz vor, das ihre Struktur über geeignete Abstufungen beschrieb und zusätzlich durch Beispielaufgaben operationalisierte.

Auf der Grundlage dieses Kompetenzstrukturmodells entstand auf einer theoretischen Basis ein verfeinertes Modell, das neben der 4. auch die anderen Jahrgangsstufen der Grundschule einbezieht (Reiss, 2004). Das Modell umfasst fünf Stufen, die von numerischem und begrifflichem Grundwissen bis zum Problemlösen im mathematischen Kontext gehen. Berücksichtigt wird dabei die Entwicklung im Laufe der Schuljahre. Das Modell bezieht sich aber in den jeweiligen Stufen explizit auf die Klassen 1 bis 4. In verschiedenen Kontexten konnten dieses *a-priori-Modell* in wesentlichen Teilen auch empirisch bestätigt werden. Insbesondere im Rahmen von sogenannten Orientierungsarbeiten, die an allen bayerischen Grundschulen in den 2. und 3. Klassen durchgeführt wurden, zeigte sich eine Bestätigung der postulierten Stufen (Reiss, Heinze & Pekrun, 2007).

Eine weitere Präzisierung nutzte die Bildungsstandards für die Primarstufe im Fach Mathematik (Kultusministerkonferenz, 2004) und die in diesem Zusammenhang entwickelten Testverfahren als Grundlage. Mit Hilfe von Tests, bei denen die Fähigkeitswerte der Schülerinnen und Schüler gemeinsam mit der Schwierigkeit einer Teilaufgabe auf einer gemeinsamen Skala abgebildet werden können (vgl. Rost, 2004), entstand eine empirisch abgesicherte Stufenfolge mathematischer Kompetenz für die 4. Jahrgangsstufe (Reiss & Winkelmann, 2008). Das beschriebene Kompetenzstufenmodell umfasst fünf Stufen, die mit (1) Technische Grundlagen, (2) Einfache Anwendungen von Grundlagenwissen, (3) Erkennen und Nutzen von Zusammenhängen in einem vertrauten (mathematischen und sachbezogenen) Kontext, (4) Sicheres und flexibles Anwenden von begrifflichem Wissen und Prozeduren im curricularen Umfang und (5) Modellierung komplexer Probleme unter selbstständiger Entwicklung geeigneter Strategien überschrieben sind. Es ist für alle Inhaltsbereiche der Grundschulmathematik konzipiert und soll einen Überblick über die mit den Kompetenzstufen verbundenen Anforderungen am Ende der 4. Klasse geben. Insbesondere beinhaltet es so die fünf in den Bildungsstandards der Kultusministerkonferenz (2004) ausgewiesenen Inhaltsbereiche. Angemerkt sei, dass es durch speziellere und damit feiner auflösende Modelle für die einzelnen inhaltsbezogenen Kompetenzbereiche ergänzt wird.

Die genannten Arbeiten zielen allesamt auf eine Beschreibung mathematischer Kompetenzen zu einem bestimmten Zeitpunkt innerhalb der Primarschulzeit ab. Damit bilden sie eine gute Orientierung, geben jedoch bei weitem nicht genügend Informationen zur Beschreibung der Kompetenzentwicklung in diesem Zeitraum.

Ergebnisse zur mathematischen Kompetenzentwicklung im Grundschulalter

Es gibt wenige Studien, die sich dezidiert nicht nur mit mathematischer Kompetenz, sondern auch mit Aspekten ihrer Entwicklung beschäftigen. Eine der Ausnahmen ist (noch immer) die Scholastik-Studie, in der entsprechende Daten von Schülerinnen und Schülern im Verlauf der Grundschule und teilweise darüber hinaus längsschnittlich erhoben wurden (Weinert & Helmke, 1997). In Bezug auf den Erwerb mathematischer Kompetenz nennt die Scholastik-Studie einige punktuelle Ergebnisse in Bezug auf (strukturell einfache) Arithmetikaufgaben und in Bezug auf Textaufgaben, die eine (wiederum strukturell einfache) Einkleidung von Arithmetikaufgaben darstellen. So konnte Stern (1997) zeigen, dass die Kompetenzen von Kindern beim Lösen von Textaufgaben im Laufe der Grundschulzeit zunehmen, obwohl dieser Aufgabentyp seltener im Unterricht behandelt wird als reine Arithmetikaufgaben. Stern schließt auf eine Konstruktion mentaler Modelle von sprachlich eingekleideten Aufgaben, die im Umgang mit rein numerischen Aufgaben erworben werden. Unklar bleibt, wie sich dieses Wissen entwickelt und wodurch es gefördert werden kann. Als einziger Faktor wird eine konstruktivistische Grundhaltung der Lehrerinnen und Lehrer identifiziert, die sich positiv auszuwirken scheint, doch nur wenig Varianz erklären kann (Stern, 1997).

Auch im internationalen Kontext liegen nur einige wenige Längsschnittuntersuchungen vor, in denen die Entwicklung mathematischer Kompetenzen in der Grundschule fokussiert wird (Brown et al., 2003; Fosnot & Dolk, 2001; van den Heuvel-Panhuizen & Fosnot, 2001; Clarke, Sullivan, Cheeseman & Clarke, 2000). Aus keiner dieser Studien ist allerdings ein Modell hervorgegangen, dass eine Entwicklungsperspektive für mathematische Kompetenz aufzeigt. Brown et al. (2003) formulieren beispielsweise explizit, dass sie mathematische Entwicklung vor allem als einen Prozess des Reifens betrachten, der bei Kindern in ganz ähnlicher Weise abläuft. Danach befinden sich leistungsschwächere Kinder auf einem ähnlichen Niveau wie leistungsstärkere, aber jüngere Schülerinnen und Schüler.

Eine solche Annahme ist allerdings nicht unumstritten. So weisen sowohl das Modell von Anderson, Fincham und Douglass (1997) als auch das gut bewährte entwicklungspsychologische Modell Sieglers (2005) darauf hin, dass bestimmte Leistungen über ganz unterschiedliche Prozesse zustande kommen können. Beispielsweise kann eine Einmaleins-Aufgabe durch den Abruf der Lösung aus dem deklarativen Gedächtnis bearbeitet werden, oder die Lösung wird bestimmt, indem die „Sechser"-Reihe „hinaufgezählt" wird; alternativ könnten auch „Rechenvorteile" genutzt werden, indem $9 \cdot 6$ über $10 \cdot 6 = 60$; $60 - 6$ bestimmt wird.

Diese unterschiedlichen Ausprägungen mathematischer Kompetenzen, die hinter der erfolgreichen Lösung einer Aufgabe stehen, können mit herkömmlichen, meist schriftlichen Testverfahren kaum erhoben werden. Dennoch ist anzunehmen, dass die Nutzung dieser unterschiedlichen Strategien in komplexeren Problemen unterschiedlich leicht fällt. So nimmt das „Hinaufzählen der Sechserreihe" bedeutend mehr Arbeitsgedächtniskapazität in Anspruch als der Abruf des Ergebnisses aus dem deklarativen Gedächtnis. Wird das Ergebnis der Einmaleinsaufgabe im Rahmen eines komplexen Modellierungsproblems benötigt, so ist durchaus ein Einfluss auf die Lösung der Aufgabe zu erwarten. Indirekt sind also – bis zu einem gewissen Grade – auch solche zunächst latenten Unterschiede in der mathematischen Kompetenz der Messung mit schriftlichen Tests zugänglich.

2.1.4 Beschreibung von Kompetenzentwicklung in der Grundschule

Die Kompetenzen von Schülerinnen und Schülern, wie sie von den Bildungsstandards für das Ende der Jahrgangsstufe 4 beschrieben werden, entwickeln sich im Unterricht über einen relativ langen Zeitraum von vier Jahren. Um bereits während dieser Zeit die Kompetenzen von Schülerinnen und Schülern adäquat einschätzen zu können und darauf basierend Aussagen über Förderbedarf und Fördermöglichkeiten zu erhalten, sind kompatible Kompetenzmodelle für alle Jahrgangsstufen der Grundschule eine wichtige Basis. Da das neuere, von Reiss und Winkelmann (2008) vorgeschlagene Modell derzeit nur für die Jahrgangsstufe 4 spezifiziert ist, wird im Folgenden von der jahrgangsstufenübergreifenden Beschreibung von Reiss (2004) ausgegangen. Als ein erster Schritt zur Konzeption von Kompetenzstrukturmodellen für die früheren Jahrgangsstufen der Primarstufe werden daraus abgeleitete Modelle für die Jahrgangsstufe 2 bis 4 geschildert, die der im Folgenden berichteten Untersuchung zugrunde lagen.

Das Modell von Reiss (2004) ist darauf ausgerichtet, zunächst allgemeine, inhaltsunspezifische und jahrgangsstufenübergreifende Niveaubeschreibungen zu liefern. Um Kompetenzstrukturmodelle für bestimmte Zeitpunkte während der Primarschulzeit zu erhalten, sind diese Beschreibungen für den jeweiligen Zeitpunkt zu spezialisieren. Dabei liegen neben der curricularen Abfolge der Inhalte vor allem fachdidaktische Theorien über Denkprozesse beim Lösen mathematischer Probleme zugrunde. Die Niveaus sind im Folgenden jeweils für das Ende der jeweiligen Jahrgangsstufe spezifiziert und durch Beispielitems illustriert. Dabei ist zu berücksichtigen, dass es sich bei den Items um Testitems zur Erhebung der genannten Kompetenzen handelt, die nicht unbedingt zu deren unterrichtlichen Förderung geeignet sind.

Niveau I, Numerisches und begriffliches Grundlagenwissen

Niveau I beschreibt einfache Fähigkeiten zum Umgang mit Zahlen. Es werden jeweils nur Grundkenntnisse zu den jeweiligen, im Lehrplan definierten Zahlenräumen und den dort vorgegebenen Operationen (Addition, Subtraktion, Verdoppeln, Halbieren, Multiplikation, Division) verlangt. Spätestens ab Jahrgangsstufe 2 gehört das Beherrschen des kleinen Einspluseins dazu. Insgesamt beschränken sich die Aufgaben auf einfaches Zahlenmaterial, wobei die zugrunde liegende mathematische Struktur leicht erkennbar ist. Eine Anwendung von mathematischen Konzepten in Sachzusammenhängen ist hier nicht gefordert.

Inhaltlich fallen zum Ende jeder Jahrgangsstufe Fertigkeiten darunter, die sich auf Inhalte der vorhergehenden Jahrgangsstufe beziehen und für die weitere mathematische Kompetenzentwicklung von zentraler Bedeutung sind. Außerdem gehören dazu Fähigkeiten zur Orientierung im bisher behandelten Zahlenraum. So wird in Jahrgangsstufe 4 hier sicheres Rechnen im Zahlenraum bis 1000, sowie der sichere Umgang mit Größen verlangt, Inhalte, die in der Jahrgangsstufe 3 erarbeitet wurden. Zum Ende der Jahrgangsstufe 3 fällt hierunter beispielsweise sichere Orientierung im Zahlenraum bis 100, Einsicht in das Dezimalsystem sowie das Beherrschen des kleinen Einmaleins. In Bezug auf Jahrgangsstufe 2 sind hier Grundlagen des Einspluseins sowie einfache Verdopplungs- und Halbierungsaufgaben zu nennen, wobei hier als Zahlenmaterial auch Zehnerzahlen im Zahlenraum bis 100 vorkommen können. Für das Ende von Jahrgangsstufe 1 nennt Reiss (2004) hier exemplarisch „Zählfertigkeiten bis etwa 20". Im Bereich der Geometrie wird jeweils die Identifikation einfacher geometrischer Formen auf der Basis prototypischer Vorstellungen verlangt.

Tabelle 2.1.1: Itembeispiele für Niveau I

Typische Items auf Niveau I			
Jgst. 1	Jgst. 2	Jgst. 3	Jgst. 4
Welche Zahl kommt vor der 19?	Was ist die Hälfte von 14?	$4 \cdot 6 = ?$	Trage am Zahlenstrahl ein: 77.000

Typischerweise findet man auf Niveau I Kompetenzen, die in der vorhergehenden Jahrgangsstufe dem Niveau II zugeordnet waren und im weiteren Verlauf der mathematischen Kompetenzentwicklung als wichtige Grundlage für den Erwerb neuer Konzepte gelten können. Dies entspricht zu einem gewissen Grad der Annahme von Brown et al. (2003), dass sich leistungsschwächere Kinder auf einem ähnlichen Niveau befinden wie leistungsstärkere, aber jüngere Schülerinnen und Schüler. Für höhere Niveaus ist dies im hier beschriebenen Modell jedoch nicht mehr abgebildet.

Niveau II – Grundfertigkeiten im Umgang mit dem Zehnersystem, der ebenen Geometrie und Größen

Kompetenzen auf diesem Niveau beinhalten die Nutzung einfacher struktureller Zusammenhänge des dekadischen Systems in Rechenoperationen. Die zu bewältigenden Probleme erfordern dabei Basiswissen zu den im Lehrplan festgelegten Grundrechenarten, zu Größen oder zur Geometrie. Die Modellierung von Sachzusammenhängen wird lediglich im Sinne der Interpretation typischer, eingekleideter Simplexaufgaben verlangt, wobei nur einfache Grundvorstellungen zu den zugrunde liegenden Konzepten auftreten.

Über die mit Niveau I verlangten Kompetenzen hinaus werden hier zum Ende jeder Jahrgangsstufe basale Fähigkeiten zum Rechnen im behandelten Zahlenraum verlangt. Mit Ende der 4. Jahrgangsstufe gehört dazu das Beherrschen von Addition, Subtraktion und Multiplikation, gegebenenfalls unter Verwendung der schriftlichen Algorithmen. Zum Ende der Jahrgangsstufe 3 gehören hierzu das Lösen von Additions- und Subtraktionsaufgaben mit Hilfe schriftlicher Algorithmen bzw. einfacher Strategien sowie das Überschlagen von Ergebnissen.

Im Bereich der Geometrie ist hier neben sicherem begrifflichem Wissen zu vertrauten Konzepten (z.B. in Jahrgangsstufe 3 die Unterscheidung zwischen Körper- und Flächenformen am Beispiel von Quader und Rechteck) die Bewältigung einfacher Aufgaben zur räumlichen Vorstellung enthalten.

Tabelle 2.1.2: Itembeispiele für Niveau II

Typische Items auf Niveau II			
Jgst. 1	Jgst. 2	Jgst. 3	Jgst. 4
Gib zwei Plusaufgaben an, die das Ergebnis sieben haben.	Wie viele Beine haben 5 Hunde?	Rechne aus: 375+287	Ergänze zu einem Liter: 125 ml + ____ = 1l
	Wie heißt der Körper?	Aus wie vielen Würfeln besteht der Quader?	Wie viele Würfel braucht man, um den Körper zu bauen?

Typischerweise beinhaltet Niveau II mathematische Kompetenzen, die es erlauben strukturell einfache mathematische Probleme im curricularen Umfang zu lösen, sofern keine besonderen mathematischen Schwierigkeiten (z. B. Division mit Rest, Überträge bei der Addition und Subtraktion in Jgst. 2) enthalten sind. Es handelt sich dabei um Kompetenzen, die notwendige Basisfertigkeiten für höhere Niveaus darstellen und im weiteren Kompetenzerwerb durch eine zunehmende Automatisierung flexibleres Vorgehen bei der Lösung komplexer Probleme erlauben.

Niveau III – Sicheres Rechnen im curricularen Umfang und einfaches Modellieren

Hier wird sicheres Beherrschen aller Grundrechenarten sowie der sichere Umgang mit Größen im vollen curricularen Umfang verlangt. Dabei werden auch einfache Sachzusammenhänge modelliert und mit Hilfe mathematischer Werkzeuge gelöst. Dies beinhaltet, verschiedene Fähigkeiten zur Lösung eines Problems zu kombinieren sowie Lösungswege einfacher Probleme zu evaluieren. Neben technischen Fertigkeiten gehört dazu auch konzeptuelles Verständnis der Inhalte, wie beispielsweise der Zusammenhang zwischen Operation und Umkehroperation. Im Bereich der Größen fallen darunter adäquate Größenvorstellungen im Sinne prototypischer Ankervorstellungen in den curricular relevanten Größenbereichen.

Exemplarisch nennt Reiss (2004) für das Ende der Jahrgangsstufe 1 Zählfertigkeiten im Zahlenraum bis 30. In Jahrgangsstufe 2 gehört dazu das sichere Beherrschen von Multiplikation und Division im Rahmen des kleinen Einmaleins bzw. Additionen und Subtraktionen mit Übertrag im Zahlenraum bis 100. In Jahrgangsstufe 3 sind Additionen und Subtraktionen sowie einfache Multiplikationen und Divisionen im Zahlenraum bis 1000 zu leisten, Sachsituationen beziehen sich in der Regel auf einfacheres Zahlenmaterial. Aufgaben zur Raumvorstellung, die Perspektivübernahme erfordern, sind in Jahrgangsstufe 3 ebenfalls hier einzuordnen. Für Jahrgangsstufe 4 kommt das sichere Beherrschen aller Grundrechenarten inklusive der schriftlichen Division sowie entsprechende halbschriftliche Strategien (i. d. R. mit einstelligen Divisoren) hinzu.

Tabelle 2.1.3: Itembeispiele für Niveau III

Typische Items auf Niveau III			
Jgst. 1	Jgst. 2	Jgst. 3	Jgst. 4
Zähle in Zweierschritten von der 30 an.	Wenn ich von meiner Zahl 6 abziehe erhalte ich 30. Wie heißt meine Zahl?	Im Schullandheim sind 29 Kinder, immer 8 Kinder essen an einem Tisch. Wie viele Tische werden gebraucht?	Rechne schriftlich: 623 : 8 =

Niveau III deckt in allen Jahrgangsstufen Kompetenzen ab, welche die Bewältigung strukturell einfacher mathematikhaltiger Alltagssituationen im Bereich der jeweiligen curricularen Inhalte erlauben. Der flexible Einsatz dieser Kompetenzen zur Lösung komplexerer Probleme ist ein Anspruch der höheren Niveaus.

Niveau IV – Beherrschung der Grundrechenarten unter Nutzung der Dezimalstruktur und begriffliche Modellierung

Kompetenzen auf diesem Niveau beinhalten die Fähigkeit, curriculare Inhalte eigenständig in komplexeren mathematisch interpretierbaren Situationen einzusetzen. Hierbei werden Kenntnisse (z. B. in den Grundrechenarten) in einem gegebenen Kontext angewandt. Dafür ist in allen Bereichen vertieftes Verständnis der mathematischen Konzepte notwendig. Aufgaben dieses Niveaus erfordern strategische Fähigkeiten, wie z. B. systematisches Probieren oder das Interpretieren und Kombinieren verschiedener Informationen. Im Bereich der Geometrie wird vertieftes Verständnis von Konzepten verlangt. Außerdem gehört zu diesem Niveau der Umgang mit alltagstypischen authentischen Datenquellen wie Tabellen, Diagrammen und Preislisten.

Inhaltlich sind hier in allen Jahrgangsstufen Modellierungsprobleme enthalten, welche die Kombination mehrerer Konzepte bzw. die wiederholte Nutzung eines Konzepts im curricularen Umfang erfordern (z. B. Komplex-Aufgaben), sowie Probleme, für die kein Lösungsweg als bekannt vorausgesetzt werden kann, die sich jedoch durch die Betrachtung einer übersichtlichen Anzahl von Einzelfällen lösen lassen. In Jahrgangsstufe 3 gehören dazu auch Aufgaben zur Division mit Rest sowie Aufgaben, welche die Nutzung komplexerer Rechenstrategien, beispielsweise für die Multiplikation und Division, verlangen (z. B. dekadische Analogien, Kürzen mit Stufenzahlen).

Tabelle 2.1.4: Itembeispiele für Niveau IV

Typische Items auf Niveau IV			
Jgst. 1	**Jgst. 2**	**Jgst. 3**	**Jgst. 4**
Rechne aus: 20+40=	Drei Autos stehen hintereinander, jedes ist 4m lang und zwischen den Autos ist immer 1m Platz. Wie lang ist die Reihe?	Ein Schritt von Hans ist 70cm lang, einer von Julia 50cm. Hans macht 5 Schritte. Wie viele Schritte braucht Julia für die gleiche Strecke?	In einer Klasse sind 27 Kinder. Es sind 3 Mädchen mehr als Jungen. Wie viele Mädchen und Jungen sind in der Klasse?

Niveau IV beschreibt Kompetenzen, welche die sichere und flexible Bewältigung typischer mathematikhaltiger Alltagssituationen im curricularen Umfang sowie den flexiblen Umgang mit mathematischen Konzepten erlauben. Unbekannte Probleme, die über die curricularen Inhalte hinaus gehen, können gelöst werden, soweit elementare Problemlösestrategien zielführend sind.

Niveau V – Anspruchsvolles Problemlösen im mathematischen Kontext

Niveau V umfasst Kompetenzen, welche auch die Bewältigung anspruchsvoller Probleme erlauben, die eigenes Denken, flexibles Kombinieren sowie einen systematischen Umgang mit Informationen erfordern. Hierbei ist das Entwickeln eigener Strategien notwendig, da einfache Strategien nicht zum Ziel führen. Insgesamt handelt es sich hier um Problemstellungen erhöhter Komplexität, in denen der Weg zur Lösung unbekannt oder ungeübt ist und die Kreativität der Schülerinnen und Schüler gefordert ist.

Für die Jahrgangsstufe 1 nennt Reiss (2004) hier die Beschreibung und Modellierung von Sachsituationen. Ab Jahrgangsstufe 2 ist hier ein problemlösender Umgang mit Größen gefordert. Allgemein sind Kompetenzen aus verschiedenen Inhaltsbereichen (Arithmetik, Geometrie, Größen, Modellierung) flexibel zu kombinieren. Für die Jahrgangsstufe 4 nennt Reiss (2004) beispielsweise die Lösung kombinatorischer Fragestellungen.

Tabelle 2.1.5: Itembeispiele für Niveau V

Typische Items auf Niveau V			
Jgst. 1	Jgst. 2	Jgst. 3	Jgst. 4
Ernie hat 3 Kekse mehr als Bert. Zusammen haben sie 13 Kekse. Wie viele Kekse hat Ernie, wie viele hat Bert?	Eine Schulklasse ist in zwei Gruppen mit jeweils 12 Kindern eingeteilt. Jetzt sollen fünf Gruppen gebildet werden, die möglichst gleich groß sind. Wie groß sind die Gruppen?	Durch welche Zahlen kannst Du sowohl 48 als auch 56 teilen. Gib drei Zahlen an.	Hannas kleine Schwester baut Türme aus immer 3 Legosteinen. Dabei kommt jede der Farben rot, grün, weiß und gelb einmal vor. Wie viele verschiedene Türme gibt es?

Niveau V beinhaltet also Kompetenzen, die eine flexible Lösung komplexer Probleme auf eigenen Wegen ermöglichen, wobei mathematische Konzepte aus unterschiedlichen Bereichen kombiniert und ggf. zur Modellierung von Sachsituationen herangezogen werden.

Zusammenfassung

Die umrissenen Modelle bauen auf einer gemeinsamen, jahrgangsstufenübergreifenden Vorstellung mathematischer Kompetenzen auf. Das Ziel eines solchen gemeinsamen Rahmens ist zunächst, eine Beschreibung mathematischer Kompetenzen zu liefern, deren Stufen in allen Jahrgangsstufen im Wesentlichen dasselbe Anspruchsniveau widerspiegeln. Sollten sich diese Stufen in der Tat auch empirisch als kohärent über die Jahrgangsstufen hinweg erweisen, so können typische Entwicklungsverläufe beschrieben werden, indem zunächst Verläufe betrachtet werden, die über die Jahre hinweg auf demselben Niveau bleiben.

2.1.5 Empirische Studie zur Kompetenzentwicklung

Um die Passung des beschriebenen Modells mathematischer Kompetenzen zum Ende der 2. bis 4. Jahrgangsstufe zu untersuchen, werden im Folgenden Daten aus der Längsschnittstudie BIGMATH berichtet (erste Ergebnisse in Reiss, Heinze & Pekrun, 2007). Die Studie begleitete eine repräsentative Stichprobe bayerischer Grundschüler und Grundschülerinnen über einen Zeitraum von über zwei Jahren vom Ende der 2. Jahrgangsstufe bis zum Ende der 4. Jahrgangsstufe. Die ersten beiden Messzeitpunkte wurden dabei in Zusammenarbeit mit dem bayerischen Staatsinstitut für Schulqualität und Bildungsforschung (ISB) im Rahmen der bayerischen Orientierungsarbeiten durchgeführt, deren Konzeption von der Arbeitsgruppe Reiss wissenschaftlich begleitet wurde. Dabei wurden die Arbeiten an einer repräsentativen Teilstichprobe testleiteradministriert durchgeführt und anschließend zentral kodiert.

Ziel der Studie war die Untersuchung der beschriebenen Kompetenzstrukturmodelle auf ihre Kohärenz über die Jahrgangsstufen hinweg. Dabei war neben der empirischen Prüfung der Modelle in den einzelnen Jahrgangsstufen eine zentrale Frage, ob die Stufenbeschreibungen für die einzelnen Jahrgangsstufen jeweils etwa dasselbe Kompetenzspektrum erfassen. Über die Jahrgangsstufen hinweg verträgliche Kompetenzstrukturmodelle können eine wichtige Informationsquelle für das Verständnis von typischen Entwicklungsprozessen mathematischer Kompetenz darstellen und damit als Basis für die Konzeption von Kompetenzentwicklungsmodellen dienen. Über die Gültigkeit der Modelle und ihre Kohärenz hinaus steht selbstverständlich die Entwicklung der beteiligten Schülerinnen und Schüler im Blick der Untersuchung.

Design und Stichprobe

Die Studie BIGMATH ist als Längsschnittstudie über drei Messzeitpunkte im Zeitraum von gut zwei Jahren konzipiert, wobei jeweils zum Ende der 2., 3. und 4. Jahrgangsstufe unter anderem mathematische Kompetenzen erhoben wurden. Teilnehmer der Studie waren anfangs $N=660$ Schülerinnen und Schüler aus 30 Klassen der 2. Jahrgangsstufe an bayerischen Grundschulen, die auf Klassenebene repräsentativ für die bayerische Gesamtpopulation gezogen wurden. Im Längsschnitt über drei Messzeitpunkte hinweg liegen Daten von $N=399$ Schülerinnen und Schülern vor, wobei 62 Schülerinnen und Schüler aufgrund des Ausscheidens von 4 Klassen aus der Stichprobe fehlen, 199 Schülerinnen und Schüler waren zum zweiten oder dritten Messzeitpunkt nicht anwesend oder haben im Verlauf der Untersuchung die Schulklasse gewechselt. Erste Ergebnisse der Studie wurden von Reiss, Heinze und Pekrun (2007) bereits berichtet. Diese Auswertungen beziehen sich jedoch nur auf die ersten beiden Messzeitpunkte und damit auf eine größere Stichprobe. Deshalb ergeben sich im Folgenden teilweise im Detail abweichende Ergebnisse. Für die hier berichteten Ergebnisse wurden nur die Schülerinnen und Schüler der Längsschnittstichprobe ($N=399$) berücksichtigt.

Testinstrumente

Die Erhebungsinstrumente zur mathematischen Kompetenz waren als Paper-and-Pencil-Test mit einer Bearbeitungszeit von 30 Minuten in Jahrgangsstufe 2 und 40 Minuten in Jahrgangsstufe 3 und 4 konzipiert. Sie wurden von geschulten Testleitern an den jeweiligen Schulen administriert und jeweils zentral kodiert. In den Jahrgangsstufen 2 und 3 waren die Tests identisch mit den bayerischen Orientierungsarbeiten der Jahre 2005 und 2006, die an allen bayerischen Schulen am selben Vormittag stattfanden. In Jahrgangsstufe 4 wurde ein eigens konzipierter und pilotierter Test verwendet, der im Rahmen von 2 Wochen an allen beteiligten Schulen abgehalten wurde.[1] Die Instrumente sind jeweils nach den oben beschriebenen Kompetenzmodellen konzipiert, wobei auf eine adäquate Abdeckung aller Kompetenzniveaus geachtet wurde. Inhaltlich liegt der Schwerpunkt der Tests im Bereich der Arithmetik und der Geometrie. Die Orientierungsarbeiten der Jahrgangsstufen 2 und 3 sind bereits in Reiss, Heinze und Pekrun (2007) diskutiert, so dass hier nur auf die besonderen Ergebnisse der kleineren Längsschnittstichprobe Bezug genommen wird.

Die Tests zu jedem Messzeitpunkt wurden nach dem eindimensionalen Raschmodell skaliert (von Davier, 2001), wobei der Mittelwert der Aufgabenschwierigkeiten auf Null normiert wurde. Es zeigte sich bei der Modellgeltungsprüfung mit dem Bootstrap-Verfahren[2] keine signifikante Abweichung der Daten vom angenommenen Modell (Cressie-Read- und Pearson χ^2-Statistiken). Die Reliabilitäten der Tests liegen allesamt in einem für schulische Kompetenztests akzeptablen Bereich (ANOVA-Reliabilitäten zwischen 0,78 und 0,81).

---

1 Die Orientierungsarbeiten sind unter www.isb.bayern.de öffentlich zugänglich. Der in der vierten Jahrgangsstufe eingesetzte Test kann beim Erstautor zu Forschungszwecken angefordert werden.
2 Jeweils basierend auf 250 simulierten Bootstrap-Stichproben.

Tabelle 2.1.6: Itemzahlen nach Kompetenzniveaus und Inhaltsbereichen

	Kompetenzniveau					Inhaltsbereich	
	1	2	3	4	5	Arithmetik	Geometrie
Jgst. 2	0	7	4	5	2	15	3
Jgst. 3	5	9	8	3	3	21	7
Jgst. 4	3	6	7	7	1	18	6

Es mussten in jeder Jahrgangsstufe eine geringe Anzahl von Items wegen problematischer Fit-Statistiken (Underfit) von der Auswertung ausgeschlossen werden. Dieses psychometrische Kriterium sondert Items aus, die nicht zuverlässig zwischen verschiedenen Fähigkeitsbereichen trennen. Es handelt sich hierbei um zwei Items in Jahrgangsstufe 2 (Niveaus 3 und 4), ein Item in Jahrgangsstufe 3 (Niveau 2) und drei Items in Jahrgangsstufe 4 (zwei Items des Niveaus 2 und eines des Niveaus 3), wobei davon jeweils ein Item dem Inhaltsbereich Geometrie zuzuordnen war. Tabelle 2.1.6 gibt einen Überblick über die Items, die in die letztendliche Skalierung und Analyse eingingen.

Die Tests sind nach den oben beschriebenen Kompetenzmodellen konzipiert, denen eine einheitliche Beschreibung mathematischer Kompetenz über alle drei Jahrgangsstufen hinweg zugrunde liegt. Kompetenzniveau 1 ist in Jahrgangsstufe 2 nicht abgedeckt, da zum Zeitpunkt der Orientierungsarbeiten 2005 keine pilotierten Items zu diesem Niveau vorlagen.

Die Korrelationen zwischen den Personenparametern zu den drei Messzeitpunkten ($r=0,682$ für Jgst. 2 und 3, $r=0,580$ für Jgst. 3 und 4) sind jeweils hoch signifikant ($p<0,0001$) und belegen die Eignung der Instrumente für eine Analyse der Entwicklung mathematischer Kompetenzen.

2.1.6 Überprüfung der Kompetenzstrukturmodelle

Im Folgenden soll die Passung der modellbasierten Zuweisung der Items zu den Kompetenzniveaus überprüft werden, also inwiefern die verwendeten Kompetenzmodelle eine grobe Voraussage von Itemschwierigkeiten erlauben. Ist diese Passung gegeben, kann sie als Indikator für eine adäquate Beschreibung mathematischer Kompetenzen durch das Modell gewertet werden. Dabei sollten sich die Items, die unterschiedlichen Niveaus zugeordnet sind, in ihrer Schwierigkeit unterscheiden, wobei höhere Schwierigkeiten durch ein höheres Kompetenzniveau charakterisiert werden. Aufgrund der enormen Komplexität mathematischer Kompetenzen und ihrer Entwicklung kann in diesem Zusammenhang keine exakt gestufte Anordnung der Itemschwierigkeiten in

Bezug auf die Kompetenzniveaus erwartet werden. Items, deren Zuordnung problematisch ist, werden im Folgenden gesondert diskutiert.

Kompetenzstruktur in Jahrgangsstufe 2

Abbildung 2.1.1 zeigt die durch die Skalierung gewonnenen Itemschwierigkeiten und die den Items jeweils zugeordneten Kompetenzniveaus.

Es zeigt sich nur eine einzige Überschneidung der Niveaus, was ein überraschend klares Ergebnis darstellt. Erklärungsbedarf gibt es lediglich in Bezug auf ein besonders leichtes Item des Kompetenzniveaus IV. Es handelt sich um eine Aufgabenstellung zur Geometrie. Hier sollte in Gedanken eine Figur an einem Geobrett gespannt werden. Das Ergebnis war ein gleichschenkliges Dreieck, welches von über der Hälfte der Kinder korrekt identifiziert wurde. Reiss, Heinze und Pekrun (2007) führen die Tatsache, dass dieses Item leichter ist als erwartet, darauf zurück, dass das Erkennen von Dreiecken als besonders einfache Figuren, die aus dem Alltag sehr vertraut sind, dem Grundwissen zugeordnet werden kann. Für diese Interpretation spricht, dass ein ähnlicher Effekt für die Aufgabe, bei der ein Rechteck zu identifizieren war, nicht auftritt.

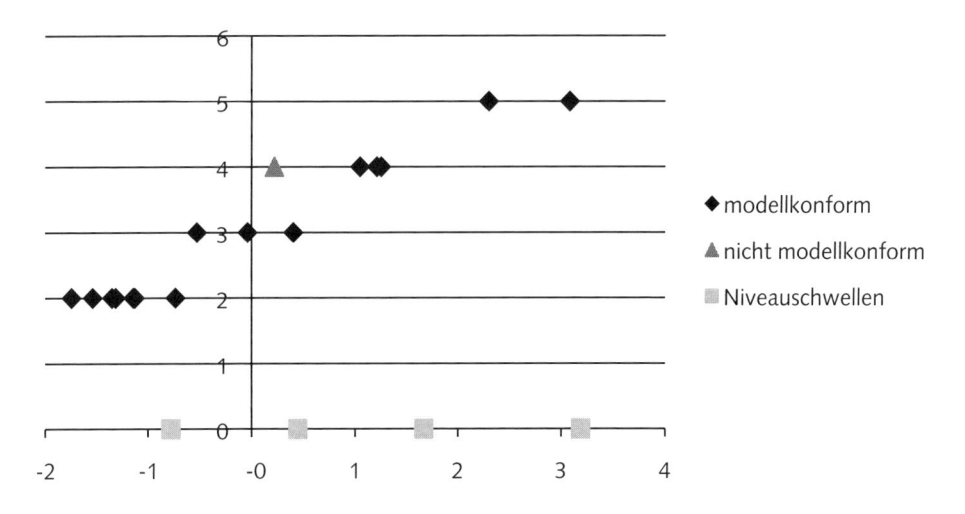

Abbildung 2.1.1: Items in Jahrgangsstufe 2

Kompetenzstruktur in Jahrgangsstufe 3

Analog zeigt Abbildung 2.1.2 für Jahrgangsstufe 3, dass an mehreren Stellen keine durchwegs ansteigende Anordnung der zugeordneten Niveaus mit steigender Itemschwierigkeit vorliegt. Dies ist bei einer großen Anzahl von Items, die auch die Ränder

der Niveaus abdecken, zu erwarten. Bereits in der Auswertung von Reiss, Heinze und Pekrun (2007), die auf der Basis der Lösungshäufigkeiten anstelle der Itemschwierigkeiten erfolgte, war ein Item des Niveaus 4 aufgefallen, das unerwartet schwieriger ausfiel als durch die Einteilung angenommen. Es handelt sich um die Division 250:80, die den Transfer arithmetischen Wissens in ein für die meisten Schülerinnen und Schüler neues Aufgabenformat verlangte. Ein weiteres Item, das in der größeren Stichprobe von Reiss, Heinze und Pekrun (2007) auffällig war, verlangte die Identifikation von Figuren mit mindestens einer Symmetrieachse. Es zeigte in den hier vorliegenden Analysen bereits bei der Skalierung im Raschmodell einen Underfit und wurde aus dem Test entfernt. Grund für die durch den Underfit angezeigte mangelnde Trennschärfe des Items dürften Probleme beim Verständnis der Formulierung „genau eine Symmetrieachse" gewesen sein. Ein weiteres Item zur Geometrie, bei dem die Anzahl der Symmetrieachsen einiger Figuren zu bestimmen war, fiel leichter aus als für Niveau 2 erwartet. Letztlich waren zwei weitere Items des Niveaus 1 auffällig, weil sie schwerer ausfielen als die anderen Items des Niveaus. Es handelte sich dabei um die Multiplikation 0 · 10 sowie die Division 40:8. Der häufigste Fehler bei der Multiplikation war die Übertragung der Rolle der Null als neutrales Element von der Addition auf die Multiplikation (Ergebnis 10). Dies weist darauf hin, dass solche Aufgaben nicht einfach durch Gedächtnisabruf gelöst werden, sondern auf der Basis einfacher Regeln. Diese setzen allerdings ein gewisses konzeptuelles Verständnis zur Multiplikation und zur Zahl Null voraus, was das Niveau 1 in der Tat nicht mehr adäquat erscheinen lässt. In Bezug auf die Divisionsaufgabe sind die Gründe für das Abweichen von der erwarteten Schwierigkeit unklar. Einzelne Diskrepanzen zwischen dem theoretischen Modell und der Empirie sind jedoch bei jedem realistischen Modell zu erwarten.

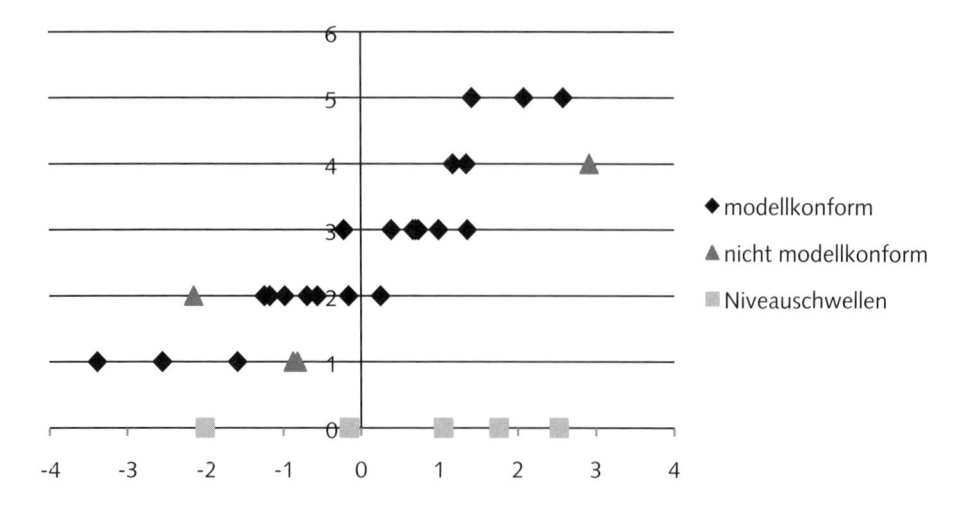

Abbildung 2.1.2: Items in Jahrgangsstufe 3

Kompetenzstruktur in Jahrgangsstufe 4

Auch für Jahrgangsstufe 4 zeigt Abbildung 2.1.4, dass vier Items schwerer ausfielen als für ihre Niveauzuordnung zunächst anzunehmen ist. Auf Niveau 1 handelt es sich dabei zunächst um zwei Items zur Umrechnung (8 km in Meter bzw. 1 kg in Gramm). Neben der Angabe von Einheiten aus dem falschen Größenbereich war die Umrechnung mit dem falschen Faktor 100 die häufigste Fehlerquelle. Offenbar wird hier deklaratives Wissen zu Größenverhältnissen zwischen Einheiten von Größenbereichen fehlerhaft abgerufen oder angewendet. Die Probleme verteilen sich dabei gleichmäßig über die beteiligten Klassen, sodass die konkrete Behandlung im Unterricht einzelner Klassen nicht als Ursache ausgemacht werden kann. Ein Item des Niveaus 2 (Abbildung 2.1.3) verlangte die korrekte Beschreibung eines Weges durch ein Labyrinth. Es stellte sich ebenfalls als bedeutend schwieriger heraus als angenommen, was wohl an der zu bewältigenden Menge verbaler Informationen in der Aufgabenstellung lag. Überraschend ist dementgegen, dass dieses Item aus psychometrischer Sicht (Item-Fit-Statistiken) nicht auffällig war.

Ein letztes Item, das ebenfalls bedeutend schwieriger ausfiel als die anderen Items desselben Niveaus 3, verlangte, die Zahl 598.592 auf Tausender zu runden. Die häufigste falsche Lösung war hier die Rundung auf die Zahl 600.000, was in den meisten Anwendungssituationen die plausiblere Lösung darstellt. Dieses Item verlangt kaum alltagsnahe mathematische Fähigkeiten, sondern das korrekte Anwenden einer bestimmten festen Regel in einem Beispiel, in dem dieses wenig sinnvoll erscheint. Entsprechend ist nicht plausibel, dass vor allem diejenigen Schülerinnen und Schüler das Item lösten, die ein vertieftes Verständnis der Regel – über das Verständnis der Idee des Rundens hinaus – erlangt haben. Dies lässt eine Itemschwierigkeit, die mit der des Niveaus 4 vergleichbar ist, im Nachhinein durchaus adäquat erscheinen.

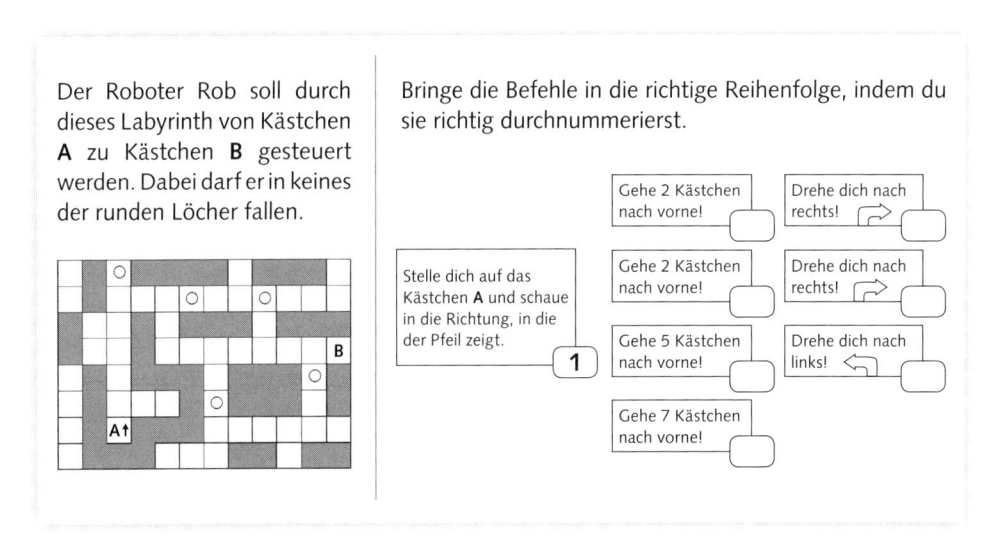

Abbildung 2.1.3: Auffälliges Item zum Niveau 2 (Jgst. 4)

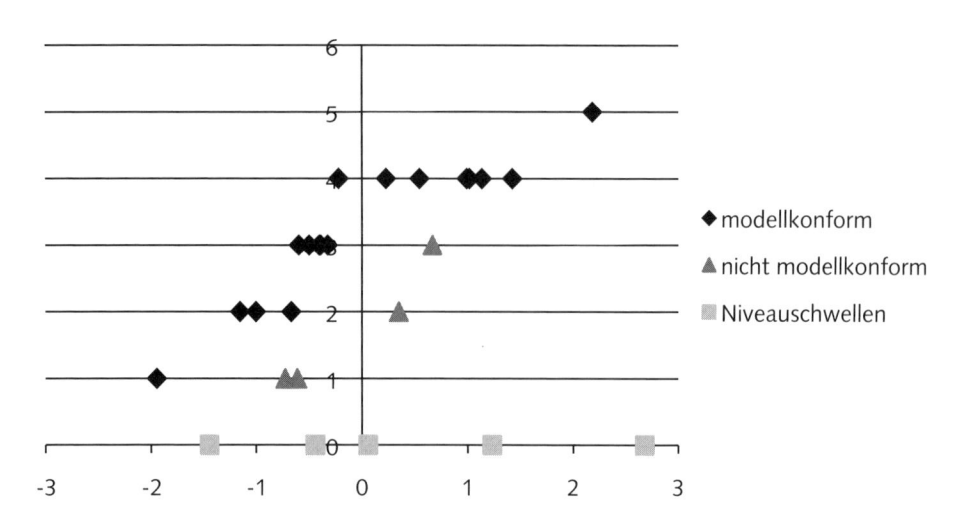

Abbildung 2.1.4: Items in Jahrgangsstufe 4

Zusammenfassung

Insgesamt kann den beschriebenen Kompetenzmodellen eine gute Prädiktionskraft für die relativen Itemschwierigkeiten zugesprochen werden. Fälle, in denen die Modelle fehlschlagen, sind meist auf unglückliche Itemformate zurückzuführen. In den anderen Fällen liegt in der Tat eine zunächst fehlerhafte Einschätzung der Verfügbarkeit einzelner Wissenskomponenten zugrunde. Hier wird versucht, die Modelle entsprechend zuzuspitzen, um solche Unterschiede adäquat beschreiben zu können.

Zusammenfassend zeigt Tabelle 2.1.7 die Lösungsraten für die Items nach Jahrgangsstufe und Niveau, wobei die erwähnten problematischen Items nicht berücksichtigt sind.

Tabelle 2.1.7: Lösungsraten nach Jahrgangsstufen und Niveaus

Lösungsraten	Kompetenzniveau				
	1	2	3	4	5
Jgst. 2	–	77 %	56 %	32 %	11 %
Jgst. 3	92 %	70 %	46 %	31 %	19 %
Jgst. 4	88 %	76 %	68 %	45 %	19 %

Kompatibilität der Kompetenzstrukturmodelle

Um zu klären, ob die Strukturmodelle in den einzelnen Jahrgangsstufen eine kompatible Stufenbeschreibung mathematischer Kompetenz liefern, wurden die Schülerinnen und Schüler Kompetenzniveaus zugeordnet. Zugrunde liegen – anders als bei Reiss, Heinze und Pekrun (2007) – nicht die Rohpunktzahlen zu den Items der einzelnen Niveaus, sondern die aus der Raschskalierung gewonnenen Personenparameter (WLE-Schätzer).

Zur Abgrenzung der einzelnen Niveaus wurden – für jede Jahrgangsstufe getrennt – Schwellenparameter zwischen den einzelnen Kompetenzniveaus festgelegt. Diese sind so definiert, dass ein Schüler, dessen Fähigkeitsparameter auf dieser Schwelle liegt, ein typisches Item der niedrigeren Kompetenzstufe gemäß dem Raschmodell mit einer Wahrscheinlichkeit von 62 % lösen würde (vgl. auch Carstensen, Frey, Walter & Knoll, 2007). Die Schwierigkeit eines typischen Items wurde dabei als der Mittelwert der Schwierigkeiten der der Kompetenzstufe zugeordneten Items festgelegt. Hier wurden nur Items berücksichtigt, die nicht unerwartet stark von der nach dem Kompetenzmodell erwarteten Schwierigkeit abwichen.

Diese Schwellenparameter teilen das Leistungsspektrum in jeder Jahrgangsstufe in sechs Kompetenzniveaus ein, die im Folgenden von 1 bis 5 nummeriert werden. Des Weiteren gibt es Schülerinnen bzw. Schüler, die nicht die Anforderungen des Niveaus 1 erfüllen und einem zusätzlichen Niveau <1 zugeordnet werden. Bei Schülerinnen und Schülern auf diesem Niveau kann angenommen werden, dass sie auch Items der ersten Kompetenzstufe (Technische Grundlagen) nicht zuverlässig lösen können. Schülerinnen und Schüler auf dem Niveau 1 sind im Wesentlichen in der Lage, solche Aufgaben zu lösen, scheitern jedoch oft an Items der zweiten Kompetenzstufe (Einfache Anwendungen von Grundlagenwissen). Lediglich bei Schülerinnen und Schülern, die dem höchsten Niveau 5 zugeordnet sind, kann mit einer zuverlässigen Lösungshäufigkeit auch bei der Modellierung komplexer Probleme gerechnet werden. Da das in Jahrgangsstufe 2 eingesetzte Testinstrument keine Items zum Niveau 1 enthielt, können nur vier Schwellenparameter bestimmt werden, also ergeben sich die fünf Stufen <2, 2, 3, 4 und 5.

Es ist darauf hinzuweisen, dass den verwendeten Schätzungen von Personenfähigkeiten Datenmaterial zugrunde liegt, das im Umfang bei Weitem nicht internationalen Studien wie beispielsweise PISA entspricht. Insofern ist sowohl für die geschätzten Personenfähigkeiten als auch für die daraus abgeleiteten Kompetenzstufenzuordnungen mit größeren Messfehlern zu rechnen als in diesen Studien, die eine Vielzahl von Hintergrundvariablen erheben. Dennoch weisen die Ergebnisse darauf hin, dass das verwendete Verfahren eine ausreichende Genauigkeit für die verfolgten Zwecke bietet.

Eine grundlegende Anforderung an eine kohärente Beschreibung mathematischer Kompetenzen über die Jahrgangsstufen hinweg ist, dass die Anteile der Schülerinnen und Schüler, die den einzelnen Niveaus zugewiesen werden, im Großen und Ganzen gleich bleibt. Abbildung 2.1.5 zeigt die Anzahl der Schülerinnen und Schüler, die den jeweiligen Niveaus in den verschiedenen Jahrgangsstufen zugewiesen wurden. Es ist zu beachten, dass das Niveau <1 in Jahrgangsstufe 2 nicht zugewiesen wurde. Die hier als Niveau 1 verzeichneten Schülerinnen und Schüler umfassen also auch diejenigen auf dem Niveau <1.

Die Verteilung bleibt bei den oberen und unteren Kompetenzniveaus weitgehend gleich. Größere Schwankungen zeigen sich im Bereich der mittleren Kompetenzniveaus 2 und 3.

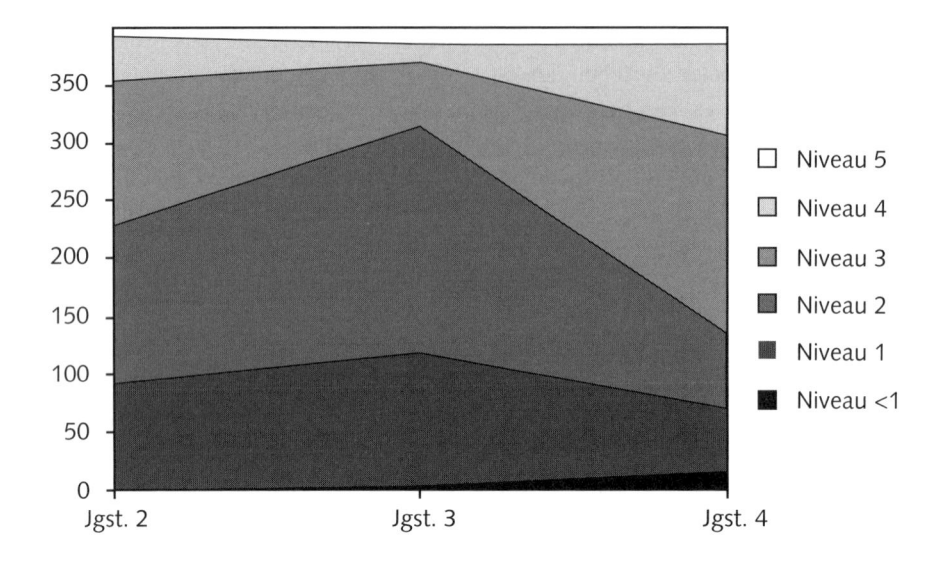

Abbildung 2.1.5: Zuordnung der Schülerinnen und Schüler zu den Kompetenzniveaus

Ob eine wesentliche Verbesserung durch eine weitere Spezifikation der Modelle erreicht werden kann, ist offen. Ein Ansatzpunkt, der für Jahrgangsstufe 4 bereits geleistet ist (Reiss & Winkelmann, 2008), besteht in der gesonderten Beschreibung der Niveaus für die verschiedenen inhaltlichen Leitideen.

Zusammenfassend kann festgestellt werden, dass die Modelle zur Beschreibung mathematischer Kompetenzen über die Jahrgangsstufen 2 bis 4 hinweg eine relativ kohärente Konzeptionierung mathematischer Kompetenz leisten. Deshalb sollen sie im Folgenden genutzt werden, um die Entwicklung mathematischer Kompetenzen in der Stichprobe während des Untersuchungszeitraums genauer zu betrachten.

Kompetenzentwicklung im Verlauf der Grundschulzeit

Die Leistungen zu den drei Messzeitpunkten korrelieren in dem für diese breit angelegten Tests üblichem Maße. Es kann also davon ausgegangen werden, dass sie zur Untersuchung der mathematischen Kompetenzentwicklung geeignet sind. Die obigen Ergebnisse zeigen, dass die Kompetenzniveaus eine über die Jahrgangsstufen hinweg weitgehend kohärente Beschreibung mathematischer Kompetenzen liefern.

Im Folgenden sollen Entwicklungsverläufe der Schülerinnen und Schüler in Bezug auf die Kompetenzniveaus genauer betrachtet werden. Tabelle 2.1.8 und Tabelle

2.1.9 zeigen die Anzahlen der Schülerinnen und Schüler, die innerhalb eines Schuljahres auf einem Kompetenzniveau verharren (dunkelgrau gefärbt) bzw. die innerhalb eines Schuljahres ein Kompetenzniveau aufsteigen bzw. abfallen (hellgrau gefärbt).

Tabelle 2.1.8: Niveauwechsel von Jgst. 2 nach Jgst. 3

Anzahlen		Kompetenzniveau Jgst. 3						
		<1	1	2	3	4	5	
Kompetenzniveau Jgst. 2	<1	5	36	46	5	0	0	92
	1							
	2	3	25	86	21	0	3	138
	3	0	6	60	45	9	4	124
	4	0	2	14	11	7	5	39
	5	0	1	0	3	1	1	6
		8	70	206	85	17	13	399

Tabelle 2.1.9: Niveauwechsel von Jgst. 3 nach Jgst. 4

Anzahlen		Kompetenzniveau Jgst. 4						
		<1	1	2	3	4	5	
Kompetenzniveau Jgst. 3	<1	3	4	1	0	0	0	8
	1	7	27	19	16	1	0	70
	2	4	25	39	110	27	1	206
	3	0	2	5	36	35	7	85
	4	0	0	0	5	10	2	17
	5	0	0	0	3	6	4	13
		14	58	64	170	79	14	399

Insbesondere im Bereich der Niveaus 2 und 3 zeigt sich eine starke Bewegung, was die bereits beschriebenen unterschiedlichen Verteilungen der Schülerinnen und Schüler auf die Kompetenzniveaus zwischen den drei Jahrgangsstufen widerspiegelt. Dennoch ist festzustellen, dass starke Veränderungen in den Niveauzuordnungen selten auftreten. Die meisten Schülerinnen und Schüler behalten ihr Kompetenzniveau bei oder wechseln innerhalb eines Jahres in ein benachbartes Niveau. Diese relative Stabilität zeigt sich auch in den Rangkorrelationen zwischen den Niveauzuordnungen in den verschiedenen Jahrgangsstufen. Sie weisen ebenfalls darauf hin, dass das zugeordnete Kompetenzniveau keine unveränderliche, individuelle Eigenschaft ist, jedoch nur in seltenen Fällen größere Veränderungen innerhalb eines Schuljahres zu erwarten sind (Tabelle 2.1.10).

Die Ergebnisse legen nahe, dass die vorgeschlagenen Kompetenzmodelle in der Tat geeignet sind, mathematische Kompetenz über den Zeitraum von der 2. bis zur 4. Jahrgangsstufe zu beschreiben. Einschränkungen sind lediglich in Bezug auf das Modell für die dritte Jahrgangsstufe zu machen, wo noch Verbesserungsmöglichkeiten bei der Trennung der Niveaus 3 und 4 bestehen.

Tabelle 2.1.10: Rangkorrelationen der Niveauzuordnungen, ** 2-seitig signifikant auf dem 0,001-Niveau

Spearman-ρ		Kompetenzniveau vorher	
		Jgst. 3	Jgst. 4
Kompetenzniveau nachher	Jgst. 2	0,507**	0,528**
	Jgst. 3		0,617**

2.1.7 Diskussion

Mathematische Kompetenz ist ein komplexes Konstrukt, das aber offensichtlich in Form von Kompetenzstrukturmodellen adäquat erfasst werden kann. Für jede Jahrgangsstufe der Grundschule können spezifische Kompetenzen und Kompetenzniveaus ausgewiesen und inhaltlich beschrieben werden. Genauso ist eine Zuordnung von Kompetenzen und Kompetenzniveaus zu Aufgaben möglich, mit deren Hilfe die jeweiligen Anforderungen weiter konkretisiert werden können. Von besonderer Bedeutung ist nun, dass die hier vorgelegten Kompetenzstrukturmodelle zu einem Entwicklungsmodell verbunden werden können, das den Verlauf des Kompetenzerwerbs über die gesamte Grundschulzeit hinweg ermöglicht.

Die empirische Evaluation hat dabei gezeigt, dass Kompetenz in einer Vielzahl von Fällen eine eher kontinuierliche Entwicklung nimmt. Nicht allzu viele Kinder werden von einem Schuljahr zum nächsten in eine neue Kompetenzstufe eingeordnet, und von diesen bewegen sich die meisten in einem engen Bereich um die zuvor erreichte Stufe. Dabei ist zu berücksichtigen, dass die Zuordnung nicht anhand eines direkten Vergleichs der Leistungen innerhalb einer Referenzgruppe erfolgte, sondern normorientiert auf der Basis der a priori definierten Kompetenzniveaus. Auffällig ist die relativ große Zahl von Kindern, die zwischen der 2. und 3. Klasse von Kompetenzstufe 3 nach Kompetenzstufe 2 wechseln. Dies deutet zunächst auf eine Inkohärenz in den Niveaubeschreibungen hin. Ein alternativer Erklärungsansatz ist, dass der Wechsel der Lehrkraft hier eine Rolle spielt, doch wären dafür genauere Analysen notwendig. Genauso ist die ebenfalls relativ große Zahl von Kindern auffällig, die sich zwischen der 3. und 4. Klasse von Kompetenzstufe 2 auf Kompetenzstufe 3 verbessern. Eventuelle Zusammenhänge sind hier noch zu prüfen.

Die Ergebnisse sind aus wissenschaftlicher Sicht von Interesse, können aber vor allem auch Konsequenzen für den Mathematikunterricht in der Primarstufe haben. Geht man davon aus, dass Kompetenzen nicht unveränderliche Dispositionen sind, sondern beispielsweise durch Lernen erworben und durch geeignete Interventionen beeinflusst werden können (vgl. etwa Baumert, Stanat & Demmrich, 2001), dann zeigen Kompetenzmodelle mögliche Schritte im Lernprozess auf. Sie können damit als Basis für die Auswahl von Maßnahmen betrachtet werden, die Kinder beim Kompetenzerwerb unterstützen. Empirisch evaluierte Kompetenzstrukturmodelle zeigen darüber hinaus, welche Kompetenzen zu einem bestimmten Zeitpunkt von einem Kind realistisch erwartet bzw. erworben werden können. Die empirische Überprüfung ist damit eine wesentliche Ergänzung der normativen Definition von Bildungsstandards. Kompetenzmodelle und insbesondere Kompetenzentwicklungsmodelle sind folglich ein Werkzeug und Hilfsmittel im Hinblick auf die Etablierung von Bildungsstandards für den Mathematikunterricht und ihre schulische Umsetzung.

Für Schule und Unterricht wird es letztlich auf die genannten Aspekte ankommen. Dazu wird es allerdings nötig sein, die individuelle Ebene stärker in den Blick zu nehmen. Diagnose und Förderung in der Grundschule basieren auf einem angepassten Umgang mit Kindern und ihren Stärken oder Schwächen. In dieser Hinsicht weisen die Ergebnisse des Projekts auf ein dringendes Forschungsdesiderat hin. Sie sind aber durchaus geeignet, dabei als Basis zu dienen und die Weiterarbeit in Richtung der Konzeption eines Modells zu lenken, das typische Verläufe mathematischer Kompetenzentwicklung während der Grundschulzeit beschreibt. Derart individualisierte Beschreibungen könnten Lehrkräfte und auch Eltern bei einer erfolgreichen Förderung von Kindern unterstützen.

Literatur

Anderson, J. R., Fincham, J. M. & Douglass, S. (1997). The role of examples and rules in the acquisition of a cognitive skill. *Journal of Experimental Psychology: Learning, Memory, and Cognition, 23,* 932–945.

Baumert, J., Stanat, P. & Demmrich, A. (2001). PISA 2000: Untersuchungsgegenstand, theoretische Grundlagen und Durchführung der Studie. In Deutsches PISA-Konsortium (Hrsg.), *PISA 2000. Basiskompetenzen von Schülerinnen und Schülern im internationalen Vergleich* (S. 15–68). Opladen: Leske & Budrich.

Bos, W., Lankes, E. M., Prenzel, M., Schwippert, K., Walther, G. & Valtin, R. (Hrsg.) (2003). *Erste Ergebnisse aus IGLU. Schülerleistungen am Ende der vierten Jahrgangsstufe im internationalen Vergleich.* Münster: Waxmann.

Brown, M., Johnson, D., Street, B., Askew, M., William, D. & Millett, A. (2003). *Leverhulme Numeracy Research Programme. Final Report 1997/2002.* London: King's College.

Carstensen, C. H., Frey, A., Walter, O. & Knoll, S. (2007). Technische Grundlagen des dritten internationalen Vergleichs. In M. Prenzel, C. Artelt, J. Baumert, W. Blum, M. Hammann, E. Klieme et al. (Hrsg.), *PISA 2006. Ergebnisse der dritten internationalen Vergleichsstudie* (S. 367–390). Münster: Waxmann.

Davier, M. von (2001). *WINMIRA* (Computer Software, Version 2001). University Ave. St-Paul: Assessment Systems Corporation.

Fosnot, C. T. & Dolk, M. (2001). *Young Mathematicians at Work: Constructing the Number System, Addition and Subtraction.* Portsmouth, NH: Heinemann Press.

Hasemann, K. (2001). Early numeracy. Results of an empirical study with 5 to 7 year old children. In H. G. Weigand, A. Peter-Koop, N. Neill, K. Reiss, G. Törner & B. Wollring (Eds.), *Developments in mathematics education in German-speaking countries. Selected papers from the annual conference on didactics of mathematics, Munich, 1998* (pp. 31–40). Hildesheim: Franzbecker.

Heuvel-Panhuizen, M. van den & Fosnot, C.T. (2001). Assessment of mathematics achievements: not only the answers count. In M. van den Heuvel-Panhuizen (Ed.), *Proceedings of the 25th Conference of the International Group for the Psychology of Mathematics Education, Volume 4* (pp. 335–342). Utrecht: Freudenthal Institute, Utrecht University.

Klieme, E., Avenarius, H., Blum, W., Döbrich, P., Gruber, H., Prenzel, M. et al. (2003). *Zur Entwicklung nationaler Bildungsstandards. Eine Expertise.* Berlin: BMBF und KMK.

Klieme, E. & Leutner, D. (2006). *Kompetenzmodelle zur Erfassung individueller Lernergebnisse und zur Bilanzierung von Bildungsprozessen. Überarbeitete Fassung des Antrags an die DFG auf Einrichtung eines Schwerpunktprogramms.* Frankfurt: DIPF.

Krajewski, K. & Schneider, W. (2006). Mathematische Vorläuferfähigkeiten im Vorschulalter und ihre Vorhersagekraft für die Mathematikleistungen bis zum Ende der Grundschulzeit. *Psychologie in Erziehung und Unterricht, 53*, 246–262.

Kultusministerkonferenz (KMK) (2003). *Bildungsstandards im Fach Mathematik für den mittleren Schulabschluss.* Bonn: KMK.

Kultusministerkonferenz (KMK) (2004a). *Bildungsstandards im Fach Mathematik für die Jahrgangsstufe 4 (Primarstufe).* Bonn: KMK.

Kultusministerkonferenz (KMK) (2004b). *Bildungsstandards im Fach Mathematik für den Hauptschulabschluss nach Klasse 9.* Bonn: KMK.

National Council of Teachers of Mathematics (Ed.) (2000). *Principles and Standards for School Mathematics.* Reston, VA: NCTM.

Reiss, K. (2004). Bildungsstandards und die Rolle der Fachdidaktik am Beispiel der Mathematik. *Zeitschrift für Pädagogik, 50* (5), 635–649.

Reiss, K., Heinze, A. & Pekrun, R. (2007). Mathematische Kompetenz und ihre Entwicklung in der Grundschule. In M. Prenzel, I. Gogolin & H.-H. Krüger (Hrsg.), *Kompetenzdiagnostik. Zeitschrift für Erziehungswissenschaft,* 10, Sonderheft 8/2007, 107–127.

Reiss, K. & Winkelmann, H. (2008). Step by Step. Ein Kompetenzstufenmodell für das Fach Mathematik. *Grundschule, 10,* 34–37.

Rost, J. (2004). *Lehrbuch Testtheorie Testkonstruktion.* Bern: Huber.

Schmidt, R. (1982). *Zahlenkenntnisse von Schulanfängern.* Frankfurt: Hessisches Institut für Bildungsplanung und Schulentwicklung.

Schmidt, R. & Weiser, W. (1982). Zählen und Zahlverständnis von Schulanfängern. Zählen und der kardinale Aspekt natürlicher Zahlen. *Journal für Mathematikdidaktik, 3,* 227–263.

Siegler, R. S. (2005). Children's learning. *American Psychologist, 60,* 769–778.

Stern, E. (1997). Erwerb mathematischer Kompetenzen. Ergebnisse aus dem SCHOLASTIK-Projekt. In F. E. Weinert & A. Helmke (Hrsg.), *Entwicklung im Grundschulalter* (S. 157–170). Weinheim: Psychologie Verlags Union.

Walther, G., Geiser, H., Langeheine, R. & Lobemeier, K. (2003). Mathematische Kompetenzen am Ende der vierten Jahrgangsstufe. In W. Bos, E. M. Lankes, M. Prenzel, K. Schwippert, G. Walther & R. Valtin (Hrsg.), *Erste Ergebnisse aus IGLU. Schülerleistungen am Ende der vierten Jahrgangsstufe im internationalen Vergleich* (S. 189–226). Münster: Waxmann.

Weinert, F. E. (2001). Concept of Competence: A Conceptual Clarification. In D. S. Rychen & L. H. Salganik (Eds.), *Defining and Selecting Key Competencies* (pp. 45–65). Göttingen: Hogrefe.

Weinert, F. E. & Helmke, A. (Hrsg.) (1997). *Entwicklung im Grundschulalter.* Weinheim: Psychologie Verlags Union.

2.2 Der Übergang von der Primarstufe in die Sekundarstufe

Stefan Ufer

2.2.1 Einleitung

Der Wechsel von der Grundschule auf eine weiterführende Schule stellt für viele Schülerinnen und Schüler ein besonders einschneidendes Lebensereignis dar. Eine wesentliche Ursache liegt im spezifischen Aufbau des deutschen Bildungssystems. Der Übergang stellt sich vielfach als eine Selektion dar, sodass ihm eine zentrale Bedeutung für den weiteren Bildungsweg der Schülerinnen und Schüler beigemessen wird. Ein Wechsel zwischen den verschiedenen Bildungsgängen der Sekundarstufe I ist zwar prinzipiell möglich, wird aber relativ selten in „aufsteigender Richtung" genutzt (Autorengruppe Bildungsberichterstattung, 2008, S. 66). Somit hat die Übertrittsentscheidung trotz prinzipiell möglicher Korrekturen in der Regel eine hohe richtungsweisende Kraft für den weiteren Bildungsweg. Daraus resultieren spezifische Erwartungen von Seiten der Eltern, Schülerinnen und Schüler sowie der beteiligten Institutionen an den Übergang.

Einheitliche Aussagen über Entwicklungsprozesse und wirksame Unterstützungsmaßnahmen am Übergang zwischen der Grundschule und den weiterführenden Schulen sind schwierig. Eine wesentliche Ursache ist, dass der Übergang in den verschiedenen Bundesländern organisatorisch unterschiedlich geregelt ist, was Übertrittszeitpunkt, Mitsprache der verschiedenen Beteiligten bei der Übertrittsentscheidung oder Profil der aufnehmenden Schulformen (z. B. Gesamtschulen) betrifft. Darüber hinaus sind internationale Erfahrungen und Forschungsergebnisse kaum anwendbar, da die stark kontrastierenden Profile der aufnehmenden Schulformen im internationalen Kontext einen Sonderfall darstellen und der Übergang in Deutschland in der Regel nach der 4. Jahrgangsstufe erfolgt, im Vergleich zu anderen europäischen Ländern also relativ früh (Schmitt, 2001).

Es kann vermutet werden, dass Unterschiede zwischen den aufnehmenden Schulformen auch Einfluss auf fachspezifische Aspekte der Unterrichtsgestaltung haben, allerdings mangelt es hier an einschlägigen Untersuchungen. Die deutliche Spannweite in der Fokussierung der Lehrerausbildung zwischen stark fachzentrierten Studiengängen im Bereich des Gymnasiums bis hin zu einer sehr breiten Ausbildung von Lehrkräften im Bereich der Hauptschule lässt jedoch spezifische Profile in fachlichen und fachdidaktischen Kompetenzen sowie im fachlichen Selbstverständnis der Lehrkräfte an den aufnehmenden Schulformen erwarten. Es ist plausibel anzunehmen, dass diese Unterschiede auch einen Einfluss auf die Art des Fachunterrichts haben. Welches Ausmaß diese Unterschiede haben, wie sie von den Schülerinnen und Schülern wahrgenommen werden und wie sie sich auf deren Kompetenzentwicklung beim Übergang auswirken, ist (noch immer) eher eine Forschungsfrage als gesichertes Wissen.

Im folgenden Beitrag sollen zunächst exemplarisch Ergebnisse zu allgemein-pädagogischen Rahmenbedingungen der mathematischen Kompetenzentwicklung am Übergang in die Sekundarstufe berichtet werden. Anschließend wird diese Kompetenzentwicklung aus empirischer und normativer Sicht betrachtet.

2.2.2 Rahmenbedingungen mathematischer Kompetenzentwicklung am Übergang

Unter den Rahmenbedingungen für den Übertritt von der Primarstufe in das in vielen Fällen grundsätzlich anders organisierte Unterrichtssystem der Sekundarstufe werden in der Regel zwei Aspekte besonders herausgehoben, zu denen im Folgenden überblicksartig der Stand der Forschung berichtet werden soll. Zunächst müssen die Schülerinnen und Schüler zur Bewältigung der individuellen Herausforderungen beim Übergang gewisse Anpassungsleistungen vollbringen, die durch schulische Rahmenbedingungen mehr oder weniger unterstützt werden (Koch, 2006). Aufgrund der unterschiedlichen Profile der aufnehmenden Schulen stellt sich darüber hinaus für die Eltern – und in gewissem Maße natürlich auch für die Schülerinnen und Schüler selbst – das Problem, die „richtige" Schulform auszuwählen (Ditton & Krüsken, 2006). Die letztere Entscheidung ist vielfältigen Einflüssen unterworfen, beispielsweise auch der (meist hohen) Bedeutung, die der Schulwahl für den weiteren Bildungsweg beigemessen wird. Weitere Einflussfaktoren, insbesondere im Bereich des sozialen Status, befinden sich stark im Fokus der Forschung (siehe z. B. Ditton & Krüsken, 2006, für das Beispiel Bayern; international z. B. Noden, West, David & Edge, 1998).

Übergangsentscheidung

Die organisatorischen Rahmenbedingungen der Übergangsentscheidung für eine bestimmte Schulform unterscheiden sich merklich zwischen den einzelnen Bundesländern. Die größte Übereinstimmung gibt es noch beim Zeitpunkt des Übergangs, der in fast allen Bundesländern nach der 4. Jahrgangsstufe erfolgt. Nur Berlin, Brandenburg und neuerdings Hamburg bilden hier mit dem Übergang nach der 6. Jahrgangsstufe die Ausnahmen. Deutlichere Unterschiede gibt es hingegen im Angebot an aufnehmenden Schulen, insbesondere im Hinblick auf Schulformen mit mehreren Bildungswegen und Hauptschulen, und in der Bedeutung des Willens der Eltern bzw. der Einschätzung der Grundschullehrkräfte (KMK, 2006). Aus diesen organisatorischen Unterschieden zwischen den Ländern resultieren Differenzen in den Anteilen, zu denen die Schülerinnen und Schüler in die verschiedenen Schulformen übertreten (Autorengruppe Bildungsberichterstattung, 2008). Es zeigt sich hier auch, dass diese Anteile innerhalb der Bundesländer nicht homogen sind, sondern regional stark schwanken. Allerdings ist insgesamt eine sinkende Übertrittsquote zur Hauptschule sowie eine steigende Übertrittsquote zum Gymnasium zu beobachten. Die Übergangsentscheidung wird in nur etwa 3 % der Fälle im Laufe der Jahrgangsstufen 7 bis 9 durch einen Wechsel der Schulform revidiert, wobei über die Hälfte der Wechsel in eine Schulform mit niedrigerem Bildungsabschluss führt (Autorengruppe Bildungsberichterstattung, 2008).

Über die Gründe für diese Unterschiede ist wenig bekannt; die Folgen zeigen sich jedoch in der Verteilung der Schülerinnen und Schüler auf die Schulformen der Sekundarstufe. Untersuchungen im Rahmen der Sekundarstufe I machten wiederholt soziale Disparitäten in der Verteilung von Jugendlichen aus unterschiedlichen sozialen Gruppen auf die verschiedenen Schulformen deutlich. Diese erstrecken sich auf alle Bundesländer (Prenzel et al., 2007). So sind Jugendliche mit Migrationshintergrund besonders in Schulen mit weiterführenden Abschlüssen unterrepräsentiert, in Schulformen, die zu einem Hauptschulabschluss, führen jedoch überrepräsentiert. Diese Disparitäten wurden im Rahmen der PISA-Studie 2000 beobachtet und – leicht abgeschwächt – auch in PISA 2006, wobei der Rückgang lediglich in zwei Bundesländern, Bayern und Rheinland-Pfalz, signifikant ist (Prenzel et al., 2007).

Aus theoretischer Perspektive werden verschiedene Konzepte herangezogen um zu verstehen, wie die Entscheidung für die jeweilige Schulform zustande kommt, und um damit Ursachen für diese Disparitäten zu identifizieren. Der Ansatz der rationalen Wahlentscheidungen nach Boudon (z. B. Maaz, Hausen, McElvany & Baumert, 2006) unterscheidet dabei zwischen primären und sekundären Effekten, welche die Auswirkungen verschiedener, z. B. sozioökonomischer Hintergrundvariablen auf die Übertrittsentscheidung beschreiben. Primäre Effekte umfassen diejenigen Wirkungen der sozialen Herkunft auf die Bildungsentscheidung, die über schulische Performanz vermittelt sind. Hierbei werden sowohl die materiellen als auch die sozialen und kulturellen Ressourcen im familiären Kontext berücksichtigt. Bei sekundären Effekten handelt es sich um Auswirkungen der sozialen Herkunft, die nicht direkt über die Leistung des individuellen Schülers vermittelt sind, sondern beispielsweise durch die Bildungsaspirationen und das damit verbundene Entscheidungsverhalten aller an der Schulwahl beteiligten Personen erklärt werden können.

Eine Interaktion der beiden vom Ansatz der rationalen Wahlentscheidungen zunächst getrennt betrachteten Faktoren versuchen Erwartungs-Wert-Theorien (z. B. Atkinson, siehe Maaz et al., 2006) zu beschreiben. Nach diesen Theorien wird das Wahlverhalten durch antizipierte Anforderungen und Anreize der zur Wahl stehenden Alternativen beeinflusst. Dabei spielt auch die persönliche Einschätzung der Möglichkeit von Erfolg und Misserfolg in der neuen Situation eine Rolle. In diesem Spannungsfeld kommt die Wahl vor dem Hintergrund von individuellen Werten (Valenz von Erfolg und Misserfolg) und Verhaltenstendenzen (Suche nach Erfolg bzw. Vermeiden von Misserfolg) zustande.

Auf der Basis des Modells der rationalen Wahlentscheidungen analysieren Ditton und Krüsken (2006) das Wahlverhalten im Kontext des bayerischen Schulsystems, in dem die Entscheidung zum Zeitpunkt der Untersuchung weitgehend durch die Übertrittsempfehlung der Grundschullehrkraft determiniert wurde. Im Rahmen der Untersuchung, die über 500 Schülerinnen und Schüler vom Ende der dritten Jahrgangsstufe bis unmittelbar vor dem Übergang am Ende des vierten Schuljahrs begleitet, stellte sich heraus, dass mit der individuellen Schulleistung vor allem primäre Faktoren die Übertrittsentscheidung beeinflussen, während sekundäre Faktoren nur eine untergeordnete Rolle spielen. Ein anderes Bild zeigt sich aber bei der Frage, ob von der Übertrittsempfehlung (für einen niedrigeren Schulabschluss) abgewichen wird. Darüber hinaus stellen die Autoren allerdings fest, dass soziale Disparitäten in der Schulleistung im Verlauf der Grundschulzeit zunehmen. Sie folgern, dass die ungleiche Verteilung der Schülerinnen und Schüler auf die verschiedenen Schulformen weniger direkt auf die eigentliche Übertrittsentscheidung zurückzuführen ist als vielmehr auf die divergierende Leistungsentwicklung im Verlauf der Primarstufe. Die Ursachen für den divergenten Verlauf der Kompetenzentwicklung sollten demnach mindestens genauso im Fokus fachdidaktischer Überlegungen stehen wie das Zustandekommen der eigentlichen Übertrittsentscheidung. Es ist allerdings zu erwarten, dass der anstehende bzw. gerade erfolgte Übertritt, vermittelt über affektive und motivationale Dispositionen, auch die Kompetenzentwicklung wiederum nachhaltig beeinflusst.

Der Übergang aus Sicht der Schülerinnen und Schüler

Aufgrund der vielfältigen Veränderungen in der Lern- und Lebensumwelt, die der Übertritt auf eine weiterführende Schule mit sich bringt, und wegen der damit verbundenen Herausforderungen, die dem Individuum erhebliche Bewältigungsleistungen abverlangen, wird in diesem Zusammenhang häufig das Konzept des „kritischen Lebensereignisses" herangezogen. Kritische Lebensereignisse zeichnen sich dadurch aus, dass sie Herausforderungen darstellen, welche die Bewältigungsressourcen des Individuums übersteigen und damit die weitere Entwicklung nachhaltig negativ beeinflussen können. Andererseits bieten sie aber auch Impulse zur Entwicklung und Erweiterung von Kompetenzen (z. B. Griebel & Niesel, 2004). Zentral ist dabei, wie der Einzelne die Herausforderungen, denen er sich gegenüber sieht, aufnimmt und wie er sie bewältigt. Der Übergang tritt nicht, wie andere kritische Lebensereignisse, unerwartet ein. Deshalb beschränken sich die Herausforderungen nicht unbedingt auf die Zeit nach dem Schulwechsel. Bereits vorher können Ängste, aber auch positive Erwartungen die Bewältigung beeinflussen.

Herausforderungen des Übertritts an die weiterführende Schule werden dabei in verschiedenen Bereichen gesehen. Zunächst verändern sich die sozialen Beziehungen der Kinder meist nachhaltig. Kontakte zu ehemaligen Mitschülerinnen und Mitschülern werden seltener oder brechen gänzlich ab, und Beziehungen zu neuen Mitschülern müssen aufgebaut werden. Auch die eigene Position innerhalb des sozialen Gefüges Schule ändert sich schlagartig. Eine fundamentale Veränderung ergibt sich auch in den Beziehungen zu den Lehrkräften. Dies resultiert in einigen Schulformen aus dem für die Schülerinnen und Schüler neuen Klassenlehrersystem, und schulformübergreifend aus der stärker von Distanz geprägten Haltung der Lehrkräfte. Darüber hinaus sind neue organisatorische Strukturen, neue Fachdisziplinen und neue Orte zu erschließen.

Um die Bewältigung des kritischen Lebensereignisses „Übergang" zu untersuchen, wird von vielen Autoren (Lohaus, Elben, Ball & Klein-Heßling, 2004; Sirsch, 2000) der Stressansatz (Lazarus, 1995) herangezogen. Danach spielen bei der Bewältigung von Veränderungen, wie beispielsweise schulischen Übergängen, verschiedene institutionelle und individuelle Faktoren eine Rolle. So ist das Ausmaß und die Dauer der Veränderungen ebenso von Bedeutung wie die Frage, ob die Veränderungen erwünscht und kontrollierbar sind und inwieweit individuelle oder externe Ressourcen zur Bewältigung bereit stehen (Griebel & Niesel, 2004). Neben der tatsächlichen Verfügbarkeit individueller Ressourcen zur erfolgreichen Bewältigung des Übertritts ist auch die eigene Einschätzung dieser Ressourcen ein wichtiger Einflussfaktor.

Bereits vor dem Übertritt ist die Sichtweise der Schülerinnen und Schüler auf die Zeit in der neuen Schule ambivalent. Dies ist vor allem darauf zurückzuführen, dass sie durch eine große Zahl von Unterstützungs- und Risikofaktoren für einen erfolgreichen Übertritt beeinflusst wird. Diese können wiederum individuell sehr unterschiedlich ausgeprägt sein. Neben Ängsten in Bezug auf die sozialen Beziehungen zu Mitschülerinnen und Mitschülern und Lehrkräften (McGee, Ward, Gibbons & Harlow, 2003, S. 35) verunsichern die antizipierten hohen Anforderungen (McGee et al., 2003). Bei Studien aus dem englischen Sprachraum ist anzumerken, dass der Übertritt dort aufgrund des späteren Zeitpunkts meist mitten in die Pubertät fällt. Außerdem bestehen deutliche Unterschiede in der Struktur der aufnehmenden Schulformen. Insgesamt sehen Schülerinnen und Schüler den Übergang im Vorfeld eher als Herausforderung und weniger als Bedrohung, wobei – unabhängig von der Sicht auf die neue Schule – eher Bedauern über das Verlassen der Grundschule vorherrscht (Sirsch, 2000). Die Erwartungen an die zukünftigen Leistungen hängen stark mit den bisherigen Noten und dem eigenen Fähigkeitsselbstkonzept zusammen. In Mathematik erwarten mehr Schülerinnen und Schüler eine Verschlechterung ihrer Noten, wobei dies bei zukünftigen Hauptschülern weniger ausgeprägt ist als bei Schülerinnen und Schülern, die auf eine höhere Schulform wechseln (Sirsch, 2000).

Im Rahmen der englischen ORACLE-Studie (Galton & Willcocks, 1983) wurden Kinder vor und nach dem Übertritt in die Sekundarstufe beobachtet und deutliche Veränderungen im Lernverhalten gefunden. 20 Jahre später wurden in einer größer angelegten Replikationsstudie (Hargreaves & Galton, 2002) erneut affektive und motivationale Dispositionen am Übergang betrachtet. Untersucht wurden die vor dem Übergang antizipierte Schulfreude, die soziale Isolation und das leistungsbezogene Selbstvertrauen. Außerdem wurde die Einschätzung dieser Variablen direkt nach dem Übergang und am Ende des ersten Schuljahres in der neuen Schule erhoben. Es zeigte sich – insbesondere bei den Jungen – ein signifikanter Rückgang von Schulfreude im Verlauf des ersten Schuljahres an der neuen Schule. Die soziale Isolation wurde von den Mädchen nicht signifikant geringer wahrgenommen als sie von ihnen zuvor erwartet worden war. Bei den Jungen zeigte sich ein signifikanter Rückgang bereits in den ersten Wochen an der neuen Schule. Im weiteren Verlauf des Schuljahres blieben die Einschätzungen hier konstant. Ebenfalls unverändert und mit den Erwartungen übereinstimmend waren die Einschätzungen zum leistungsbezogenen Selbstvertrauen. Insgesamt scheinen die Schülerinnen und Schüler den Übergang hier gut zu bewältigen, wobei sich jedoch Unterschiede zwischen leistungsstärkeren und leistungsschwächeren Teilgruppen zeigen.

Einige Studien aus dem englischen Sprachraum berichten von einer Desillusionierung anfangs positiver Erwartungen der Schülerinnen und Schüler bezüglich der neuen Lernumgebung. Dies äußert sich in dem Gefühl fehlender Herausforderungen aufgrund von Wiederholungen im Lernstoff, weniger Möglichkeiten zur eigenständigen Arbeit als erwartet sowie einer fehlenden Wertschätzung ihrer vorangegangenen Lernerfolge (McGee et al., 2003, S. 33ff.). Dies lässt die Forderung nach mehr inhaltlicher Kontinuität am Übergang naheliegend erscheinen.

Zusammenfassend zeigt die pädagogisch-psychologische Forschung, dass die Bewältigung des Übergangs von individuellen Wahrnehmungen und Selbsteinschätzungen, aber auch von einer Vielzahl von protektiven Faktoren und Risikofaktoren in einem komplexen Zusammenspiel beeinflusst wird (für einen Überblick siehe z. B. Griebel & Niesel, 2004).

2.2.3 Mathematische Kompetenzentwicklung am Übergang

Der Übergang von der Primarstufe in die Sekundarstufe wird von Schülerinnen und Schülern als kritisches Lebensereignis erlebt. Die existierende Forschung zum Übergang fokussiert dabei meist allgemeine Veränderungen der Lernumwelt und ihren Einfluss auf schulbezogene Einstellungen und Emotionen der Schülerinnen und Schüler. Die – bisher spärlichen – Ergebnisse zu fachbezogenen Rahmenbedingungen mathematischer Kompetenzentwicklung beim Übergang sollen in diesem Abschnitt diskutiert werden.

Empirische Ergebnisse

Die Entwicklung mathematischer Kompetenzen am Übergang ist weder international noch national erschöpfend untersucht. Insbesondere gibt es kaum Studien, welche die Leistungsentwicklung über den Übergang hinaus verfolgen. Vorhandene Studien liegen häufig bereits einige Zeit zurück und sind oft mit technischen und methodischen Problemen behaftet. Insbesondere fehlen über die Betrachtung einzelner Fälle hinausgehende, repräsentative Untersuchungen. Um die Leistungsentwicklung kurz nach dem Übergang zu untersuchen, kann die Hamburger Studie zu Aspekten der

Lernausgangslage (Lehmann, Peek & Gänsfuß, 1996; Lehmann, Gänsfuß & Peek, 1998) herangezogen werden. Bei 13.266 Schülerinnen und Schülern aus 558 Klassen an Hamburger Schulen aller Schulrichtungen wurden mathematische Kompetenzen in den Bereichen Arithmetik, Algebra und Geometrie zu Beginn der 5. Jahrgangsstufe und zum Ende der 6. Jahrgangsstufe erhoben (Lehmann et al., 1998). Darüber hinaus wurden Daten zu Leseverständnis sowie Sprachverständnis in Deutsch erhoben. Damit kann der Kompetenzzuwachs in den beiden Jahren nach dem Übergang von der Grundschule beschrieben werden. Dabei zeigte sich für Mathematik ein mittlerer Kompetenzzuwachs, der mit einer Effektstärke von $d=0{,}68$ für zwei Jahre mit dem in der längsschnittlichen Erweiterung zur PISA-Studie 2003 (Prenzel et al., 2006) beobachteten Zuwachs vergleichbar ist. Die bayerische PALMA-Studie (Pekrun et al., 2006) fand für den Beginn des Sekundarbereichs deutlich höhere jährliche Leistungszuwächse. Mit Blick auf die im Bereich der Sekundarstufe sonst beobachteten Zuwächse kann also keine stark verzögerte Leistungsentwicklung im Verlauf der ersten beiden Schuljahre der Sekundarstufe festgestellt werden. Ob sich zwischen dem Ende der Grundschulzeit und dem Beginn der Sekundarstufe ein ähnlich positives Bild zeigt, ist mit dem derzeit verfügbaren Datenmaterial nicht zu entscheiden.

In der LAU-Studie zeigten sich unterschiedliche Entwicklungstendenzen innerhalb der beteiligten Schulformen. So konnte der größte Leistungszuwachs bei der Teilstichprobe der Gymnasiasten ($d=0{,}78$), der Geringste bei jener der Haupt- und Realschüler ($d=0{,}58$) beobachtet werden. Für die Gesamtschulen ergab sich ein Zuwachs von $d=0{,}65$. Dieser Unterschied zwischen den verschiedenen Schulformen ist aus fachdidaktischer Sicht vor allem deshalb von Interesse, weil er sich in den Daten zu Lese- und Sprachverständnis nicht zeigt. Über Ursachen für diese unterschiedlichen Entwicklungen kann derzeit nur spekuliert werden. Ähnliche Beobachtungen über eine divergente Entwicklung mathematischer Kompetenzen nach dem Übergang, allerdings über einen längeren Zeitraum von drei Jahren, berichten Pekrun et al. (2006) aus der bayerischen Längsschnittstudie PALMA. Alle genannten Studien untersuchten allerdings die Kompetenzentwicklung *nach* dem Übergang, nicht *während* des Übergangs.

International berichten einige Autoren von einem Rückgang schulischer Leistungen beim Übertritt in die Sekundarstufe (McGee et al., 2003). Häufig werden dabei allerdings Noten als Indikatoren für die Kompetenzentwicklung verwendet (Anderson, Jacobs, Schramm & Splittgerber 2000, S. 326), was insbesondere am Übergang in einen neuen schulischen Kontext problematisch erscheint (z. B. Barone, Aguirre-Deandreis & Trickett, 1991). Alspaugh (1998) untersuchte mittels standardisierter Tests die Entwicklung mathematischer Leistung zwischen der 5. und 6. Jahrgangsstufe in solchen amerikanischen Schuldistrikten, die in diesem Zeitraum einen Übergang in die Sekundarstufe vorsahen und solchen, in denen kein Übertritt anstand. In dem verwendeten Mathematiktest zeigte sich ein Leistungszuwachs in den Schuldistrikten ohne Übergang, während in den Schuldistrikten, in denen ein Schulwechsel stattfand, leicht rezessive Entwicklungen auftraten. In der Replikation der englischen ORACLE-Studie (Hargreaves & Galton, 2002) wurde ein eigener Mathematiktest verwendet. Auch wenn die Auswertungen aufgrund einer verkürzten Testform in Jahrgangsstufe 4 vorsichtig zu interpretieren sind, kann festgestellt werden, dass etwa ein Drittel der Schülerinnen und Schüler rezessive Leistungsverläufe am Übergang zeigt. Die Ergebnisse der ersten ORACLE-Studie (Galton & Willcocks, 1983) werden hier wegen methodischer Probleme nicht berichtet.

Für diese rezessive Entwicklung werden verschiedene Erklärungen angeboten. McGee et al. (2003) sehen in der den Übertritt oft begleitenden Pubertät keinen bedeutsamen Einflussfaktor, insbesondere weil auch zu Übergängen in anderen Altersbereichen ähnliche Effekte berichtet werden. Einige Studien aus dem englischen Sprachraum (also aus weniger stark gegliederten Schulsystemen) nennen niedrigere Erwartungen der aufnehmenden Schulen als der abgebenden Schulen an die Leistungsentwicklung als möglichen Grund (Eccles et al., 1993; Galton & Willcocks, 1983), was auch mit einer reduzierten Leistungsbereitschaft der Schülerinnen und Schüler in Verbindung gebracht wird (McGee et al., 2003). Zudem werden Belastungen durch das kritische Lebensereignis des Übergangs als als eine mögliche Ursache diskutiert (McGee et al., 2003).

Zusammenfassend deuten Beobachtungen internationaler Studien darauf hin, dass der Übergang auch im Bereich der Kompetenzentwicklung einen Einschnitt darstellt. Die meisten älteren Studien sind allerdings aus methodischen Gründen vorsichtig zu interpretieren. Als möglicher Grund für die rezessive Entwicklung sind die zu bewältigenden Anpassungsleistungen anzunehmen, die mit dem Übergang verknüpft sind.

Ob diese Anpassungsleistungen einheitlich über alle Fächer im gleichen Maße auftreten oder ob spezifisch fachliche Aspekte der neuen Lern-Lehrsituation zu bewältigen sind, ist zunächst nicht klar. In der Hamburger Untersuchung lassen sich aber insbesondere im Bereich der Mathematik starke schulartspezifische Unterschiede in der Leistungsentwicklung nach dem Übergang beobachten, was derartige fachspezifische Anpassungsleistungen möglich erscheinen lässt.

Normative Vorgaben zur mathematischen Kompetenz: Standards

Eine wichtige Grundlage für eine kontinuierliche Entwicklung mathematischer Kompetenzen beim Übertritt von der Primarstufe in die Sekundarstufe ist ein kohärentes Bild dieser Kompetenzen bei Messung und Förderung in den beiden Schulstufen. Von einer kohärenten Sichtweise von Mathematik, mathematischer Kompetenz und vom Mathematikunterricht ist auch deshalb nicht unbedingt auszugehen, weil bereits die Ausbildung der Lehrkräfte oft stark auf die Schulstufe und Schulform fokussiert ist, in der die Lehrkräfte später eingesetzt werden sollen. So ist es keine Selbstverständlichkeit, dass Gymnasial- und Realschullehrkräfte einen Überblick über Inhalte und Anspruchsniveau des Grundschullehrplans haben.

Eine kohärente Sichtweise mathematischer Kompetenz über die am Übergang beteiligten Schulformen hinweg ist eine wichtige Voraussetzung für die kontinuierliche

Gestaltung kumulativer Lernprozesse. Schülerinnen und Schüler kommen mit individuellen Vorstellungen von Mathematik und einer Vielzahl von Kompetenzen in die neue Schule der Sekundarstufe. Um konstruktiv auf diesen vorhandenen Vorkenntnissen aufbauen zu können, ist deren professionelle Einschätzung durch die Sekundarstufenlehrkräfte unabdingbar. Andererseits sind nachhaltig tragfähige Konzepte und Strategien eine Basis für die Lernprozesse der Sekundarstufe, die bereits in der Grundschule geschaffen werden muss.

Mit den Bildungsstandards für den Primarbereich (KMK, 2004a) wurde ein wichtiger Ausgangspunkt zur Definition mathematischer Kompetenzen am Übergang geschaffen, die einerseits als Ziel mathematischer Kompetenzentwicklung im Grundschulalter anzustreben sind, andererseits als Orientierung für die weitere Arbeit in der Sekundarstufe dienen. Den Anschluss bilden die Bildungsstandards für den Hauptschulabschluss (KMK, 2004b) bzw. für den mittleren Schulabschluss (KMK, 2003), die langfristige Ziele für die weitere Kompetenzentwicklung vorgeben.

In der Beschreibung der allgemeinen mathematischen Kompetenzen stimmen die Standards für den Hauptschulabschluss und den mittleren Schulabschluss wörtlich überein. Unterschiede zwischen den beiden Abschlüssen spiegeln sich in den Beschreibungen der innerhalb der einzelnen inhaltlichen Leitideen zu erlangenden Kompetenzen wider. Die inhaltliche Gliederung in die Leitideen *Zahl*, *Messen*, *Raum und Form*, *funktionaler Zusammenhang* sowie *Daten und Zufall* ist jedoch wiederum einheitlich. Im Vergleich zu den Standards für den Primarbereich ist die Bemühung um weitreichende Anpassung zu erkennen, wobei sich im Detail durchaus Unterschiede im Verständnis der einzelnen Bereiche zeigen. Im Folgenden soll ein kurzer Überblick über die Gemeinsamkeiten und Brüche zwischen den beiden Beschreibungen mathematischer Kompetenz gegeben werden.

Dass für den Primarbereich die allgemeine Kompetenz „*mit symbolischen, formalen und technischen Elementen der Mathematik umgehen*" gänzlich fehlt, ist zunächst nachvollziehbar. In diesem Bereich zeigt jedoch die fachdidaktische Forschung zum Übergang von der Arithmetik zur Algebra (z. B. Winter, 1982, zum Verständnis der Gleichheitsrelation), dass bereits in der Grundschule wichtige Grundlagen für die weitere Kompetenzentwicklung gelegt werden. Entsprechende Hinweise finden sich allenfalls sehr kurz unter dem Bereich *Kommunizieren* (mathematische Fachbegriffe und Zeichen sachgerecht verwenden). Auch in anderen Bereichen sind Kompetenzen zum Umgang mit technischen und formalen Aspekten der Mathematik bereits in der Grundschule ein wichtiges Thema, beispielsweise beim reflektierten Umgang mit mathematischen Werkzeugen wie den schriftlichen Rechenverfahren. Es ist anzunehmen, dass diese Kompetenzen bereits in der Grundschule angebahnt werden, auch wenn sie nur implizit in den Standards erscheinen. Die Beschreibungen der anderen allgemeinen Kompetenzen bauen weitgehend aufeinander auf, besonders deutlich ist dies im Bereich *Argumentieren* formuliert. Lediglich in Details finden sich für den Primarbereich Kompetenzen, die in der Sekundarstufe nicht mehr explizit erwähnt werden (z. B.: *Kommunizieren*: kooperatives Arbeiten, *Modellieren*: Finden von realen Kontexten zu mathematischen Modellen, *Verwenden von Darstellungen*: Auswahl geeigneter Darstellungen zur Lösung von Problemen).

Auch für die inhaltlichen Leitideen lässt sich ein konzeptioneller Anschluss gut herstellen. Lediglich der Inhaltsbereich *Muster und Strukturen* wird erfahrungsgemäß von vielen Lehrkräften im Primarbereich auf das Erkennen von Gesetzmäßigkeiten in arithmetischen und geometrischen Mustern, meist Folgen von Zahlen und Figuren, beschränkt. Dass in den Standards hier der Umgang mit funktionalen Zusammenhängen im Rahmen von Sachkontexten explizit erwähnt wird, deutet die Anbindung an den entsprechenden Inhaltsbereich *funktionaler Zusammenhang* in der Sekundarstufe an.

Modellierung mathematischer Kompetenzen am Übergang

Die Konzeptualisierung mathematischer Kompetenzen am Übergang scheint also aus theoretischer Sicht zwischen Primar- und Sekundarbereich durchaus kompatibel. Ob dies jedoch auch in der Umsetzung gewährleistet ist, ist zunächst unklar. International wird eine mangelnde Kohärenz von (implementierten) Curricula am Übergang beklagt (z. B. Galton, Morrison & Pell, 2000). Sowohl international als auch national ist diese Frage allerdings kaum untersucht.

Um in der Praxis die Anforderungen von Aufgaben und entsprechend auch die Leistungen von Schülerinnen und Schülern verlässlich einordnen zu können, sind die groben Beschreibungen der Bildungsstandards nur eingeschränkt geeignet. Zunächst fehlt für den Beginn des Sekundarbereichs eine entsprechende Spezifizierung von Zwischenzielen beispielsweise für das Ende der 5. Jahrgangsstufe. Weiterhin bieten die in den Standards allgemein formulierten Anforderungsbereiche nur eine grobe, empirisch oft nicht gesicherte Orientierung für die Einschätzung der Anforderungen einzelner Aufgaben.

Für mathematische Kompetenzen entsprechend den Bildungsstandards am Ende der Primarstufe gibt es deutlich detailliertere Modelle zur Einschätzung des Anforderungsniveaus von Aufgaben und für die Diagnose individueller Kompetenzen (siehe z. B. Ufer, Reiss & Heinze, 2009, in diesem Band). Ein ähnlich detailliertes Modell für die ersten Jahrgangsstufen der Sekundarstufe liegt derzeit nicht vor. Eine empirisch fundierte, zwischen den Jahrgangsstufen vergleichbare Beschreibung mathematischer Kompetenzen, wie sie beispielsweise für die Grundschule in Ansätzen bereits existiert (Ufer et al., 2009), wäre aus mehreren Gründen für den Übergang von Bedeutung, wobei eine Fokussierung auf einzelne Inhaltsbereiche (wie bei dem Modell für Jahrgangsstufe 4; Reiss & Winkelmann, im Druck) wahrscheinlich schon aus pragmatischen Gründen zumindest anfänglich hilfreich sein dürfte.

Auf der Ebene der Konzeptualisierung mathematischer Kompetenzen würde ein solches Modell eine Basis für die Analyse der Kohärenz mathematischer Kompetenzanforderungen in den beiden Schulstufen bieten. So sind Schülerinnen und Schüler bereits in der Primarstufe durch die Anwendung von geschickten Problemlösestrategien bzw. in einfachen Kontexten in der Lage Probleme zu lösen, die erst in der Sekundarstufe systematisch behandelt werden (sog. straßenmathematische Fähigkeiten; z. B. in Bezug auf das Lösen auch komplexerer Gleichungen und Gleichungssysteme bzw. in Bezug auf den Umgang mit Dezimalbrüchen und proportionalen Zusammenhängen). Die Kenntnis über diese von einem gewissen Anteil der Lernenden mitgebrachten Kompetenzen ist insbesondere deshalb von Interesse, um den Nutzen neuer mathematischer Konzepte (wie z. B. Zahlbereichserweiterungen oder deduktiver lokaler Theorien), Strategien und Algorithmen gegenüber den oft vorhandenen ad-hoc-Strategien im Unterricht zu verdeutlichen.

Auf einer diagnostischen Ebene sind derartige Modelle unerlässlich für ein inhaltlich interpretierbares Bildungsmonitoring wie auch für eine fundierte Einschätzung des individuellen Entwicklungsstands von Lernenden (Klieme et al., 2003). Systematische Erhebungen an größeren Stichproben sind nur *ein* Weg, auf dem Kompetenzmodelle Einfluss auf die unterrichtliche Praxis nehmen können. Dazu müssen sie allerdings ausreichend spezifiziert sein, um auch Anregungen für die Beseitigung aufgedeckter Defizite zu geben. In der den alltäglichen Unterricht begleitenden diagnostischen Arbeit lässt sich auf der Basis eines übersichtlichen, aber ausreichend spezifizierten Kompetenzmodells leichter einschätzen, ob die verwendeten Probleme und Aufgaben die gewünschten Bereiche mathematischer Kompetenzen ausreichend abdecken. Zudem lassen sich Beobachtungen an einzelnen Schülerinnen und Schülern mit Hilfe eines solchen Kategorisierungsschemas einfacher systematisieren. Eine nachhaltige Förderung beschränkt sich mit dieser Information eben nicht auf das schnelle Schließen von Lücken auf prozeduraler Ebene, sondern kann – geeignete Rahmenbedingungen vorausgesetzt – an vorhandene Vorstellungen und Ideen anknüpfen. In diesem Sinne könnte eine explizitere Beschreibung vorhandener Kompetenzen deren Nutzung als Basis für nachhaltige, kumulative Lernprozesse erleichtern und unterstützen. Ob diese Leistung gänzlich von den Lehrkräften erbracht werden soll und kann, ist zunächst offen. Die Konzeption diagnostischer Instrumente sowie, eng damit verknüpft, die Weiterentwicklung diagnostischer Kompetenzen der Lehrkräfte im Bereich des Übergangs auf der Basis einer geeigneten Beschreibung mathematischer Kompetenzen stellt damit eine zentrale Anschlussaufgabe mathematikdidaktischer Forschung und Entwicklung dar.

Gestaltung mathematischer Lernprozesse am Übergang

Neben kompatiblen Kompetenzanforderungen im Sinne kumulativen Lernens lassen sich auf der Ebene des Unterrichts und der Lernprozesse weitere Bedingungsfaktoren für eine kontinuierliche Kompetenzentwicklung am Übergang identifizieren. Ihre tatsächliche Bedeutung ist allerdings im Rahmen empirischer Studien noch zu untersuchen.

Zunächst wird häufig von einer grundlegenden Veränderung der verwendeten Lern- und Lehrmethoden beim Übergang in die Sekundarstufe I berichtet (Methodenknick). Dabei bezieht sich die Beschreibung von Mängeln zunächst auf sehr allgemeine Faktoren, wie die abnehmende Möglichkeit zu selbstreguliertem Lernen (McGee et al., 2003) oder die seltenere Implementation handlungsnaher bzw. entdeckender methodischer Ansätze. Aus fachdidaktischer Sicht gibt es jedoch auch Unterschiede in der inhaltlichen Aufbereitung des Lernstoffs. So wird der Unterricht in der Sekundarstufe von Praktikern oft als weniger an den (Alltags-)Erfahrungen der Kinder orientiert beschrieben. Hier sind mindestens zwei fachdidaktische Bereiche relevant, in denen Brüche in der Unterrichtsgestaltung zu erwarten sind. Einerseits ist zu untersuchen, inwiefern in der Grundschule genutzte Repräsentationen mathematischer Konzepte anschlussfähig für die Weiterentwicklung dieser Konzepte in der Sekundarstufe sind und andererseits – mindestens ebenso wichtig – ob und wie diese Repräsentationen im Unterricht der Sekundarstufe genutzt werden, um vorhandene Vorstellungen aufzugreifen. Eng mit dem Problem kohärenter Repräsentationsformen verbunden ist die Anknüpfung an und Erweiterung von Grundvorstellungen (vom Hofe, 1995) zu mathematischen Konzepten wie Zahlen, Operationen aber auch geometrischen Figuren und deren Eigenschaften, die im Rahmen der Primarstufe aufgebaut werden. Auch hier gibt es bisher wenig empirische Forschung dazu, ob und wie der Unterricht der Sekundarstufe Vorstellungen aus der Primarstufe aufgreift bzw. der Unterricht der Primarstufe Vorstellungen anbahnt, an die später angeknüpft werden kann.

Über diese methodischen Unterschiede hinaus lassen sich jedoch auch Brüche im vornehmlich vermittelten Bild von Mathematik zwischen den beiden Schulstufen annehmen, die sich ebenfalls in den Profilen der aufnehmenden Schulformen deutlich unterschiedlich zeigen. In der Grundschule werden mathematische Konzepte in der Regel aus dem handelnden Umgang mit konkreten Objekten durch zunehmende Abstraktion gewonnen. Diese Vorgehensweise wird in den verschiedenen Schultypen der Sekundarstufe unterschiedlich stark weitergeführt. So wird das Verständnis mathematischer Konzepte nach wie vor an Sachsituationen angebunden. Diese werden aber vor allem im gymnasialen Bereich nicht unbedingt direkt mit Handlungen verknüpft. Stattdessen spielt hier oftmals in verstärktem Maße der theoriebildende Blickwinkel des „lokalen Ordnens" (Freudenthal, 1973) eine zentrale Rolle (z. B. bei der Einführung der ganzen Zahlen oder bei der Erarbeitung der grundlegenden Winkelsätze). Besonders deutlich zeigen sich diese Unterschiede oft in den Fachprofilen in den Lehr- und Rahmenplänen der einzelnen Schulformen. So wird die deduktive Organisation mathematischen Wissens im Fachprofil im bayerischen Hauptschullehrplan (ISB, 2004a) kaum erwähnt, im bayerischen Realschullehrplan (ISB, 2007) angedeutet und im Fachprofil des Gymnasiallehrplans deutlich herausgestellt: „Gymnasiasten lernen mathematische Gegenstände und Sachverhalte, ausgedrückt in Sprache, Formeln und graphischen Darstellungen, als eine deduktiv geordnete Welt kennen" (ISB, 2004b).

Ein weiterer Grund für die reduzierte Nutzung handlungsnaher Zugänge ist darüber hinaus sicher, dass sich abstraktere Konzepte (z. B. irrationale Zahlen) schwieriger in handlungsnaher Form veranschaulichen lassen. Für die Schülerinnen und Schüler stellt sich damit allerdings das Problem, nicht nur neue Inhalte zu erlernen, sondern die damit verbundenen mathematischen Konzepte auch in stärkerem Maße als in der Primarstufe selbständig an eigene Erfahrungen anzubinden.

2.2.4 Zusammenfassung

Der Übergang von der Primarstufe in eine Schulform der Sekundarstufe stellt aufgrund seiner herausgehobenen Bedeutung im deutschen Bildungssystem ein kritisches Lebensereignis für das Kind (oft aber auch für die Eltern) dar. Bewältigungsfaktoren allgemeiner Art sind bekannt und im Vergleich zu fachspezifischen Einflüssen auch relativ gut erforscht. Besonders in Bezug auf fachbezogene Faktoren des Lernens und Lehrens sind allerdings zentrale Fragen bisher nur ansatzweise oder überhaupt nicht untersucht. Forschungsbedarf zeigt sich auf verschiedenen Ebenen.

Zunächst fehlt eine über die Schulstufen und Schulformen hinweg einheitliche Konzeptionierung mathematischer Kompetenz am Übergang, die sich für Assessment, Diagnostik und zur Beschreibung von Leistungsentwicklungen verwenden lässt. Die Bildungsstandards sowie das dazu vorhandene Kompetenzmodell für die Primarstufe (Jahrgangsstufen 1–4) und das in der Entwicklung begriffene Modell für das Ende der Sekundarstufe I (Katzenbach et al., 2009) bilden dafür sicher eine gute Basis. Auch innerhalb der Schulstufen gibt es erste aussagekräftige Untersuchungen zur Leistungsentwicklung. Derzeit fehlen allerdings vor allem deskriptive längsschnittliche Studien, die Kinder vor und nach dem Übergang begleiten, und somit eine Basis für eine empirisch fundierte Validierung kohärenter Kompetenzstruktur- und -entwicklungsmodelle liefern. In diesem Zusammenhang ist auch die Untersuchung prädiktiver Faktoren für den späteren Lernerfolg in der aufnehmenden Schule von besonderem Interesse.

Eine erste Unterstützung für die Lehrkräfte bei der Begleitung kontinuierlicher kumulativer Lernprozesse sollte hier die Förderung konstruktiv nutzbarer diagnostischer Kompetenz bei den Lehrkräften beider Schulstufen sein. Eine Basis dazu ist die erwähnte kohärente Beschreibung mathematischer Kompetenzen. Diagnostische Materialien sind hier eine wichtige Hilfestellung, werden jedoch nur dann nachhaltig Wirkung entfalten, wenn die Lehrkräfte in deren Anwendung und Interpretation genauso kompetent sind wie in der Reaktion auf eventuell problematische Vorstellungen und Entwicklungen.

Die Entscheidung für eine bestimmte weiterführende Schule ist oft ein beherrschendes Thema des Übergangs zur Sekundarstufe. Hier sind zwar einerseits Risiko- und Unterstützungsfaktoren identifiziert, andererseits ist auch das Zustandekommen der Entscheidung – zumindest in einzelnen Bundesländern – untersucht. Die nachhaltige Wirkung der konkreten Entscheidung im komplexen Wechselspiel mit den verschiedenen personalen, sozialen und institutionellen Einflussfaktoren ist jedoch nach wie vor eine offene Frage. Insbesondere der niedrige Anteil an aufsteigenden Schulformwechseln in der Sekundarstufe ist erklärungsbedürftig. Außerdem hat die Entscheidung für eine weiterführende Schulform – egal ob sie von Eltern, Lehrkräften oder in einem gemeinsamen Aushandlungsprozess gefällt wird – derzeit nur eine dünne empirische Basis. Die Identifikation prädiktiver Faktoren für einen nachhaltigen (mathematischen) Schulerfolg in der aufnehmenden Schule der Sekundarstufe steht derzeit noch aus.

Als zentraler Kontext für mathematische Lernprozesse sollte auch der Mathematikunterricht in der Primarstufe und den aufnehmenden Schulen im Zentrum weiterer Forschung stehen. Insbesondere die mangelnde Kontinuität der inhaltlichen Strukturierung und Aufbereitung des Stoffs in Form von relevanten Begriffen, Grundvorstellungen, Repräsentationsformen und mathematischen Arbeitsweisen lässt sich hier als ein mögliches Erklärungsfeld für divergierende Leistungsentwicklungen in den verschiedenen Schulformen vermuten. Entsprechende vergleichende Videostudien in den beiden Schulstufen mit einem einheitlichen, konzeptuellen Rahmen zur Beschreibung mathematischer Lernprozesse stellen hier eine deutliche Herausforderung für die weitere Forschung dar. Sollten sich spezifische Profile von Unterricht zeigen, sind vor allem deren Auswirkung auf die Kompetenzentwicklung der Schülerinnen und Schüler sowie affektive und motivationale Faktoren von Interesse.

Zusammenfassend zeigen sich drei zentrale Forschungsbereiche, die teilweise aufeinander aufbauende Fragestellungen in sich tragen. Zunächst ist der Bereich des individuellen Lernens von Bedeutung, in dem eine kohärente Beschreibung von mathematischer Kompetenzentwicklung sowie von nachhaltig tragfähigen Vorstellungen mathematischer Konzepte bzw. die Identifikation problematischer Vorstellungen zu leisten ist. Als zweites sollte die Ebene des Lehrens im Blick bleiben, bezüglich der sowohl deskriptiv Brüche in der Gestaltung mathematischer Lernprozesse am Übergang zu identifizieren sind als auch Möglichkeiten zur Diagnose problematischer Entwicklungen und Vorstellungen. In Bezug auf die Entwicklung konkreter Materialien und Interventionen als dritte Ebene stellt sich – auf der Basis der Ergebnisse zum Lernen und Lehren – die Frage nach Veränderungsbedarf. Beispielsweise ist es eine wichtige Aufgabe, Lehrkräften die adäquate Reaktion auf identifizierte Probleme von einzelnen Schülerinnen und Schülern bzw. Schülergruppen zu ermöglichen oder beispielhaft Möglichkeiten zum Anknüpfen an Lernprozesse aus der Grundschule auf methodischer (z. B. selbstreguliertes Lernen) und inhaltlicher Ebene (z. B. Repräsentationsformen) aufzuzeigen. Derartige Interventionen können sich mehr auf die konkrete Umsetzung und Evaluation von Unterrichtskonzepten oder mehr auf die Professionalisierung von Lehrkräften in der Konzeption und Anwendung solcher Konzepte beziehen.

Literatur

Alspaugh, J. W. (1998). Achievement Loss Associated with the Transition to Middle School and High School. *Journal of Educational Research 92*(1), 20–25.

Anderson, L. W., Jacobs, J., Schramm, S. & Splittgerber, F. (2000). School transitions: beginning of the end or a new beginning? *International Journal of Educational Research 33*, 325–339.

Autorengruppe Bildungsberichterstattung (2008). *Bildung in Deutschland 2008, ein Indikatorgestützter Bericht mit einer Analyse zu den Übergängen im Anschluss an den Sekundarbereich I.* Bielefeld: Bertelsmann Verlag.

Barone, C., Aguire-Deandeis, A. I. & Trickett, E. J. (1991). Mean-ends problem solving skills, life stress, and social support as mediators of adjustment in the normative transition to high school. *American Journal of Community Psychology, 19*(2), 207–225.

Ditton, H. & Krüsken, J. (2006). Der Übergang von der Grundschule in die Sekundarstufe I. *Zeitschrift für Erziehungswissenschaft 9*(3), 348–372.

Eccles, J. S., Wigfield, A., Midgley, C., Reuman, D., Mac Iver, D. & Feldlaufer, H. (1993). Negative Effects of Traditional Middle Schools on Students' Motivation. *The Elementary School Journal 93*(5), 553–574.

Freudenthal, H. (1973). *Mathematik als pädagogische Aufgabe*. Stuttgart: Klett.

Galton, M., Morrison, I. & Pell, T. (2000). Transfer and Transition in English schools: reviewing the evidence. *International Journal of Educational Research 33*, 341–363.

Galton, M. & Willcocks, J. (1983). *Moving from the Primary Classroom*. London: Routledge & Kegan Paul.

Griebel, W. & Niesel, R. (2004). *Transitionen: Fähigkeit von Kindern in Tageseinrichtungen fördern, Veränderungen erfolgreich zu bewältigen*. Berlin: Cornelsen Scriptor.

Hargreaves, L. & Galton, M. (2002). *Transfer from the Primary Classroom – Twenty years on*. London: Routledge/Falmer.

ISB: Staatsinstitut für Schulqualität und Bildungsforschung (2004a). *Lehrplan für die bayerische Hauptschule*. München: ISB.

ISB: Staatsinstitut für Schulqualität und Bildungsforschung (2004b). *Lehrplan für das bayerische Gymnasium*. München: ISB.

ISB: Staatsinstitut für Schulqualität und Bildungsforschung (2007). *Lehrplan für die bayerische Realschule (6-stufig)*. München: ISB.

Katzenbach, M., Blum, W., Drüke-Noe, C., Keller, K., Köller, O., Leiss, D. et al. (2009). *Bildungsstandards: Kompetenzen überprüfen. Mathematik Sekundarstufe I*. Berlin: Cornelsen Verlag.

Klieme, E., Avenarius, H., Blum, W., Döbrich, P., Gruber, H., Prenzel, M. et al. (2003): *Zur Entwicklung nationaler Bildungsstandards. Eine Expertise*. Berlin: Bundesministerium für Bildung und Forschung.

KMK: Kultusministerkonferenz (2003). *Bildungsstandards im Fach Mathematik für den mittleren Schulabschluss.* Bonn: KMK.

KMK: Kultusministerkonferenz (2004a). *Bildungsstandards im Fach Mathematik für die Jahrgangsstufe 4 (Primarstufe).* Bonn: KMK.

KMK: Kultusministerkonferenz (2004b). *Bildungsstandards im Fach Mathematik für den Hauptschulabschluss nach Klasse 9.* Bonn: KMK.

KMK: Kultusministerkonferenz (2006). *Übergang von der Grundschule in Schulen des Sekundarbereichs I.* Informationsunterlage des Sekretariats der Kultusministerkonferenz, Stand März 2006. Zugriff am 18.05.2009 über http://www.kmk.org/fileadmin/veroeffentlichungen_beschluesse/2006/2006_03_00-Uebergang-Grundsch-SekI-01.pdf.

Koch, K. (2006). *Der Übergang von der Grundschule in die weiterführende Schule als biographische und pädagogische Herausforderung.* In A. Ittel, L. Stecher, H. Merkens & J. Zinnecker (Hrsg.), *Jahrbuch Jugendforschung* (S. 69–89). Wiesbaden: VS-Verlag.

Lazarus, R. S. (1995). Streß und Streßbewältigung – Ein Paradigma? In S.-H. Filipp (Hrsg.), *Kritische Lebensereignisse* (S. 198–232). München: Psychologie-Verlags-Union.

Lehmann, R., Gänsfuß, R. & Peek, R. (1998). *Aspekte der Lernausgangslage und der Lernentwicklung – Bericht über die Erhebung im September 1998 (LAU 7).* Hamburger Bildungsserver: Zugriff am 18.05.2009 über http://www.hamburger-bildungsserver.de/schulentwicklung/lau/lau7/.

Lehmann, R., Peek, R. & Gänsfuß, R. (1996). *Aspekte der Lernausgangslage und der Lernentwicklung – Bericht über die Erhebung im September 1996 (LAU 5).* Hamburger Bildungsserver: Zugriff am 18.05.2009 über http://www.hamburger-bildungsserver.de/schulentwicklung/lau/lau5/.

Lohaus, A., Elben, C. E., Ball, J. & Klein-Heßling, J. (2004). School transition from elementary to secondary school: Changes in psychological adjustment. *Educational Psychology 47*(2), 161–173.

Maaz, K., Hausen, C., McElvany, N. & Baumert, J. (2006). Stichwort: Übergänge im Bildungssystem. *Zeitschrift für Erziehungswissenschaft 9*(3), 299–327.

McGee, K., Ward, R., Gibbons, J. & Harlow, A. (2003). *Transition to Secondary School: A Literature Review.* Report to the Ministry of Education. Zugriff am 18.05.2009 über http://www.minedu.govt.nz/web/ downloadable/dl8702_v1/ transition.pdf.

Noden, P., West, A., David, M. & Edge, A. (1998). Choices and destinations at transfer to secondary schools in London. *Journal of Education Policy 13*(2), 221–236.

Pekrun, R., vom Hofe, R., Blum, W., Götz, T., Wartha, S., Frenzel, A. et al. (2006). Projekt zur Analyse der Leistungsentwicklung in Mathematik (PALMA). In M. Prenzel & L. Allolio-Näcke (Hrsg.), *Untersuchungen zur Bildungsqualität von Schule: Abschlussbericht des DFG-Schwerpunktprogramms* (S. 21–53). Münster: Waxmann.

Prenzel, M., Artelt, C., Baumert, J., Blum, W., Hamann, M., Klieme, E. et al. (2007). *PISA 2006 in Deutschland – Die Kompetenzen der Jugendlichen im dritten Ländervergleich*. Münster: Waxmann.

Prenzel, M., Baumert, J., Blum, W., Lehmann, R., Leutner, D., Neubrand, M. et al. (Hrsg.) (2006). *PISA 2003. Untersuchungen zur Kompetenzentwicklung im Verlauf eines Schuljahres*. Münster: Waxmann.

Reiss, K. & Winkelmann, H. (im Druck). Stufenmodelle mathematischer Kompetenzen. In D. Granzer, O. Köller, A. Bremerich-Vos, G. Walther & K. Reiss, (Hrsg.), *Evaluation der Bildungsstandards Deutsch und Mathematik. Erste Ergebnisse*. Weinheim: Beltz.

Schmitt, R. (Hrsg.) (2001). *Grundlegende Bildung in und für Europa*. Frankfurt/M.: Grundschulverband.

Sirsch, U. (2000). *Probleme beim Schulwechsel*. Münster: Waxmann.

vom Hofe, R. (1995). *Grundvorstellungen mathematischer Inhalte*. Heidelberg: Spektrum Akademischer Verlag.

Winter, H. (1982). Das Gleichheitszeichen im Mathematikunterricht der Grundschule. *Mathematica didactica* 5(4), 185–211.

2.3 Hochbegabte Kinder im Mathematikunterricht

Marianne Nolte

Als im August 1999 die ersten Mathezirkel[1] in Hamburg für Grundschulkinder eingerichtet wurden, war die Nachfrage nach diesem Zusatzangebot für mathematisch besonders interessierte Kinder unerwartet hoch. Zu einem der Kurse meldeten sich 90 Kinder an. Als der erstaunte Schulleiter eine Mutter dazu befragte, erklärte sie: „Wir schicken die Kinder zu Frau Nolte. Dann werden sie begabt."

In dieser Aussage spiegelt sich eine Begabungsauffassung wider, mit der in den sechziger und siebziger Jahren die Hoffnung verbunden war, durch Förderung sowohl genetische Dispositionen als auch ungünstige Lebensbedingungen kompensieren zu können.[2] „Was irgendeine Person in der Welt lernen kann, kann fast jede Person lernen, vorausgesetzt, dass das frühere und gegenwärtige Lernen unter angemessenen Bedingungen erfolgt ... Die Theorie bietet eine optimistische Perspektive auf das, was Bildung für Menschen leisten kann" (Bloom, 1976, S. 7; Weinert, 2000, S. 7). Der Einfluss von Fördermaßnahmen wird bezogen auf die kognitive Entwicklung heute deutlich geringer eingeschätzt. Gleichzeitig wird jedoch gesehen, dass auch Kinder mit sehr hohen Potentialen gefördert werden müssen und die Erfahrung von langandauernder Unterforderung sowohl für die Entfaltung kognitiver Kompetenzen als auch für die Entwicklung der gesamten Persönlichkeit sehr problematisch werden kann.

In den verschiedenen Modellen zur Hochbegabung, die gegenwärtig diskutiert werden, herrscht Übereinstimmung darin, dass die Entfaltung von Begabung als Prozess betrachtet wird, in dem Anlagen und ökopsychologische Katalysatoren in Wechselwirkung zueinander stehen (Heller, 2000; Gagné, 2004). Einige Autoren (Wieczerkowski & Wagner, 1985; Moon, 2002; Gagné, 2004) unterscheiden deshalb zwischen Dispositionen und entfalteten Talenten, die sich in den Leistungen bzw. Kompetenzen widerspiegeln.

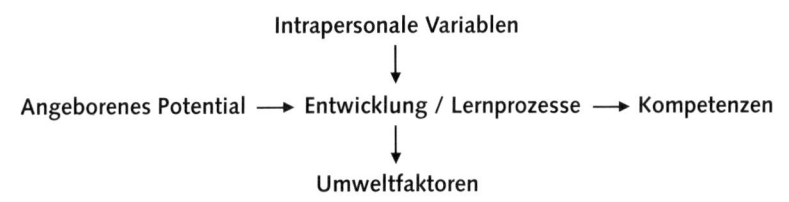

Intrapersonale Variablen
↓
Angeborenes Potential ⟶ **Entwicklung / Lernprozesse** ⟶ **Kompetenzen**
↓
Umweltfaktoren

---

[1] Im Rahmen einer außerschulischen Fördermaßnahme „PriMa – Kinder der Primarstufe auf eigenen Wegen zur Mathematik" fördern wir an der Universität Hamburg seit 10 Jahren mathematisch hochbegabte Dritt- und Viertklässler. Parallel zur Förderung an der Universität wurden Förderangebote für mathematisch interessierte Grundschulkinder an Grundschulen eingerichtet. Zu Beginn standen sowohl das Uni-Projekt als auch die Mathezirkel unter der inhaltlichen Leitung der Autorin. Inzwischen gibt es etwa 60 Mathezirkel in verschiedenen Hamburger Stadtteilen (siehe auch http://www.mint-hamburg.de/PriMa/).

[2] Anlage-Umwelt-Kontroverse.

Auf mathematische Begabungen übertragen implizieren diese Modelle, dass bei einer genetischen Disposition für eine mathematische Begabung erst das große Interesse, sich mit mathematischen Inhalten intensiv und über einen längeren Zeitraum zu befassen, sowie entsprechende Angebote aus der Umgebung dazu führen, dass sich Kompetenzen entwickeln, die als Talent bezeichnet werden können.[3] Was dabei als systematisch entwickelte Kompetenz anzusehen ist, muss in Abhängigkeit vom Alter des Kindes gesehen werden und unterliegt gleichfalls einer weiteren Entwicklung.

Zur Situation mathematisch hochbegabter Kinder im Regelunterricht liegen bisher kaum systematische Untersuchungen vor. Aus den Ergebnissen der Talentsuche unseres Projekts (PriMa) ist uns bekannt, dass mathematische Begabung in der Regel gleichzeitig mit einer allgemeinen Hochbegabung auftritt. Es gibt jedoch eine kleine Anzahl von Kindern, die aufgrund der Intelligenztestergebnisse hochbegabt sind, aber keine entsprechenden, teilweise nur sehr schwache, Leistungen in komplexen mathematischen Problemstellungen zeigen. Umgekehrt gibt es eine kleine Gruppe von Kindern, die bei durchschnittlicher oder überdurchschnittlicher Intelligenz hervorragende Ergebnisse in unserem Mathematiktest erzielten. Die weiteren Ausführungen beziehen sich deshalb auf die Arbeit in unserem außerschulischen Förderprojekt.

2.3.1 Zur Förderung

Einflussfaktorenmodelle, wie z. B. das von Gagné (2004), machen die Verantwortung von fördernden Umweltfaktoren wie Unterricht aber auch die Verhaltensweisen des Kindes selbst für die Entwicklung seiner besonderen Begabungen deutlich. Die Diagnose „besondere Begabung" oder „Hochbegabung" alleine führt noch nicht zu besonderen Leistungen. *Das Kind* trägt durch seine Aktivitäten dazu bei, dass sich sein Wissen und seine Fähigkeiten entfalten. *Die Eltern* (das häusliche Umfeld) geben Anregungen und Informationen. Sie zeigen ihre Bereitschaft, die unermüdliche Neugier des Kindes zu stillen. *Die Lehrkräfte* (das schulische Umfeld) bieten im Rahmen des Unterrichts systematische Anregungen und unterstützen und wertschätzen das wissensdurstige Kind.[4]

Das wichtigste unserer Instrumente zur Entwicklung kognitiver Kompetenzen ebenso wie intrapersonaler Variablen stellen herausfordernde Aufgabenfelder dar, mit deren Bearbeitung Kinder an forschendes mathematisches Lernen herangeführt werden. Sie sollen dabei mathematische Denkweisen kennen lernen, die in späteren Jahren für mathematische Theoriebildungsprozesse notwendig sind. Einige der

---

3 Eine Spezifizierung allgemeiner Modelle auf Besonderheiten mathematischer Begabung findet sich in den Modellen von Käpnick und Fuchs (Käpnick, 2008) sowie Heinze (2004).

4 „Moreover, we should not forget the legal or ethical perspective. As clearly mentioned in article 26 of the UNESCO definition of the rights of children, all children – including intellectually gifted ones – *have a right to an education that will foster the development of their abilities and personality to their fullest.*" (Gagné in Stoeger, 2004, S. 169)

Materialien ermöglichen weiterführende Fragestellungen derart, dass die Problemfelder sowohl in der Grundschule als auch in der Mittel- und Oberstufe eingesetzt werden können (ein Aufgabenbeispiel dieser Art findet sich z.B. in Nolte, 1999). Damit ist es möglich, die Anforderungen der Materialien an die Leistungsfähigkeit der Kinder anzupassen.

Die Neurobiologie bestätigt die bekannten Befunde der Motivationsforschung, dass sich die Aufmerksamkeit auf eine Aufgabenstellung und die Motivation zu deren Bearbeitung einstellen, wenn unser Gehirn voraussehen kann, dass eine Aufgabe einen angemessenen Schwierigkeitsgrad hat, also nicht zu leicht ist und eine echte Herausforderung darstellt, aber gleichzeitig auch lösbar erscheint. Eine wesentliche Voraussetzung für die Steuerung und Kontrolle von Prozessen im Arbeitsgedächtnis ist die von den unbewusst ablaufenden Bewertungsprozessen abhängige Dopaminausschüttung[5] (Korte, im Gespräch, 2009). Ohne eine solche ist eine Aufforderung, aufmerksam zu sein, nicht wirksam.

Diese Befunde zeigen, dass es hochbegabten Schülerinnen und Schülern sehr schwer fallen kann, den Unterrichtsalltag zu bewältigen. Nicht weil sie nicht aufmerksam sein wollen, sondern weil die Bewertung einer Aufgabe als zu leicht und langweilig nicht zur entsprechenden Dopaminausschüttung führt. Für das Kind hängt die Möglichkeit, seine Aufmerksamkeit auf die Bewältigung der vorgegebenen Aufgabe zu lenken, dann von einer Veränderung der Zielsetzung ab. Diese kann sich aus einer extrinsischer Motivation wie „sieh dir das an, damit du anderen helfen kannst" oder „wenn du das fertig hast, darfst du ..." ergeben. Die Veränderung des Ziels geht mit einer erneuten Aktivierung des Bewertungsprozesses einher, mit der eine angemessene Dopaminausschüttung erfolgen kann. Diese veränderte Zielsetzung ist jedoch ein Notbehelf, der oft genug notwendig ist, wenn mathematische Herausforderungen für besonders begabte Kinder nicht eingesetzt werden.

Kinder reagieren sehr unterschiedlich auf den Stress, den eine lang andauernde Unterforderung erzeugt. Mit dem Begriff „Underachiever" wird das Phänomen beschrieben, dass die gezeigten Leistungen deutlich niedriger liegen als es das Ergebnis eines Intelligenztests vermuten ließe. Verhaltensauffälligkeiten können die Folge sein. Allerdings liegt der Anteil der Schülerinnen und Schüler, bei denen Verhaltensauffälligkeiten und schlechte Schulleistungen mit einer Hochbegabung verbunden sind, wesentlich niedriger als dies gemeinhin vermutet wird (siehe Rost, 2000). In der Beratungsstelle „BRAIN" werden etwa ein Drittel der vorgestellten Schülerinnen und Schüler als hochbegabt identifiziert (Rost, im Gespräch).[6] Die besonderen Anforderungen, die sich aus hohen Begabungen für den Regelunterricht ergeben, zeigt

---

5 Persönliche Kommunikation mit M. Korte nach dem Vortrag: Lernen lernen – Lehren lernen – Lernen fördern: Anmerkungen aus Sicht der Hirnforschung. XIX. Fachtagung FiL, Erkner 8./9. Mai 2009.
6 Siehe auch http://bildungsklick.de/pm/55034/hochbegabtenfoerderung-weiter-schwerpunktthema-in-hessen/, Zugriff am 19.05.2009.

Wieczerkowski (1998) in einer für das Verständnis von ungünstigen Verhaltensweisen im Unterrichtsalltag informativen Tabelle auf. So kann die Geschwindigkeit in der Verarbeitung von Informationen sowie die Fähigkeit, sich neue Sachverhalte schnell einzuprägen, im Unterricht Ungeduld gegenüber langsamer lernenden Mitschülern auslösen. Das Wiederholen verstandener Inhalte wird abgelehnt, und die Fähigkeit, sich mit komplexen Sachverhalten auseinanderzusetzen, kann dazu führen, dass die Kinder sich verzetteln.

Häufig erzeugen diese Erfahrungen mit Schule bei Kindern und Eltern einen hohen Leidensdruck. Eltern sind gefordert ihre Kinder immer wieder zu motivieren, sich an Regeln zu halten und Hausaufgaben zu erledigen. Zudem sollten die Eltern die Kinder in der Entwicklung von Fähigkeiten unterstützen, die eine gewisse Übung erfordern (z. B. die Entwicklung motorischer Fähigkeiten). Das Ende der Grundschulzeit, verbunden mit der Erwartung auf höhere Leistungsanforderungen, wird als ein Ziel angesehen, mit dem es leichter fällt, den herkömmlichen Mathematikunterricht auszuhalten. Eltern, deren Kinder in der Schule an einem kompetent erteilten Mathematikunterricht teilnehmen, der mit differenzierenden Angeboten auf die besonderen Begabungen eingeht, berichten hingegen, dass ihre Kinder keine der beschriebenen Probleme zeigen. Gleiches gilt für die Frage des Überspringens von Klassen. Wenn der Mathematikunterricht nicht genügend Herausforderungen anbietet, besteht nach Bewältigung der Anforderungen, die aus dem Klassenwechsel und dem möglichen Nachholen von Inhalten erwachsen, erneut die Gefahr, dass Langeweile eintritt. Das Überspringen von Klassen eignet sich zudem nicht für Kinder, bei denen eine isolierte mathematische Hochbegabung vorliegt.

2.3.2 Worauf muss bei der Konzeption herausfordernder Aufgabenstellungen geachtet werden?

Mathematisch besonders begabte Schülerinnen und Schüler zeigen in den dritten Klassen keine Probleme mehr mit Zahlenraumbegrenzungen. Sie werden in der Regel auch nicht oder nur kurzzeitig durch Aufgabenstellungen mit größeren Zahlen motiviert. Als interessant werden Aufgaben empfunden, die Flexibilität im Denken sowie das Erkennen von Mustern und Strukturen erfordern und als echte Probleme bewertet werden. Dabei erweist es sich in unserer Förderung als günstig Problemstellungen vorzugeben, die so komplex sind, dass sich die Kinder damit über einen längeren Zeitraum befassen können. Nach Beendigung unserer Talentsuche, in deren Verlauf wir mit den Kindern jeweils drei Stunden arbeiten, wird die zeitliche Befristung auf etwa 90 Minuten von einer Fördersitzung von den Kindern immer wieder als zu kurz bewertet.

Das Erkennen von übergeordneten Strukturen (Superzeichenbildung) wird von Kießwetter (1984, 1985) als wichtiges Handlungsmuster in mathematischen Problemlöseprozessen bezeichnet. Darüber hinaus beschreibt er weitere wie z. B. das Organisieren von Material, die Umkehrung von Prozessen oder den Wechsel von Repräsentationen (siehe Kießwetter, 1985, S. 302). Problemstellungen, zu deren Bearbeitung Handlungsmuster im Kießwetter'schen Sinne erforderlich sind, motivieren nicht nur, sie bieten gleichzeitig Möglichkeiten, die Verwendung solcher kennenzulernen und Routinen bei deren Nutzung zu entwickeln. Wir setzen deshalb bevorzugt Problemstellungen ein, die ausreichend Möglichkeiten bieten, Handlungsmuster anzuwenden.

Ein Aufgabenbeispiel

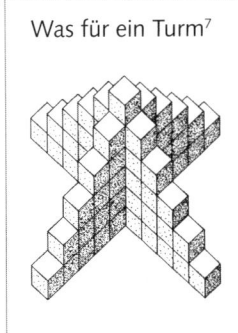

Was für ein Turm[7]

Die dazu gestellten Fragen beziehen sich zunächst auf die Anzahl der Würfel des abgebildeten Turms.

Von dieser Einstiegsfrage ausgehend werden Überlegungen, die bis zur Verallgemeinerung führen können, angestellt. Wie verändert sich die Gesamtzahl der Würfel, wenn der Turm erhöht wird, z. B. nicht nur 6, sondern 12 Würfel hoch ist? Wie kann man herausfinden, aus wie vielen Würfeln ein Turm besteht, der beliebig viele Würfel hoch ist?

Diese Aufgabe kann aus einer eher arithmetischen Perspektive bearbeitet werden wie $(1+2+3+4+5) \cdot 4 + 6$, aber auch eher geometrisch durch „Umklappen" eines Flügels in der Vorstellung und damit durch eine Veränderung der Repräsentation. Anfänglich haben wir zu dieser Aufgabe konkrete Würfel zur Verfügung gestellt, auf welche die Kinder jedoch nicht zurückgriffen.

Anders kann die Einstiegsaufgabe auch durch Zählprozesse gelöst werden. Neben den Genannten sind weitere Vorgehensweisen möglich. Damit ist sie auf unterschiedliche Weise und auf unterschiedlichem Niveau zu bearbeiten. Während einige Kinder nach der Gesamtzahl der Würfel einer bestimmten Höhe suchen, befassen sich andere damit, verschiedene Herangehensweisen zu erkunden. Die Frage nach der Erhöhung des Turms führt die Kinder zu einer allgemeinen Beschreibung ihrer Vorgehensweise, die auf beliebige Anzahlen verallgemeinerbar ist. Da an dieser Stelle Zählprozesse nicht mehr hilfreich sind, erfordert die Bearbeitung dieser Frage den Rückgriff auf Muster und Strukturen.

---

7   Aufgabenidee aus Shell Centre for Mathematical Education (1984, S. 5)

Unmittelbare Einsichten – Intuition

Immer wieder kommt es vor, dass Kinder unmittelbar nach der Präsentation der Aufgabe, manche unmittelbar nach Sehen des Bildes, die korrekte Anzahl der Würfel nennen. Auf der phänomenologischen Ebene ist nicht zu erfassen, welche Prozesse dabei ablaufen. Es könnte als eine Art von mathematischer Intuition bezeichnet werden, die Käpnick (2008) als „ganzheitlich-komplexes und sinnlich-emotionales Erfassen eines mathematischen Sachverhalts" (Käpnick, 2008, S. 15) beschreibt. Solche Phänomene werden bereits von Krutetskii (1962) beobachtet, der vermutet, dass eine Abfolge von Lösungsschritten so rasch erfolgt, dass in der Beobachtung des Problemlöseprozesses einzelne Schritte nicht mehr erkennbar sind: „..., it appears to be a unique analytico-synthetic ‚vision'" (Krutetskii, 1962, S. 107f.).

Intuitive Herangehensweisen führen bei Experten zu einer hohen Sicherheit in Entscheidungsprozessen. In der Diskussion um Intuition verweist Plessner (2008) auf „Zwei-Prozess-Theorien", die zwei Urteilssysteme unterscheiden, mit denen Entscheidungen klassifiziert werden. Intuition wird hier als Rückgriff auf implizites Wissen beschrieben im Unterschied zur Reflexion, die sich auf explizites Wissen bezieht (siehe Plessner, 2008, S. 51).

Kinder, die so rasch, dass es „intuitiv" erscheint, die Anzahl der Würfel ermitteln, weisen in ihren Erklärungen auf eine geometrische Herangehensweise hin. Dies lässt vermuten, dass eine „intuitive" Lösung auf einer raschen Abfolge der Aktivierung verschiedener Hirnareale beruht, wie sie in den Untersuchungen von Krause et al. (1999) sowie von Seidel, W. Krause, Schack, Heinrich und U. Krause (2001) nachgewiesen wurden. Gefordert ist hier die Fähigkeit, die Perspektive auf das Objekt zu wechseln, in der Vorstellung zu manipulieren und die unterschiedlichen geometrischen Repräsentationen arithmetisch zu deuten. Mathematische Intuition im Sinne dieser Befunde würde dann auf einem Prozess der Informationsverarbeitung basieren, der neue Informationen in hoher Geschwindigkeit auf unterschiedliche Weise ordnet und verarbeitet.

Unabhängig von unseren Vermutungen darüber, was bei solchen Prozessen abläuft, halten wir es für wichtig, dass Schülerinnen und Schüler lernen, intuitiv richtig gegebene Antworten zu hinterfragen. Zwar ist davon auszugehen, dass die Prozesse, die zu einer Antwort geführt haben, nicht bewusst reproduzierbar sind, sondern dass mit dem erhaltenen Ergebnis eine Neukonstruktion eines möglichen Lösungsweges erfolgt. Aber die Reflexion erscheint uns notwendig, weil wir nicht ermessen können, wie tragfähig eine intuitiv gegebene Antwort ist. Darüber hinaus erscheint es wichtig, bei den Kindern die Entwicklung von Kontrollprozessen anzuleiten. Sie sind es in der Regel nicht gewohnt, Antworten zu hinterfragen und zu überprüfen. Die Anforderung, Antworten zu reflektieren, hat auch das Ziel, Vernetzungen bewusst zu machen. Sie dient darüber hinaus dazu, Fähigkeiten zum Austausch über Bearbeitungswege und Einsichten für die Interaktion und Kommunikation mit anderen zu entwickeln.

Nicht alle Lösungsprozesse verlaufen so schnell, aber das Zusammenfassen von Schritten, die hohe Geschwindigkeit in der Bearbeitung von Problemen sind wichtige Kennzeichen mathematischer Begabung. „Krutetskii himself sees the tendency to curtailment as one of the main aspects of a ‚good' mathematical ability" (Bruggen & Freudenthal, 1977, S. 240f.). Gerade darin liegt eine Ursache für Fehleinschätzungen besonders begabter Schülerinnen und Schüler. Das Abarbeiten von Schritten, die im Unterricht als Beleg für die Einsicht in bestimmte Vorgehensweisen von jedem eingefordert werden, kann zu nachlassendem Interesse an mathematischen Inhalten führen und Fehler provozieren. Besonders bei kreativen Schülerinnen und Schülern mit Freude an originellen Lösungen und Ideen besteht die Gefahr, dass sie sich diesen als Konformitätszwang erlebten Anforderungen verweigern (siehe Wieczerkowski, 1998). Im Übergang von der Primarstufe zur Sekundarstufe können wegen der beginnenden Pubertät solche Fehleinschätzungen leicht vorkommen.

Das Wissen um die verkürzte Denkweise verweist auch auf den hohen Anspruch, der damit verbunden ist, hochbegabte Schülerinnen und Schüler im Unterricht als Helfer für andere Kinder einzusetzen. Es erfordert von ihnen, Schritte in Lösungswegen zu begleiten, die ihnen selbst nicht bewusst sind. Vielen gelingt dieses Eindenken in andere, aber es ist kein Prozess, der ein Zeigen der eigenen Vorgehensweise impliziert, sondern ein völlig neues Durchdenken des Lösungswegs unter der Perspektive, wie ein anderes Kind vorgehen könnte.

Zur Entwicklung mathematischer Talente

Aus der Perspektive, entfaltete Begabungen oder Talente als „Interaktionsprodukt von (person)internen Anlagefaktoren und externen Sozialisationsfaktoren" (Heller, 2000, S. 40) zu betrachten, erwächst die Frage, auf welche Weise Kinder in ihrer Entwicklung unterstützt werden können. Mathematische Problemlöseprozesse erfordern neben Problemlösekompetenzen metakognitive Strategien, mit denen die Steuerung des komplexen Prozesses überwacht wird. Die Konfrontation mit einer herausfordernden Problemstellung löst emotionale Reaktionen aus, die ebenfalls kontrolliert werden müssen. Als weiterer Punkt gehören Kompetenzen der Interaktion und Kommunikation dazu, mit denen Arbeitsprozesse und -ergebnisse kommuniziert werden können. Es ist sinnvoll zur Unterstützung der Entwicklung eines mathematischen Talents diese Aspekte mit zu berücksichtigen.

Mathematisches Talent	
Problemlöse-kompetenzen	**Metakognitive Komponenten**
Verfügen über Handlungsmuster / kognitive Komponenten	Kontrolle der eigenen Arbeitsweise
Kreativität	Aufmerksamkeitssteuerung …
Hypothesen bilden und überprüfen …	**Emotionale Grundlage**
Kommunikation und Interaktion mit anderen	Motivation
Darstellungsweisen	Frustrationstoleranz
Sprache	Volition[8] …
Argumentieren	
Zuhören und Verstehen …	

Mit der Bereitstellung geeigneter Problemstellungen ist eine entscheidende Voraussetzung für einen begabungsfördernden Unterricht geschaffen. Kognitive Komponenten des Problemlösens wie Flexibilität im Denken, Rückwärtsarbeiten, Erkennen von Mustern und Strukturen werden als Merkmale besonderer mathematischer Begabung beschrieben, deren Ausprägung gleichwohl einem Entwicklungsprozess unterliegt. Es ist etwas anderes, ob Kinder dies in alltäglichen Anforderungen zeigen, die ihnen leicht fallen, oder in Lernumgebungen, die echte Herausforderungen für sie bereitstellen. Selbst wenn Kinder Heuristiken kennen, verfügen sie noch nicht über ausreichende Routinen in Problemlöseprozessen. Das kann unter anderem ein Grund dafür sein, dass das Finden entscheidender Lösungsideen nicht zur Lösungsfindung führt. Sie sind es nicht gewohnt, ihre eigene Vorgehensweise zu hinterfragen. Gerade auch kreative Einfälle und die Vielfalt an Herangehensweisen, die Aufgaben mit natürlicher Differenzierung ermöglichen, erfordern die Entwicklung metakognitiver Kompetenzen. Viele gute Ideen zu entwickeln, ohne sie weiterzuverfolgen oder ohne deren Qualität für die Lösungsfindung zu überprüfen, führt nicht zur erfolgreichen Bearbeitung des Problems. Auch hier ergänzen sich Handlungsmuster wie das Organisieren des Materials zur Mustererkennung und die Überwachung der eigenen Vorgehensweise, damit die Informationsfülle nach wie vor handhabbar bleibt.

---

8   In der Psychologie werden im Zusammenhang mit Volition Fragen zum Wollen, zur Aufrechterhaltung von Absichten untersucht. Man unterscheidet die Motivation, sich mit Fragen zu befassen, von der Absicht und der Fähigkeit, diese so lange aufrecht zu erhalten, bis das Ziel erreicht wurde.

Unterschiedliche Herangehensweisen auf verschiedenen Niveaus begünstigen die Erwartung, auf individuell angemessener Weise herausgefordert zu werden und erfolgreich zu sein. Da Aufgabenbearbeitungen, wie die oben dargestellte, die Aufrechterhaltung der Aufmerksamkeit über einen langen Zeitraum erfordern (etwa 90 Minuten), halten wir es für wichtig, den Kindern Zwischenerfolge zu ermöglichen, mit denen es leichter fällt, Aufmerksamkeit, Ausdauer und Motivation über einen in der Schule unüblich langen Zeitraum aufrechtzuerhalten. „Daher steht bei der Entwicklung der konkreten Aufgabenvorgabe die Prozessmotivation im Vordergrund, im Gegensatz zu den meisten schulischen Aufgaben, bei denen in der Regel das Hauptaugenmerk auf die Anfangsmotivation gelegt wird" (Pamperien, 2008, S. 163). Auf diese Weise können sich die Schülerinnen und Schüler als selbstwirksam erleben. Die Entwicklung von Ausdauer in Problemlöseprozessen wird unterstützt.

Der Aufbau der Einstiegsfragen sowie deren Weiterführung vermitteln den Kindern die Erfahrung, nach Lösung einer Aufgabe noch nicht „fertig zu sein", sie erhalten innerhalb eines mathematischen Kontexts weitere Fragestellungen. Eine erste Lösung als Ausgangspunkt für weitere Fragestellungen kennenzulernen, unterstützt die Entwicklung einer forschenden Haltung. Gleichzeitig ist es auf diese Weise möglich, immer tiefer in das Problem einzudringen und dabei weitere Strukturen zu entdecken. „Im Idealfall soll das Anstoßproblem dem Kind ein ganzes mathematisches Problemfeld eröffnen, in dem es aktiv-entdeckend auf unterschiedlichen Niveaus im Sinne Freudenthals ‚Mathematiktreiben' kann" (Pamperien, 2008).

Die Aufgabengestaltung hat auch wesentlichen Einfluss auf die Entwicklung der Persönlichkeit. Viele Kinder machen in diesen Konstellationen erstmalig die Erfahrung, Aufgaben nicht unmittelbar lösen zu können. Das erfordert Ausdauer und die Fähigkeit, Erfolge aufschieben zu können, verbunden mit der Aufrechterhaltung des fachspezifischen Selbstbewusstseins. Sie erleben andere Kinder, die genauso leicht in Fragestellungen eindringen und andere Wege gehen. Andere Vorgehensweisen nicht gleich zu verwerfen, sich damit auseinanderzusetzen und zu akzeptieren, dass auch diese zu einer Lösung führen können, ist für einige Kinder so ungewohnt, dass sie behutsam an eine solche Erkenntnisse herangeführt werden müssen.

Plenumsphasen, in denen verschiedene Wege, Lösungen und Einsichten besprochen werden, tragen über die Entwicklung kommunikativer Kompetenzen hinaus dazu bei, weitere Problemlösestrategien kennenzulernen, ebenso wie Techniken wie das Ordnen von Informationen in Tabellen und das Wechseln von Repräsentationen durch das Besprechen von Zusammenhängen zwischen verschiedenen Darstellungen.

Es ist erfreulich zu beobachten, wie das wiederholte Umgehen in unterschiedlichen Problemkontexten dazu führt, dass Kinder im Laufe der Zeit zunehmend selbstständig und sicher Probleme aus unterschiedlichen Perspektiven betrachten, sich darüber austauschen, Begründungen einfordern und unterschiedliche Herangehensweisen als Bereicherung erleben. Eltern berichten, dass die Haltung, Dinge zu hinterfragen und zu begründen, oft auch in anderen Kontexten im Alltag zum Tragen kommt und eingefordert wird.

2.3.3 Unterstützung im Regelunterricht

Aufgaben von der Komplexität unserer Fördermaterialien eignen sich auch dafür, im Regelunterricht eingesetzt zu werden. Die in den Aufgaben angelegten unterschiedlichen Eindringtiefen ermöglichen sehr vielen Schülerinnen und Schülern selbstständige Entdeckungen, wenn auch auf unterschiedlichem Niveau. Die Erprobungen der Materialien im Regelunterricht von Pamperien (2008) haben gezeigt, dass alle Kinder genügend Ausdauer hatten, sich auch in der Schule länger als eine Schulstunde mit den Aufgaben zu befassen.

Die Bearbeitung solcher komplexer Problemstellungen erfordert vonseiten der Lehrperson eine Haltung, die den Prozess des Problemlösens in den Mittelpunkt rückt und dabei zieldifferente Erwartungen an die Kinder richtet. Sicher ist es wichtig, Lösungen zu erzielen. Aber aus der Möglichkeit, unterschiedlich tief in die mathematischen Sachverhalte einzudringen, ergibt sich die Notwendigkeit, dabei die Belastbarkeit der Kinder nicht aus den Augen zu verlieren. So wird für einige Kinder ein Teilziel bereits das Endziel sein, für ein anderes Kind hingegen ein Schritt zu weiteren Fragestellungen.

Eine besondere Chance solcher Materialien liegt darin, dass unerwartete Stärken bei Kindern beobachtet werden können, von denen solche nicht erwartet werden. Erst in der Begegnung mit Problemstellungen, die besondere Fähigkeiten erfordern, können hochbegabte Schülerinnen und Schüler ihr Potential zeigen. Sprachlich sehr gewandte Kinder werden eher erkannt als Kinder, deren Begabung eher mathematisch ausgerichtet ist, temperamentvolle leichter als zurückhaltende, Jungen eher als Mädchen. Annika steht für die vielen Kinder, deren Begabungen unterschätzt werden. Annikas Leistungen waren zu Beginn der Förderung in allen Fächern gut, aber nicht auffällig. Die Mutter beobachtete jedoch ein nachlassendes Interesse an der Schule und befürchtete einen Leistungsabfall des Kindes. Die Arbeit in unserer Fördergruppe motivierte Annika so, dass sie nicht allein wieder Freude am Mathematikunterricht gewann, sondern sich in allen Fächern verbesserte. In der Testung bestätigte sich Annikas mathematische Hochbegabung.

Die Aufgabenstellungen fördern Kinder insbesondere auch in der Entwicklung allgemeiner mathematischer Kompetenzen. Zum Abschluss sei deshalb auf die Untersuchung von Pamperien (2008) verwiesen:

„Insgesamt jedoch zeigen meiner Meinung nach auch die Schüleräußerungen der Kinder aus der Regelklasse, die ich am Ende des Unterrichtsversuchs mit Hilfe eines Fragebogens erhoben habe, dass es aus unterschiedlichsten Gründen lohnenswert ist, komplexere mathematische Problemfelder in die Schule zu tragen. So fanden rund 2/3 der Kinder alle 4 Problemfelder sehr interessant und 1/3 der Kinder gab an, zu Hause noch über die Probleme nachgedacht zu haben und weitere Ideen verfolgt zu haben. Von daher kann ich nur alle Lehrer und Lehrerinnen ermutigen hin und wieder solche Art Aufgaben in Grundschulklassen einzusetzen." (Pamperien, 2008, S. 171f.)

Literatur

Bloom, B.S. (1976). *Human characteristics and school learning.* New York: McGraw-Hill.

Bruggen, J. C. v. & H. Freudenthal (1977). A review of The Psychology of Mathematical Abilities in Schoolchildren by V. A. Krutetskii. *Proceedings of the National Academy of Education, 4,* 235–277.

Gagné, F. (2004). Transforming gifts into talents: the DMGT as a developmental theory. *High Ability Studies, 15*(2), 119–148.

Heinze, A. (2004). *Lösungsverhalten mathematisch begabter Grundschulkinder – aufgezeigt an ausgewählten Problemstellungen.* Münster: LIT Verlag.

Heller, K. A. (2000). Begabungsdefinition, Begabungserkennung und Begabungsförderung im Schulalter. In H. Wagner (Hrsg.), *Begabung und Leistung in der Schule. Modelle der Begabtenförderung in Theorie und Praxis* (S. 39–70). Bad Honnef: Verlag Karl Heinrich Bock.

Käpnick, F. (2008). Förderung und Diagnose mathematisch begabter Kinder. In C. Fischer, F. J. Mönks & U. Westphal (Hrsg.), *Individuelle Förderung: Begabungen entwickeln- Persönlichkeit entfalten. Fachbezogene Forder- und Förderkonzepte* (S. 3–23). Münster: LIT Verlag.

Kießwetter, K. (1984). Förderung mathematisch Hochbegabter. *Spektrum der Wissenschaft, Mai,* 17–20.

Kießwetter, K. (1985). Die Förderung von mathematisch besonders begabten und interessierten Schülern – ein bislang vernachlässigtes sonderpädagogisches Problem. *Mathematisch-naturwissenschaftlicher Unterricht, 38*(5), 300–306.

Krause, W., Seidel, G., Heinrich, F., Sommerfeld, E., Ptucha, J., Schack, B. et al. (1999). Multimodale Repräsentation als Basiskomponente kreativen Denkens. In B. Zimmermann, G. David, T. Fritzlar, F. Heinrich & M. Schmitz (Hrsg.), *Kreatives Denken und Innovationen in mathematischen Wissenschaften. Tagungsband zum interdisziplinären Symposium an der Friedrich-Schiller-Universität Jena, Fakultät für Mathematik und Informatik, Abteilung Didaktik (09.07.–11.07.1999)* (S. 129–142). Jena: Friedrich-Schiller-Universität Jena.

Moon, S. M. (2002). Developing personal talent. In F. J. Mönks & H. Wagner (Eds.), *Developing Personal Talent Development of Human Potential: Investment into our Future. Proceedings of the 8th Conference of the European Council for High Ability (ECHA). Rhodes, October 9–13, 2002* (pp. 11–21). Bad Honnef: Verlag Karl Heinrich Bock.

Nolte, M. (1999). Are elementary school pupils already able to perform creatively substantial bricks of knowledge? – A report on first striking findings from working with smaller groups of highly gifted and motivated elementary school pupils aged 8–10. In H. Meissner, M. Grassmann & S. Mueller-Philipp (Hrsg.), *Proceedings of the International Conference „Creativity and Mathematics Education", July*

15–19, 1999 in Münster, Germany (pp. 142–145). Münster: Westfälische Wilhelms-Universität Münster.

Pamperien, K. (2008). Herausfordernde und fördernde Aufgaben für alle? Teil 2. Erfahrungen mit Aufgaben zur Förderung besonders begabter Kinder in einer Regelklasse. In M. Fuchs & F. Käpnick (Hrsg.), *Mathematisch begabte Kinder. Eine Herausforderung für Schule und Wissenschaft* (S. 162–172). Berlin: LIT Verlag.

Plessner, H. (2008). Intuition als Ressource beim Beurteilen und Entscheiden. In M. Fuchs & F. Käpnick (Hrsg.), *Mathematisch begabte Kinder. Eine Herausforderung für Schule und Wissenschaft* (S. 49–58). Münster: LIT Verlag.

Rost, D. H. (Hrsg.) (2000). *Hochbegabte und hochleistende Jugendliche: Befunde aus dem Marburger Hochbegabtenprojekt*. Münster: Waxmann.

Seidel, G., Krause, W., Schack, B., Heinrich, F. & Krause, U. (2001). Ordnungsbildung im Denken mathematisch Hochbegabter: Verkettung von Mikrozuständen. Zugriff am 10.05.2009 über *www.uni-jena.de/allgpsy/Seidel_Gundula_LF.rtf*

Shell Centre for Mathematical Education (1984). Problems with Patterns and Numbers. Masters for Photocopying. (18) Published by Shell Centre & Joint Matriculation Board 1984.

Stoeger, H. (2004). Interview with Françoys Gagné. *High Ability Studies, 15*(2), 167–172.

Weinert, F. E. (2000). Begabung und Lernen: Zur Entwicklung geistiger Leistungsunterschiede. In H. Wagner (Hrsg.), *Begabungsdefinition, Begabungserkennung und Begabungsförderung im Schulalter* (S. 7–24). Bad Honnef: Verlag Karl Heinrich Bock.

Wieczerkowski, W. & H. Wagner (1985). Diagnostik von Hochbegabung. In R. S. Jäger, R. Horn & K. Ingenkamp (Hrsg.), *Tests und Trends 4. Jahrbuch der Pädagogischen Diagnostik* (S. 104–134). Weinheim: Beltz Verlag.

Wieczerkowski, W. (1998). Vier hochbegabte Grundschüler in beratungspsychologischer Perspektive. *Psychologie in Erziehung und Unterricht, 45*, 143–159.

2.4 Mathematische Kompetenz zwischen Grundschule und Sekundarstufe: Zusammenfassung und Forschungsdesiderata

Kristina Reiss

Mit dem Eintritt in die Grundschule beginnt für die meisten Kinder der systematische Umgang mit mathematischen Inhalten: Zählen und Rechnen in einem kleinen Bereich, die Bearbeitung einfacher Sachsituationen und rudimentäre Erfahrungen mit geometrischen Begriffen und Phänomenen stehen am Anfang, der sichere Umgang mit Zahlen bis zu einer Million, das Modellieren komplexer Sachsituationen, das Wissen über geometrische Flächen, Körper und Abbildungen sowie eine erste Auseinandersetzung mit Daten und dem Zufall sind die angestrebten Kompetenzen zum Ende der Primarstufe. Diese Aufstellung findet sich in den Bildungsstandards der Kultusministerkonferenz (2004a) genauso wie in den Lehrplänen der Bundesländer, sodass auf einer normativen Ebene festgelegt ist, worauf der Mathematikunterricht in der Sekundarstufe aufbauen soll. Normative Vorgaben sagen allerdings nichts darüber aus, ob und, wenn ja, wie Schülerinnen und Schüler tatsächlich die gewünschten Kompetenzen erreichen können. Dieser Problemkreis wird durch die Beiträge des Kapitels exemplarisch und aus unterschiedlichen Perspektiven betrachtet.

Im ersten Beitrag (Ufer, Reiss & Heinze, in diesem Band) geht es um die Präzisierung dessen, was mathematische Kompetenz in der Grundschule bedeutet. Dazu werden normative („theoretische") Vorgaben und reale („empirisch gesicherte") Möglichkeiten von Kindern einander gegenübergestellt. Das Ergebnis sind Kompetenzstrukturmodelle bzw. Kompetenzentwicklungsmodelle, in denen Niveaus mathematischer Kompetenz unter Berücksichtigung der Inhalte und der jeweiligen Klassenstufen in der Grundschule beschrieben werden (Reiss & Winkelmann, 2008). Mit Hilfe solcher Modelle können Kompetenzen, die durch entsprechende Aufgaben operationalisiert sind, im Hinblick auf ihre Güte eingeordnet werden. Eine hohe mathematische Kompetenz ist damit von einer durchschnittlichen Kompetenz oder von einer Basiskompetenz abgrenzbar. Kompetenzstrukturmodelle bzw. Kompetenzentwicklungsmodelle erfüllen allerdings nicht nur die Funktion, einen Ist-Zustand zu beschreiben. Sie sind darüber hinaus eine solide Grundlage für die Einordnung mathematischer Kompetenz in der Grundschule und für eine individuell abgestimmte Förderung. Eine notwendige Voraussetzung dafür sind allerdings angemessene Testverfahren, die eine aussagekräftige, zuverlässige und dabei individuelle Diagnose ermöglichen (Klieme et al., 2003; Reiss, 2007).

Der zweite Beitrag (Ufer, in diesem Band) thematisiert den Übergang von der Primarstufe in die Sekundarstufe, also von Klasse 4 nach Klasse 5, der in den meisten Bundesländern mit einem Schulartwechsel verbunden ist. Wenn man sich genauer mit diesem Übergang beschäftigt, so zeigt sich eine Reihe von wesentlichen Unterschieden zwischen der Grundschule und den weiterführenden Schulen. So arbeitet man in Grundschulen hauptsächlich nach dem Klassenlehrerprinzip, in weiterführenden Schulen hingegen ganz wesentlich nach dem Fachlehrerprinzip. Grundschullehrerinnen und -lehrer werden in der Regel nur oberflächlich für das Fach Mathematik ausgebildet, Lehrkräfte an Realschulen und noch mehr an Gymnasien absolvieren ein Fachstudium. Schließlich kann man die Bildungsstandards für die Primarstufe gegenüber denen der Sekundarstufe (Kultusministerkonferenz, 2003, 2004a, 2004b) zwar nicht als diskrepant bezeichnen, aber sie sind auch nicht vollständig aufeinander bezogen. Damit gibt es insbesondere für das Assessment, die Diagnostik und die Beschreibung von Leistungsentwicklungen keine einheitliche Konzeptionierung mathematischer Kompetenz im Übergang. Diese mangelnde theoretische und damit notgedrungen fehlende empirische Basis behindert die adäquate Darstellung mathematischer Lernprozesse und damit auch die Unterstützung guter Lernprozesse im Übergang.

Schließlich widmet sich der dritte Beitrag (Nolte, in diesem Band) Kindern mit spezifischen Kompetenzen, nämlich mathematisch hochbegabten Schülerinnen und Schülern. Derzeitige Theorien zum Konstrukt der Hochbegabung gehen davon aus, dass sowohl eine genetische Disposition als auch förderliche Umweltfaktoren für ihre Entwicklung bedeutsam sind (z. B. Heller, 2000). Auch hochbegabte Kinder sind also in der Regel auf eine Umgebung angewiesen, die fachbezogene Förderangebote anbietet, ihren individuellen Bedürfnissen entspricht und sie motiviert bzw. eine vorhandene Motivation unterstützt. Auf der einen Seite ist dafür ein herausfordernder Unterricht notwendig, der differenzierte Angebote für diese besonders begabten Kinder bereitstellt. Auf der anderen Seite muss in diesem Unterricht darauf geachtet werden, dass emotionale Aspekte („Langeweile") und soziale Aspekte („Kommunikation") hinreichend berücksichtigt werden. Der angemessene Umgang mit Heterogenität ist damit offensichtlich ein wesentliches Merkmal eines kompetenzförderlichen Mathematikunterrichts.

Jede Art von Unterricht in jeder Schulform und in jedem Schulfach soll dazu beitragen, die Kompetenzen von Kindern und Jugendlichen zu entwickeln und zu fördern. Doch dem Unterricht in der Grundschule kommt hier eine besondere Bedeutung zu, was aus den Beiträgen dieses Kapitels hervorgeht. Zunächst einmal geht es in den ersten Schuljahren darum, dass grundlegende Kompetenzen sicher, tragfähig und mit dem Blick auf mögliche Erweiterungen aufgebaut werden. Der Unterricht in der Primarstufe muss also im Blick behalten, welche mathematischen Inhalte und Methoden wesentlich für das weitere Lernen sind und in welcher Form sie später und in anderen Zusammenhängen genutzt werden. Dabei bezieht sich „später" nicht auf das Ende der Grundschulzeit, sondern vielmehr auch auf den Übergang und den Unterricht in den weiterführenden Schulen. Es genügt nicht, sich auf die fachliche Ebene zu beschränken. Die individuell sehr unterschiedlichen Ausgangsbedingungen der Kinder müssen genauso berücksichtigt werden wie ihre unterschiedlichen Lernwege oder ihr unterschiedliches Leistungsniveau. Fraglos sind damit die diagnostischen Fähigkeiten einer Lehrkraft eine ganz wesentliche Voraussetzung für einen Unterricht, in dem die Kompetenz gefördert wird.

Die Aufsätze in diesem Kapitel zeigen allerdings, dass eine Umsetzung der genannten Bedingungen in einem kompetenzförderlichen Mathematikunterricht in mancher Hinsicht noch nicht auf soliden Forschungsergebnissen aufbauen kann. Im Folgenden wird daher ein aktueller Forschungsbedarf aufgezeigt, und zwar einerseits im Hinblick auf den Kompetenzerwerb in der Grundschule und andererseits im Hinblick auf den Übergang zwischen verschiedenen Schulformen. Die Liste ist nicht vollständig und strebt auch keine Vollständigkeit an, sondern beschränkt sich beispielhaft auf einige wesentliche Aspekte, die in einem direkten Zusammenhang zu den Beiträgen in diesem Kapitel stehen.

(i) Kompetenzen, Kompetenzstrukturmodelle, Kompetenzentwicklungsmodelle

Es wird in der kommenden Zeit eine sehr wichtige Aufgabe der mathematikdidaktischen Forschung sein, mathematische Kompetenzen realistisch zu definieren und in ihrer Entwicklung zu beschreiben. Dabei kommt gerade den Grundlagen und damit der Primarstufe eine ganz wesentliche Bedeutung zu. Jeder Kompetenz- oder Wissenserwerb in einem schulischen Umfeld wird auf dieser in der Grundschule gelegten Basis aufbauen. Damit ist es ein wesentliches Forschungsdesiderat, diese Grundlagen in Form von spezifischen Kompetenzstruktur- bzw. Kompetenzentwicklungsmodellen detailliert zu beschreiben. Mit dieser Beschreibung sind mehrere Ziele verbunden, die nicht voneinander unabhängig sind.

Zunächst geht es bei der Beschreibung darum, normative Vorgaben empirisch zu präzisieren und sie um Ziele zu ergänzen, die realistisch erreichbar sind. Dabei sollten einerseits die inhaltlichen Bereiche der Bildungsstandards („Leitideen") und andererseits die allgemeinen Kompetenzen detailliert berücksichtigt werden. Das Ergebnis ist dann weitaus mehr als ein Katalog von Kompetenzen, die im Mathematikunterricht der Grundschule erworben werden können. Umfassende Modelle erlauben die Bestimmung und Einordnung kindlicher Leistungen, können Grundlage einer präzisen Kompetenzdiagnostik sein, ermöglichen die Spezifizierung möglicher Lücken und sind geeignet, spezifische Begabungen zu erkennen. Darüber hinaus bilden Kompetenzstrukturmodelle die Basis für die individuelle Förderung auf einem jeweils angemessenen Niveau. Kompetenzstruktur- bzw. Kompetenzentwicklungsmodelle sind bei entsprechender didaktischer Aufbereitung nützliche Instrumente für Lehrkräfte und gegebenenfalls auch für Eltern.

(ii) Die Problematik des Übergangs zwischen der Grundschule und den weiterführenden Schulen

Der Übergang zwischen der Grundschule und den weiterführenden Schulen wird von vielen Kindern als ein einschneidendes Erlebnis erfahren. Diese Problematik ist seit langem bekannt, und dennoch ist dieser Übergang kaum im Blickfeld der erziehungswissenschaftlichen und mathematikdidaktischen Forschung. Im Wesentlichen kann man feststellen, dass die eigentlichen Inhalte hierarchisch aufeinander bezogen sind. Es mangelt aber an Konzepten einer methodischen Vernetzung. Noch immer wissen Grundschullehrkräfte viel zu wenig über die Anforderungen und den Unterricht in den weiterführenden Schulen, noch immer wissen die dort unterrichtenden Lehrkräfte zu wenig über den Mathematikunterricht und das Lernen in der Grundschule.

Ein Forschungsdesiderat betrifft daher auch die zusammenhängende und abgestimmte Beschreibung mathematischer Inhalte und Prozesse zwischen der Primarstufe und der Sekundarstufe. Es fehlen Kompetenzstrukturmodelle bzw. Kompetenzentwicklungsmodelle für den Sekundarbereich, es fehlen aber vor allem solche Modelle, durch die inhaltliche und methodische Verzahnungen zwischen den Schulstufen deutlich werden. Auch dabei geht es nicht nur darum, eine Beschreibung zu liefern. Entsprechende Modelle eignen sich wiederum als Werkzeuge einer präzisen Kompetenzdiagnostik und können für Lehrkräfte von deutlichem Nutzen sein. Sie ermöglichen es, Brüche in der Gestaltung mathematischer Lernprozesse im Übergang zu identifizieren und problematische Entwicklungen zu diagnostizieren. Darüber hinaus können auch Lehrpläne und Bildungsstandards von guten Modellen profitieren, die Vernetzungen detailliert beschreiben.

Der Übergang zwischen der Grundschule und den weiterführenden Schulen kann allerdings aus einer allein mathematikdidaktischen Perspektive heraus nicht angemessen betrachtet werden. Die Frage der fachlichen Probleme von Kindern ist mit anderen Faktoren verbunden, sodass etwa motivationale oder emotionale Aspekte bedeutsam sein können. Entsprechend ist gerade in diesem Bereich eine interdisziplinäre Sichtweise angebracht, in die sich die Mathematikdidaktik genauso wie die Erziehungswissenschaft oder die Pädagogische Psychologie einbringen muss.

(iii) Vom Umgang mit Heterogenität

Die Grundschule als einzig echte „Gesamtschule" im deutschen Bildungssystem soll bei Kindern etwa unterschiedlicher Herkunft, unterschiedlicher Begabung oder mit unterschiedlichen Interessen die Grundlage für das weitere Lernen legen. Entsprechend werden Lehrerinnen und Lehrer hier kaum auf eine individuelle Gestaltung von Unterricht und Unterrichtsmaterialien verzichten können. Wie allerdings diese individuelle Abstimmung so erfolgen kann, dass erfolgreiche Lernprozesse initiiert werden, darüber gibt es eher Erfahrungswerte als empirisch gesichertes Wissen. Entsprechend tut sich an dieser Stelle ein Forschungsbedarf auf, der im weitesten Sinne die Gestaltung optimaler Lernumgebungen und ihre empirische Evaluation unter Berücksichtigung individueller Variablen umfasst.

Allerdings kann es nicht nur um punktuelle Vergleiche gehen, sondern es müssen auch hier Entwicklungsprozesse einbezogen werden. Dabei sollte noch einmal dem

Übergang besondere Beachtung geschenkt werden. Individuelle Bildungsverläufe gerade im Übergang von der Grundschule zu den weiterführenden Schulen sind bisher kaum analysiert worden und könnten dazu beitragen, die Gründe für erfolgreiche und weniger erfolgreiche Schulkarrieren zu erfahren. Auch hier ist interdisziplinäre Forschung unverzichtbar, die andere Fachdidaktiken (etwa Deutsch oder Naturwissenschaften) einschließen könnte.

Literatur

Heller, K. A. (2000). Begabungsdefinition, Begabungserkennung und Begabungsförderung im Schulalter. In H. Wagner (Hrsg.), *Begabung und Leistung in der Schule. Modelle der Begabtenförderung in Theorie und Praxis* (S. 39–70). Bad Honnef: Verlag Karl Heinrich Bock.

Klieme, E., Avenarius, H., Blum, W., Döbrich, P., Gruber, H., Prenzel, M. et al. (2003). *Zur Entwicklung nationaler Bildungsstandards. Eine Expertise.* Berlin: BMBF und KMK.

Kultusministerkonferenz (KMK) (2003). *Bildungsstandards im Fach Mathematik für den mittleren Schulabschluss.* Bonn: KMK.

Kultusministerkonferenz (KMK) (2004a). *Bildungsstandards im Fach Mathematik für die Jahrgangsstufe 4 (Primarstufe).* Bonn: KMK.

Kultusministerkonferenz (KMK) (2004b). *Bildungsstandards im Fach Mathematik für den Hauptschulabschluss nach Klasse 9.* Bonn: KMK.

Reiss, K. (2007). Bildungsstandards – eine Zwischenbilanz am Beispiel der Mathematik. In H. Bayrhuber, D. Elster, D. Krüger & H. J. Vollmer (Hrsg.), *Kompetenzentwicklung und Assessment* (S. 19–33). Innsbruck: Studien Verlag.

Reiss, K. & Winkelmann, H. (2008). Step by Step. Ein Kompetenzstufenmodell für das Fach Mathematik. *Grundschule, 10*, 34–37.

3 Der Erwerb mathematischer Kompetenzen in der Sekundarstufe

Nachdem im vorigen Kapitel die Entwicklung mathematischer Kompetenzen in der Primarstufe sowie der Übergang von der Primar- in die Sekundarstufe thematisiert wurden, geht es in diesem Kapitel um den Ausbau dieser Kompetenzen während der Sekundarstufe. Das Hauptaugenmerk liegt auf der Kompetenzentwicklung der Schülerinnen und Schüler.

In diesem Zusammenhang stellen Rudolf vom Hofe, Thomas Hafner, Werner Blum und Reinhard Pekrun im ersten Beitrag dieses Kapitels die Längsschnittstudie PALMA (Projekt zur Analyse der Leistungsentwicklung in Mathematik) vor. Diese analysiert Bedingungen der mathematischen Kompetenzentwicklung in der Sekundarstufe I auf Basis eines Kompetenzmodells, das sich an dem Konzept der *mathematical literacy* orientiert. Bei der Diskussion der Ergebnisse von PALMA gehen die Autoren neben der Entwicklung mathematischer Kompetenz insbesondere auf Detailanalysen einzelner Kompetenzbereiche sowie auf die Unterschiede zwischen den Schulformen ein.

Im zweiten Beitrag des Kapitels thematisiert Michael Kleine Kompetenzdefizite von Schülerinnen und Schülern beim Bürgerlichen Rechnen, einem mathematischen Gebiet, das in vielen Ausbildungsberufen eine wichtige Rolle spielt. Gestützt auf empirische Ergebnisse verweist er auf spezifische Probleme bei der Kompetenzentwicklung in diesem Bereich und nennt konkrete Fördermöglichkeiten.

Sebastian Wartha setzt sich im dritten Beitrag dieses Kapitels mit den besonderen Schwierigkeiten von Schülerinnen und Schülern der sogenannten Risikogruppe auseinander. Bei seiner Analyse von individuellen Rechenstörungen wird deutlich, dass sich Kompetenzdefizite aus der Grundschulzeit der Lernenden fortsetzen. Auf Basis des Forschungsstandes zieht Wartha Konsequenzen für die Unterrichtspraxis, die Bildungsorganisation und -administration und nicht zuletzt für die mathematikdidaktische Forschung. Letztere betreffen vor allem die Förderung der Lehrerkompetenz, die Notwendigkeit weiterer empirischer Forschung zu Rechenstörungen in der Sekundarstufe sowie die Entwicklung von Grundlagen für eine adäquate Diagnostik.

Von einer globalen Perspektive aus analysiert Michael Neubrand im vierten Beitrag des Kapitels die Vielschichtigkeit der Übergangsproblematik im Fach Mathematik. In diesem Zusammenhang thematisiert er auf Basis der bisherigen empirischen Befunde insbesondere die Rolle der Bildungsstandards bei den Übergängen und stellt mathematische Begriffe, Verfahren und Arbeitsweisen als wesentliche Elemente heraus, deren Anschlussfähigkeit sichergestellt werden muss.

Im fünften Beitrag dieses Kapitels werden von Kristina Reiss die Rolle von Mindeststandards und damit verbundene zentrale Fragen und Probleme diskutiert. Dabei wird insbesondere der Stellenwert der Mindeststandards als Kompetenzniveau, welches nicht unterschritten werden sollte, hervorgehoben. Zudem werden die Herausforderungen deutlich, die Mindeststandards an Schülerinnen und Schüler, an die Lehrkräfte sowie an die Wissenschaft und die Bildungspolitik stellen.

Auch wenn die Phase der mathematischen Kompetenzentwicklung in der Sekundarstufe bisher als mit am besten untersucht gelten kann, ergeben sich noch eine Reihe von offene Forschungsfragen. In ihrem zusammenfassenden Beitrag stellt Kristina Reiss die Ergebnisse des Kapitels noch einmal im Überblick dar und zeigt verschiedene Linien für die zukünftige Forschung auf.

3.1 Die Entwicklung mathematischer Kompetenzen in der Sekundarstufe – Ergebnisse der Längsschnittstudie PALMA

Rudolf vom Hofe, Thomas Hafner, Werner Blum und Reinhard Pekrun

3.1.1 Ausgangsfragen und Zielsetzung des Projekts

National und international mangelt es an Längsschnittstudien zur Entwicklung von mathematischen Kompetenzen im Altersbereich der Sekundarstufe I. Die wenigen vorliegenden Studien sind meist auf einzelne Kompetenzbereiche, Jahrgangsstufen und Schülergruppen oder auf qualitative Analysen beschränkt, so dass verallgemeinerbare Schlussfolgerungen bisher kaum ableitbar sind (Baumert, Gruehn, Heyn, Köller & Schnabel, 1997; Blum, Kaiser, Burghes & Green,1994; Köller, Watermann, Trautwein & Lüdtke, 2003; Kuechemann & Hoyles, 2003; Lehmann, Husfeldt & Peek, 2001; Rost, 2000; Watson & Kelley, 2004). Dies gilt nicht nur für die durchschnittlichen Entwicklungsverläufe von mathematischen Kompetenzen in diesem Alterszeitraum, sondern auch für die Entwicklung von Leistungsdefiziten, Geschlechterunterschieden und sozialen Disparitäten im Fach Mathematik. Wenig ist auch zu der Frage bekannt, wie die Variation von Kompetenzen und Einstellungen im Fach Mathematik zustande kommt, die sich in Vergleichsuntersuchungen wie den OECD Erhebungen der PISA-Zyklen zeigt (Baumert et al., 2001; Blum, Neubrand et al., 2004). Für die Gestaltung von Bildungsstandards, Lehrplänen, Unterricht und Evaluierungsinstrumenten ist dieser Kenntnismangel gleichermaßen problematisch.

Ziel des Projekts PALMA (Projekt zur Analyse der Leistungsentwicklung in Mathematik) ist es vor diesem Hintergrund, anhand einer Längsschnittuntersuchung die Entwicklung einer größeren Bandbreite mathematischer Kompetenzen über den gesamten Alterszeitraum der Sekundarstufe I hinweg zu verfolgen. Es handelt sich hierbei um ein interdisziplinäres Projekt der Universitäten München, Bielefeld und Kassel (Leitung: Reinhard Pekrun, Rudolf vom Hofe, Werner Blum). Neben der Entwicklung mathematischer Kompetenzen sollen auch die Individual-, Unterrichts- und Elternhausbedingungen dieser Entwicklung analysiert werden. Dies soll gleichzeitig zu einer Aufklärung der Entwicklungsverläufe beitragen, die der Leistungsvariation zugrunde liegen, die sich in den PISA-Erhebungen bei den 15-Jährigen bzw. den Neuntklässlern in Deutschland zeigt. Ziel ist ferner, die gewonnenen Erkenntnisse für die Entwicklung von Produkten für die pädagogische Praxis in den Bereichen Unterrichtsmaterialien, Lehrplan- und Curriculumentwicklung, Lehrerbildung, Leistungs- und Emotionsdiagnostik sowie Unterrichtsevaluation zu nutzen.

Die Forschungskonzeption des Projekts (Pekrun et al., 2004) orientiert sich an einem Modell mathematischer Kompetenzen, das neben curricular orientierten Inhaltsbereichen (Arithmetik, Algebra, Geometrie) u. a. zwischen Modellierungskompetenzen einerseits und algorithmisch orientierten Kalkülkompetenzen andererseits differenziert. Dieses Kompetenzmodell entspricht im Wesentlichen den in den PISA-

Erhebungen verwendeten Konzepten einer *mathematical literacy* und trägt der Rolle mathematischer Grundvorstellungen für das Lösen mathematischer Probleme Rechnung (Blum & vom Hofe, 2003; vom Hofe, 1995; Blum, vom Hofe, Jordan & Kleine, 2004; vom Hofe, Kleine, Pekrun & Blum, 2005).

In zwei Voruntersuchungen des Projekts (2000–2002) wurden zunächst die Erhebungsinstrumente für die Längsschnittstudie entwickelt, überprüft und sukzessive optimiert. Im Jahr 2002 wurde der Längsschnitt in der fünften Jahrgangsstufe mit einer repräsentativen Stichprobe von bayerischen Schülerinnen und Schülern sowie deren Eltern und Mathematiklehrkräften implementiert und anschließend in jährlichen Erhebungen fortgesetzt. Mittlerweile liegen Befunde für alle sechs Messzeitpunkte vor (Jahrgangsstufen 5 bis 10).

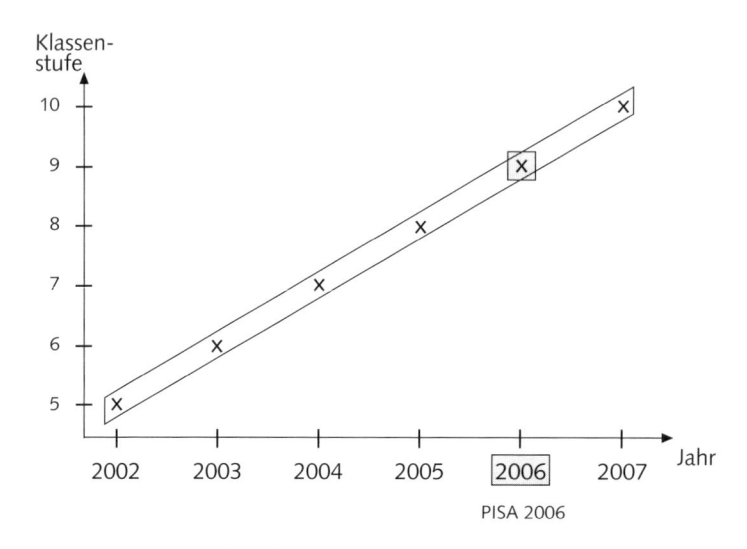

Abbildung 3.1.1: PALMA-Längsschnittdesign

In diesem Beitrag wird zunächst der konzeptuelle Rahmen des Projekts dargestellt; weiterhin werden Erhebungsinstrumente und die Methodik des Längsschnitts erläutert. Im Anschluss daran werden einige globale Ergebnisse zur mathematischen Kompetenzentwicklung vorgestellt und Beispiele aus den noch laufenden Detailuntersuchungen diskutiert. Die hier dargestellten Befunde beziehen sich in erster Linie auf die Entwicklung von mathematischen Kompetenzen. Die damit zusammenhängende Entwicklung von Emotionen und Schülermerkmalen in Mathematik sowie die Rolle des Elternhauses werden an anderer Stelle behandelt (siehe zu Einzelheiten vom Hofe, Pekrun, Kleine & Götz; 2002, Pekrun et al., 2004; vom Hofe et al., 2008). Abschließend wird kurz auf die Materialien für die pädagogische Praxis eingegangen, die in diesem Projekt entwickelt werden.

3.1.2. Konzeptueller Rahmen: Mathematisches Modellieren und die Rolle von Grundvorstellungen

Die Auffassung von mathematischer Grundbildung hat sich in den letzten zwei Jahrzehnten unter den Einflüssen konstruktivistischer Lerntheorien einerseits und aufgrund der weltweit wirksamen Operationalisierung durch die internationalen Schulleistungsstudien andererseits zunehmend konkretisiert und eine einheitliche, international weitgehend akzeptierte Form angenommen, die sich im PISA-Konzept der *mathematical literacy* widerspiegelt. Darin werden die Ansätze von TIMSS fortgesetzt, mathematische Grundbildung nicht über Formelanwendungen oder technische Rechenverfahren zu erfassen, sondern über die Rolle, die der Mathematik als Werkzeug zur Modellierung und geistigen Gestaltung der Umwelt zukommt, und über die hierzu erforderlichen Kompetenzen. Diese Haltung prägt nicht nur die PISA-Philosophie (siehe etwa Baumert et al., 2001), sie stellt darüber hinaus einen breiten Konsens der neueren internationalen Mathematikdidaktik dar (siehe etwa Wagenschein, 1983; Brusseau, 1983 oder Sierpinska, 1992, zum genetisch-epistemologischen Ansatz bzw. Blum, 1996; de Lange, 1996 oder Usiskin, 1991, zum anwendungs- bzw. realitätsorientierten Ansatz)

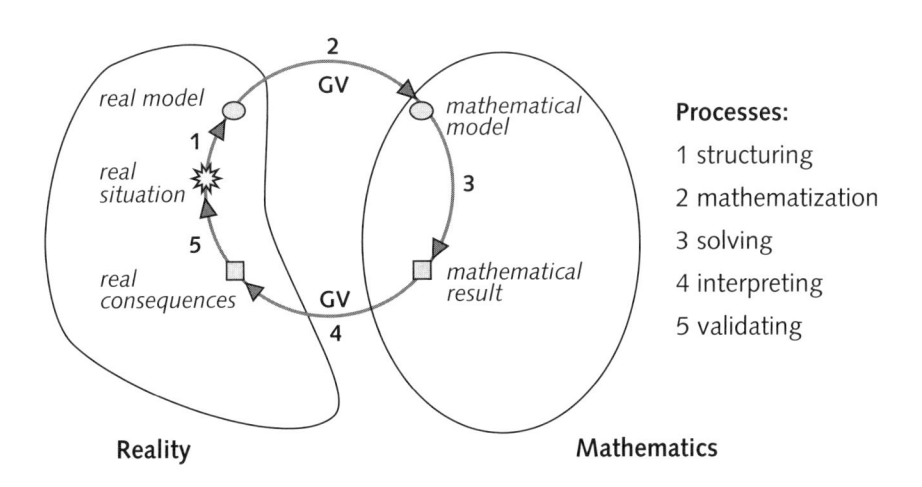

Abbildung 3.1.2: Der Prozess der Modellierung (nach Blum, 1996, S. 18)

Der Umgang mit Mathematik lässt sich aus dieser Sichtweise im Wesentlichen als mathematische Modellbildung beschreiben, wie sie in Abbildung 3.1.2 in der Terminologie von Blum (1996) dargestellt wird. Sie zeigt zum einen die verschiedenen Schritte des Modellierungsprozesses auf, zum anderen dessen zyklische Struktur.

Zentrale Tätigkeiten sind hierbei das Übersetzen zwischen Realität und Mathematik, wenn beispielsweise zu einer Sachsituation ein angemessenes Modell gefunden werden muss oder wenn ein mathematisches Ergebnis wieder im Hinblick auf die Sachsituation interpretiert werden soll. Hierfür braucht man Vorstellungen davon, welche mathematischen Inhalte oder Verfahren zu einer bestimmten Sachsituation passen könnten bzw. umgekehrt, welche Situationen sich mit bestimmten mathematischen Inhalten modellieren lassen. Unabdingbar für die Vermittlung zwischen Mathematik und Realität ist daher das Vorhandensein tragfähiger mentaler Modelle für mathematische Begriffe – wie sie Freudenthal nennt – (vgl. Freudenthal, 1983) oder die Ausbildung von Grundvorstellungen (kurz: GV) mathematischer Begriffe und Verfahren (vgl. vom Hofe, 1995; Blum, 1998). Auf der Ausprägung solcher zwischen Realität und Mathematik vermittelnden Grundvorstellungen und ihrer Bedeutung für die Entwicklung mathematischer Grundbildung liegt ein besonderes Forschungsinteresse unserer Studie.

Die den mathematischen Inhalten entsprechenden mentalen Modelle werden in den neueren Arbeiten konstruktivistisch interpretiert, d. h. sie werden nicht als rezeptiv erworbene stabile Repräsentationen mathematischer Inhalte angesehen, sondern als flexible Gruppierungen kognitiver Schemata, die im Verlaufe zunehmender mathematischer Bildung Prozessen der Veränderung, Reorganisation und Neuinterpretation unterworfen sind.

Der Prozess des Ausbildens von Grundvorstellungen bildet die Basis für drei zentrale Aspekte der mathematischen Begriffsentwicklung (vgl. vom Hofe, 1995; Blum, 1998):

- Erfassung der Bedeutung eines neuen mathematischen Begriffs durch Anknüpfung an bekannte Sach- oder Handlungszusammenhänge;
- Aufbau entsprechender mentaler Modelle, die den Begriff auf der Vorstellungsebene repräsentieren;
- Anwendung des Begriffs auf neue Sachsituationen bzw. durch Modellierung von Sachsituationen mit Hilfe des mathematischen Begriffs.

Die Erfassung der Bedeutung mathematischer Begriffe ist dabei Voraussetzung für den Aufbau entsprechender Vorstellungen, was wiederum eine Voraussetzung für die Anwendung des entsprechenden Begriffs auf neue Sachsituationen und damit für mathematisches Modellieren ist.

Ein erfolgreicher Entwicklungsverlauf dieser Aspekte der Begriffsbildung ist nun von grundlegender Bedeutung für die mathematische Kompetenzentwicklung im Ganzen. Gelingt dies, so wird die Entwicklung neuer formaler mathematischer Fähigkeiten begleitet von einem mit diesen korrespondierenden System mentaler Modelle, welches Modellierungsprozesse mithilfe der neuen Inhalte ermöglicht. Formale Definitionen, Regeln und Verfahren können mittels der korrespondierenden Vorstellungen auf ihre Plausibilität hin überprüft werden; die Ausbildung isolierter schematischer

Fertigkeiten ohne Verbindung zu Anwendungskontexten wird verhindert. Unter diesen idealen Bedingungen stehen die Ebene des formalen mathematischen Handelns und die Ebene der begleitenden Vorstellungen im Einklang miteinander, was eine positive mathematische Kompetenzentwicklung ermöglicht.

Problematisch wird die Entwicklung, wenn es über längere Zeit hin nicht gelingt, zu neuen mathematischen Inhalten adäquate Vorstellungen aufzubauen. In diesem Fall etablieren sich – wie insbesondere Fischbein, Tirosh, Stavy und Oster (1990) in mehreren Fallstudien nachgewiesen haben – implizit wirksame Fehlvorstellungen („tacit models"), die zu entsprechenden systematischen Fehlstrategien führen. Da diese Fehlkonzepte oft aus ehemals erfolgreichen Grundvorstellungen hervorgehen, sind sie ähnlich wie diese von einer hohen mentalen Robustheit, was ihre negative Wirksamkeit verstärkt und ihre Überwindung erschwert (vgl. Fischbein et al., 1990).

Nun legen zahlreiche Untersuchungen zum Mathematikunterricht die Vermutung nahe, dass nicht das Idealbild eines geordneten Systems von Grundvorstellungen, sondern Diskrepanzen zwischen mathematischer Handlungs- und Vorstellungsebene, Verfestigung von Fehlvorstellungen und Ausbildung von isolierten Fertigkeiten weitgehend charakteristisch für die realen Verhältnisse unseres Mathematikunterrichts sind.

Es stellt sich daher die Frage, welche Entwicklungen zu den Kompetenzen bzw. Kompetenzdefiziten der 15-Jährigen führen und von welchen curricularen und unterrichtlichen Bedingungen diese abhängen. Solche Entwicklungen können vergleichende Schulleistungsstudien wie PISA aufgrund ihres querschnittlichen Designs kaum erfassen. Die von uns geplante längsschnittliche Studie eröffnet daher grundlegende neue Einsichten in Entwicklungsverläufe von mathematischen Schülerfähigkeiten auf der Basis von Grundvorstellungen.

Unser Ziel ist es, Entwicklungsverläufe mathematischer Kompetenzen im Zeitraum der Jahrgangsstufen 5–10 längsschnittlich zu erfassen. Von zentraler Bedeutung sind dabei folgende Fragen:

- Verläuft die Entwicklung mathematischer Kompetenzen gleichmäßig oder lassen sich Phasen mit unterschiedlichem Wachstum identifizieren?
- In welchem Verhältnis steht dabei die Entwicklung von Modellierungs- und Kalkülkompetenz?
- Wie verläuft die Kompetenzentwicklung bei spezifischen mathematischen Inhaltsbereichen (z. B. Arithmetik, Algebra oder Geometrie), mathematischen Schlüsselbegriffen (z. B. Proportionalität, Prozent- oder Funktionsbegriff) und speziell bei den zugehörigen Grundvorstellungen?

Ziel ist es damit, ein genaueres Bild der Genese mathematischer Fähigkeiten zeichnen zu können. Dies soll dem übergeordneten Ziel dienen, konkretere Ansatzpunkte für unterrichtliche, methodisch-didaktische und stofflich-curriculare Konsequenzen zu gewinnen.

3.1.3 Erhebungsinstrumente

Regensburger Mathematikleistungstest für 5. bis 10. Klassen

Zur Erfassung mathematischer Kompetenzen in der Sekundarstufe I wurde in diesem Projekt der Regensburger Mathematikleistungstest für 5. bis 10. Klassen entwickelt (vom Hofe et al., 2002; vom Hofe et al., 2005). Im Sinne der Forschungskonzeption des Projekts erfasst dieser raschskalierte Test anhand entsprechender Subskalen Modellierungskompetenzen sowie algorithmisch geprägte Kalkülkompetenzen in den Inhaltsbereichen Arithmetik, Algebra und Geometrie. Die hierarchisch konstruierten Itemserien der Subskala Modellierungskompetenz erfordern dabei die Aktivierung von Grundvorstellungen auf unterschiedlichen Komplexitätsniveaus. Im Gegensatz dazu lassen sich die Items der Subskala Kalkülkompetenzen ohne jegliche Grundvorstellung durch reine Regelanwendung lösen.

Hier ein elementares Beispiel von jeder Art:

(1) *Kevin will sich neue Sportschuhe für 90 € kaufen. Er hat schon $\frac{3}{10}$ des Preises gespart. Wie viel Geld braucht er noch, um sich die Schuhe zu kaufen?*

(2) *Berechne:* $\frac{1}{3} \cdot \left(\frac{1}{2} - \frac{1}{5}\right)$

Abbildung 3.1.3: Aufgabenbeispiel für (1) elementare Modellierungsaufgaben und (2) Kalkülaufgaben

In Beispiel (1) ist eine Grundvorstellung von Subtraktion (z. B. Ergänzen) und eine vom Bruchzahlbegriff (z. B. Bruch als Operator) erforderlich. Beispiel (2) ist dagegen durch korrekte Regelanwendung lösbar.

Neben elementaren Items, die lediglich einen Teil des Modellierungsprozesses abbilden, enthält der Test auch komplexe Items, die mehrere Ebenen der Modellierungskompetenz und damit zusammenhängend die Koordination von mehreren Grundvorstellungen erfordern. Typisch hierfür ist das folgende Beispiel (3): Für die Lösung des Aufgabenteils a) ist lediglich die Übersetzung zwischen Mathematik und Realität mittels elementarer Grundvorstellungen von Funktionen erforderlich (diskrete eindeutige Zuordnung). Dagegen erfordert der Aufgabenteil b) den Vergleich zweier linearer Wachstumsprozesse und damit ein höheres Level von Modellierungskompetenz. Hierfür sind weitergehende und anspruchsvollere Grundvorstellungen von Funktionen (Kovariation zweier Größen) erforderlich. In Aufgabenteil c) müssen schließlich gezielt Grundvorstellungen von Variablen aktiviert und im Sinne einer Abstraktion einer exemplarisch gegebenen Gesetzmäßigkeit koordiniert werden.

Beispiel (3): Online-Dienste

In folgender Übersicht sind die Vertragsbedingungen zweier Online-Dienste dargestellt:

	E-Online	Online-Pro
monatliche Grundgebühr	7 €	7 €
Preis pro Stunde	3 €	4 €
Freistunden pro Monat	keine	3

a) *Vergleiche die monatlichen Gesamtkosten beider Online-Dienste bei einem bestehenden Vertrag. Ergänze dazu folgende Tabelle:*

Nutzungsdauer	Gesamtkosten E-Online	Gesamtkosten Online-Pro
0 Stunden	7 €	
1 Stunde		7 €
5 Stunden	22 €	

b) *Welcher Online-Dienst ist preisgünstiger, wenn jemand einen Online-Dienst viel nutzen möchte? Begründe deine Antwort.*

c) *Gib eine Rechenvorschrift (Formel) an, mit der die Gesamtkosten von E-Online in Abhängigkeit von der Nutzungsdauer bestimmt werden können.*

Abbildung 3.1.4: Aufgabenbeispiel für eine komplexere Modellierungsaufgabe

Die einzelnen Versionen des Tests sind so konstruiert und über die Jahrgangsstufen hinweg verknüpft, dass die gesamte über den Zeitraum der Sekundarstufe I hinweg anzutreffende Leistungsvariation im Fach Mathematik abgebildet werden kann. In den Erhebungen des Längsschnitts wird hierzu ein Multi-Matrix-Sampling von Testitems praktiziert. Innerhalb jedes Messzeitpunkts werden zwei zueinander parallele, jahrgangsstufenspezifische Testversionen verwendet, die über gemeinsame Ankeritems miteinander verbunden sind. Ferner findet eine Verankerung zwischen den Testversionen benachbarter Jahrgangsstufen statt. Die Testzeit betrug zum ersten Messzeitpunkt 60 Minuten (63 Testitems), zu den nachfolgenden Zeitpunkten jeweils 90 Minuten (jeweils ca. 100 Items).

Analysiert man die Qualität der Skalierung anhand disjunkter Zufallsstichproben von Items (Anderson, 1973), so zeigt sich eine hohe Übereinstimmung der Itemparameter nach unabhängiger Schätzung in den Teilstichproben. Dieses Ergebnis spricht für eine gute Passung zwischen Modell und Daten. Auch der Likelihood-Ratio-Test dokumentiert günstige Skalenkennwerte des Gesamttests. Ähnlich gute Werte zeigen sich für die Subskalen Modellierungs- bzw. Kalkülkompetenzen.

Neben der Quantifizierung der Daten nach dem Rasch-Modell wurden latent-class-Analysen durchgeführt, um die Validität der Skalen an inhaltlichen Kriterien zu überprüfen (Kleine, 2004). Dabei werden Klassen von Probanden mit ähnlichen Antwortprofilen im Test gebildet. Die Qualität der Analysen konnte anhand des Bootstrap-Verfahrens bestätigt werden (Langeheine & von Davier, 1996). Die Befunde dokumentieren, dass die Anordnung der Personenklassen den Anforderungsniveaus des Tests entspricht, die durch die jeweils erforderlichen Grundvorstellungen bestimmt sind (Kleine, 2004). Die Analysen liefern damit eine Bestätigung der didaktischen, an Kompetenz- und Grundvorstellungskonstrukten orientierten Konzeption des Tests.

Skalen zu Schülermerkmalen, Unterricht, Kontextbedingungen und Emotionen

Das in diesem Projekt eingesetzte Instrumentarium zu Schülermerkmalen, Unterrichtsvariablen und Kontextbedingungen umfasst einen Satz von neu entwickelten bzw. für das Projekt adaptierten Skalen zu den folgenden Bereichen (vgl. Pekrun et al., 2004):

- 1) Kognitive Grundfähigkeiten (fluide Intelligenz: KFT-Skalen zu verbalem und nonverbalem reasoning; Heller & Perleth, 2000);
- 2) Schülermerkmale (schulischer Bildungsweg sowie Selbst- und Valenzüberzeugungen, Emotionen, Interesse, Motivation, Lernstrategien und Selbst- vs. Fremdregulation im Fach Mathematik; 30 Selbstberichtskalen mit 178 Items; u. a. die Münchener Skalen zu Mathematikemotionen (englisch unter dem Titel Achievement Emotions Questionnaire – Mathematics, AEQ-M; Pekrun, Götz & Frenzel, 2005));
- 3) Prozessvariablen der Aufgabenbearbeitung im Mathematiktest (u. a. Anstrengungsbereitschaft);
- 4) Mathematikunterricht (Schülerfragebogen: 15 Skalen, 60 Items; Lehrerfragebogen: 16 Skalen, 81 Items);
- 5) Elternhaus (sozioökonomischer Status, kulturelles Kapital, Umgang des Elternhauses mit Mathematik und Leistungsanforderungen der Schule, Kooperation von Elternhaus und Schule; Schülerfragebogen mit 10 Skalen und 40 Items, Elternfragebogen mit 7 Skalen und 31 Items).
- 6) Skalen zu Modellierungs- und Kalkülemotionen (Neu entwickelt wurden Skalen zur Erfassung von Freude, Angst und Langeweile, die Schülerinnen und

Schüler bei modellierungsorientierten Aufgaben in Mathematik einerseits und algorithmisch orientierten Kalkülaufgaben andererseits erleben. Ziel dieser Entwicklung war es, Konzeptualisierungen zu Kompetenzen und Emotionen – über die domänenbezogene Konzeption von Emotionen hinaus – auch auf der Ebene von Teilkompetenzen miteinander zu verschränken.)

Die Verteilungs- und Reliabilitätseigenschaften dieser eingesetzten Skalen erwiesen sich in allen vorliegenden Erhebungen des Längsschnitts als gut. Der gesamte Skalensatz und die Resultate von Skalen- und Itemanalysen sind in den Skalenhandbüchern zum Längsschnitt dokumentiert (zu Einzelheiten der hier beschriebenen Skalen siehe Pekrun, 2004).

3.1.4 Methodik der Längsschnittuntersuchung

Stichproben und Erhebungen

Die Untersuchung verfolgte eine Stichprobe aus einer bayerischen Kohorte von Schülerinnen und Schülern in jährlichen Erhebungen von den Klassenstufen 5 bis 10. Um Unterricht und Klassenkontext analysieren zu können, wurde die Stichprobe so gezogen, dass es sich jeweils um intakte Klassen von Schülerinnen und Schülern handelte. Ziel der Stichprobenziehung war gleichzeitig auch, bezüglich soziodemographischer Kriterien wie Schulart, Region, Geschlecht und Schichtzugehörigkeit eine möglichst hohe Repräsentativität zu erreichen. Um diese Repräsentativität der Längsschnittstichprobe über die Zeit hinweg möglichst weitgehend zu erhalten und eine über die Messzeitpunkte hinweg zunehmende Positivselektion der Stichprobe zu vermeiden, wurden Klassenwiederholer zu jedem Messzeitpunkt weiter in die Erhebungen einbezogen. Ferner wurde Wert darauf gelegt, die anfänglich gezogenen intakten Klassen auch über die Zeit hinweg weiter zu verfolgen. Neu in die betreffenden Klassen aufgenommene Schülerinnen und Schüler wurden deshalb jeweils auch in die Längsschnittstichprobe einbezogen. Abweichungen vom Prinzip der Weiterführung intakter Klassen mussten dort zugelassen werden, wo Schülerinnen und Schüler aufgrund von Klassen- bzw. Schulwechsel oder einer Neukonfiguration von Klassen die Klassenzuordnungen des ersten Messzeitpunkts verloren hatten. Soweit sich in der jeweiligen aufnehmenden Klasse eine hinreichende Zahl von Schülerinnen und Schülern der Längsschnittstichprobe wiederfand, wurde die Klasse als intakte Klasse in die Stichprobe aufgenommen, indem alle Schülerinnen und Schüler der Klasse in die Erhebungen einbezogen wurden. Dies führte insbesondere mit dem Übergang von der Jahrgangsstufe 6 zu 7 zu Ergänzungen der Stichprobe (hauptsächlich aufgrund einer Neukonfiguration von Klassen nach den Zweigwahlen in Gymnasien und Realschulen). Wenn es sich hingegen jeweils nur um einzelne Schülerinnen und Schüler handelte, wurde aus testökonomischen Gründen auf eine Einbeziehung der aufnehmenden Klassen verzichtet; die betreffenden Schülerinnen und Schüler wurden dann innerhalb jeder Schule in einer „Restgruppe" zusammengefasst und getestet. Bei Schulwechsel wurden die Schülerinnen und Schüler in der Stichprobe belassen, wenn eine hinreichende Zahl von Schülerinnen und Schülern des Längsschnitts in die betreffende Schule gewechselt war (dies führte zur Neuaufnahme von Realschulen in die Schulenstichprobe beim Schülerwechsel von Haupt- in Realschulen nach der Jahrgangsstufe 6). Mit dieser Strategie konnte sichergestellt werden, dass sich die Mortalität der Längsschnittstichprobe in Grenzen hielt (s. u.), Stichprobenausfälle von Messzeitpunkt zu Messzeitpunkt kompensiert werden konnten und die Schülerstichprobe auch zu den späteren Messzeitpunkten weiterhin überwiegend aus intakten Klassen bestand. Die Erhebungen fanden jeweils gegen Schuljahresende statt (Mai bis Juni des betreffenden Schuljahres). Dabei handelt es sich um Erhebungen an den einbezogenen Klassen bzw. den jeweiligen „Restgruppen" von Schülerinnen und Schülern, den Mathematiklehrkräften dieser Klassen und den jeweiligen Schülereltern. Die Schülererhebungen umfassten jeweils einen Testtag mit einer Testzeit von insgesamt 180 Minuten. Im Sinne einer Qualitätssicherung des methodischen Vorgehens wurden Stichprobenziehung und Rekrutierung der Stichproben ebenso wie die Durchführung der Erhebungen vom Data Processing Center (DPC) der International Association for the Evaluation of Educational Achievement (IEA) vorgenommen.

Einen Überblick über die realisierten Schülerstichproben der einzelnen Messzeitpunkte gibt Tabelle 3.1.1. Mit diesen Stichproben wurden hohe Ausschöpfungsquoten der geplanten Stichproben erreicht (Beteiligungsraten von mindestens 91 % bei den Schülerinnen und Schülern, mindestens 80 % bei den Eltern und mindestens 93 % bei den Lehrkräften). Die reduzierten Zahlen der Jahrgangsstufe 10 erklären sich dadurch, dass in Bayern etwa 90 % der Hauptschülerinnen und Hauptschüler die Hauptschule nach der Klasse 9 verlassen; die Gruppe der dann noch übrig bleibenden Schülerinnen und Schüler strebt die Mittlere Reife innerhalb der Hauptschule an.

Die Schülerstichproben für den Längsschnitt wurden vom DPC so gezogen, dass sie bezüglich Geschlecht, Region und Schulart Repräsentativitätskriterien genügen

Tabelle 3.1.1: Stichproben der Messzeitpunkte 1–6 (Klasse 5 – Klasse 10)

	MZP 1	MZP 2	MZP 3	MZP 4	MZP 5	MZP 6
Gymnasium	739	733	854	864	955	963
Realschule	561	596	808	842	849	783
Hauptschule	770	730	733	703	717	197
Gesamt	2.070	2.059	2.395	2.409	2.521	1.943
Schulen	42	42	44	45	45	35

(nach entsprechender Gewichtung). Darüber hinaus sollten sie aber auch bezüglich des sozioökonomischen Hintergrunds der Schülerschaft möglichst repräsentativ sein.

Ergänzende Interviewerhebungen

Zu den Messzeitpunkten 2–6 wurden an Teilstichproben von Schülerinnen und Schülern qualitative Zusatzerhebungen in Gestalt von halbstandardisierten Interviews durchgeführt (vom Hofe et al., 2005; Wartha & vom Hofe, 2005). Die Stichproben der insgesamt fünf Interviewstudien bestanden jeweils aus 36 Schülerinnen und Schülern. Wesentliches Ziel dieser Studien ist es, Schülerstrategien bei der Bearbeitung mathematischer Aufgaben zu analysieren. Die Studien 2 und 4 haben darüber hinaus das Emotionserleben im Fach Mathematik sowie Beziehungen zwischen Elternhaus und Schule im Fach Mathematik untersucht. Die Studien waren z. T. längsschnittlich miteinander verknüpft; so hatten von den 36 Gymnasiasten der Studie 5 (Jahrgangsstufe 7) 26 bereits an den Interviews der Studie 1 (Jahrgangsstufe 6) teilgenommen. In den Interviews zum Umgang mit mathematischen Aufgaben wurden die Schülerinnen und Schüler aufgefordert, schriftlich vorgelegte Aufgaben, die zu entsprechenden Aufgaben aus der Hauptuntersuchung parallelisiert waren, zu bearbeiten und ihre Lösungsprozesse anhand von lautem Denken mitzuteilen. Die Bearbeitungszeit für die Aufgaben betrug 30 Minuten. Mit einem Training der drei Interviewer und einem Interviewleitfaden wurde angestrebt, Interviewereffekte gering zu halten. Die Interviews wurden akustisch und videographisch aufgezeichnet und anhand der akustischen Aufzeichnungen transkribiert. In die Datenanalysen werden neben den Transkripten auch die Schüleraufzeichnungen auf den Aufgabenblättern und die Videoaufnahmen der Interviews einbezogen. Die Interviews dienen zur Analyse der Lösungsstrategien, Grundvorstellungen und Fehlvorstellungen von Schülerinnen und Schülern und zur Gewinnung von authentischem Beispielmaterial für die Praxis (vgl. Wartha & vom Hofe, 2005).

3.1.5 Ergebnisse und Diskussion

In diesem Abschnitt stellen wir einige ausgewählte Ergebnisse der PALMA-Studie vor. Diese Befunde betreffen (1) die mathematische Leistungsentwicklung im Ganzen, (2) die Entwicklung von Modellierungs- und Kalkülkompetenzen und (3) die Rolle von Grundvorstellungen.

Globale Entwicklung mathematischer Fähigkeiten

Wir betrachten hier zunächst einige Ergebnisse zur globalen Entwicklung mathematischer Fähigkeiten auf der Basis der längsschnittlich erhobenen Daten. Die zugrunde liegende Längsschnittstichprobe setzt sich aus Schülerinnen und Schülern zusammen, die zu MZP 5 am Test teilgenommen und davor maximal einmal gefehlt haben. Die Fähigkeitswerte dieser Längsschnittstichprobe wurden auf einen Mittelwert von 1.000 und eine Standardabweichung von 100 (bezogen auf Messzeitpunkt 5) normiert. Die Entwicklung der mathematischen Fähigkeiten nach Schularten ist in Abbildung 3.1.5 dargestellt.

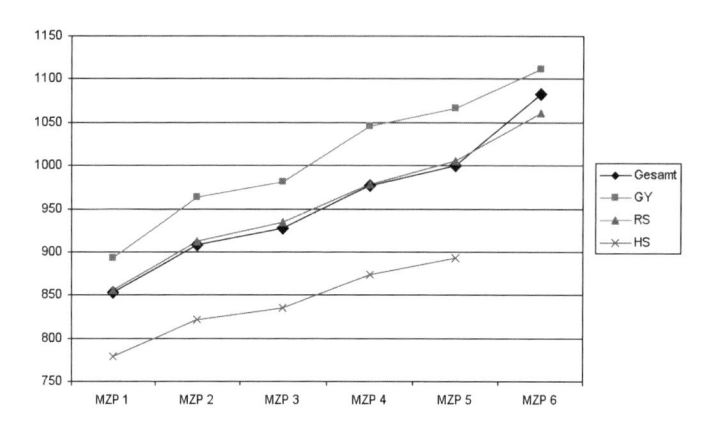

Abbildung 3.1.5: Entwicklung der mathematischen Fähigkeiten von Klasse 5–10

Die Entwicklung der globalen Fähigkeitswerte zeigt zunächst zwei wichtige Charakteristika:

(1) In allen Schularten und zu allen gemessenen Phasen lässt sich eine positive Lernentwicklung feststellen; dabei gibt es unterschiedliche Anstiege, jedoch keine Phase mit Stagnation oder negativer Lernentwicklung. Insgesamt ergibt sich das Bild einer weitgehend parallelen Entwicklung.

(2) Erwartungsgemäß erzielen die Schülerinnen und Schüler am Gymnasium durchschnittlich höhere Leistungswerte als Schülerinnen und Schüler in Real- bzw. Hauptschulen. Die Daten zeigen ebenfalls, dass die Leistungsunterschiede zu allen Messzeitpunkten zwischen Gymnasium und Realschule geringer sind als zwischen Realschule und Hauptschule.

Bei der Interpretation dieser Daten ist zu berücksichtigen, dass es sich um Mittelwerte über alle Kompetenzbereiche handelt. Im Folgenden wollen wir nun einen detaillierteren Blick auf die Entwicklung von Modellierungs- und Kalkülkompetenzen werfen. Wie in Abbildung 3.1.6 dargestellt, nimmt die mittlere Fähigkeit bei beiden Kompetenzen von Messzeitpunkt zu Messzeitpunkt auch hier in den meisten Fällen zu. Es lassen sich jedoch auch zwei Phasen der Stagnation bzw. mit negativen Lerneffekten identifizieren; beide betreffen die Hauptschuldaten und charakterisieren (1) die Entwicklung der Modellierungskompetenzen von MZP 5 nach MZP 6 und (2) die Ent-

3.1 Die Entwicklung mathematischer Kompetenzen in der Sekundarstufe

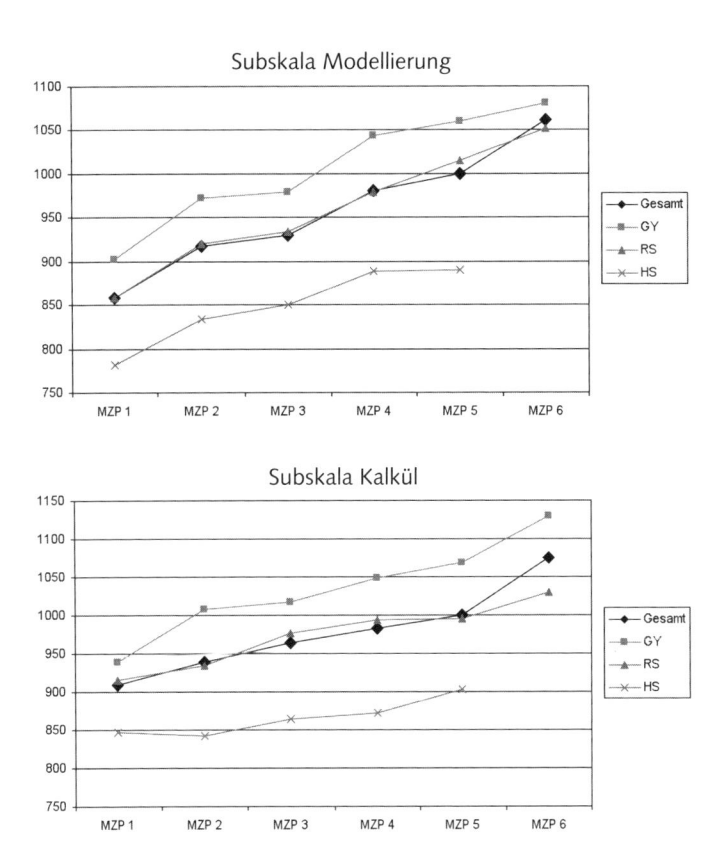

Abbildung 3.1.6: Entwicklung der Modellierungs- und Kalkülkompetenzen von Klasse 5–10

wicklung der Kalküldaten vom MZP 1 nach MZP 2. (1) deutet darauf hin, dass in der Hauptschule am Ende der Pflichtschulzeit offensichtlich kein Fortschritt mehr in der Modellierungsfähigkeit stattfindet, was insbesondere deswegen bemerkenswert ist, als dass elementare Modellierungsaufgaben der traditionelle Kernbereich des Hauptschulunterrichts sind. (2) lässt sich nach unseren bisherigen Untersuchungen dahingehend deuten, dass gerade zahlreiche Schülerinnen und Schüler der Hauptschule mit den im Zuge der traditionellen Bruchrechnung einsetzenden neuen Kalkülanforderungen zunächst überfordert sind. Beide Ergebnisse werfen die Frage auf, inwieweit die Hauptschule ihre Schülerinnen und Schüler in diesen Phasen optimal fördert; wir sind zurzeit dabei, diesen Fragen im Rahmen von Detailuntersuchungen nachzugehen.

Ähnliche partielle Effekte wie bei der Analyse von Modellierungs- und Kalkülkompetenzen ergeben sich bei der Untersuchung der Subskalen für Algebra, Arithmetik und Geometrie. Die Ergebnisse hierzu werden wir noch im Laufe dieses Jahres veröffentlichen.

In Bezug auf die beachtlichen Unterschiede in der Entwicklung der durchschnittlichen Modellierungs- und Kalkülfähigkeiten zwischen den drei Schulformen ist es ins-

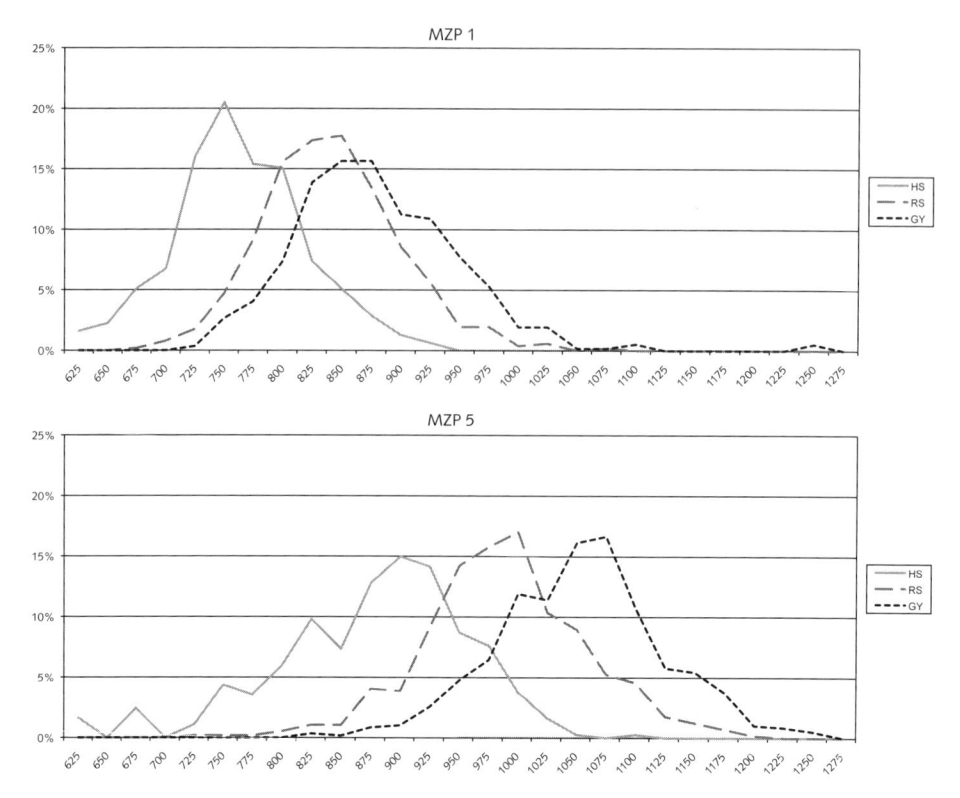

Abbildung 3.1.7: Verteilung der mathematischen Fähigkeitswerte zu MZP 1 und MZP 5

besondere interessant, die Leistungsverteilungen und -varianzen innerhalb der Schulformen genauer zu betrachten (siehe Abbildung 3.1.7). Dabei stellt sich die Frage, inwieweit sich Haupt-, Realschule und Gymnasium als separate, weitgehend leistungshomogene Gruppen darstellen bzw. inwieweit sich Überlappungen im Leistungsbereich ergeben.

Betrachten wir zunächst die Verteilung der Schülerfähigkeiten am Ende der 5. Jahrgangsstufe. Hier ist eine hohe Überlappung zwischen den Schulformen festzustellen, insbesondere zwischen Gymnasium und Realschule. Diese Daten lassen sich kaum dahingehend interpretieren, dass eine Trennung der Schülerinnen und Schüler nach der vierjährigen Grundschulzeit in separate Schulformen aufgrund eines zu großen Kompetenzspektrums erforderlich bzw. für eine optimale individuelle Förderung sinnvoll sei. Ein bemerkenswertes Ergebnis unserer Analysen ist nun, dass das Bild breiter Leistungsüberschneidungen über die gesamte Sekundarstufe I hinweg erhalten bleibt; selbst am letzten gemeinsamen Messzeitpunkt (MZP 5) am Ende der Pflichtschulzeit lassen sich massive Überlappungen nachweisen. Dies bedeutet u. a., dass viele Realschülerinnen und -schüler einen vergleichbaren Wissens- und Fähigkeitsstand erreichen wie Schülerinnen und Schüler am Gymnasium.

Insgesamt erscheint es angesichts dieser Ergebnisse fraglich, ob durch die frühe Selektion in drei unterschiedliche Schulformen (1) Schülerinnen und Schüler entspre-

3.1 Die Entwicklung mathematischer Kompetenzen in der Sekundarstufe   139

chend ihrer individuellen Möglichkeiten tatsächlich bestmöglich gefördert werden und ob (2) das Bildungspotential eines Landes durch das dreigliedrige Schulsystem optimal genutzt wird. Für den Fall einer Entscheidung für das dreigliedrige Schulsystem legen diese Ergebnisse eindrucksvoll das Konzept einer praktikablen Durchlässigkeit zwischen den Schulformen als wichtige Voraussetzung für Bildungsgerechtigkeit nahe.

Ähnliche Befunde zeigt auch ein Vergleich der Schülerinnen und Schüler innerhalb der Wahlpflichtfächergruppen an bayerischen Realschulen. Nach der 6. Jahrgangsstufe treffen die Schülerinnen und Schüler mit der Wahl ihres „Zweiges" inhaltlich unterschiedliche Schwerpunkte: (1) mathematisch-naturwissenschaftlicher Schwerpunkt, (2) betriebswirtschaftlicher Schwerpunkt und (3) sozialwissenschaftlicher Schwerpunkt. Dabei ist zu berücksichtigen, dass für die Wahlpflichtfächergruppe I (mathematisch-naturwissenschaftlicher Zweig) ein gesonderter Lehrplan in Mathematik besteht, während die Schülerinnen und Schüler in den beiden verbleibenden Wahlpflichtfächergruppen nach demselben Lehrplan in Mathematik unterrichtet werden.

Der Abbildung 3.1.8 ist zu entnehmen, dass Schülerinnen und Schüler der Realschulen mit mathematisch-naturwissenschaftlichem Schwerpunkt im Durchschnitt vergleichbare Fähigkeitswerte mathematischer Kompetenzen erzielen wie die Schülerinnen und Schüler an Gymnasien. Zu den beiden letzten Messzeitpunkten liegen die entsprechenden mittleren Fähigkeitswerte der Realschüler sogar über denen der Gymnasiasten. Bedenkt man weiterhin, dass aufgrund unterschiedlicher Curricula am Gymnasium und an der Realschule ein Wechsel zwischen den beiden Schularten für Schülerinnen und Schüler häufig schwer möglich ist, so stellt sich um so mehr die Forderung nach einem Konzept einer sinnvollen Durchlässigkeit, etwa durch Anpassung der entsprechenden Curricula oder durch flankierende Übergangskurse.

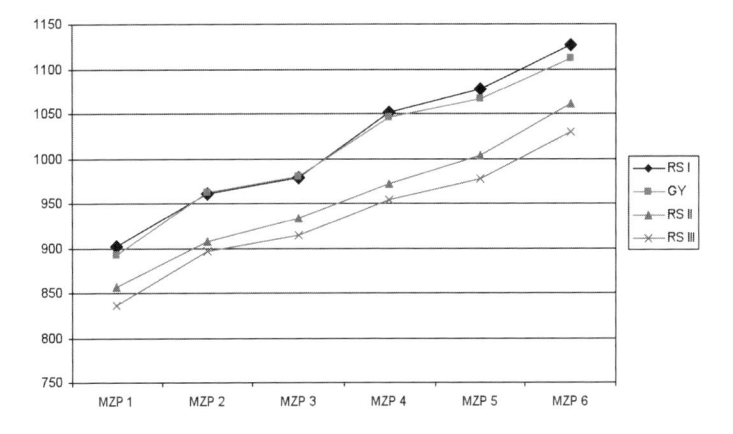

Abbildung 3.1.8: Vergleich der Leistungsentwicklung zwischen Realschule und Gymnasium

Detailergebnisse: Die Rolle von Grundvorstellungen bei Kompetenzdefiziten

Die quantitativen PALMA-Analysen dienen vorrangig der Darstellung und Analyse von Leistungsentwicklungen zwischen unterschiedlichen Schulformen auf einem globalen Niveau. Spezielle und individuelle Probleme mathematischen Modellierens sowie die Bedeutung von Grundvorstellungen beim Lösungsprozess lassen sich damit jedoch nicht erklären. Aus diesem Grund wurden ergänzende Interviewstudien durchgeführt.

Im Blickpunkt dieser qualitativen Studie steht die Analyse typischer Schülerfehler auf der Basis ausgewählter, parallelisierter Testitems. Diese konzentrieren sich auf zentrale Themeninhalte der Lehrpläne (Klasse 6: Brüche und Proportionalität; Klasse 7: Brüche und negative Zahlen; Klassen 8–10: Zuordnungen und Funktionen). Im Folgenden stellen wir zwei typische Beispiele aus Interviewserien vor, die charakteristische Schwierigkeiten und Hürden im Modellierungsprozess illustrieren.

Ziel der ersten Interviewserie war es zu untersuchen, inwieweit die in der Hauptuntersuchung festgestellten Kompetenzdefizite in der Bruchrechnung auf typische Fehlstrategien zurückgeführt werden können und welche Rolle hierbei Grund- bzw. Fehlvorstellungen spielen. Das erste Beispiel zeigt einen Ausschnitt aus einem Interview mit einer Schülerin der 6. Jahrgangsstufe eines Gymnasiums.

Aufgabe Schokolade

Lilly nimmt sich die Hälfte der dargestellten Tafel Schokolade. Davon isst sie $\frac{3}{5}$ auf. Wie viele Stücke hat sie gegessen?

Abbildung 3.1.9: Aufgabe Schokolade

Entgegen der Erwartung, diese Aufgabe ($\frac{3}{5}$ von 10 Stücken) mithilfe einer multiplikativen Operation zu lösen, schlägt die Schülerin die Division 10 : 0,6 vor. Ihre Antwort im Laufe des Interviews macht deutlich, warum sie diese Rechnung wählt:

I: *Wieso jetzt geteilt durch null Komma sechs?*
S: *Ja ehm, ah.*
  Weil also zehn ist ja null Komma fünf und das ist ja die Hälfte von dem Ganzen.
  Und die null Komma sechs sind die drei Fünftel.
  Und das braucht man ja von der Hälfte, weil's ja nur die Hälfte ist und nicht das Ganze.
I: *Meine Frage bezieht sich jetzt mehr auf das Rechenzeichen.*
  Wieso geteilt durch? Und nicht mal oder plus oder minus?

S: Ja weil, ehm, dann wär's ja mehr und das muss ja immer weniger werden, weil sie isst ja nicht mehr als Tafel da ist, sondern weniger als die Tafel da ist. S führt die Division 10 : 0,6 durch, 26 Sekunden)

Bei Aufgaben dieser Art erwies sich die fehlerhafte Wahl der Operation (Division oder Subtraktion statt Multiplikation) als Hauptfehlerquelle; in 20 % der fehlerhaften Bearbeitung war diese Fehlstrategie nachweisbar.

Das Interview zeigt, wie diese Fehlstrategie zustande kommen kann. Offensichtlich verbindet die Schülerin eine Verkleinerung der Ausgangsmenge ausschließlich mit einer Division. Diese Fehlvorstellung basiert auf einer Vorstellung zur Multiplikation natürlicher Zahlen, nämlich dass „Multiplikation vergrößert und Division verkleinert". Während diese Vorstellung im Bereich der natürlichen Zahlen trägt, ist zu berücksichtigen, dass in Zusammenhang mit Brüchen auch die Multiplikation zu einer Verkleinerung einer Grundmenge führen kann.

Wie dieses Beispiel zeigt, treten Probleme und Fehler v. a. bei Übersetzungsprozessen zwischen Realität und Mathematik auf. Diese lassen sich insbesondere auf unvollständig ausgebildete Grundvorstellungen zurückführen und sind typisch für die Bruchrechnung. Eine ausführliche Darstellung dieser Zusammenhänge findet sich in Wartha (2007).

Betrachten wir als zweites Beispiel ein Interview aus einer Interviewserie zum Umgang mit Funktionen (Stölting, 2008). Auch hier geht es mit dem Interpretieren von Abbildungen und Graphen um Basiskompetenzen, die im Hinblick auf eine erfolgreiche Bewältigung des alltäglichen Lebens von besonderer Bedeutung sind. Eine Vielzahl der Schülerinnen und Schüler in Klasse 9 können beispielsweise die Aufgabe „Sprinter" (Abbildung 3.1.10) nicht lösen.

In Teilaufgabe b) ist es erforderlich zu erkennen, dass Luise zwischen der 5. und 8. Sekunde immer schneller als Pascal ist und daher die Entfernung zwischen den beiden zunimmt; erst nach dem Schnittpunkt der beiden Graphen nimmt der Abstand zwischen den beiden wieder ab. Ein für den Bereich des funktionalen Denkens typischer Fehler in Bezug auf diese Aufgaben liegt ebenfalls in inadäquaten Grundvorstellungen zu Funktionen und deren Graphen. Solche Fehlvorstellungen führen dazu, dass der Graph im Sinne eines realen Abbilds der Wirklichkeit interpretiert wird, wie folgender Interview-Ausschnitt mit einem Schüler der 9. Klasse einer Realschule zeigt.

S: Ja, Luise wird langsamer und Pascal wird schneller.
I: Woran erkennst du, dass Luise langsamer wird?
S: Weil die Gerade nicht mehr so stark steigt.

Der Schüler begründet seine Antwort mithilfe der Steigung der gegebenen Graphen. Auf die Nachfrage des Interviewers, welche Aussage der Schüler über die Entfernung zwischen Luise und Pascal machen kann, gibt er folgende Antwort:

Aufgabe Sprinter

Luise und Pascal radeln um die Wette. Im Schaubild ist ihre Geschwindigkeit in Abhängigkeit von der Zeit dargestellt.

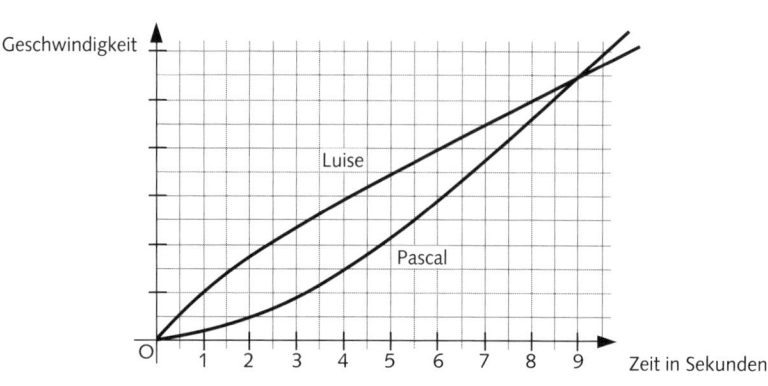

a) Wer fährt 7 Sekunden nach dem Start schneller?
- *Pascal*
- *Luise*
- *kann man an Hand des Schaubildes nicht entscheiden*

b) Was passiert zwischen der 5. und der 8. Sekunde?
- *Der Abstand zwischen Luise und Pascal wird geringer*
- *Der Abstand zwischen Luise und Pascal wird größer*
- *Der Abstand zwischen Luise und Pascal bleibt gleich*
- *Das kann man an Hand des Schaubildes nicht entscheiden*

Begründe deine Entscheidung:

Abbildung 3.1.10: Aufgabe Sprinter

S: Der Abstand wird auch weniger und weniger, wenn Luise langsamer und Pascal schneller wird ...
I: Aber das schließt du jetzt daraus, oder siehst du das auch an dem Graph, dass der Abstand weniger wird?
S: Das sehe ich auch, weil beide Linien von Luise und Pascal ...
I: OK. Was passiert dann in der 9. Sekunde?
S: ... sie treffen sich dann.
I: Bedeutet das, dass sie nebeneinander fahren? Oder was bedeutet, „sie treffen sich"?
S: Ja, nebeneinander fahren sie ... Aber Pascal fährt schneller und dann überholt er Luise.

Diese und ähnliche Probleme betreffen Übersetzungsprozesse zwischen Realität und Mathematik und sind typisch für Modellierungsaufgaben aller Jahrgangsstufen der Sekundarstufe I. Diese Ergebnisse unserer Interview-Studie bekräftigen die bedeutende Rolle von Grundvorstellungen mathematischer Inhalte in Bezug auf erfolgreiches Modellieren. Sie machen aber auch deutlich, wie inadäquate Grundvorstellungen Fehler verursachend wirken können (vgl. etwa Fischbein et al., 1990). Insgesamt lassen sich etwa die Hälfte aller analysierten Schüler-Fehler auf unvollständig ausgebildete oder fehlende Grundvorstellungen zurückführen. Weitere Detailauswertungen zur Auswertung dieser Interviewserien laufen zurzeit.

3.1.6 Zusammenfassung und Ausblick

Die hier dargestellten vorläufigen Ergebnisse der quantitativen Analysen von PALMA zeigen für die Entwicklung der mathematischen Kompetenzen über die Sekundarstufe I durchgängig steigende Leistungswerte für die Gesamtskala, die nach Schulformen und Jahrgangsstufen differieren. Dabei zeigen sich erwartete und nahe liegende Leistungsdifferenzen zwischen Hauptschule, Realschule und Gymnasium. Bei der Untersuchung der Subskalen zu Modellierungs- bzw. Kalkülkompetenz zeigt sich insgesamt ein ähnliches Bild; weiterhin zeigen sich hier jedoch auch Phasen von negativem Lernzuwachs in der Hauptschule, die näher untersucht werden müssen.

Die Analyse der Streuung ergibt durchgehend breite Überlappungen von der 5. bis zur 9. Jahrgangsstufe. Detailuntersuchungen zur Realschule zeigen kaum Unterschiede zwischen leistungsstarken Realschülern und Gymnasiasten. Diese Ergebnisse sprechen für die Notwendigkeit eines sinnvollen Konzepts von Durchlässigkeit zwischen den unterschiedlichen Schulformen als Voraussetzung von Bildungsgerechtigkeit.

Die PALMA-Detailstudien weisen in vielen Fällen nach, dass Defizite bei Modellierungskompetenzen auf fehlende bzw. nicht adäquat ausgeprägte Grundvorstellungen zurückzuführen sind.

Sowohl die quantitativen als auch die qualitativen Analysen sind zurzeit noch nicht abgeschlossen, insofern handelt es sich hier um vorläufige Ergebnisse. Auf der Basis der bisherigen Ergebnisse arbeiten wir zurzeit an der Weiterentwicklung unserer Testinstrumente für die Belange individueller Diagnose und an der Entwicklung von Lehr- und Lernmaterialien zur individuellen Förderung.

Literatur

Anderson, E. B. (1973). A goodness to fit test for the rasch-model. *Psychometrika, 38,* 123–140.

Baumert, J., Gruehn, S., Heyn, S., Köller, O. & Schnabel, K. U. (1997). *Bildungsverläufe und psychosoziale Entwicklung im Jugendalter (BIJU). Dokumentation.* Berlin: Max-Planck-Institut für Bildungsforschung.

Baumert, J., Klieme, E., Neubrand, M., Prenzel, M., Schiefele, U., Schneider, W. et al. (Hrsg.) (2001). *PISA 2000 – Basiskompetenzen von Schülerinnen und Schülern im internationalen Vergleich.* Opladen: Leske und Budrich.

Blum, W. (1996). Anwendungsbezüge im Mathematikunterricht – Trends und Perspektiven. In G. Kadunz, H. Kautschitsch, G. Ossimitz & E. Schneider (Hrsg.), *Trends und Perspektiven. Beiträge zum 7. Internationalen Symposium zur Didaktik der Mathematik* (S. 15–38). Wien: Hölder.

Blum, W. (1998). On the role of ‚Grundvorstellungen' for reality-related proofs – Examples and Reflections. In P. Galbraith, W. Blum, G. Booker & I. D. Huntley (Eds.), *Mathematical Modelling* (pp. 63–74). Chichester: Harwood.

Blum, W., Kaiser, G., Burghes, D. & Green, N. (1994). Entwicklung und Erprobung eines Tests zur „mathematischen Leistungsfähigkeit" deutscher und englischer Lernender in der Sekundarstufe I. *Journal für Mathematik-Didaktik, 15,* 149–168.

Blum, W., Neubrand, M., Ehmke, T., Senkbeil, M., Jordan, A., Ulfig, F. et al. (2004). Mathematische Kompetenz. In M. Prenzel, J. Baumert, W. Blum, R. Lehmann, D. Leutner, M. Neubrand et al. (Hrsg.), *PISA 2003. Der Bildungsstand der Jugendlichen in Deutschland – Ergebnisse des zweiten internationalen Vergleichs* (S. 47–92). Münster: Waxmann.

Blum, W. & vom Hofe, R. (2003). Welche Grundvorstellungen stecken in der Aufgabe? *Mathematik lehren, 118,* 14–18.

Blum, W., vom Hofe, R., Jordan, A. & Kleine, M. (2004). Grundvorstellungen als aufgabenanalytisches und diagnostisches Instrument bei PISA. In M. Neubrand (Hrsg.), *Mathematische Kompetenzen von Schülerinnen und Schülern in Deutschland. Vertiefende Analysen im Rahmen von PISA 2000* (S. 145–157). Wiesbaden: VS–Verlag.

Brusseau, G. (1983). Les obstacles épistémologiques et les problèmes en mathématiques. *Revue Recherches en Didactique des mathématiques, 4*(2), 165–198.

de Lange, J. (1996). Real problems with the real world mathematics. In C. Alsina, J. M. Alvarez, M. Niss, A. Perez, L. Rico & A. Sfard (Eds.), *Proceedings of the 8th International Congress on Mathematical Education, Sevilla July 1996* (pp. 83–110). Sevilla: S.A.E.M. Thales.

Fischbein, E., Tirosh, D., Stavy, R. & Oster, A. (1990). The autonomy of mental models. *For the Learning of Mathematics, 10,* 23–30.

Freudenthal, H. (1983). *Didactical phenomenology of mathematical structures.* Dodrecht: Reidel.

Heller, K. & Perleth, C. (2000). *Kognitiver Fähigkeitstest für 4. bis 12. Klassen, Revision (KFT 4–12+ R)*. Göttingen: Beltz Test GmbH.

Jordan, A. (2006). *Mathematische Bildung von Schülern am Ende der Sekundarstufe I. Analysen und empirische Untersuchungen*. Hildesheim: Franzbecker.

Kleine, M. (2004). *Quantitative Erfassung von mathematischen Leistungsverläufen in der Sekundarstufe I – methodische Grundlagen, Testkonstruktion und Testentwicklung*. Hildesheim: Franzbecker.

Köller, O., Watermann, R., Trautwein, U. & Lüdtke, O. (Hrsg.) (2003). *Wege zur Hochschulreife in Baden-Württemberg. TOSCA – Eine Untersuchung an allgemeinbildenden und beruflichen Gymnasien*. Opladen: Leske und Budrich.

Kuechemann, D. & Hoyles, C. (2003, February). *The quantity of students' explanations on a non-standard geometry item*. Paper presented at the Third Conference of the European Society for Research in Mathematics, Belaria, Italy.

Langeheine, R. & von Davier, M. (1996). Bootstrap-Verfahren: Die „Kunst", sich am Schopf aus dem Sumpf zu ziehen. *Newsletter der Fachgruppe Methoden, 4*, 5–7.

Lehmann, R. H., Husfeldt, V. & Peek, R. (2001). Lernstände und Lernentwicklungen im Fach Mathematik – Ergebnisse der Hamburger Untersuchung (LAU) in den Jahrgangsstufen 5 und 6. In G. Kaiser, N. Knoche, D. Lind & W. Zillmer (Hrsg.), *Leistungsvergleiche im Mathematikunterricht* (S. 29–50). Hildesheim: Franzbecker.

Pekrun, R., Götz, T. & Frenzel, A. C. (2005). *Achievement Emotions Questionnaire – Mathematics (AEQ–M) – User's Manual*. Department of Psychology, University of Munich.

Pekrun, R., Götz, T., vom Hofe, R., Blum, W., Jullien, S., Zirngibl, A. et al. (2004). Emotionen und Leistung im Fach Mathematik: Ziele und erste Befunde aus dem „Projekt zur Analyse der Leistungsentwicklung in Mathematik" (PALMA). In M. Prenzel & J. Doll (Hrsg.), *Studien zur Verbesserung der Bildungsqualität von Schule: Lehrerprofessionalisierung, Schülerförderung und Unterrichtsentwicklung* (S. 345–363). Münster: Waxmann.

Rost, D. H. (Hrsg.) (2000). *Hochbegabte und hochleistende Jugendliche*. Münster: Waxmann.

Sierpinska, A. (1992). On understanding the notion of function. In G. Harel & E. Dubinsky (Eds.), *The concept of function – Aspects of epistemology and pedagogy* (pp. 25–58). Washington: MAA Notes.

Stölting, P. (2008). *Die Entwicklung funktionalen Denkens in der Sekundarstufe I*. Unpublished doctoral dissertation, University of Paris 7/ University of Regensburg.

Usiskin, Z. (1991). Building mathematics curricula with applications and modeling. In M. Niss, W. Blum & I. D. Huntley (Eds.), *Teaching of mathematical modeling and applications* (pp. 30–45). Chichester: Harwood.

vom Hofe, R. (1995). *Grundvorstellungen mathematischer Inhalte*. Heidelberg: Spektrum.

vom Hofe, R. (1998). On the Generation of Basic Ideas and Individual Images: Normative, Descriptive and Constructive Aspects. In J. Kilpatrick & A. Sierpinska (Eds.), *Mathematics Education as a Research Domain: A Search for Identity* (pp. 317–331). Dordrecht / Boston / London: Kluwer Academic Publishers.

vom Hofe, R., Jordan, A., Hafner, T., Stölting, P., Blum, W. & Pekrun, R. (2008). On the Development of Mathematical Modelling Competencies – The PALMA Longitudinal Study. In M. Blomhøj & S. Carreira (Eds.), *Different perspectives in research on teaching and learning mathematical modelling. Proceeding from Topic Study Group 21 at ICME-11 in Monterrey, Mexico.* IMFUFA-text no. 461, Department of science, systems and models, Roskilde University.

vom Hofe, R., Kleine, M., Pekrun, R. & Blum, W. (2005). Zur Entwicklung mathematischer Grundbildung in der Sekundarstufe I – theoretische, empirische und diagnostische Aspekte. In M. Hasselhorn (Hrsg.), *Jahrbuch für pädagogisch-psychologische Diagnostik. Tests und Trends* (S. 263–292). Göttingen: Hogrefe.

vom Hofe, R., Pekrun, R., Kleine, M. & Götz, T. (2002). Projekt zur Analyse der Leistungsentwicklung in Mathematik (PALMA): Konstruktion des Regensburger Mathematikleistungstests für 5.–10. Klassen. In M. Prenzel & J. Doll (Hrsg.), *Bildungsqualität von Schule: Schulische und außerschulische Bedingungen mathematischer, naturwissenschaftlicher und überfachlicher Kompetenzen* (S. 83–100). Weinheim: Beltz.

Wagenschein, M. (1983). *Erinnerungen für Morgen*. Weinheim: Beltz.

Wartha, S. (2007). *Längsschnittliche Untersuchungen zur Entwicklung des Bruchzahlbegriffs*. Hildesheim: Franzbecker.

Wartha, S. & vom Hofe, R. (2005). Probleme bei Anwendungsaufgaben in der Bruchrechnung. *Mathematik lehren, 128,* 10–17.

Watson, J. & Kelly, B. (2004). Statistical variation in a chance setting. A two-year-study. *Educational Studies in Mathematics, 57,* 121–144.

3.2 Kompetenzdefizite von Schülerinnen und Schülern im Bereich des Bürgerlichen Rechnens

Michael Kleine

3.2.1 Einleitung

In diesem Beitrag sollen mit dem Bereich des Bürgerlichen Rechnens die Kompetenzen, die einem elementaren mathematischen Themenbereich zugrunde liegen, in den Blick genommen werden. Dieser ist für einen verständlichen Umgang mit mathematischen Problemen im täglichen Leben von grundlegender Bedeutung. Die Betrachtung erfolgt auf zwei Ebenen: (1) die Beschreibung themenbezogener Kompetenzen vor dem Hintergrund der gezeigten Fähigkeiten von Schülerinnen und Schülern in einem hierarchisch gegliederten Test, (2) die Analyse der dabei verwendeten Lösungsstrategien aufgrund der ausgeführten Rechenwege. Die Untersuchungen zeigen, dass sich Defizite vor allem bei Schülerinnen und Schülern im Bereich der Hauptschule auffällig ansammeln. Dabei scheint es Schülerinnen und Schülern mit Defiziten nicht möglich zu sein, zumindest in einem sachbezogenen Zusammenhang angemessene Ansätze für ihre Lösungswege zu finden.

3.2.2 Die Bedeutsamkeit des Bürgerlichen Rechnens innerhalb einer Kompetenzentwicklung

Der Begriff des „Bürgerlichen Rechnens" greift eine fachdidaktische Tradition auf, unter der mathematische Inhalte subsumiert werden, welche zur Teilnahme am „bürgerlichen Leben" notwendig erscheinen (Oehl, 1965; Griesel & Postel, 1992). Im Forschungskontext mathematischer Grundbildung, in dem der Anspruch erhoben wird, mathematische Fähigkeiten zu erfassen, die verständig, funktional und flexibel eingesetzt werden sollen (vgl. beispielsweise PISA-Konsortium Deutschland, 2007), erscheint der Aspekt des Bürgerlichen Rechnens um so interessanter, weil er den Umgang mit Mathematik im unmittelbaren Lebensumfeld in den Blick nimmt. Der Bereich des Bürgerlichen Rechnens soll im Folgenden als der Bereich mathematischer Grundbildung verstanden werden, der durch die kerncurricularen Themenbereiche Proportionalität und Prozentrechnung abgegrenzt wird und der auch traditionell die mathematischen Alltagsanforderungen umfasst. In den Standards des National Council of Teachers of Mathematics (NCTM, 2000) wird dieser Inhaltsbereich als ein wesentlicher Grundpfeiler für mathematisches Arbeiten und als inhaltlicher Abschluss elementarer mathematischer Konzepte herausgestellt.

Das stoffdidaktische Fundament der zugrunde liegenden mathematischen Strukturen lässt sich als recht gut erforscht beschreiben. Nach Kirsch (1969, 2002) liegt die Bedeutsamkeit der Proportionalität in der Bereitstellung des einfachsten Modells zur Mathematisierung sachbezogener Aufgaben. Dabei kann man die Proportionalität erst dann richtig verstehen, wenn man sie als Struktur erhaltende Abbildungen zwischen zwei Größenbereichen erkennt. Die Eigenschaften der Proportionalität (Proportionalitätsfaktor, Quotientengleichheit, Verhältnisgleichheit, Homogenität und Additivität) bieten dabei untereinander äquivalente Möglichkeiten, proportionale Zuordnungen zu charakterisieren (vgl. hierzu Jordan, Kleine, Wynands & Flade, 2004). Innerhalb des Inhaltsbereichs der Prozentrechnung verweist Griesel (1997) darauf, dass man Prozentwerte als speziellen Größenbereich auffassen kann, so dass sich stoffdidaktische Überlegungen im Bereich der Proportionalität entsprechend auf die Prozentrechnung übertragen lassen.

3.2.3 Kompetenzentwicklungen im Bereich des Bürgerlichen Rechnens

Für die Analyse der Fähigkeiten von Schülerinnen und Schülern im Bereich des Bürgerlichen Rechnens beschreibt Kleine (2004) die Konstruktion eines hierarchisch strukturierten Testinstruments, bei dem die Anforderungen zwischen den einzelnen Stufen durch sukzessive Verknüpfung von mathematischen Erfordernissen zur Bearbeitung entsprechender Aufgaben, gesteigert werden. Stufe (1) umfasst im Wesentlichen sogenannte Grundaufgaben des Bürgerlichen Rechnens, in denen einfache Zuordnungen einschrittig sachbezogen und lokal getroffen werden. Auf der Stufe (2) werden diese Anforderungen erweitert, indem die Grundaufgaben mehrschrittig hintereinander angewendet werden, sich aber beispielsweise die Grundbezüge der einzelnen Schritte ständig ändern. Weiterhin lassen sich hier durch die Zunahme von additiven bzw. subtraktiven Strukturen Verknüpfungen in der Prozentrechnung zum sogenannten vermehrten bzw. verminderten Grundwert erreichen. Auf Stufe (3) werden die repetitiven Anforderungen sowie die Verknüpfungen aus Stufe (2) wiederum miteinander verbunden, so dass es zu einer weiteren Verschränkung kommt.

Überprüft man im Folgenden, inwieweit sich ein solcher Testaufbau auch empirisch als Schwierigkeiten von Schülerinnen und Schülern bei der Bearbeitung solcher Aufgaben bestätigt und er die Generierung entsprechender Kompetenzniveaus ermöglicht, so zeigen Kleine (2004) sowie Kleine, vom Hofe, Wartha und Jordan (2006), dass die Verwendung latenter Klassenanalysen (LCA) eine zielgerichtete Verschränkung theoretischer Überlegungen und empirischer Befunde liefert. Es lassen sich für den Bereich des Bürgerlichen Rechnens drei Schwierigkeitsklassen identifizieren, wobei sich innerhalb der ersten Klasse eine Unterstruktur zeigt, indem sich anhand der empirisch ermittelten Schwierigkeiten Grundaufgaben mit einem proportionalen Zusammenhang von denen der Prozentrechnung unterscheiden lassen. Auf der Grundlage der theoretischen Beschreibung der Aufgabengruppen ist es möglich, die Fähigkeiten von Schülerinnen und Schülern im Bereich des Bürgerlichen Rechnens zu beurteilen.

Niveau 1a:
Schülerinnen und Schüler auf diesem Niveau haben erhebliche Probleme, einschrittige Grundaufgaben zu einem proportionalen Zusammenhang mit hinreichender Sicherheit zu bearbeiten.
Beispielaufgabe: *12 Schoko-Riegel kosten 5,40 €. Wie viel kosten 30 Schoko-Riegel?*

Niveau 1b:
In diesem Bereich können Schülerinnen und Schüler einfache Proportionalitäten erkennen; Anwendungen mit prozentualen Verbindungen führen dagegen zu Problemen.
Beispielaufgabe: *Ein Mensch besteht zu etwa 60% aus Wasser. Wie viel kg Wasser stecken in einem Menschen, der 75 kg wiegt?*

Niveau 2:
Schülerinnen und Schüler können die Grundaufgaben des Bürgerlichen Rechnens bearbeiten und lösen entsprechende Fragestellungen mit hinreichender Sicherheit. Bei Erweiterungen dieser Grundaufgaben treten jedoch Probleme auf.
Beispielaufgabe: *Ein Paar Sportschuhe kostet 129 €. Im Schlussverkauf reduziert ein Sportgeschäft alle Preise um 20%. Wie teuer sind die Sportschuhe im Schlussverkauf?*

Niveau 3:
Die Fähigkeiten im Bereich des Bürgerlichen Rechnens können als gefestigt beschrieben werden, indem Grundaufgaben dieses Bereichs sowie Verknüpfungen dazwischen flexibel und sicher bearbeitet werden.
Beispielaufgabe: *Ein CD-Spieler kostet im Großhandel 150 €; dazu kommen 16% Mehrwertsteuer. Bei Barzahlung reduziert sich dieser Betrag (einschließlich Mehrwertsteuer) um 3%. Wie viel € muss der Kunde zahlen, wenn er bar zahlt?*

Technische Grundlagen

Die Untersuchung der Kompetenzen im Bereich des Bürgerlichen Rechnens beruht im Folgenden auf einer querschnittlichen Erhebung mit $n=795$ Schülerinnen und Schülern im Freistaat Bayern im Januar 2002 im Rahmen des DFG-Projekts PALMA (vgl. vom Hofe, Kleine, Blum & Pekrun, 2005a; vom Hofe, Kleine, Wartha, Blum & Pekrun, 2005b). Unterstützt durch das Data Processing Center (DPC) in Hamburg sowie das Statistische Landesamt Bayern wurde für die Pilotstudie eine repräsentative Schulstichprobe für die Sekundarstufe I in Bayern gezogen. Dazu wurden innerhalb der Schulformen Hauptschule, Realschule und Gymnasium je sechs Schulen gewählt, in denen jeweils nach einem Rotationsplan je vier Klassen pro Jahrgangsstufe der

Sekundarstufe I gezogen wurden. Allein in der 10. Jahrgangsstufe der Hauptschule konnte aufgrund der hohen Abgängerzahlen nach der Pflichtschulzeit zum Ende der 9. Jahrgangsstufe nur eine Klasse einbezogen werden. Tabelle 3.2.1 zeigt die Verteilung nach Schulform und Jahrgangsstufe.

Tabelle 3.2.1: Stichprobe nach Schulform und Jahrgangsstufe (absolut)

Jahrgangsstufe	8	9	10	N
Hauptschule	96	104	17	217
Realschule	113	88	88	289
Gymnasium	102	101	86	289
N	311	293	191	795

In diesem Beitrag erfolgt eine Beschränkung auf die Jahrgangsstufen 8–10, weil spätestens in Jahrgangsstufe 8 die unterrichtliche Behandlung der Inhalte des Bürgerlichen Rechnens in allen Schulformen abgeschlossen ist. Den Schülerinnen und Schülern wurden insgesamt 34 Aufgaben zum Bürgerlichen Rechnen gegeben, die innerhalb einer Gesamttestzeit von 90 Minuten bearbeitet werden mussten. 14 Aufgaben waren in einem offenen Format mit der Ausführung des Rechenweges, der Rest in einem geschlossenen Format konzipiert. Die Gesamtleistung der Schülerinnen und Schüler wurde anhand einer Raschmodellierung anschließend auf einer eindimensionalen Skala angeordnet (vgl. Kleine, 2005).

Empirische Befunde

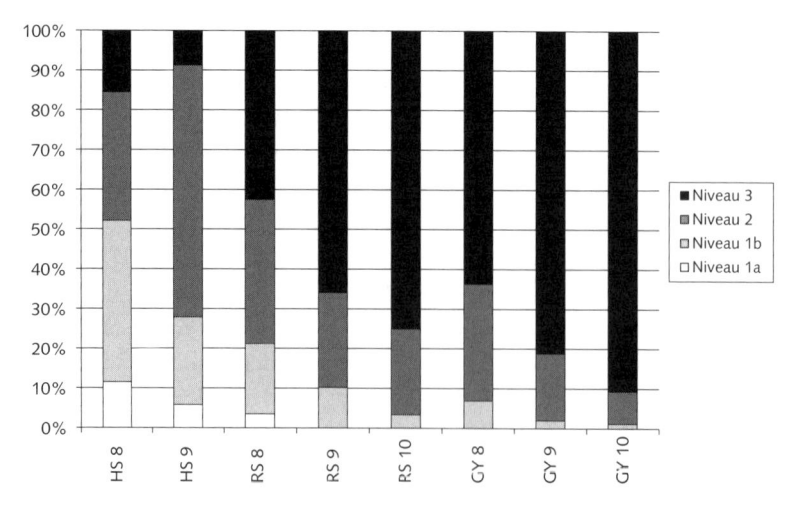

Abbildung 3.2.1: Verteilung der Schülerinnen und Schüler auf Kompetenzniveaus im Bereich des Bürgerlichen Rechnens nach Schulform und Jahrgangsstufe (HS: Hauptschule, RS: Realschule, GY: Gymnasium; zu geringe Fallzahlen in HS 10 für eine Analyse)

Betrachtet man in Abbildung 3.2.1 die gefestigten Fähigkeiten im Bereich des Bürgerlichen Rechnens (Niveau 3), dann erkennt man, dass am Ende der Sekundarstufe I in Realschule und Gymnasium der größte Teil der Schülerinnen und Schüler diese (Mindest-)Anforderungen erfüllt. Der Anteil in Niveau 1 in diesen beiden Schulformen erscheint weitgehend verschwindend gering. Anders sieht es am Ende der Schulzeit bei Schülerinnen und Schülern in der Hauptschule aus: Hier können Fähigkeiten des Bürgerlichen Rechnens nur von den wenigsten Schülerinnen und Schülern flexibel eingesetzt werden. Der größte Teil von ihnen kann auf Niveau 2 zwar die Grundaufgaben lösen, verharrt aber bei Verknüpfungen innerhalb des Themenbereichs. Immerhin mehr als einem Viertel der Absolventinnen und Absolventen dieser Schulform kann man keine bzw. ungenügende Kenntnisse in diesem Bereich attestieren. Für eine Beurteilung von Risikopotential im Bereich des Bürgerlichen Rechnens scheint sich die Frage bezüglich der Fähigkeiten zuzuspitzen, die Schülerinnen und Schüler im Bereich der Hauptschule erreichen.

3.2.4 Lösungsstrategien im Bereich des Bürgerlichen Rechnens

Untersuchen wir im zweiten Teil dieses Beitrags für ein umfassenderes Bild einmal die Lösungsstrategien, die Schülerinnen und Schüler bei der Bearbeitung von Aufgaben des Bürgerlichen Rechnens verwenden. Der Begriff der Lösungsstrategie beschreibt die kognitive Dimension des mathematischen Lösungsprozesses, der sich in dem verschriftlichten Lösungsweg konkretisiert. Lösungsstrategien besitzen somit immer eine normative Komponente: Aufgrund typischer Vorgehensweisen von Schülerinnen und Schülern beim Lösen von Aufgaben wird auf den zugrunde liegenden Plan geschlossen. Der Rückschluss beruht dabei auf stoffdidaktischen Analysen, die das kognitive Vorgehen theoriegeleitet beschreiben (Kleine & Jordan, 2007).

In Anlehnung an Jordan (2006) lässt sich das Vorgehen von Schülerinnen und Schülern im Bereich des Bürgerlichen Rechnens in zwei Kategorien unterteilen: (1) Eine inhaltliche Ausrichtung am Sachkontext einer Aufgabenstellung. Typisch für ein solches Vorgehen sind kognitive Denkprozesse, die stark am Gegenstandsbezug verhaftet sind und bei denen beteiligte Größenpaare stets einzeln betrachtet werden (Strategie: „Proportionalitätsschluss"). (2) Eine eher funktionale Ausrichtung, bei der vermehrt Variablen eingesetzt werden, so dass ihnen das Potential innewohnt, über einen größeren Wertebereich zu kovariieren (Strategie: „Operator"). Entsprechend dieser Einteilung lassen sich nun typische Rechenwege aufzeigen (Kleine & Jordan, 2007). Betrachten wir dazu exemplarisch die Beispielaufgabe zum Niveau 2b aus Abschnitt 3: Ein Paar Sportschuhe kostet 129 €. Im Schlussverkauf reduziert ein Sportgeschäft alle Preise um 20 %. Wie teuer sind die Sportschuhe im Schlussverkauf?

Lösungsstrategien:

a) Proportionalitätsschluss:

100 % − 20 % = 80 %

100 % ≙ 129,00 €
20 % ≙ 25,80 €
80 % ≙ 103,20 €

Operator:

$129{,}00\,\text{€} \cdot \dfrac{80}{100} = 103{,}20\,\text{€}$

b) Proportionalitätsschluss:

100 % ≙ 129,00 €
20 % ≙ 25,80 €

129,00 € − 25,80 € = 103,20 €

Operator:

$129{,}00\,\text{€} \cdot \dfrac{20}{100} = 103{,}20\,\text{€}$

Technische Grundlagen

Die Untersuchung beruht auf der Stichprobe aus Kapitel 3.2.3. Das gesamte Leistungsspektrum wurde in acht Fähigkeitsklassen K_1 (geringste Werte) bis K_8 (höchste Werte) eingeteilt mit jeweils gleicher Klassenbreite, um Lösungsstrategien in Abhängigkeit von den gemessenen Leistungen hinreichend differenziert betrachten zu können. Die Leistungsklassen und die korrespondierenden Lösungsstrategien wurden anschließend mithilfe von korrespondenzanalytischen Verfahren auf die Ebene projiziert (vgl. Kleine & Jordan, 2007).

Empirische Befunde

Abbildung 3.2.2 zeigt die Projektion der Elemente in der Ebene. Anhand der Abstände der Elemente zueinander lassen sich Beziehungen zwischen den inhaltlichen Abständen herleiten. Es zeigt sich beim vorliegenden Einbezug der Leistungsbeurteilung von Aufgaben zum Bürgerlichen Rechnen sowohl bei Appell (2004) als auch bei Kleine und Jordan (2007) eine Diskrepanz zwischen der Hypothese, dass die Betonung der inhaltlichen Ausrichtung gerade im unteren Leistungsbereich eine Strukturierungshilfe sein kann und den empirischen Befunden, die weitgehend auf unstrukturierte Vorgehensweisen schließen lassen. Vielmehr scheinen in diesen Untersuchungen starre Lösungsschemata die erfolgreiche Bearbeitung mathematischer Aufgaben zu verhindern. Diese Aussage lässt sich in diesen Studien bezüglich der Flexibilität der eingesetzten Lösungsstrategien auch auf Schülerinnen und Schüler im mittleren Leistungsbereich übertragen, die bei stärker funktionalen Betrachtungen offensichtlich Probleme haben.

3.2 Kompetenzdefizite im Bereich des Bürgerlichen Rechnens   153

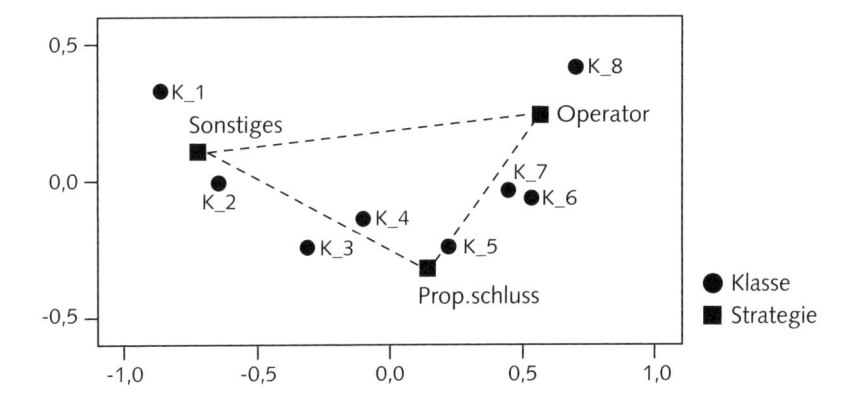

Abbildung 3.2.2: Korrespondenzanalyse der Lösungsstrategien im Bereich des Bürgerlichen Rechnens unter Betonung der triangularen Struktur der Elemente (K_1 bis K_8 beschreiben die Einteilung von den Schülerinnen und Schülern aufgrund ihrer Ergebnisse im Leistungstest in acht Fähigkeitsklassen mit den geringsten Leistungswerten K_1 bis zu den höchsten Leistungswerten K_8)

3.2.5 Fördermöglichkeiten und Ausblick

In Anlehnung an Kirsch (2002) soll an dieser Stelle ausdrücklich betont werden, dass die Beherrschung von Proportionalitätsschlüssen zu einer „recht verstandenen mathematischen Grundbildung" (Kirsch, 2002, S. 9) zählt, die für verständiges mathematisches Arbeiten notwendig erscheint. Gerade für eine inhaltliche Verankerung des proportionalen Denkens, das dem Bürgerlichen Rechnen zugrunde liegt, erscheint diese Heraushebung sicherlich gerechtfertigt. Fügen wir vor diesem Hintergrund doch einmal die Befunde aus den vorangegangenen unterschiedlichen Aspekten zusammen. Im ersten Fall (Abschnitt 3.2.3) kann man erkennen, dass es sich bei den Kompetenzdefiziten im Bereich des Bürgerlichen Rechnens zum Ende der Schulzeit in der Sekundarstufe I im Wesentlichen um ein Problem der Hauptschule handelt. Dies liegt sicherlich nicht nur daran, dass die Schülerinnen und Schüler ein Schuljahr weniger absolvieren müssen. Denn während sich in den anderen Schulformen die Grenzen zugunsten einer sicheren Anwendung der Fähigkeiten aus dem Bereich des Bürgerlichen Rechnens verschieben, stagnieren sie großteils in der Hauptschule. Man hätte in der Hauptschule jedoch in diesem grundlegenden Themenbereich, den sich diese Schulform mit der Betonung des Sachbezugs gerade auf die Fahnen geschrieben hat, eine Domäne der Schülerinnen und Schüler erwartet. Immerhin handelt es sich hier um den einfachsten Ansatz mathematischen Modellierens. Bei der Analyse der Lösungsstrategien (Abschnitt 3.2.4) erkennt man dann, dass die schwachen Schülerinnen und Schüler zu dem sachbezogenen Ansatz des Proportionalitätsschlusses wenig Anknüpfungspunkte finden. Über Ursachen hierfür lässt sich an dieser Stelle nur spekulieren, da insbesondere keine Unterrichtsvariablen erhoben wurden. Der Befund an sich ist jedoch schon auffällig und bedenklich. Im Rahmen von Fördermöglichkeiten ist einerseits darüber nachzudenken, ob die starke Betonung von Lösungsschemata, wie sie sich in Schulbüchern der Hauptschule immer wieder finden, hilfreich ist für die inhaltliche Fundierung der mathematischen Denkweisen. Es müssen zukünftig Herangehensweisen erarbeitet werden, in denen zunächst die Beurteilung des Sachzusammenhangs im Mittelpunkt steht und anschließend erst die Eruierung der Lösungsstrategie, so dass diese beiden Schritte stärker voneinander abgekoppelt sind. Unsere Befunde weisen jedoch darauf hin, dass eine einseitige Betonung des Proportionalitätsschlusses auch für die leistungsschwächsten Schülerinnen und Schüler nicht gerechtfertigt erscheint. Möglicherweise lohnt es sich für diese Schülerschaft, das Einüben starrer Dreisatzschemata verstärkt zugunsten funktionaler Betrachtungen zu verschieben. Allerdings erscheint es möglich, die Bedeutsamkeit dieses Inhaltsbereichs stärker zu betonen, indem wiederholt aufgezeigt wird, wie weit er in das tägliche, aber auch in das künftige berufliche Leben von Schülerinnen und Schülern immer wieder hereinspielt. Es ist geradezu bedenklich, wenn der größte Teil der Absolventinnen und Absolventen einer Schulform nicht einmal in der Lage ist, einfache Bankangebote oder Rabattaktionen sachlich zu beurteilen. Anstelle der überprüfbaren Fakten entscheidet dann immer mehr der Aufwand einer Aktion über den Erfolg. Von der Notwendigkeit für den Einsatz dieser grundlegenden Kompetenzen im beruflichen Bereich ganz zu schweigen.

Literatur

Appell, K. (2004). Prozentrechnen – Formel, Dreisatz, Brüche und Operatoren. *Der Mathematik-Unterricht, 50,* 23–32.
Griesel, H. & Postel, H. (1992). Prozentrechnung: Themen aus Wirtschaft/Bankwesen. *Mathematik in der Schule, 30,* 71–77.
Griesel, H. (1997). Zur didaktisch orientierten Sachanalyse des Begriffs Größe. *Journal für Mathematik-Didaktik, 18,* 259–284.
Jordan, A. (2006). *Mathematische Bildung von Schülern am Ende der Sekundarstufe I – Analysen und empirische Untersuchungen.* Hildesheim: Franzbecker.
Jordan, A., Kleine, M., Wynands, A. & Flade, L. (2004). Mathematische Fähigkeiten bei Aufgaben zur Proportionalität und Prozentrechnung – Analysen und ausgewählte Ergebnisse. In M. Neubrand (Hrsg.), *Mathematische Kompetenzen von Schülerinnen und Schülern in Deutschland. Vertiefende Analysen im Rahmen von PISA 2000* (S. 159–173). Wiesbaden: VS-Verlag.
Kirsch, A. (1969). Eine Analyse der sogenannten Schlußrechnung. *Mathematisch-Physikalische Semesterberichte, 16,* 41–55.
Kirsch, A. (2002). Proportionalität und „Schlussrechnung" verstehen. *Mathematik Lehren, 114,* 6–9.

Kleine, M. (2004). *Quantitative Erfassung von mathematischen Leistungsverläufen in der Sekundarstufe I – Methodische Grundlagen, Testkonstruktion und Testentwicklung.* Hildesheim: Franzbecker.

Kleine, M. (2005). Latent-Class-Analyse: Ein Bindeglied zwischen Empirie und Theorie zur quantitativen Erfassung mathematischer Leistungen. *Journal für Mathematikdidaktik, 26,* 97–113.

Kleine, M. & Jordan, A. (2007). Lösungsstrategien von Schülerinnen und Schülern in Proportionalität und Prozentrechnung – eine korrespondenzanalytische Betrachtung. *Journal für Mathematikdidaktik, 28,* 209–223.

Kleine, M., vom Hofe, R., Wartha, S. & Jordan, A. (2006). Latent-Class-Analysis as a Method for the Generation of Mathematical Competency Levels in Student Assessment Studies. *Mediterranean Journal for Research in Mathematics Education, 5,* 77–92.

National Council of Teachers of Mathematics (NCTM) (2000). *Principles and standards for school mathematics.* Reston: NCTM.

Oehl, W. (1965). *Der Rechenunterricht in der Hauptschule.* Hannover: Schroedel.

PISA-Konsortium Deutschland (2007). *PISA 2006. Die Ergebnisse der dritten internationalen Vergleichsstudie.* Münster/New York/München/Berlin: Waxmann.

vom Hofe, R., Kleine, M., Blum, W. & Pekrun, R. (2005a). Zur Entwicklung mathematischer Grundbildung in der Sekundarstufe I – theoretische, empirische und diagnostische Aspekte. In M. Hasselhorn, H. Marx & W. Schneider (Hrsg.), *Diagnostik von Mathematikleistungen – Jahrbuch der pädagogisch-psychologischen Diagnostik (Band 4)* (S. 263–292). Göttingen: Hogrefe.

vom Hofe, R., Kleine, M., Wartha, S., Blum, W. & Pekrun, R. (2005b). On the Role of „Grundvorstellungen" for the Development of Mathematical Literacy – First Results of the Longitudinal Study PALMA. *Mediterranean Journal for Research in Mathematics Education, 4,* 67–84.

3.3 Rechenstörungen in der Sekundarstufe: Die Bedeutung des Übergangs von der Grundschule zur weiterführenden Schule

Sebastian Wartha

Besonders schwerwiegende und lang anhaltende Schwierigkeiten beim Lernen von Mathematik werden aktuell unter Begriffen wie „Rechenstörungen" oder „Lernende der Risikogruppe" diskutiert. In diesem Beitrag soll aufgezeigt werden, dass zahlreiche Probleme in der Sekundarstufe auf nicht erworbene Inhalte des Mathematikunterrichts der Primarstufe zurückgeführt werden können. Für die Entwicklung von diagnostischen Grundlagen und Fördermaßnahmen sind die Klärung theoretischer Zusammenhänge sowie der empirische Nachweis der Interaktion relevanter Problembereiche unverzichtbar. Ziel dieses Beitrags ist die Ableitung von Konsequenzen für die Entscheidungsträger der unterrichtlichen Gestaltung und Organisation für eine Verbesserung der gegenwärtigen Situation.

3.3.1 Begriffsklärungen: Risikogruppe, Rechenstörungen

Im Rahmen der nationalen PISA-Erhebungen wurde in den vergangenen Jahren wiederholt eine Teilpopulation von besonders leistungsschwachen Schülerinnen und Schülern identifiziert, die Leistungen auf und unter Kompetenzstufe I zeigten (Blum et al.; 2004, Frey, Asseburg, Carstensen, Ehmke & Blum, 2007). Diese Schülerinnen und Schüler können (höchstens) Fragen in vertrauten Kontexten beantworten, bei denen „alle relevanten Informationen gegeben und die Fragen klar definiert sind", sowie „Routineverfahren in unmittelbar zugänglichen Situationen anwenden" (Frey et al., 2007, S. 252). Sie sind allerdings kaum in der Lage, typische mathematische Aufgaben für Ausbildungsplatzbewerber zu lösen (Klieme et al., 2003), und es ist zu erwarten, dass diese Heranwachsenden mit hoher Wahrscheinlichkeit große Probleme in ihrem weiteren Ausbildungs- und Berufsleben haben werden. Bei den PISA-Erhebungen von 2000, 2003 und 2006 gehörten in Deutschland zu diesen als „Risikogruppe" bezeichneten Jugendlichen zwischen 20 % und 25 % der Fünfzehnjährigen (Blum et al., 2004; Klieme, Neubrand & Lüdtke, 2001). An Hauptschulen gehört nahezu jede zweite Schülerin bzw. jeder zweite Schüler zu dieser Gruppe.

Um für diese Lernenden wirksame Interventionen und Präventionen zu organisieren, genügt die an gesellschaftlich vorgegebenen Maßstäben orientierte und den Ist-Zustand beschreibende Definition von „Risikoschülerinnen und -schülern" nicht. Vielmehr muss sie durch ursachen- und symptombezogene Beschreibungen der Schwierigkeiten dieser Jugendlichen ergänzt werden. Im Folgenden wird daher nicht mehr von „Risikoschülerinnen und -schülern" gesprochen, sondern von Heranwach-

senden, die besonders schwerwiegende und lang anhaltende Probleme beim Lernen von Mathematik haben. Hierüber soll insbesondere fachdidaktischer Handlungsbedarf aufgezeigt werden.
Die genannte Umschreibung wird in der Primarstufendidaktik für Kinder mit Rechenstörungen verwendet (Schipper, 2002). Hierin ist der Versuch zu sehen, die Probleme der Kinder nicht durch eine Diskrepanzdefinition, sondern durch eine symptombezogene Beschreibung der Schwierigkeiten nicht nur zu kennzeichnen, sondern die Perspektiven für spezifische Förderungen aufzuzeigen. Die zentralen Symptome dieser Probleme im Bereich Primarstufe sind:

- *Nicht tragfähige Kopfrechenstrategien.* Es wird davon ausgegangen, dass sich nur über das Arbeiten *mit* Zahlen ein Verständnis von Zahlen ausbildet (Lorenz, 1988). Der Erwerb von operativen Strategien und die Bildung von basalen Kenntnissen (Faktenwissen, Subitizing) bedingen sich gegenseitig (Gray, 1991): Diese basalen Kenntnisse (z. B. Auswendigwissen der Zahlzerlegungen) sind nötig, um operative Strategien zu erwerben (z. B. schrittweises Rechnen mit Zehnerübergang). Andererseits bilden sich die basalen Kenntnisse auf Verständnisgrundlage nur durch Anwendung von Strategien aus. Vieles spricht für diesen Zusammenhang zwischen dem Erwerb von auswendig gewusstem Faktenwissen und dem Erwerb von tragfähigen Kopfrechenstrategien. Diese theoretisch begründeten Zusammenhänge wurden bislang jedoch nur in Form von Hypothesen formuliert (Landerl & Kaufmann, 2008, S. 105 f.).
- *Schreib- und Sprechweise von zwei- und mehrstelligen Zahlen sowie Stellenwertverständnis.* Diese sind häufig mit einer *Links-Rechts-Problematik* verbunden (Schipper, 2005). Etwa jedes zweite als besonders auffällig diagnostizierte Kind schreibt zweistellige Zahlen invers (zuerst die Einerziffer, dann die Zehnerziffer davorsetzend) und/oder als Zahlendreher (82 statt 28). Inverse Schreibrichtungen und Zahlendreher beeinträchtigen die Entwicklung eines Stellenwertverständnisses, das aber für ein erfolgreiches Weiterlernen ab dem zweiten Schuljahr unverzichtbar ist (Gaidoschik, 2007).
- *Grundvorstellungsdefizite:* Grundvorstellungen (GVn) ermöglichen die Repräsentation eines abstrakten mathematischen Begriffs auf einer gegenständlichen oder anschaulichen Ebene (vom Hofe, 1995). Sie können wie in Abbildung 3.3.1 in einem Modellierungskreislauf verortet werden, der eine Abwandlung der bekannten Darstellungen (Blum et al., 2004; Schupp, 1988) darstellt. Die Grundvorstellungen beschreiben, welche mathematischen Inhalte oder Verfahren zu einer ikonischen, enaktiven oder allgemein realen Darstellung passen können, bzw. umgekehrt, welche Situationen sich mit bestimmten mathematischen Inhalten modellieren lassen. Grundvorstellungen müssen für semantische Denkprozesse (❶ und ❸) (im Gegensatz zu syntaktischen, regelbasierten Denkprozessen ❷) aktiviert werden (vgl. Wartha & Wittmann, im Druck). Ohne adäquate Grundvorstellungen können keine Übersetzungsprozesse vorgenommen werden. In diesen Fällen kann sich das syntaktisch-algorithmische Ope-

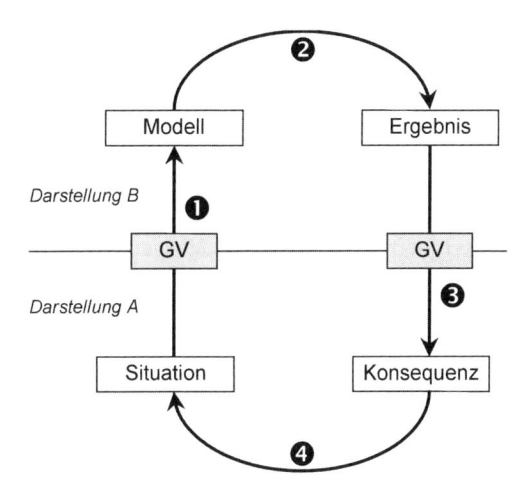

Abbildung 3.3.1: Modellierungskreislauf mit Grundvorstellungen (vgl. vom Hofe, 2003; Wartha & Wittmann, im Druck)

rieren von den damit verbundenen inhaltlichen Vorstellungen lösen: Die Schülerinnen und Schüler sind dann darauf angewiesen, Regeln abzuarbeiten und mangelndes semantisch-begriffliches Verständnis durch individuelle Strategien zu kompensieren.

Theoretisch und empirisch ist weitgehend ungeklärt, ob diese Hauptsymptome der Rechenstörungen auch in der Sekundarstufe für Schwierigkeiten beim Mathematiklernen grundlegend sind und somit die Probleme der Schülerinnen und Schüler der Risikogruppe näher beschreiben können.

3.3.2 Forschungsstand und Forschungsfragen: Rechenstörungen in der Sekundarstufe

Die Erforschung von Risikofaktoren und Symptomen für Rechenstörungen in der Sekundarstufe steht erst am Anfang. Hier wird ein großes Forschungsdesiderat gesehen (Gaidoschik, 2008). Nur vereinzelt wurden Untersuchungen durchgeführt, welche die Hauptsymptome für Rechenstörungen bei Jugendlichen der Sekundarstufe näher untersuchten.

Von welcher Art die Defizite von Hauptschülerinnen und -schülern schon zu Beginn der Sekundarstufe sein können, wird in einer qualitativen Studie von Schäfer (2005) deutlich. Die Autorin erhebt den Lernstand von $N = 43$ Hauptschülerinnen und -schülern der fünften Jahrgangsstufe, die nach Einschätzung ihrer Lehrkräfte „rechenschwach" sind. Viele dieser Kinder haben kein gefestigtes Verständnis zweistelliger Zahlen, die Zahlwortreihe ist nur mangelhaft ausgeprägt (Rückwärtszählen ab 103 gelingt nur rund 60 % der Befragten, Vorwärtszählen in Zehnerschritten ab 53 sogar nur 50 %). Sogar im Zahlenraum bis 20 gibt es große Defizite in der Rechenfertigkeit, insbesondere beim Halbieren. Das über Aufgaben in Sachsituationen überprüfte Operationsverständnis ist ebenfalls sehr unzureichend entwickelt: Es kann davon ausgegangen werden, dass 90 % der befragten Schülerinnen und Schüler keine tragfähigen und flexiblen Grundvorstellungen zur Division aufbauen konnten.

Einen Überblick über mathematische Kompetenzen auf Grundschulniveau von Hauptschülerinnen und -schülern in der 7. und 8. Jahrgangsstufe gibt eine Studie von Mittelberg (2004). Hier wurden Schülerinnen und Schüler schriftlich und im Interview zu Inhalten befragt, die im wesentlichen Stoff der Grundschule sind und für die erfolgreiche Bearbeitung der neuen Hauptschulinhalte als unverzichtbar vorausgesetzt werden (Mittelberg, 2004, S. 95). Über die durchgeführten Analysen, bei denen sowohl Aufgaben aus dem Primarbereich als auch aus dem Gebiet der Dezimalbruchrechnung gestellt wurden, kommt der Autor zu dem Schluss, dass die Kompetenzen in diesen Bereichen in vielen Fällen nicht ausreichend entwickelt wurden, um mathematische Lernprozesse der Sekundarstufe darauf aufzubauen. Eine vergleichende Betrachtung zwischen den Inhalten der Primarstufe und den Auswirkungen von Defiziten in diesem Bereich beispielsweise auf die Dezimalbruchrechnung, war allerdings nicht Gegenstand der Studie.

Dieser Anspruch ist in der Untersuchung von Moser Opitz (2005) umgesetzt, in der die Autorin aufzeigt, dass „Fehlvorstellungen bzw. fehlende Kompetenzen von älteren Schülerinnen und Schülern auf Lücken bzw. mangelndes Verständnis der Grundschulmathematik zurückzuführen sind" (Moser Opitz, 2005, S. 114). Die Autorin weist nach, dass als „rechenschwach" eingestufte Schülerinnen und Schüler der 5. und 8. Jahrgangsstufe in so gut wie allen getesteten grundschulmathematischen Teilbereichen signifikant schlechtere Kompetenzen ausbilden konnten als unauffällige Schülerinnen und Schüler dieser Jahrgangsstufen. Interessant ist, dass der Zusammenhang zwischen schwachen Leistungen im Sekundarbereich und Defiziten im Grundwissen aus der Primarstufe unabhängig von allgemeinen kognitiven Fähigkeiten (IQ) ist.

Allerdings wurden bei dieser Untersuchung nicht die aktuellen Unterrichtsinhalte der Jahrgangsstufen 5 bzw. 8 untersucht. Vielmehr wurden „diejenigen Elemente der Grundschulmathematik [analysiert], welche auf Grund von vorliegenden Studien und fachlichen Überlegungen als für das mathematische Lernen als zentral betrachtet werden" (Moser Opitz, 2005, S. 128). Ein Vergleich zwischen Inhalten der Sekundarstufe und der Primarstufe ist daher nicht möglich.

Zusammenfassend kann festgehalten werden, dass, bezogen auf Symptome und Risikofaktoren für Rechenstörungen in der Sekundarstufe, noch großer Forschungsbedarf besteht. Die wenigen vorliegenden Studien hierzu zeigen auf, dass viele Schülerinnen und Schüler in der Sekundarstufe wesentliche Inhalte des Mathematikunterrichts der Grundschule nicht für ein erfolgreiches Weiterlernen nutzen können.

Über Effektivitätsstudien zu Frühförderprogrammen berichten Landerl und Kaufmann (2008, S. 189 ff.). Evaluationen spezifischer schulischer Programme zur Intervention bei Rechenstörungen sind dagegen nicht bekannt. So werden beispielsweise in dem Kapitel „Förderung beim Erwerb arithmetischen Wissens" in Fritz, Ricken und Schmidt (2009) theoretische Konzepte vorgestellt, aber keine empirischen Befunde berichtet. Insbesondere ist die empirische Evaluation von Fördermaßnahmen für betroffene Kinder in der Sekundarstufe ein großes Forschungsdesiderat.

Interventionen bei Rechenstörungen haben grundsätzlich nur dann Aussicht auf Erfolg, wenn sie auf Diagnosen basieren, in denen diejenigen mathematischen Klippen inhalts- und prozessbezogen exakt identifiziert werden, die zu einem Scheitern des Kindes im aufeinander aufbauenden Prozess des Mathematiklernens geführt haben. Die Identifikation von Klippen, an denen Kinder mit Rechenstörungen typischerweise scheitern, erlaubt dann auch Aussagen zu Schwerpunktsetzungen in einem präventiven Mathematikunterricht.

3.3.3 Diagnose von Rechenstörungen

Bei diagnostischen Verfahren zur Feststellung besonderer Schwierigkeiten beim Mathematiklernen können in Bezug auf ihren theoretischen Hintergrund eher neuropsychologisch orientierte Testverfahren von Schulleistungstests unterschieden werden. Beispiele für Tests der ersten Gruppe sind für den Primarbereich die auf dem Triple-Code-Modell von Dehaene (1992) basierenden ZAREKI (von Aster, 2001) und ZAREKI-R (von Aster & Weinhold Zulauf, 2006). Für den unteren Sekundarbereich wurden der Schweizer Rechentest (SR 4–6, Lobeck, Frei & Blöchinger, 1990) und das Rechenfertigkeiten- und Zahlenverarbeitungs-Diagnostikum für die 2. bis 6. Klasse (RZD 2–6, Jacobs & Petermann, 2005a) entwickelt. Zur Diagnose von mathematischen Schulleistungen wurde im Primarbereich die „Deutsche Mathematiktest"-Reihe (DEMAT) bekannt, in deren Rahmen derzeit auch ein Testinstrument bis einschließlich Jahrgangsstufe 6 entwickelt wird (Marx & Krocker, 2005). Insgesamt stellen Schulleistungstests für die Sekundarstufe ein Forschungsdesiderat dar, wenngleich einige Verfahren derzeit entwickelt werden (Pekrun et al., 2007, S. 34). Inwiefern softwaregestützte Tests (TeDDyPC – Test zur Diagnose von Dyskalkulie; Schroeders & Schneider, 2008) Mathematikleistungen allgemein und Rechenstörungen insbesondere valide untersuchen können, ist empirisch weitgehend ungeklärt (Threlfall, Pool, Homer & Swinnerton, 2007; Wartha, 2008).

Gemeinsam ist diesen Tests, dass es sich um standardisierte, produktorientierte Verfahren handelt. Für den Bearbeiter wird (allein) auf der Basis der Anzahl richtig gelöster Items ein Prozentrang ermittelt, welcher ihn einer Leistungs- oder Kompetenzstufe zuordnet. Dieser Art von Diagnose stehen prozessorientierte bzw. „förderdiagnostische" Screenings (z. B. Behring, Kretschmann & Dobrindt, 1999; Moser Opitz, Berger & Reusser, 2007; Schipper, 2007) gegenüber. Im Fokus dieser Art der Diagnose stehen die Bearbeitungsprozesse und die diesen zu Grunde liegenden mentalen Prozesse. Diese werden in der Regel über die Aufforderung zum „Lauten Denken" und durch Beobachtung der Materialhandlungen analysiert und rekonstruiert.

Diese verschiedenen Arten der Diagnose haben unterschiedliche Zielsetzungen, Zielgruppen und eine Reihe von Vor- und Nachteilen. Produktorientierte Tests werden mit dem Ziel entwickelt, ein reliables und bezüglich Testdurchführung und -auswertung objektives Instrument zur Verfügung zu stellen, das unabhängig von der inhaltsspezifischen Qualifikation des Testleiters einen objektiven Befund ermöglicht, der auch einem Verwaltungsgerichtsverfahren wegen § 35a SGB VIII (Vergabe öffentlicher Mittel für Förderung) standhält. Kritisiert werden jedoch vielfach Mängel in der Validität sowie deren Verwendung in 35a-Verfahren im Kontext der WHO-Diskrepanzdefinition (Moser Opitz, 2009; Ricken, 2003; Rottmann & Huth, 2005). Es gibt zahlreiche Hinweise, dass die bestehenden Testverfahren für die unterrichtliche Nutzung auf Grund veralteter, nicht übertragbarer Normierungen (Schweizer Rechentest; vgl. Jacobs & Petermann, 2005b) oder auf Grund von Bedenken hinsichtlich der Validität (ZAREKI) (Rottmann & Huth, 2005) nicht geeignet sind. Kritische Fragen zur Validität sind schon deshalb anzumelden, da häufig als einziges externes Validitätskriterium die Schulnoten der Probanden der Normierungsstichprobe herangezogen werden. Im Hinblick auf Zweifel an der Objektivität von Schulnoten (vgl. Baumert et al., 2003) ist eine Beschränkung hierauf zu hinterfragen.

Diese Tests sind (höchstens dazu) geeignet, Kinder mit besonders schwerwiegenden Problemen zu identifizieren und auf problematische Inhalts*bereiche* aufmerksam zu machen. Die Ergebnisse dieser Tests können für Justiz und Schuladministration Befunde liefern, die für empirisch fundierte, an sozialen Normen vergleichende Entscheidungen in Bezug auf Individuen oder Lerngruppen wertvoll sein können. Für den Unterricht selbst sind diese Instrumente allenfalls für ein grobes Monitoring brauchbar, da sich aus den Ergebnissen der Tests keine Hinweise für eine individuelle Förderung ableiten lassen. Sollen auf der Grundlage der Diagnostik Förderpläne erarbeitet werden, dann müssen die gelingenden und misslingenden Bearbeitungsprozesse berücksichtigt werden. Nur über adaptive Verfahren können die unterschiedlichen Einflüsse von Vorkenntnissen (Wartha, 2009a) individuell untersucht werden. Darüber hinaus ist über ein theoriebasiertes Screening eine kompetenzorientierte (nicht defizitorientierte) Diagnostik möglich, die Anknüpfungspunkte für die Förderarbeit aufzeigen kann. Die Nachteile der prozessorientierten Verfahren können in der fehlenden Objektivität und den hohen fachdidaktischen Kompetenzen gesehen werden, die sowohl für die Durchführung als auch für die Interpretation der Diagnose nötig sind. Diese können von Lehrerinnen und Lehrern in der Regel nicht erwartet werden.

Für den Umgang mit Kindern, die schwerwiegende Probleme beim Lernen von Mathematik haben sind daher beide Arten von Diagnostik unverzichtbar:

- Diagnoseverfahren, die den Standards psychologischen Testens genügen (Hecker, Leutner & Amelang, 1998), stellen der Schuladministration eine empirische Grundlage für Qualitätsentwicklung und -sicherung zur Verfügung. Die Ergebnisse dieser Tests können auf besonders problematische Lerngruppen aufmerksam machen und allgemeine Förderprogramme auf Schulebene initiieren.

- Im Unterricht können in einem ersten Schritt über standardisierte Tests Risikokinder und ggf. problematische Inhaltsbereiche identifiziert werden. Hierzu sind jedoch Weiterentwicklungen vor allem in Bezug auf die Validität der getesteten Inhalte und deren Orientierung an den Hauptsymptomen für Rechenstörungen unverzichtbar.
- Hilfestellungen für die betroffenen Kinder können nur auf der Grundlage einer theoretisch fundierten, an den Hauptsymptomen für Rechenstörungen orientierten Diagnostik erfolgen, welche die Bearbeitungsprozesse in den Mittelpunkt der Untersuchungen stellt. Nur hierüber können Ursachen und Zusammenhänge von falschen, problematischen und (oftmals nur scheinbar) erfolgreichen Strategien aufgedeckt werden. Auf dieser Grundlage sowie durch die Identifikation der sicher beherrschten Grundlagen können individuelle Förderpläne entwickelt werden.

Inhaltlich müssen verschiedene Arten mathematischen Denkens durch die Diagnostik erfasst werden können. Hierzu gehören tragfähige Rechenstrategien sowie die für deren Entwicklung basalen mathematischen Kenntnisse, wie beispielsweise das Auswendigwissen der Zahlzerlegungen, das Verständnis des Aufbaus des dezimalen Stellenwertsystems sowie die Aktivierung von Grundvorstellungen zu Zahlen und Rechenoperationen. Der Modellierungskreislauf und die Verortung von mathematischen Grundvorstellungen an der Schnittstelle zwischen Darstellungsebenen kann für die Entwicklung und Auswertung von diagnostischen Verfahren ein geeignetes Rahmenmodell darstellen (vgl. Wartha & Wittmann, im Druck). Hierzu kann zunächst normativ festgelegt werden, welche Grundvorstellungen für das Verständnis eines mathematischen Inhalts unverzichtbar sind. Auf dieser Grundlage können zur Untersuchung von semantischen Denkprozessen Aufgaben entwickelt werden, die Übersetzungen über jeweils diese Grundvorstellungen zwischen Darstellungsbereichen erfordern (vgl. beispielsweise Wartha & Wittmann, im Druck, für positive rationale Zahlen; Hafner & vom Hofe, 2008, für Prozentrechnung; Stölting, 2008, für funktionales Denken). Denkprozesse, die innerhalb einer Darstellungsebene untersucht werden (Rechenstrategien) müssen ebenso Bestandteil der Diagnose sein wie die Fähigkeit zur Evaluation von ermittelten Rechenergebnissen.

Die Entwicklung von – produkt- und prozessorientierten – diagnostischen Verfahren für die Sekundarstufe, die sich an den Hauptsymptomen für Rechenstörungen orientieren, ist von Bildungsadministration, praktizierenden Lehrkräften und der empirischen Unterrichtsforschung gleichermaßen von großer Bedeutung. Erste Studien hierzu werden im folgenden Abschnitt dargestellt.

3.3.4 Empirische Studien

In diesem Kapitel werden empirische Untersuchungen zu Zusammenhängen zwischen mathematischen Kompetenzen in der Primar- und Sekundarstufe vorgestellt.

Problematische Denkprozesse können sowohl über Analysen aus Bearbeitungswegen in Schülerdokumenten als auch durch Interviewuntersuchungen rekonstruiert werden. Hieraus lassen sich Erklärungsmodelle für Ursachen der Fehler entwickeln, die für die konstruktive Nutzung der Diagnose in der Förderarbeit wertvoll sind.

Analysen zu Bearbeitungswegen

Im Rahmen von Analysen zu Modellierungsaufgaben kann untersucht werden, welcher Art die Defizite der Schülerinnen und Schüler sind. Stellvertretend für eine Aufgabe zur Bruchrechnung in Anwendungssituationen wird hier die Aufgabe „Herr Brinkmeier" (vgl. Abbildung 3.3.2) der PALMA-Studie (vgl. vom Hofe, Hafner, Blum & Pekrun, in diesem Band) vorgestellt. Zur Lösung der Aufgabe sind sowohl semantische Denkprozesse (Übersetzung der Operatorangabe $\frac{1}{6}$ von 2400 € in 2400 : 6 bzw. 2400 · $\frac{1}{6}$ über die Aktivierung einer Grundvorstellung zu Bruchzahlen❶) als auch die syntaktische Berechnung des aufgestellten Terms❷ nötig. Die Angabe des Ergebnisses ❸ kann an der Situation schließlich noch evaluiert werden ❹.

Aufgabe: Herr Brinkmeier B

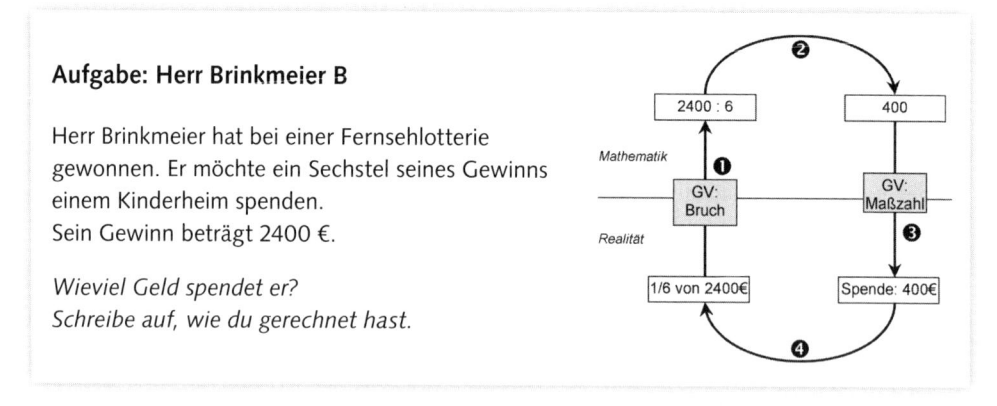

Herr Brinkmeier hat bei einer Fernsehlotterie gewonnen. Er möchte ein Sechstel seines Gewinns einem Kinderheim spenden.
Sein Gewinn beträgt 2400 €.

Wieviel Geld spendet er?
Schreibe auf, wie du gerechnet hast.

Abbildung 3.3.2: Aufgabe Herr Brinkmeier (7. Jahrgangsstufe, PALMA), vgl. Wartha, 2009b

Insgesamt konnten rund 60 % der Siebtklässler die Aufgabe richtig bearbeiten, in der Hauptschule lag die Lösungshäufigkeit unter 45 %. Die relativen Häufigkeiten der verschiedenen falschen Lösungen zeigen, dass Fehler deutlich häufiger bei den Übersetzungsprozessen ❶ als bei der rechnerischen Verarbeitung ❷ auftreten: Die Bildung eines nicht adäquaten Terms ist deutlich häufiger die Ursache für eine fehlerhafte Bearbeitung als die anschließende rechnerische Verarbeitung der Zahlen (für Einzelheiten vgl. Wartha, 2009b).

Falsche Ergebnisse können Ursachen an verschiedenen Stellen im Lösungsprozess haben. Stellvertretend für die häufigste Fehlerquelle (Wahl der falschen Rechenoperation) ist die Bearbeitung eines Realschülers (vgl. Abbildung 3.3.3).

3.3 Rechenstörungen in der Sekundarstufe

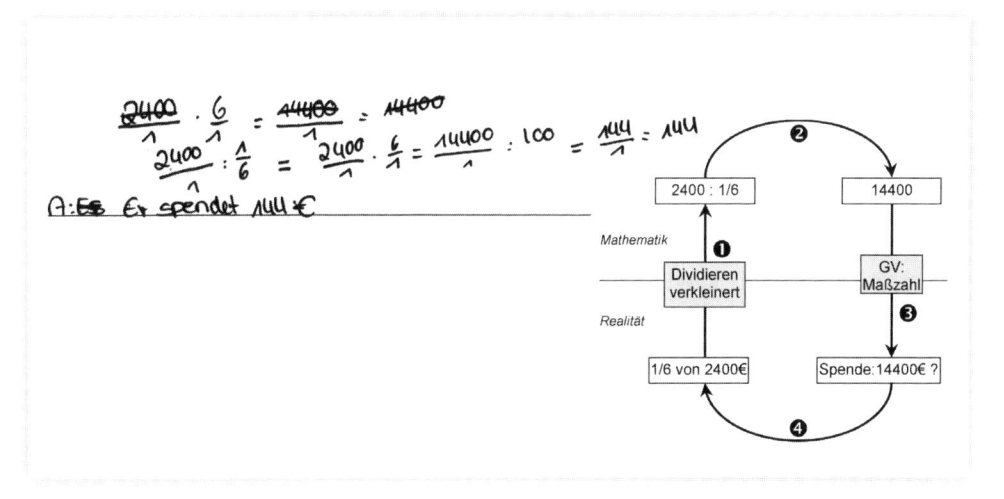

Abbildung 3.3.3: Lösungsweg der Aufgabe Herr Brinkmeier

Der Schüler wählt die Division, um die Zahlen der Aufgabenstellung zu verrechnen ❶. Der Grund kann beispielsweise in der Aktivierung der Fehlvorstellung „Dividieren verkleinert immer" gesehen werden (vgl. Wartha, 2009b). Die Berechnung des Terms ❷ geschieht auf sehr technische Art: die Division durch den Divisor wird in die Multiplikation mit dem Kehrbruch umgewandelt. Das Ergebnis wird rechnerisch richtig bestimmt. Die nun folgende Division mit 100 ist mathematisch unmotiviert; ein möglicher Erklärungsansatz ist, dass durch diese Operation eine realistischere Größenordnung des Ergebnisses erzielt werden sollte (Plausibilitätsprüfung ❹). Die Division mit 100 könnte aus dem Bereich der Prozentrechnung (Umwandlung einer Prozentangabe in die Dezimalzahl) unangemessen übertragen worden sein.

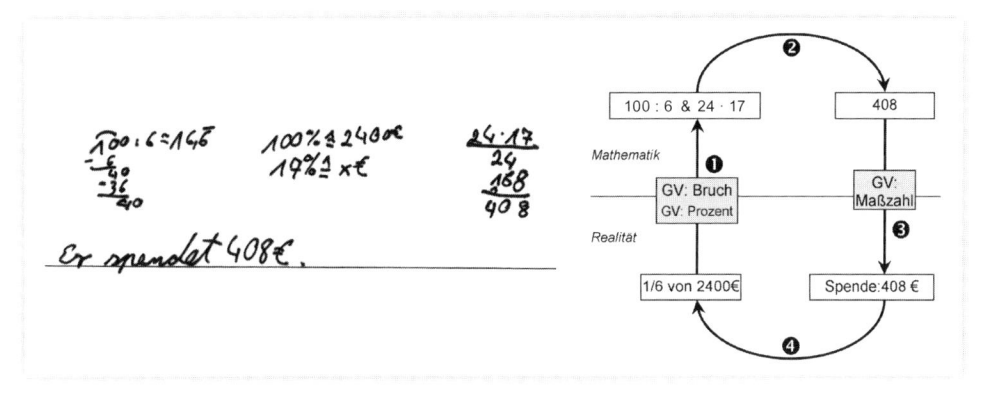

Abbildung 3.3.4: Lösungsweg der Aufgabe Herr Brinkmeier

Die Bearbeitung eines anderen Realschülers (vgl. Abbildung 3.3.4) zeigt, dass das Bestreben, Aufgabenstellungen mit schematischen Verfahren ❷ berechnen zu wollen, sehr stark sein kann. Anstatt eine Grundvorstellung zum Bruch zu aktivieren und den Anteil $\frac{1}{6}$ direkt auf 2.400 € zu beziehen, wird er zunächst auf 100 [%] angewendet❶. Über proportionale Zuordnungen (100 % entsprechen dem Gesamtgewinn) wird über den ermittelten Anteil in Prozentschreibweise der Betrag der Spende berechnet ❶. Dieser Weg erfordert die zahlentechnisch sehr aufwendige Durchführung der schriftlichen Division und Multiplikation. Die Abweichung vom korrekten Ergebnis kommt durch die (angemessene) Rundung 16,6 ≈ 17 zustande. Die Bearbeitung der Algorithmen (Schriftliche Rechenverfahren und Dreisatz) gelingt dem Schüler fehlerfrei.

Diese und weitere Beispiele (vgl. Wartha, 2007) zeigen, dass fehlerhafte Prozesse nicht primär auf der syntaktischen Ebene zu suchen sind. Vielmehr sind es die mangelnde Aktivierung von Grundvorstellungen bzw. ein mangelhaft ausgebildeter Zahlensinn (Lorenz, 2002), die fehlerhafte oder unvorteilhafte Lösungswege verursachen.

Analysen zum Grundschulwissen in der Sekundarstufe

Die analysierten Schwierigkeiten geben zunächst nur Hinweise auf Defizite bei aktuellen Inhalten des Mathematikunterrichts. Im Folgenden wird aufgezeigt, inwiefern diese Schwierigkeiten auch mit unzureichend erworbenen Mathematikkenntnissen der Grundschule zusammenhängen können.

Ronja (Name geändert) ist eine Schülerin der 6. Jahrgangsstufe einer Gesamtschule und wird von der Beratungsstelle für Kinder mit Rechenstörungen der Universität Bielefeld interviewt. Obwohl sie sehr fleißig ist, kann sie ihre guten Mathematikleistungen des ersten Halbjahres der fünften Klasse (Zeugnisnote „gut") nicht ausbauen und hat nun massive Probleme bei der Bruch- und Prozentrechnung (Zeugnisnote „mangelhaft"). Ein Auszug aus der Mathematikarbeit „Prozentrechnung" (Abbildung 3.3.5) bestätigt dies:

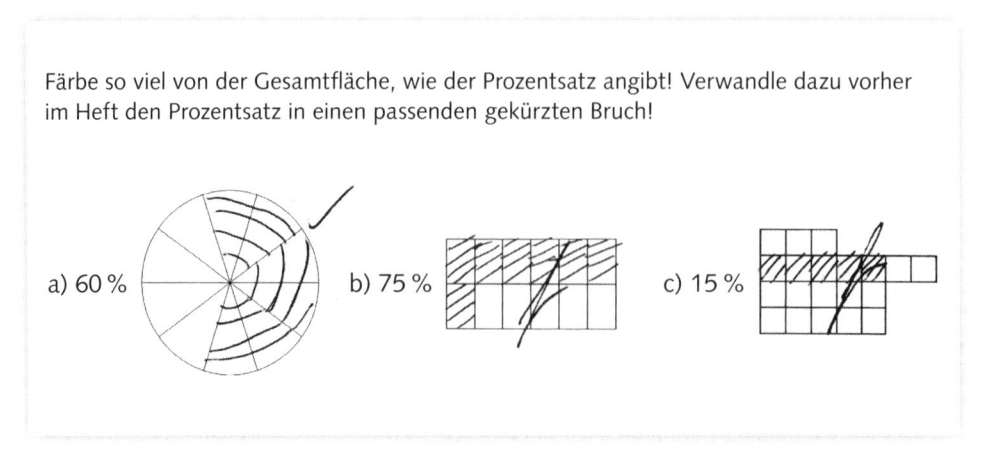

Färbe so viel von der Gesamtfläche, wie der Prozentsatz angibt! Verwandle dazu vorher im Heft den Prozentsatz in einen passenden gekürzten Bruch!

a) 60 %   b) 75 %   c) 15 %

Abbildung 3.3.5: Ronjas Bearbeitung einer Klassenarbeit zur Bruch- & Prozentrechnung (6. Jgst.)

3.3 Rechenstörungen in der Sekundarstufe

Sie orientiert sich offenbar an der Zehnerstelle des Prozentsatzes und sieht hierin die Anzahl der einzufärbenden Teilstücke. Nach dieser Strategie ist Teilaufgabe a) auf Grund der Zehnereinteilung zufällig richtig gelöst, obwohl sie mit falscher Strategie bearbeitet wurde. Nicht ganz zu diesem Fehlermuster passt Ronjas Bearbeitung der Teilaufgabe c). Hier hätte sie eigentlich *einen* Teil einfärben müssen. Möglicherweise führt aber eine Plausibilitätsüberlegung („Es sind ja *15* Prozent, da ist *ein* Teil viel zu wenig.") dazu, dass sie sich nun abweichend an der Einerstelle des Prozentsatzes orientiert und deshalb fünf Teile färbt. Im Interview fällt zusätzlich auf, dass Ronja Probleme beim gestützten Kopfrechnen im Zahlenraum bis 100 hat (vgl. ausführlich Wartha, Rottmann & Schipper, 2008). In einem Teil der diagnostischen Interviews werden Rechenstrategien im Zahlenraum bis 20 untersucht.

I: *5 – 3 ?*
R: *5 – 3 sind 2.*
I: *Und 15 – 3 ?*
R: *15 – 3 sind (3 sec) ... 12.*
I: *Und 15 – 13 ?*
R: *(12 sec) ...*
I: *Rechne mal laut!*
R: *(29 sec)...*
I: *Schreib mal die Aufgabe hier auf.*
R: *... dann mach ich da immer so ... (20 sec) ... hä? ... Sind 2.*
I: *Und wie hast du das jetzt gerechnet?*
R: *Also, da hab ich erst mal 5 – 3, das sind 2. Und 1 und 1 sind auch zwei.*
I: *Stellst du dir das so vor, als ob das untereinander stehen würde?*
R: *Ja.*

Ronja kann die Eigenschaften des dezimalen Stellenwertsystems für Analogieaufgaben nicht nutzen. Die Aufgabe 15 – 13, die bei aktivierten Vorstellungen zur Größe der Zahlen leicht über die Grundvorstellung des Subtrahierens als Ergänzen gelöst werden könnte, muss von ihr „schriftlich im Kopf" gelöst werden.

An dieser Stelle wird klar, warum Ronja in der ersten Hälfte der 5. Klasse gute Noten hatte. Hier werden insbesondere die schriftlichen Rechenverfahren wiederholt, die im Gegensatz zum Zahlenrechnen „im Kopf" und dem halbschriftlichen Rechnen ein Ziffernrechnen sind. Bei schriftlicher Addition und Subtraktion muss sie sich nur im Zahlenraum bis 20 zurechtfinden – hier kann sie die Operationen auch über zählende Verfahren schnell und sicher bearbeiten – und gewisse Regeln einhalten. Diese Regeln sind aber offenbar unverstanden, denn sie werden leicht übergeneralisiert und können verwechselt werden (vgl. Wartha et al., 2008). Ronjas Strategie, nicht mit Zahlen, sondern mit Ziffern zu rechnen, kann sie mit viel Übung und der Beachtung von Regeln bei natürlichen Zahlen zu richtigen Ergebnissen führen. Wenn sie diese

Strategie nun auch bei Bruch- oder Prozentzahlen anwendet, gelangt sie unweigerlich zu falschen Ergebnissen. Offenbar hat Ronja auch schon bei natürlichen Zahlen „gelernt", Rechengesetze auch unverstanden anzuwenden und keine Grundvorstellungen zu Zahlen und deren Operationen zu aktivieren.

Inwieweit die Schwierigkeiten von Ronja in der 6. Jahrgangsstufe einen Einzelfall darstellen oder für eine größere Schülergruppe verallgemeinert werden können, soll in einem weiteren Forschungsprojekt untersucht werden. Hierzu wurden im Rahmen von Feldstudien 45 Hauptschülerinnen und -schüler der 6. Klasse in einem schriftlichen Test und im Interview zu ihren Kompetenzen im Bruchrechnen und Rechnen mit natürlichen Zahlen befragt. Zum Zeitpunkt der Untersuchung war die Bruchrechnung (einschließlich Dezimalbrüche) im Unterricht vollständig behandelt. Ziel der Untersuchung war die Analyse der Zusammenhänge zwischen Schwierigkeiten im aktuellen Schulstoff und Inhalten, die in der Primarstufe gelehrt werden (vgl. ausführlich Wartha & Güse, in Vorb.).

Die Items der Untersuchung setzen sich wie in Tabelle 3.3.1 zusammen. Insgesamt wurden 25 Items zur Arithmetik der Primarstufe und 16 Items zu aktuellen Unterrichtsinhalten (Bruchzahlen) gestellt.

Tabelle 3.3.1: Items der Hauptschulstudie (vgl. Wartha & Güse, in Vorb.)

	Anzahl Items	
	Natürliche Zahlen	Bruchzahlen
Zählen, Zahlschreibweise	2	1
Orientierung im Zahlenraum	4	4
Kopfrechnen bis 20	6	
Gestütztes Kopfrechnen bis 100	9	
Schriftliches Rechnen/ Bruchrechnen	4	3
Grundvorstellungen Brüche		6
Andere		2
Σ	25	16

Bei den Interviews liegt der Beobachtungsschwerpunkt auf den verwendeten Strategien. Diese wurden durch die Methode des Lauten Denkens erfasst und dokumentiert. Neben den Lösungsstrategien und Bearbeitungswegen wurden typische Fehler erfasst und kategorisiert.

Eine Beispielaufgabe für gestütztes Kopfrechnen ist die Subtraktionsaufgabe mit Zehnerübergang 82 – 36, eine typische Arithmetikaufgabe der zweiten Jahrgangsstufe. Interessanter als die bedenklich niedrige Lösungshäufigkeit von weniger als 50 % sind die Lösungswege, mit denen die Aufgabe bearbeitet wurde.

3.3 Rechenstörungen in der Sekundarstufe

Grundsätzlich können Aufgaben dieser Art mit Strategien bearbeitet werden, die mit den Zahlen des Terms operieren (82 – 30 = 52; 52 – 6 = 46; „Schrittweises Rechnen" oder 82 – 40 = 42; 42 + 4 = 46; „Hilfsaufgabe") oder Strategien, die die Zahleinträge, also die Ziffern verknüpfen (8Z – 3Z = 5Z; 2E – 6E = –4E, also ein Zehner weniger (4Z) dafür noch 6E = 46, „Ziffernweise extra" bzw. „Stellenwerte extra").

Die Strategien unterscheiden sich deutlich in ihren Erfolgsquoten. Von den 23 Schülerinnen und Schülern, welche die Strategie „Stellenwerte extra" verwendet haben, konnte keiner ein richtiges Ergebnis erzielen. Das ist verständlich, da negative Zahlen, die im Lösungsprozess (80 – 30 = 50; 2 – 6 = – 4; 50 + (– 4) = 46) unvermeidlich sind, im Unterricht zum Zeitpunkt der Untersuchung noch nicht thematisiert wurden. Wenn die Rechnung mit der Teilaufgabe 80 – 30 begonnen wurde, so fuhren einige Schüler mit schrittweisem Rechnen fort. Die fünf Schülerinnen und Schüler, die dieses Vorgehen wählten, kamen alle zum richtigen Ergebnis (Mischform). Lösungen mit schrittweisen Strategien (17 Schülerinnen und Schüler) wurden mit zwei Ausnahmen richtig gelöst. Drei Schülerinnen und Schüler der Untersuchung sind „verfestigte zählende Rechner", sie müssen auch Aufgaben wie 7 + 5 über Zählstrategien bearbeiten. Diese Kinder sind gezwungen, mit Ziffernstrategien zu arbeiten, denn ein Abzählen des Subtrahenden wäre für sie aufgrund fehlender externer Repräsentanten, die den Zählprozess in dieser Größenordnung noch kontrollieren könnten, zu aufwändig und fehleranfällig.

Die Wahl von ziffernweisen Strategien wird nicht nur aufgrund der höheren Fehleranfälligkeit (vgl. Benz, 2007; Beishuizen, 1993) als problematisch bewertet. In der Hauptschulstudie konnte nachgewiesen werden, dass Schülerinnen und Schüler, die bei natürlichen Zahlen vorzugsweise mit Ziffern und nicht mit Zahlen operieren, dies auch bei Bruchzahlen tun (Wartha, 2009a). Auch im Bereich der Bruchrechnung ist Ziffernrechnen anstatt Zahlenrechnen, wie das komponentenweise Addieren von Zähler und Nenner bei der Bruchaddition ($\frac{1}{4} + \frac{1}{6} = \frac{2}{10}$) oder die Gleichsetzung des Bruchstrichs mit dem Dezimalkomma ($\frac{2}{8}$ = 2,8), eine charakteristische Fehlerstrategie. Während ziffernweises Rechnen bei natürlichen Zahlen (insbesondere bei schriftlichen Rechenverfahren oder Aufgaben ohne Zehnerübergang) zu richtigen Ergebnissen führen kann, ist dieses Vorgehen bei Bruchzahlen zwangsläufig falsch.

Für die quantitativen Auswertungen zum Vergleich von arithmetischen Kompetenzen und Kompetenzen zur Bruchzahlanwendung wurden für jede Schülerin bzw. jeden Schüler zwei Summenscores gebildet. Hierzu wurde für jede richtige Lösung ein Punkt vergeben, und die Schülerinnen und Schüler wurden nach einem cutoff-Verfahren in drei Leistungsgruppen in den Bereichen Bruchrechnung und Arithmetik eingeteilt (vgl. Tabelle 3.3.2). Die Zuteilung in die drei Leistungsgruppen wurde jeweils so vorgenommen, dass sie möglichst gleich viele Schülerinnen und Schüler enthielten. Die Lösungsstrategien wurden hierbei nicht berücksichtigt. Auffällig ist, dass die Schülerinnen und Schüler mit den ineffektivsten Lösungswegen (Zählendes Rechnen) gleichzeitig die niedrigsten Punktwerte erzielten.

Tabelle 3.3.2: Vergleich der Kompetenzen im Bruchrechnen und Arithmetik im Primarbereich

		Bruchzahlen			
		Oberes Leistungsdrittel	Mittleres Leistungsdrittel	Unteres Leistungsdrittel	Σ
Arithmetik	Oberes Leistungsdrittel	4	8	8	20
	Mittleres Leistungsdrittel	6	7	2	15
	Unteres Leistungsdrittel	0	2	8	10
	Σ	10	17	18	45

Auf Grund der kleinen Stichprobe sind die Ergebnisse nicht verallgemeinerbar. Dennoch lassen sich – im Hinblick auf eine empirische Hypothesenbildung – wenigstens Tendenzen ablesen (Tabelle 3.3.2):

- Lernende mit niedrigen Kompetenzen im Bereich der Arithmetik der Grundschule gehören im Bereich der Bruchrechnung höchstens zum mittleren, meist zum unteren Leistungsdrittel.
- Lernende mit niedrigen Kompetenzen im Bruchrechnen lassen sich grob in zwei etwa gleich große Gruppen einteilen: (1) Schülerinnen und Schüler, die ein vergleichsweise gutes Fundament an Vorkenntnissen aus der Primarstufe mitbringen und deren Schwierigkeiten aus den aktuellen Unterrichtsinhalten resultieren. (2) Schülerinnen und Schüler, die große Defizite im Bereich der Vorkenntnisse aus dem Primarbereich haben und bei denen „verschleppte" Schwierigkeiten auch bei der Bruchrechnung zu Tage treten.

3.3.5 Ergebnisse und Diskussion

Die Ergebnisse der vorgestellten Studien werden in diesem Abschnitt im Hinblick auf diagnostische Erkenntnisse, inhaltliche Konsequenzen und Fördermöglichkeiten für die betroffenen Jugendlichen diskutiert.

Diagnose von besonderen Schwierigkeiten beim Lernen von Mathematik: Methode

Eine Diagnose bei Jugendlichen, die besondere Schwierigkeiten beim Lernen von Mathematik haben, darf sich nicht auf die Zuordnung eines Prozentranges oder Summenscores beschränken. Eine Auswertung, die sich lediglich auf die (Anzahl richtiger oder falscher) Ergebnisse von Items stützt, ist in mehrfacher Hinsicht problematisch:

- *Richtige Ergebnisse können über falsche Wege oder problematische Denkprozesse zustande kommen:* In der Hauptschulstudie wurde am Beispiel der Aufgabe 7 + 5 gezeigt, dass die scheinbar befriedigend hohe Lösungshäufigkeit von über 90 % differenzierter betrachtet und bewertet werden muss, denn über die Hälfte der Schülerinnen und Schüler konnte die Aufgabe weder auswendig noch über die Kommutativität der zuvor gestellten Aufgabe 5 + 7 lösen. Ein Repertoire an auswendig gewussten Aufgaben ist jedoch Voraussetzung für die Entwicklung von universellen und fortsetzbaren Rechenstrategien. Ronja kommt hingegen mit einer falschen Strategie aufgrund der Wahl der Zahlen in der Aufgabenstellung zu einem (zufällig) richtigen Ergebnis bei der Aufgabe „Färbe 60 % der Fläche". „Gute" Testaufgaben vermeiden Lösungen, die trotz falscher Strategien richtig gelöst werden können. Dies kann bei komplexen Inhalten aber nicht immer sichergestellt werden.
- *Rechnerisch falsche Ergebnisse können über richtige Bearbeitungswege zustande kommen:* Das zweite Bearbeitungsbeispiel bei der Brinkmeier-Aufgabe (Abbildung 3.3.4) weicht auf Grund eines Rundungsfehlers vom exakten Ergebnis ab. Dennoch kann dem Schüler unterstellt werden, dass er verstanden hat, wie der gesuchte Anteil von Größen berechnet werden kann.
- *Fehler können an verschiedenen Stellen im Lösungsprozess auftreten:* Das zeigt beispielsweise die Brinkmeier-Aufgabe (Abbildung 3.3.2). Der Modellierungskreislauf erweist sich als kommunizierbares Werkzeug, um die Fehler im Lösungsprozess den verschiedenen Arten des Denkens zuzuordnen. Aus weiteren empirischen Untersuchungen ist bekannt, dass Schwierigkeiten vor allem bei den Lösungsschritten zu erwarten sind, die die Aktivierung von Grundvorstellungen erfordern. Die Art der Probleme (semantisches oder syntaktisches Denken) zeigt Schwerpunkte bei der Förderarbeit auf.

Eine Diagnose, die auf die Bearbeitungs*prozesse* fokussiert ist, kann dagegen eine Reihe von Hinweisen für die Entwicklung von Fördermaßnahmen geben:

- *Über Prozessdiagnose zu den Anfängen der Probleme gelangen:* Obgleich Ronja bei der Aufgabe 15 – 13 das richtige Ergebnis erhält, ist das schriftliche Verfahren bei Aufgaben dieser Art nicht angemessen. Förderschwerpunkte sind bei ihr daher nicht zusätzliche Übungen im Bereich der Bruch- und Prozentrechnung, sondern die Erarbeitung des Zahlensinns für natürliche Zahlen (Vorschläge z. B. bei Lorenz, 2002; Schipper, 2005)
- *Über Prozessdiagnose die problematischen Denkprozesse aufgreifen:* Die erste Bearbeitungsanalyse der Brinkmeier-Aufgabe (Abbildung 3.3.3) zeigt, dass der Schüler auf syntaktischer Ebene gut mit Bruchzahlen operieren kann. Förderschwerpunkt ist daher der Aufbau von Grundvorstellungen zu diesen Zahlen (Vorschläge z. B. bei Wartha & Wittmann, im Druck).

- *Über eine kompetenzorientierte Diagnose Anknüpfungspunkte finden:* Während eine defizitorientierte Diagnose nur problematische Inhaltsbereiche ermittelt, zeigt die kompetenzorientierte Analyse auf, an welchen Stellen die Förderarbeit einsetzen kann. Ronja kommt über Zählstrategien zu richtigen Ergebnissen, was die Grundlage für ein Auswendigwissen dieser Ergebnisse ist. Bei der Brinkmeier-Aufgabe (Abbildung 3.3.3) zeigt der Schüler, dass er den geschrieben Ausdruck „ein Sechstel" in die entsprechende Zahlschreibweise übersetzen kann, und er nimmt eine Evaluation des Ergebnisses vor.

Diagnose von besonderen Schwierigkeiten beim Lernen von Mathematik: Inhalte

Betrachtet man die Ebene der mathematischen Inhalte, so sind folgende Punkte relevant:

- *Grundschulstoff in Diagnose (und ggf. Förderarbeit) mit einbeziehen:* Eigene und weitere (Moser Opitz, 2005) Untersuchungen zeigen, dass auch Schülerinnen und Schüler der Sekundarstufe große Schwierigkeiten mit mathematischen Inhalten haben können, die bereits in der Primarstufe behandelt werden. Zahlreiche Fehlerstrategien können auf Ausweichtechniken (Ziffern- statt Zahlenrechnen) zurückgeführt werden, die während der Primarstufe „gelernt" wurden. Die Hauptschulstudie hat gezeigt, dass jeder zweite Schüler, der große Probleme mit den aktuellen Unterrichtsinhalten hat, gleichzeitig zentrale Inhalte des Mathematikunterrichts der ersten vier Jahrgangsstufen nicht anwenden konnte. Ronjas Strategie, Zahlen in Ziffern zu zerlegen, um mit ihnen Terme zu berechnen, wird auf Aufgaben der Prozentrechnung übertragen (vgl. 3.3.4). Die Förderung von Ronja darf daher nicht bei Aufgaben zur Bruch- oder Prozentrechnung beginnen, sondern muss zunächst den Aufbau und Eigenschaften von natürlichen Zahlen (z. B. Analogien) sowie Kopfrechenstrategien, die sich auf Zahlen- und nicht auf Ziffernrechnen stützen, thematisieren.
- *Halbschriftliche Verfahren den schriftlichen vorziehen:* Da Ziffernrechnen die zentrale Ausweichstrategie bei zählendem Rechnen oder anderen großen Problemen mit dem Zahlverständnis ist, bringt das Überprüfen von schriftlichen Verfahren in der Regel keinen Erkenntnisgewinn. Beim schriftlichen Rechnen können Kinder mit Zählstrategien unter der Beachtung von Regeln zu richtigen Ergebnissen gelangen, ohne dass ein Verständnis für die Zahlen bzw. den Algorithmus vorhanden ist. In der Hauptschulstudie konnte beispielsweise auch aufgezeigt werden, dass alle drei „zählenden Rechner" die schriftliche Addition 346 + 273 richtig lösen konnten.
- *Orientierung an den Grundvorstellungen:* Grundvorstellungen können zur Entwicklung und Auswahl von geeigneten Diagnose- und Förderaufgaben als normative Leitlinien dienen, indem zunächst die Grundvorstellungen definiert werden, die den mathematischen Inhalt kennzeichnen. Davon ausgehend können Aufga-

ben gestellt werden, die zur erfolgreichen Bearbeitung die Übersetzung zwischen zwei Darstellungsebenen über die Aktivierung der entsprechenden Grundvorstellung erfordern.
- *Einzelprozesse im Modellierungskreislauf untersuchen:* Fehleranalysen zeigen, dass das Grundvorstellungskonzept und der Modellierungskreislauf auch deskriptiv zur Beschreibung und Verortung von Schwierigkeiten im Lösungsprozess herangezogen werden können. Empirisch wurde wiederholt gezeigt, dass Probleme beim Übersetzen zwischen Darstellungsbereichen und damit Schwierigkeiten mit Grundvorstellungen in typischen Inhalten der Sekundarstufe (z. B. Bruchzahlen) häufiger auftreten als beim Arbeiten innerhalb eines Darstellungsbereichs. Bei Inhalten der Primarstufe (z. B. Rechenstrategien bei natürlichen Zahlen) steht auch das Arbeiten innerhalb eines Darstellungsbereichs im Fokus der Diagnose, da von Wechselwirkungen zwischen dem Aufbau von Grundvorstellungen und der Entwicklung von Rechenstrategien ausgegangen wird. Diagnose muss dem insofern Rechnung tragen, dass Grundvorstellungen und rechnerische Fertigkeiten gleichermaßen überprüft werden. Hierzu müssen Items geschaffen werden, die problematische Denkprozesse isolieren und damit beschreiben können.

3.3.6 Konsequenzen

Der aufzeigte Forschungsstand und die vorgestellten empirischen Studien über Schülerinnen und Schüler mit besonderen Schwierigkeiten beim Lernen von Mathematik haben eine Reihe von Konsequenzen, die unterschiedliche Kreise der unterrichtlichen Entscheidungs- und Einflussträger ansprechen. Für eine Verbesserung der derzeitigen Situation ist eine verstärkte konstruktive Zusammenarbeit der im Folgenden angesprochenen Ebenen wünschenswert.

Folgerungen für die Unterrichtspraxis

Der Umgang mit Jugendlichen, die besondere Probleme beim Lernen von Mathematik haben, wird primär als schulische Aufgabe gesehen. Das bedeutet, dass Lehrkräfte auf diesem Gebiet besondere Qualifikationen benötigen, um die vielschichtigen und komplexen Schwierigkeiten durch Diagnose und Förderung bewältigen zu können. Das bedeutet konkret:

- *Diagnose inhaltlich aufbauen können:* Die Analyse von besonderen Schwierigkeiten in Mathematik darf sich nicht auf die aktuellen Inhalte des Curriculums (beispielsweise Bruchrechnung) beschränken. Vielmehr muss im Curriculum so weit zurück geforscht werden (beispielsweise das Repertoire an auswendig gewussten Aufgaben im Zahlenraum bis 20), bis geklärt ist, wo die Probleme beginnen und an welche Grundlagen eine Förderung anknüpfen kann. Hierzu ist theoretisches stoffdidaktisches Wissen um die Zusammenhänge zwischen den Inhalten (beispielsweise Grundvorstellungen zur Multiplikation und Division als Voraussetzung für den Aufbau von Grundvorstellungen zu Bruchzahlen) und ein Wissen um die Hauptsymptome für Rechenstörungen (beispielsweise zählendes Rechnen) und deren Auswirkungen auf weitere Inhaltsbereiche (beispielsweise Beschränkung auf Ziffernstrategien beim Rechnen) nötig. Darüber hinaus ist eine breite diagnostische Kompetenz erforderlich, durch welche Aufgaben diese Inhalte operationalisiert, welche Beobachtungen im Lösungsprozess angestellt und wie Schülerlösungen interpretiert werden können.

- *Diagnose organisatorisch umsetzen können:* Für eine zielführende Diagnose ist es neben den oben beschriebenen fachlichen Kompetenzen auch wichtig, dass hierfür qualifizierte Lehrkräfte die Möglichkeit haben sie durchzuführen. Hilfreich ist hier eine Kombination aus standardisierten Tests zum Auffinden von „Risikoschülern" und einer prozessorientierten Diagnostik, die auf die Symptome und Ursachen der Probleme abzielt. Während einige standardisierte Tests auch im Klassenverbund durchgeführt werden können, ist für eine prozessorientierte Diagnose die individuelle Interaktion unverzichtbar. Während des regulären Unterrichts kann diese in der Regel nur in Stillarbeitsphasen organisiert werden.

- *Förderarbeit inhaltlich strukturieren:* Die vorgestellten Studien zeigen, dass die Schwierigkeiten der Lernenden der Risikogruppe in der Regel nicht in aktuellen Inhalten des Mathematikunterrichts beginnen, sondern oftmals weit zurück (bis in die Primarstufe) reichen. Eine Förderung am aktuellen Stoff kann daher meist nur kurzfristige und scheinbare Erfolge bewirken. Insbesondere ist die häufige Förderpraxis, bei der Defizite durch ein zusätzliches Üben in den Problembereichen behoben werden sollen, zu hinterfragen: Oftmals werden falsche oder nicht tragfähige Strategien durch diese Zusatzaufgaben geradezu verfestigt und nicht behoben. Wenn wesentliche Inhalte der Primarstufe, die für ein erforderliches Weiterlernen nötig sind, nicht zur Verfügung stehen, dann müssen diese in der Förderarbeit zunächst erarbeitet werden. Das bedeutet für Lehrkräfte der Sekundarstufe, die eine erfolgreiche Förderung dieser Jugendlichen organisieren, dass sie mit Inhalten und Methoden der Primarstufe vertraut sein müssen. Ein Fördererfolg wird sich – insbesondere bei der verspäteten Aufarbeitung von Defiziten aus dem Primarbereich – nur einstellen, wenn sich alle daran Beteiligten (Schülerinnen und Schüler, Lehrende und Eltern) darauf einlassen.

- *Theoretische Lernmodelle praktisch umsetzen:* Der Erwerb mathematischer Kompetenzen kann nicht durch das Abarbeiten von Übungsaufgaben allein geschehen. Für die Förderarbeit sind neben den mathematisch-inhaltlichen Klärungen auch lernpsychologische und methodische Positionierungen nötig. Das betrifft insbesondere die Rolle von Fehlern, die diesen im Lernprozess zugeschrieben wird, und die Notwendigkeit von Veranschaulichungen und Begründungen bzw. Argumentationen im Lernprozess. An dieser Stelle kann auf diese Stichworte nicht ausführlich eingegangen werden (vgl. hierzu z. B. Schipper, 2005, 2007; Klewitz, Köhnke & Schipper, 2008; Scherer, 2007).

Folgerungen für die Bildungsadministration und -organisation

Im Abschnitt „Folgerungen für die Unterrichtspraxis" wurde aufgezeigt, dass Diagnose und Förderung von Jugendlichen mit besonderen Schwierigkeiten beim Lernen von Mathematik ein hohes Maß an Kompetenzen der Lehrkräfte voraussetzt. Seitens der Verantwortlichen in Schul- und Hochschuladministration ist Unterstützung in inhaltlichen und organisatorischen Bereichen nötig:

- *Lehreraus- und -weiterbildung:* Das Angebot an Fortbildungsmöglichkeiten zum Thema Diagnose und Förderung bei „Risikoschülern" ist begrenzt. Fraglich ist, ob die nötige Spezialisierung der Lehrkräfte nur über einzelne Veranstaltungen erreicht werden kann. In Zusammenarbeit zwischen der schulpsychologischen Beratungsstelle der Stadt Bielefeld und der Beratungsstelle für Kinder mit Rechenstörungen der Universität Bielefeld wird seit zwei Jahren ein Projekt durchgeführt, in dem Lehrkräfte der Primar- und Sekundarstufe durch Fortbildungen und wöchentliche Hospitationen in der Förderarbeit für Kinder mit Rechenstörungen weitergebildet werden (Schipper, Behrmann & Duden, 2007). Diese Lehrkräfte sollen dann – bestenfalls – in ihren eigenen Schulen Ansprechpartner für das Themenfeld „Förderung und Diagnose bei besonderen Problemen beim Mathematiklernen" werden. Eine empirische Evaluation der Wirksamkeit dieses finanziell und personell intensiven Projekts wird durchgeführt (Schulz, in Vorb). Auch für die Lehrerausbildung ist die Implementierung von verpflichtenden Lehrveranstaltungen und Praktika in diesem Bereich wünschenswert.
- *Bereitstellung von Ressourcen in Bezug auf Diagnose und Förderung:* Einer erfolgreichen Förderarbeit muss eine fachlich qualifizierte Diagnose vorausgehen. Wie des Öfteren angesprochen, genügt es nicht, der Schule einen Test zur Verfügung zu stellen, sondern Lehrkräfte müssen die Möglichkeit haben, individuelle, in der Regel im Einzelgespräch stattfindende Prozessdiagnosen durchführen zu können. Eine qualifizierte Förderarbeit, die auf Erkenntnissen der individuellen Diagnose entwickelt wird, kann nur in einer intensiven Betreuung und Begleitung durch die Lehrkraft (beispielsweise in Kleingruppen bis vier Lernende) erfolgen.
- *Qualitätsentwicklung und -sicherung ermöglichen:* Mit der Einführung von zentral gestellten Vergleichs- oder Abschlussarbeiten ist die Möglichkeit gegeben, Klassenverbünde auf quantifizierbarer Ebene vergleichend zu bewerten und Rückmeldungen über spezifische Probleme und Stärken zu geben. Mit diesen Arbeiten kann darüber hinaus das Ziel verfolgt werden, Einfluss auf die Aufgabenkultur und

den Stellenwert der prozessbezogenen Kompetenzen zu nehmen. Für eine positive Schulentwicklung darf insbesondere für leistungsschwache Klassenverbände die Rückmeldung jedoch nicht auf die Nennung von Vergleichswerten und die Angabe von unspezifischen Hinweisen beschränkt bleiben. Hilfreich ist vielmehr eine Stärkung der Kompetenzen von Lehrkräften für Diagnose und Förderung.

- *Minimalstandards als Richtlinie vorgeben:* Förderunterricht steht meist im Spannungsfeld zwischen der Erarbeitung von notwendigen Voraussetzungen und einer Verbesserung der Leistungen in regulären Unterrichtsinhalten. Es ist wünschenswert, dass Lehrkräfte – auch juristisch abgesichert – klare Richtlinien haben, welche Inhalte des Curriculums (Regelstandards) für „Risikoschüler" zu Gunsten des Erwerbs von mathematischen Grundlagen (Mindeststandards) verzichtbar sind. Das beinhaltet auch weit reichende organisatorische und inhaltliche Überlegungen in Bezug auf Leistungserfassung und -bewertung. Lösungen wie *befristetes Aussetzen der Mathematiknote* oder *Wiederholung einer Klassenstufe* allein sind kritisch zu hinterfragen, da hierdurch nicht zwangsläufig die Möglichkeit des Erwerbs des fehlenden Grundlagenwissens gegeben ist.

Folgerungen für die Mathematikdidaktik als Wissenschaft

Schließlich stellt sich die Frage, welchen Beitrag die mathematikdidaktische Forschung zu diesem Themenfeld leisten sollte. Aus den zuvor genannten Punkten lassen sich folgende Aufgaben ableiten:

- *Stärkung der Kompetenzen von Lehrkräften:* In den vorherigen Abschnitten wurde aufgezeigt, dass die Arbeit mit Kindern, die besondere Schwierigkeiten beim Lernen von Mathematik haben, ein hohes Maß an mathematischen, didaktischen und diagnostischen Kompetenzen erfordert. Die Ermöglichung der Ausbildung dieser Kompetenzen ist vorrangig Aufgabe der mathematikdidaktischen Wissenschaft. Zur Verbesserung der gegenwärtigen Situation ist es wünschenswert, dass die individuelle Diagnose und Förderung von Kindern mit Rechenstörungen nicht nur für die Primarstufe zu verbindlichen Inhalten der Lehramtsausbildung erklärt wird. Verschiedene Formen der Weiterbildung (Fortbildung bis hin zu Kooperationsprojekten) können durch universitäre Einrichtungen mit entsprechenden Forschungsschwerpunkten unterstützt und begleitet werden.
- *Empirische Forschung zu Kindern mit Problemen beim Lernen von Mathematik:* Wie in Abschnitt 3.3.2 aufgezeigt wurde, ist die Erforschung von Rechenstörungen in der Sekundarstufe ein großes Forschungsdesiderat. Eine empirische Grundlage für die Analyse von Zusammenhängen misslingender Lernprozesse in der Sekundarstufe – insbesondere unter Einbezug grundlegender mathematischer Kenntnisse aus dem Primarbereich – ist nicht nur im Hinblick auf die Entwicklung von diagnostischen Instrumenten und Vorschlägen für eine angemessene Förder-

arbeit unverzichtbar. Vielmehr können hierüber auch theoretische Konzepte zu Lernprozessen (Ausbildung von Grundvorstellungen) und Unterrichts- bzw. Curriculumsorganisation (Spiralprinzip) weiterentwickelt werden.
- *Bereitstellung diagnostischer Grundlagen:* Auf der Grundlage inhaltlicher und empirischer Erkenntnisse ist die Entwicklung von Diagnoseinstrumenten in Bezug auf Hauptsymptome für Rechenstörungen in der Sekundarstufe wünschenswert. Das bezieht sich sowohl auf die Entwicklung von Leistungstests, die gezielt problematische Bereiche identifizieren und auf Risikoschüler aufmerksam machen können, wie auf die Erstellung von Interviewleitfäden, die über theoriegeleitete Aufgabenbeispiele mit Beobachtungshinweisen zu den Bearbeitungsprozessen eine prozessorientierte Diagnose im Einzelgespräch erleichtern.
- *Evaluation von Förderkonzepten und -maßnahmen:* Schließlich fällt der empirischen Unterrichtsforschung die Aufgabe zu, die entwickelten Förderkonzepte einer kritischen Analyse zu unterziehen. Obgleich zahlreiche Förderansätze in Bezug auf Rechenstörungen existieren, steht eine empirische Evaluation in der Regel noch aus. Das gilt insbesondere für die Übertragung von Erfolg versprechenden Konzepten, die für den Primarbereich entwickelt wurden und die nun in der Sekundarstufe erprobt werden sollen.

Literatur

Aster, M. von & Weinhold Zulauf, M. (2005). *ZAREKI-R. Testverfahren zur Dyskalkulie bei Kindern.* Frankfurt a. M.: Harcourt Test Services.

Aster, M. von (2001). *Neuropsychologische Testbatterie für Zahlverarbeitung und Rechnen bei Kindern (ZAREKI).* Frankfurt a. M.: Swets und Zeitlinger Test Service.

Baumert, J., Artelt, C., Klieme, E., Neubrand, M., Prenzel, M., Schiefele, U. et al. (Hrsg.) (2003). *PISA 2000 – Ein differenzierter Blick auf die Länder der Bundesrepublik Deutschland. Zusammenfassung zentraler Befunde.* Berlin: Max-Planck-Institut für Bildungsforschung.

Behring, K., Kretschmann, R. & Dobrindt, Y. (1999). *Prozessdiagnose mathematischer Kompetenzen in den Schuljahren 1 und 2. Bd.1–3.* Horneburg: Persen.

Beishuizen, M. (1993). Mental Strategies and Materials or Models for Addition and Subtraction up to 100 in Dutch Second Grades. *Journal for Research in Mathematics Education, 24*(4), 294–323.

Benz, Ch. (2007). Die Entwicklung der Rechenstrategien bei Aufgaben des Typs ZE+-ZE im Verlauf des zweiten Schuljahres. *Journal für Mathematikdidaktik, 28*(1), 49–73.

Blum, W., Neubrand, M., Ehmke, T., Senkbeil, M., Jordan, A., Ulfig, F. et al. (2004). Mathematische Kompetenz. In M. Prenzel, J. Baumert, W. Blum, R. Lehmann, D. Leutner, M. Neubrand et al. (Hrsg.), *PISA 2003. Der Bildungsstand der Jugendlichen in Deutschland – Ergebnisse des zweiten internationalen Vergleichs* (S. 47-92). Münster: Waxmann.

Dehaene, S. (1992). Varieties of numerical abilities. *Cognition, 44*, 1–42.
Frey, A., Asseburg, R., Carstensen, C., Ehmke, T. & Blum, W. (2007). Mathematische Kompetenz. In M. Prenzel, C. Artelt, J. Baumert, W. Blum, M. Hammann, E. Klieme et al. (Hrsg.), *PISA 2006. Ergebnisse der dritten internationalen Vergleichsstudie* (S. 249–275). Münster: Waxmann.
Fritz, A., Ricken, G. & Schmidt, S. (2009). *Handbuch Rechenschwäche – Lernwege, Schwierigkeiten und Hilfen bei Dyskalkulie (2. Auflage).* Weinheim: Beltz.
Gaidoschik, M. (2007). *Rechenschwäche vorbeugen. 1. Schuljahr: Vom Zählen zum Rechnen.* Wien: G+G.
Gaidoschik, M. (2008). „Rechenschwäche" in der Sekundarstufe: Was tun? *Journal für Mathematik-Didaktik, 29*(3/4), 287–294.
Gray, E. M. (1991). An Analysis of Diverging Approaches to Simple Arithmetic. *Educational Studies in Mathematics, 22*, 551–574.
Hafner, Th. & vom Hofe, R. (2008). Aufgaben analysieren und Grundvorstellungen erkennen – Diagnostische Interviews zur Prozentrechnung. *mathematik lehren, 150*, 14–19.
Hecker, H., Leutner, D. & Amelang, M. (1998). *Standards für pädagogisches und psychologisches Testen.* Göttingen: Hogrefe.
Hofe, R. vom (1995). *Grundvorstellungen mathematischer Inhalte.* Heidelberg: Spektrum.
Hofe, R. vom (2003). Grundbildung durch Grundvorstellung. *Mathematik lehren, 118*, 4–8.
Jacobs, C. & Petermann, F. (2005a). *Rechenfertigkeiten und Zahlenverarbeitungs-Diagnostikum für die 2. bis 6. Klasse (RZD 2–6).* Göttingen: Hogrefe.
Jacobs C. & Petermann, F.(2005b). *Diagnostik von Rechenstörungen. Kompendium Psychologische Diagnostik, Band 7.* Göttingen: Hogrefe.
Klewitz, G., Köhnke, A. & Schipper, W. (2008). *Rechenstörungen als schulische Herausforderung – Handreichungen zur Förderung von Kindern mit besonderen Schwierigkeiten beim Rechnen.* Ludwigsfelde-Struvelhof: LISUM.
Klieme, E., Avenarius, H., Blum, W., Döbrich, P., Gruber, H., Prenzel, M. et al. (2003). *Zur Entwicklung nationaler Bildungsstandards – eine Expertise.* Bonn: BMBF.
Klieme, E., Neubrand, M. & Lüdtke, O. (2001). Mathematische Grundbildung: Testkonzeption und Ergebnisse. In J. Baumert, E. Klieme, M. Prenzel, U. Schiefele, W. Schneider, P. Stanat et al. (Hrsg.), *PISA 2000 – Basiskompetenzen von Schülerinnen und Schülern im internationalen Vergleich* (S. 141–191). Opladen: Leske & Budrich.
Landerl, K. & Kaufmann, L. (2008). *Dyskalkulie – Modelle, Diagnostik, Intervention.* München: Ernst Reinhardt.
Lobeck, A., Frei, M. & Blöchinger, R. (1990). *Schweizer Rechentest 4.–6. Klasse (SR 4–6).* Weinheim: Beltz.
Lorenz, J. H. (1998). Das arithmetische Denken von Grundschulkindern. In A. Peter-Koop (Hrsg.), *Das besondere Kind im Mathematikunterricht* (S. 59–81). Offenburg: Mildenberger.

Lorenz, J. H. (2002). Die Entwicklung von Zahlensinn als Ziel des Mathematikunterrichts. In A. Schubert (Hrsg.), *Mathematik lehren und lernen* (S. 46–57). Braunschweig: Westermann.

Marx, H. & Krocker, N. (2005). Das Prokrustesbett der deutschen Lehrpläne für die Entwicklung von lehrplanvaliden Testverfahren – Zur Kontruktion der Deutschen Mathematiktests für fünfte und sechste Klassen (DEMAT 5+ und DEMAT 6+). In M. Hasselhorn, H. Marx & W. Schneider, (Hrsg.), *Diagnostik von Mathematikleistungen* (S. 199–232). Göttingen: Hogrefe.

Mittelberg, A. (2004). *Rechenschwächen in der Hauptschule – Eine Studie zu den Rechenleistungen in den Klassen 7 und 8*. Unveröffentlichte Dissertation, Universität Hannover.

Moser Optiz, E. (2005). Lernschwierigkeiten Mathematik in Klasse 5 und 8. *Vierteljahresschrift für Heilpädagogik und ihre Nachbargebiete, 74*, 113–128.

Moser Optiz, E. (2009). Rechenschwäche diagnostizieren: Umsetzung einer entwicklungs- und theoriegeleiteten Diagnostik. In A. Fritz, G. Ricken & S. Schmidt (Hrsg.), *Handbuch Rechenschwäche – Lernwege, Schwierigkeiten und Hilfen bei Dyskalkulie (2. Auflage)* (S. 286–307). Weinheim: Beltz.

Moser Optiz, E., Berger, D. & Reusser, L. (2007). *BESMath – Berner Screening Mathematik. Screening zum Erfassen von Schülerinnen und Schülern mit schwachen Mathematikleistungen.* Bern: Erziehungsdirektion (www.erz.be.ch/besmath).

Pekrun, R., Hofe, R. vom, Blum, W., Frenzel, A., Goetz, Th. & Wartha, S. (2007). Development of mathematical competencies in Adolescence: The PALMA longitudinal study. In M. Prenzel (Ed.), *Studies on the educational quality of schools* (pp. 17–39). Münster: Waxmann.

Ricken, G. (2003). Psychometrische und entwicklungsorientierte Verfahren zur Diagnostik des Rechnens. In A. Fritz, G. Ricken & S. Schmidt (Hrsg), *Rechenschwäche – Lernwege, Schwierigkeiten und Hilfen bei Dyskalkulie* (S. 260–282). Weinheim: Beltz.

Rottmann, Th. R. & Huth, Ch. (2005). Zwei Diagnose-Tests im Test. ZAREKI und OTZ unter der Lupe. *Die Grundschulzeitschrift, 19*(182), 32–33.

Schäfer, J. (2005). *Rechenschwäche in der Eingangsstufe der Hauptschule*. Hamburg: Dr. Kovač.

Scherer, P. (2007). *Produktives Lernen für Kinder mit Lernschwächen: Fördern durch Fordern (3 Bde)*. Horneburg: Persen.

Schipper, W. (2002). Thesen und Empfehlungen zum schulischen und außerschulischen Umgang mit Rechenstörungen. *Journal für Mathematik-Didaktik, 23*(3/4), 243–261.

Schipper, W. (2005). *Rechenstörungen als schulische Herausforderung. Basispapier zum SINUS Modul G 4: Lernschwierigkeiten erkennen – verständnisvolles Lernen fördern.* Kiel: IPN.

Schipper, W. (2007). Prozessorientierte Diagnostik von Rechenstörungen. In J. H. Lorenz & W. Schipper (Hrsg.), *Hendrik Radatz – Impulse für den Mathematikunterricht* (S. 105–116). Braunschweig: Schroedel.

Schipper, W., Behrmann, M. & Duden, K. (2007). *Försch – Förderung rechenschwacher Schüler. Bielefeld. Occasional Paper No. 188*. Bielefeld: Institut für Didaktik der Mathematik.

Schroeders, U. & Schneider, W. (2008). *TeDDy-PC – Test zur Diagnose von Dyskalkulie*. Göttingen: Hogrefe.

Schulz, A. (in Vorb.). Untersuchung der Entwicklung fachdidaktischer Kompetenzen von Grundschullehrerinnen zum Thema Rechenstörungen.

Schupp, H. (1988). Anwendungsorientierter Mathematikunterricht in der Sekundarstufe I zwischen Tradition und neuen Impulsen. *Der Mathematikunterricht, 34*(6), 5–16.

Stölting, P. (2008). *Die Entwicklung des funktionalen Denkens in der Sekundarstufe I*. Paris: Université Paris 7 Denis Diderot, UFR Mathématiques.

Threlfall, J., Pool, P., Homer, M. & Swinnerton, B. (2007). Implicit aspects of paper and pencil mathematics assessment that come to light through the use of computer. *Educational Studies in Mathematics, 66*, 335–348.

Wartha, S. (2007). *Längsschnittliche Analysen zur Entwicklung des Bruchzahlbegriffs*. Hildesheim: Franzbecker.

Wartha, S. (2008). Möglichkeiten und Grenzen softwaregestützter Diagnose von Rechenstörungen. In E. Vasarhelyi (Hrsg.), *Beiträge zum Mathematikunterricht 2008* (S. 793–796). Hildesheim: Franzbecker.

Wartha, S. (2009a). Lernschwierigkeiten vorprogrammiert: Die Rolle von Vorkenntnissen. Erscheint in C. Fischer, C. Fischer-Ontrup & U. Westphal (Hrsg.), *Individuelle Förderung – Lernschwierigkeiten als schulische Herausforderung*. Münster: LIT-Verlag.

Wartha, S. (2009b). Zur Entwicklung des Bruchzahlbegriffs – didaktische Analysen und längsschnittliche Befunde. *Journal für Mathematikdidaktik, 29*(1), 50–79.

Wartha, S. & Güse, M. (in Vorb.). Zum Zusammenhang zwischen Grundvorstellungen zu Bruchzahlen und arithmetischem Grundwissen (25 Seiten).

Wartha, S., Rottmann, Th. R. & Schipper, W. (2008). Wenn Üben einfach nicht hilft – Prozessorientierte Diagnostik verschleppter Probleme aus der Grundschule. *mathematik lehren, 150*, 20–25.

Wartha, S. & Wittmann, G. (im Druck). Ursachen für Lernschwierigkeiten im Bereich des Bruchzahlbegriffs und der Bruchrechnung. Erscheint in A. Fritz & S. Schmidt (Hrsg.), *Überwindung arithmetischer Lernschwierigkeiten in der Sekundarstufe I*. Weinheim: Beltz.

3.4 Mathematische Bildung in der Sekundarstufe: Orientierungen für die inhaltliche Ausgestaltung von Übergängen

Michael Neubrand

Die Trias Allgemeinbildung – Studierfähigkeit – Wissenschaftspropädeutik (KMK, 1995) kann durchaus zur allgemeinen Orientierung für eine Ordnung der Ziele und Aufgaben der Sekundarstufen an den allgemeinbildenden Schulen dienen. Dabei steht „Allgemeinbildung" für ein ganzes Bündel von Aufgaben (Heymann, 1996), darunter vor allem für die verschiedenen Aspekte von Lebensvorbereitung und Sicherung der Partizipation am gesellschaftlichen Leben. Hier wird es keinen Zweifel geben, dass dieses Ziel in allen Schulformen mit den jeweils vorhandenen Mitteln und Möglichkeiten umzusetzen ist. Aber auch die beiden anderen Komponenten sprechen keineswegs Ziele an, die sich nur auf die Oberstufe der Gymnasien beziehen. Der Kern von „Studierfähigkeit" liegt nämlich darin, dass letztlich selbstreguliertes und effektives Wissensmanagement bei den Schülerinnen und Schülern anzustreben ist, eine Fähigkeit, die weit über „das Studieren" als solches hinaus weist. „Wissenschaftspropädeutik" meint, dass reflektierte Anwendung rationalargumentativer Denkweisen, also die Bewusstheit darüber, mit welchen Arbeitsweisen welche Information gewonnen wird, ebenfalls ein Ziel schulischen Lernens ist; und selbst für Letzteres gibt es elementare mathematische Beispiele (Neubrand, 2000; Sjuts, 2003).

Diese allgemeine Trias ist zu spezifizieren für das jeweilige Fach, hier die Mathematik. Für den Übergang von der Sekundarstufe in den tertiären Sektor haben etwa de Guzmán, Hodgson, Robert und Villani (1998) sowohl wissensbezogene (und das sind auch „epistemologische", das Verständnis mathematischer Arbeitsweisen betreffende) als auch soziale und kulturelle, nicht zuletzt aber auch vom Lehren stammende („didactical") Schwierigkeiten ausgemacht.

Für die Diskussion von Übergängen aus mathematikdidaktischer Perspektive und dann auch für den Entwurf von Forschungs- und Entwicklungsprojekten ist dies festzuhalten: Die Übergangsproblematik kann nur dann produktiv und nachhaltig aufgearbeitet werden, wenn man die gesamte Spannweite der Ziele des Mathematikunterrichts betrachtet. Unternommene Aktionen sind dahingehend kritisch zu prüfen, inwieweit sie die ganze Trias einbeziehen.

3.4.1 Die Vielschichtigkeit der Übergangsproblematik

Die Übergangsproblematik ist zunächst nach zwei Aspekten zu unterscheiden.[1] Einerseits handelt es sich um eine *curriculare und organisatorische Fragestellung*. Die Curricula und Lehrpläne in den unterschiedlichen Einrichtungen der Sekundarstufe sind so aufeinander abzustimmen, dass die notwendigen Übergänge möglichst erfolgreich verlaufen können. Der sachliche Kern des Problems ist indes jenseits aller administrativen Randbedingungen vorhanden, denn immer verfolgen die schulischen und beruflichen Institutionen, von denen abgegangen und in die übergegangen wird, jeweils spezifische Ziele. Sowohl beim Übergang von der Schule zum Beruf (siehe Kapitel 4 dieses Buches) als auch beim Übergang von der Schule in den Hochschulbereich (Kapitel 5) tritt der Gedanke „für alle" (sensu Klafki) zurück. Denn nun kann die aufnehmende Institution spezialisieren, will aber freilich „aufbauen" können. In Deutschland mit seiner föderal heterogenen Bildungslandschaft (Cortina, Baumert, Leschinsky, Mayer & Trommer, 2008) potenziert sich das grundsätzlich überall vorhandene Problem zu einer administrativen Herausforderung. Es ist auch noch Anschluss zwischen 16 unterschiedlichen Bildungssystemen herzustellen.

Dieser erste Aspekt der Übergangsproblematik scheint also nur bei allzu einfacher Betrachtung eine Sache allein der Bildungsadministrationen zu sein. Es zeigte sich ja, dass hinter Harmonisierung und Abstimmung auch die Sicherung einer bei Übergängen anschlussfähigen inhaltlichen Basis zu stehen hat. Ein aktueller Ansatz, das zu erreichen, ist die Einführung von Bildungsstandards in den letzten Jahren (Klieme et al., 2003). Es ist aber im Folgenden zu fragen, inwieweit dies ein Instrument auch (!) für die Sicherung von Übergängen ist, wenn man die oben skizzierte Spannweite der Ziele betrachtet.

Die Problematik der Übergänge hat einen zweiten Aspekt. Man kann von einer *inhaltlich grundlegenden Problematik* sprechen. Selbst bei dem Stoffkanon nach vergleichbaren Curricula können im Mathematikunterricht immer noch unterschiedliche Schwerpunktsetzungen in den Ländern, in den Schulformen, sogar von Schule zu Schule festgestellt werden. Das sind oft traditionell verwurzelte und daher schwer beeinflussbare „Profile" im Mathematikunterricht. Solche Profile bilden sich empirisch ab als relativ unterscheidbare Leistungen in bestimmten Teilkompetenzen in den Bundesländern (J. Neubrand & M. Neubrand, 2004), aber auch in internationalen Unterrichtsvergleichen (z.B. Kaiser, 1999; Knipping, 2003; J. Neubrand, 2006).

Dieser Aspekt verweist schon auf die in den nächsten Abschnitten weiter entfalteten mathematikdidaktischen Aufgaben bei der Gestaltung von Übergängen: Wel-

---

1 Es soll aber nicht vergessen werden, dass Übergänge neben diesen beiden auf die Zieldiskussion für Schulen bezogenen Aspekten auch weitere Schwierigkeiten für die Betroffenen (jeder Seite) mit sich bringen. Zu nennen ist vor allem die affektiv-soziale Problematik von Übergängen, etwa durch die andere persönliche Umgebung, andere Bezugspersonen, andere peers, andere Lehr-/Lern-Methoden etc.

che Art von Mathematikunterricht, welche Art von Begegnung der Schülerinnen und Schüler mit Mathematik ist adäquat, um Übergänge erfolgreich gestalten zu können? Gute Leistung allein reicht nicht aus, wenn in der Institution, in die übergegangen wird, eine andere Art von Mathematik erwartet wird als bisher ausgebildet, etwa eine abstrakt-beweisbezogene Mathematik in der Universität. Mit der o. g. „Trias" kann man auch sagen, dass die drei dort genannten Komponenten alle zu beachten sind. Eine bessere curriculare Abstimmung kann zwar den Rahmen für Allgemeinbildung abstecken, die anderen genannten Komponenten sind aber bei Übergängen gleichermaßen wichtig.

3.4.2 Befunde zur Übergangsproblematik und ihre Deutung

Empirisch belegt sind seit langem die Leistungsüberschneidungen zwischen den Schulformen (siehe beispielsweise Abbildung 10.9 in Baumert, Trautwein & Artelt, 2003). Sie zeigen z. T. extreme Überlappungen der Leistungsverteilungen. So erreichen beispielsweise „etwa 41 % der bayerischen Realschüler [...] Mathematikleistungen, die oberhalb des 25. Perzentils der gymnasialen Leistungsverteilung liegen" (Baumert et al., 2003, S. 294). Auch weiß man, dass es leistungsstarke Hauptschülerinnen und -schüler gibt, die zudem inhaltlich bestimmte Leistungsspektren aufweisen (Wynands & Möller, 2004). Aber für die Übergangsproblematik geben diese Befunde wenig her. In einem gegliederten Schulsystem sind Leistungsüberschneidungen geradezu erwünscht, wenn man – idealerweise – davon ausgeht, dass die unterschiedlichen Schulformen sich zuerst durch ihre Ausrichtung auf bestimmte Ausbildungsziele zu definieren haben. Leistungsüberlappungen pointieren also nur das Problem, Übergänge zu ermöglichen, geben aber noch keine Hinweise, wie es anzugehen ist und wo die Gründe für Schwierigkeiten beim Übergang liegen.

An einem sehr speziellen kleinen Ausschnitt aus den Lehrplänen wird die Essenz dieser Schwierigkeiten erkennbar. Die bayerischen (sechsstufigen) Realschulen profilieren sich in drei sog. Wahlpflichtfächergruppen, in einen stärker mathematisch-naturwissenschaftlich ausgerichteten Zweig I und in die mehr auf die Qualifikation für wirtschaftliche und soziale Berufsfelder hin konzipierten Wahlpflichtfächergruppen II und III. Dem Mathematikunterricht stehen in Klasse 10 unterschiedliche Stundenkontingente zur Verfügung, 5 Wochenstunden in I und 4 Stunden in II/III. Die Inhalte müssen also in II/III gegenüber I reduziert werden. Wie geschieht das?

Instruktiv in diesem Zusammenhang ist das Vorgehen im Rahmen des Lehrplans im Teilgebiet Trigonometrie (Bayer. StMUK, o.J.: Für I: S. 515–516, für II/III: S. 518–519). Natürlich sind rein stoffliche Kürzungen vorzunehmen, etwa indem in Gruppe II/III auf die Additionstheoreme der trigonometrischen Funktionen verzichtet wird. Gravierender ist aber dieser Unterschied: In der mathematisch-naturwissenschaftlichen Wahlpflichtfächergruppe *beginnt* das entsprechende Kapitel im Lehrplan mit dem Hinweis, die Schülerinnen und Schüler sollten sich „den Zusammenhang zwischen Polarkoordinaten und kartesischen Koordinaten" erarbeiten, und eben dazu dienen rechnerisch die trigonometrischen Funktionen. In der Gruppe II/III heißt es dagegen nur: „Die Schüler eignen sich Kenntnisse über rechnerische Beziehungen zwischen Seitenlängen und Winkelmaßen im Dreieck an."

Mit Blick auf Probleme bei Übergängen in andere Schulformen oder Institutionen kann man dies so interpretieren: Die Wahlpflichtfächergruppe II/III sollte eigentlich von „technischem Ballast" möglichst wenig tangiert werden und vielmehr „Fundamente für den weiteren schulischen oder beruflichen Weg", so im Lehrplan, erhalten. Genau das Fundamentale der Trigonometrie, dass nämlich rechnerisch die Beziehungen zugänglich werden zwischen dem „kartesischen" Denken in Strecken und einer an Drehungen orientierten Ortsbestimmung, fällt aber nun weg. (Die Polarkoordinaten selbst als begriffliches Schema sind bei dieser Sichtweise ganz unerheblich und müssen als solche gar nicht angesprochen werden.) Es tritt somit „ausgerechnet" in Gruppe II/III eine Verkürzung auf rechnerische Verfahren ein, und die grundlegenden Ideen, die diesem Rechnen inneren Sinn verleihen würden, werden ausgeblendet.

Für die Gestaltung von Übergängen ist jedoch genau das Gegenteil erforderlich: Technische Details und ggf. Erweiterungen sind schnell nachgeholt, wenn der Begriffserwerb bereits zu Beginn den Gegenständen den Sinn verleiht, der die Begriffe anschlussfähig für eine vertiefte oder spezialisierte Weiterbearbeitung macht. Dies zu bedenken ist die Verpflichtung der abgebenden Institutionen. Die zu lernenden Begriffe, Verfahren und vor allem aber die angemessenen Arbeitsweisen sind systematisch einzubetten. Das kann durch Anwendungen – besser durch für Modellierungsprozesse geeignete Kontexte – geschehen, wenn es der jeweilige Gegenstand nahe legt, vor allem aber durch systematische innerfachliche Einbettung und Reflexion der Arbeitsweisen (in der Mathematik: Situationen analysieren, Begriffe bilden, Begriffe ordnen, anschließen an das Vorhergehende, begründen und beweisen etc.).

Fasst man die beiden hier typ-artig genannten Befunde zusammen, spitzt sich die Problematik der Übergänge so zu: Übergänge werden möglich gemacht nicht allein durch Sicherung von vergleichbaren Leistungen oder nach Durchlaufen eines hinreichend reichhaltigen Stoffkanons. Vielmehr geht es auch um die „Art" der jeweils erworbenen Mathematik und in welchen systematischen Kontexten man mathematische Gegenstände kennen gelernt hat.

Dies entspricht der umfassenden bildungstheoretischen Perspektive, die eingangs eingenommen wurde („Trias"). Aber auch aus kognitionstheoretischer Sicht kann man dies gut begründen: Weinert (2001, S. 115 ff.) betont, dass der (systematisch-vertikale) Erwerb „intelligenten Wissens" mit (situiert-horizontaler) Wissensnutzung und mit (metakognitiv-lateralen) Fähigkeiten einhergehen muss. Übergänge verlangen gerade die flexible Verfügbarkeit des erworbenen Wissens.

3.4.3 Zur Rolle der Bildungsstandards bei Übergängen

Die Gesamtstruktur der (mathematikdidaktischen Aspekte der) Übergangsproblematik ist damit umrissen. Zwar spielen die curriculare Passung unterschiedlicher Lehrpläne, die Zuweisung von Schülerinnen und Schülern in bestimmte Schulformen, die Konstruktion von Übergangswegen durch die Bildungsadministrationen[2] etc. eine Rolle. Kern bleibt aber aus mathematikdidaktischer Sicht die systematische inhaltliche Vorbereitung der Schülerinnen und Schüler auf mögliche Übergänge. Erworbenes Wissen ist dann für Übergänge offen, wenn es „intelligent" (sensu Weinert) eingebettet ist.

Seit 2003 gibt es nun in Deutschland Bildungsstandards (Klieme et al., 2003; KMK 2003, 2004 a, 2004 b), „die sagen, was am Ende von gewissen Abschnitten von Bildungsgängen erreicht werden soll" (Blum, Drüke-Noe, Hartung & Köller, 2006, S. 15). Sind Übergänge sicher, wenn entsprechende Leistungen bei der individuellen Überprüfung der Bildungsstandards gezeigt werden? Kann auch die systembezogene Überprüfung der Bildungsstandards in den einzelnen Schulformen Hinweise auf systematische Probleme bei Übergängen geben? Die Beantwortung der Frage hängt von zwei Gesichtspunkten ab: wie die Bildungsstandards konzipiert sind und ob die mit ihnen verknüpften Erwartungen an Weiterentwicklungen des Mathematikunterrichts eingelöst werden können.

Bildungsstandards sind zunächst als „Leistungsstandards" (Blum et al., 2006, S. 15) definiert. Sie fußen auf Bildungszielen, die weitgehend akzeptiert sind. Sie konkretisieren mathematische Leistung in einer Auswahl einzelner Kompetenzen, die dann vorwiegend an Aufgabenbeispielen illustriert werden. Bereits bei der detaillierten Vorstellung dieser Kompetenzen (Leiß & Blum, 2006, S. 33 f.) wird aber darauf verwiesen, dass einige übergeordnete Aspekte mathematischen Arbeitens im Unterricht – eben die in der eingangs genannten „Trias" mit den Stichworten Wissensmanagement und Reflexion umschriebenen Aspekte – in den Bildungsstandards nur implizit zum Ausdruck kommen. Dazu gehören etwa die Fertigkeiten im Umgang mit Zahlen, Größen, Variablen und geometrischen Objekten, aber auch die Notwendigkeit, jenseits der Bearbeitung konkreter Aufgaben im Mathematikunterricht langfristig angelegte inhaltliche Vorstellungen zu mathematischen Begriffen und Verfahren aufzubauen. Auch werden in den Bildungsstandards charakteristische Denkweisen der Mathematik nicht ausdrücklich erwähnt, etwa der allgemeine Substitutionsgedanke. Es bleibt implizit, dass die Mathematik immer, auch beim Erschließen der Wirklichkeit, auf allgemeine Zusammenhänge zielt, nicht nur auf die unmittelbare Brauchbarkeit.

Die Ausrichtung der Bildungsstandards auf einen spezifischen Katalog von Kompetenzen ist durch die historischen Entstehungsbedingungen der Bildungsstandards in

---
2   Das können bekannte oder neue Übergangswege sein. Vielversprechend erscheint hier der in Baden-Württemberg realisierte Weg aus den Realschulen in die beruflichen Gymnasien und weiter ins Hochschulsystem (Trautwein, Watermann, Nagy & Lüdtke, 2004).

Deutschland beeinflusst (J. Neubrand, 2009). Die Bildungsstandards orientieren sich in erster Linie an einer pragmatisch geprägten Auffassung mathematischer Grundbildung, der angelsächsischen Interpretation von „mathematical literacy". Der Gedanke der Notwendigkeit systematisch-vertikaler Vernetzung tritt zurück zugunsten der vor allem im Aufgabenmaterial (Blum et al., 2006) deutlich ausgearbeiteten Realitätsorientierung. Für Übergänge wäre aber gerade auch die systematische Einordnung von mathematischem Wissen bedeutend (siehe das o. g. Beispiel aus dem bayerischen Realschullehrplan). Von den drei eingangs erwähnten Zieldimensionen ist in die Bildungsstandards somit explizit nur die Allgemeinbildungsdimension aufgenommen worden.

Nur implizit angesprochene Aspekte des in der Schule zu erwerbenden mathematischen Wissens können aber allenfalls dann umgesetzt werden, wenn eine intensive Fortbildung der Lehrerinnen und Lehrer und entsprechende Maßnahmen zur Unterrichtsentwicklung stattfinden. Die Bildungsstandards selbst betonen dies: Es sei „eine Veränderungsstrategie nötig, zusammen mit einem Bündel gut aufeinander abgestimmter Maßnahmen. Dazu gehören im Falle der Bildungsstandards insbesondere Lehrerfortbildungsaktivitäten und gezielte Unterrichts- und Schulentwicklungsmaßnahmen" (Blum et al., 2006, S. 19). Im Gegensatz zur lebhaften Diskussion vieler einzelner Aufgaben gehen aber derzeit von den Bildungsstandards kaum Impulse für eine Weiterentwicklung des Mathematikunterrichts in seiner gesamten Funktionsbreite aus. Dies aber wäre die Grundlage für die Gestaltung von Übergängen.

Eine konkrete Messung der Befähigung zum Übergang in eine andere Schulform oder Institution mit dem „Instrument" Bildungsstandards ist auch aus zwei anderen Gründen problematisch. Zum einen ist die Leistungsmessung mit den Bildungsstandards grundsätzlich als „Screening" konzipiert. Inwiefern individuell verlässliche Aussagen damit gemacht werden können, ist weiter zu klären. Auch aus der Möglichkeit der systembezogenen Überprüfung der Bildungsstandards in den einzelnen Schulformen können nicht unmittelbar Schlüsse für die Lösung der Übergangsproblematik gezogen werden. Die Bildungsstandards sind zwar angemessen als Basis der Kompetenzerhebung für bildungspolitisch erwünschte Zustandsbeschreibungen. Die de-facto-Aufsplitterung nach Kompetenzen schiebt aber das Erreichen allgemeiner Kriterien des mathematischen Denkens eher in den Hintergrund. Solche allgemeinen Kriterien sind es jedoch, die für die Gestaltung von Übergängen interessant wären.

3.4.4 Eine balancierte Sicht auf Probleme der Gestaltung von Übergängen

Die Aufgaben des Mathematikunterrichts in der Sekundarstufe sind grundlegend in dem Mathematik-Kapitel des Gutachtens dargestellt, das zur Einrichtung des Programms SINUS („Steigerung der Effizienz des mathematisch-naturwissenschaftlichen Unterrichts") erstellt wurde (BLK, 1997). Kernidee ist es, dass die Mathematik von einem eigenartigen inneren Spannungsverhältnis gekennzeichnet ist: Sie ist von

Anfang an abstrakt, selbstbezogen und autonom, sie formt sich aber doch in stetem Kontakt zur Wirklichkeit, die als Vorbild, kontrollierende Norm oder als treibende Kraft für kreative Weiterentwicklung fungiert. Dieses Spannungsverhältnis von Abbildfunktion und systemischem Charakter zeigt sich in den verschiedenen Sichtweisen von Mathematik, und es prägt den Mathematikunterricht grundlegend (vgl. auch Winter, 1975; Freudenthal, 1983).

Der Mathematikunterricht kann sich dieser Spannung nicht entziehen, er muss sie produktiv gestalten. So ist etwa – Beispiel aus dem BLK-Gutachten – die *Rolle* und die *Darstellung* der Variablen in den einzelnen Schulformen von den gegebenen Möglichkeiten der Schülerinnen und Schüler her zu überdenken. Nicht disponibel ist jedoch die Tatsache selbst, *dass* man im Mathematikunterricht mit Variablen arbeiten muss; das fordert übrigens auch die Realitätsorientierung. Desgleichen kann der Unterschied etwa zwischen Grundkursen und Leistungskursen in der gymnasialen Oberstufe nicht durch beliebige Ausdünnung der behandelten Inhalte erreicht werden, sondern ein gewisser „Aspektereichtum" muss erhalten bleiben. Dies verlangt sowohl der systematische als auch der wirklichkeitsbezogene Charakter der Mathematik.

Die Grundproblematik der Übergänge wird im Gutachten durch solche Überlegungen deutlich angesprochen, wenn auch nur implizit. Sie steht vor allem im Hintergrund, wenn die Rahmen für die mathematischen Inhalte abgesteckt werden. Explizit wird die Problematik der Übergänge im Abschnitt zur Sekundarstufe II beleuchtet: Ausgewählte substantielle mathematische Begriffe (beispielsweise der Ableitungsbegriff selbst) sind von verschiedenen Seiten aus zu sehen, sowohl hinsichtlich ihrer Genese aus Anwendungen heraus als auch in ihrer innermathematischen Bedeutung. Wenigstens exemplarisch sollen auch die grundlegenden Prozesse und Bedingungen des Aufbaus einer mathematischen Theorie erkennbar werden. Die eingangs erwähnte „Trias" wird damit ausdrücklich zu einer Vorbedingung für die Gestaltung eines für Übergänge (hier zur Universität) offenen Mathematikunterrichts in der Oberstufe gemacht.

Aus den Grundgedanken des BLK-Gutachtens ergeben sich einige grundlegende Aufgaben für die weitere mathematikdidaktische Forschung. Es gibt kaum diagnostische Instrumente, die den Ansprüchen in den Sekundarstufen genügen. Gefragt ist dann, inwieweit es Indikatoren gibt, die auch das Verfügen über basale mathematische Arbeitsweisen abbilden können. Dazu gehören etwa: Begriffe systematisch ordnen zu können, verallgemeinern und hierarchisch und strukturiert denken zu können, die Fachsprache angemessen zu benutzen, beim Modellieren über Standardmodelle zu verfügen, Verbindungen zu früher Gelerntem herstellen zu können etc.

3.4.5 Allgemeine Orientierungen für eine mathematikdidaktische Agenda beim Studium der Übergangsproblematik

Die soeben erkannten mathematikdidaktischen Aufgabenfelder verweisen auf einige allgemeine Orientierungen, die man im Hinblick auf die Übergangsproblematik reflektieren sollte. In der Übergangsproblematik fließen zunächst bildungswissenschaftliche Gesichtspunkte mit mathematikdidaktischen Kategorien zusammen; ein Dialog beider Gebiete ist unverzichtbar, will aber auch von beiden Seiten „urban" (Jürgen Baumert) gestaltet sein. Aktionismus ist bei der jetzt diskutierten Problematik am wenigsten angebracht, kritisch-konzeptionelle Arbeit geht vor. Nachhaltigkeit sollte ein Kriterium auch von spezifisch angelegten Forschungsprojekten sein, denn immerhin geht es bei der Übergangsproblematik um zeitlich nur auf längere Distanzen sichtbare Effekte und bei der Art der Fragestellung um eine Systemfrage mit entsprechend vorgefassten und stabilen Meinungen fast aller Akteure.

Aus den Erfahrungen anderer Länder kann man Trends ablesen, die möglicherweise Entwicklungen auch hier zu Lande vorausnehmen. Interessant scheint vor allem die Position von Celia Hoyles (England), weil der englische Mathematikunterricht seit jeher einer pragmatischen Grundströmung folgt, die wenig auf innermathematische Systematik aus ist (Kaiser, 1999). Kurzfristig mag das manchmal pädagogisch wirkungsvoll sein. Aber die langfristigen Effekte problematisiert Hoyles nach Fallstudien zum Übergang Schule – Universität kritisch so: „If mathematics is presented as a collection of topic fragments then students may never see the depth in a particular topic". (Hoyles, Newman & Noss, 2001, p. 842) Sie sieht klar die „Ironie" in der ganzen Situation: „Our conclusions suggest that, ironically, changes put in place to make mathematics more widely useful may result in it losing just those features that make it marketable." (Hoyles et al., 2001, p. 829). Jedoch fehlen auch in England genauere Daten zum Übergang (hier: in die Universität).

Letztlich münden aber auch Hoyles et al. in die hier entfaltete Kernproblematik der Übergänge ein, die Herstellung des Zusammenhangs des Wissens aus den unterschiedlichen Institutionen: „... in terms of domain knowledge, we urgently need to know what the cumulative effect of various omissions and insertions has been, in terms of influencing students' chances of gaining a coherent picture of what mathematics is about." (Hoyles et al., 2001, p. 843). In Deutschland könnten wir dazu unter einer allgemeinen Orientierung auf Nachhaltigkeit als Voraussetzung für die Gestaltung von Übergängen auf das Vorbild Lenné (1969) zurückgreifen. Es wäre zu prüfen, inwieweit in den verschiedenen Curricula mathematisch-strukturelle Kohärenz hergestellt wird. Meine Vermutung ist, dass die Curricula und die Schulbuchentwicklung in den letzten Jahrzehnten eher einen Weg der Vereinzelung und des Aufgebens des systematischen Zusammenhangs gegangen sind. Es hätte Folgen für alle Arten von Übergängen.

Literatur

Baumert, J., Trautwein, U. & Artelt, C. (2003). Schulumwelten – Institutionelle Bedingungen des Lehrens und Lernens. In J. Baumert, C. Artelt, E. Klieme, J. Neubrand, M. Prenzel, U. Schiefele et al. (Hrsg.), *PISA 2000 – Ein differenzierter Blick auf die Länder der Bundesrepublik Deutschland* (S. 261–331). Opladen: Leske & Budrich.

Bayerisches Staatsministerium für Unterricht und Kultus (o.J. – laufend aktualisiert). *Lehrplan für die sechsstufige Realschule in Bayern.* Loseblattwerk. München: Verlag J. Maiß. – Zugriff am 19.05.2009 über http://www.isb.bayern.de.

Blum, W., Drüke-Noe, C., Hartung, R. & Köller O. (Hrsg.) (2006). *Bildungsstandards Mathematik: konkret. Sekundarstufe I: Aufgabenbeispiele, Unterrichtsanregungen, Fortbildungsideen.* Berlin: Cornelsen-Scriptor.

Bund-Länder-Kommission für Bildungsplanung und Forschungsförderung – BLK (Hrsg.) (1997). *Gutachten zur Vorbereitung des Programms „Steigerung der Effizienz des mathematisch-naturwissenschaftlichen Unterrichts"* Materialien zur Bildungsplanung und Forschungsförderung, Heft 60. Bonn: BLK.

Cortina, K., Baumert, J., Leschinsky, A., Mayer, K. & Trommer L. (2008). *Das Bildungswesen in der Bundesrepublik Deutschland.* Reinbek: Rowohlt.

de Guzmán, M., Hodgson, B., Robert, A. & Villani, V. (1998). Difficulties in the Passage from Secondary to Tertiary Education. *Documenta Matematica, Extra Vol. ICM 1998 III,* 747–762.

Freudenthal, H. (1983). *Didactical phenomenology of mathematical structures.* Dordrecht: Reidel.

Heymann, H.W. (1996). *Allgemeinbildung und Mathematik.* Weinheim: Beltz.

Hoyles, C., Newman, K. & Noss, R. (2001). Changing patterns of transition from school to university mathematics. *International Journal of Mathematical Education in Science and Technology, 32*(6), 829–845.

Kaiser, G. (1999). *Unterrichtswirklichkeit in England und Deutschland. Vergleichende Untersuchungen am Beispiel des Mathematikunterrichts.* Weinheim: Deutscher Studienverlag.

Klieme, E., Avenarius, H., Blum, W., Döbrich, P., Gruber, H., Prenzel, M. et al. (Hrsg.) (2003). *Zur Entwicklung nationaler Bildungsstandards. Eine Expertise* BMBF-Bildungsreform, Bd. 1. Bonn: Bundesministerium für Bildung und Forschung (BMBF).

Knipping, C. (2003). *Beweisprozesse in der Unterrichtspraxis. Vergleichende Analysen von Mathematikunterricht in Deutschland und Frankreich.* Hildesheim, Berlin: Franzbecker.

Kultusministerkonferenz – KMK (Hrsg.) (1995). *Weiterentwicklung der Prinzipien der gymnasialen Oberstufe und des Abiturs: Abschlussbericht der von der Kultusministerkonferenz eingesetzten Expertenkommission.* Bonn: KMK.

Kultusministerkonferenz – KMK (Hrsg.) (2003). *Bildungsstandards im Fach Mathematik für den Mittleren Schulabschluss.* Neuwied: Wolters-Kluwer & Luchterhand.

Kultusministerkonferenz – KMK (Hrsg.) (2004a). *Bildungsstandards im Fach Mathematik für den Primarbereich.* Neuwied: Wolters-Kluwer & Luchterhand.

Kultusministerkonferenz – KMK (Hrsg.) (2004b). *Bildungsstandards im Fach Mathematik für den Hauptschulabschluss.* Neuwied: Wolters-Kluwer & Luchterhand.

Leiß, D. & Blum, W. (2006). Kap. 2: Beschreibung der Kompetenzen. In W. Blum, Ch. Drüke-Noe, R. Hartung & O. Köller (Hrsg.), *Bildungsstandards Mathematik: konkret. Sekundarstufe I: Aufgabenbeispiele, Unterrichtsanregungen, Fortbildungsideen* (S. 33–50). Berlin: Cornelsen.

Lenné, H. (1969). *Analyse der Mathematikdidaktik in Deutschland.* Stuttgart: Klett.

Neubrand, J. (2006). The TIMSS 1995 and 1999 Video Studies: In Search for Appropriate Units of Analysis. In F. Leung, K. Graf & F. Lopez-Real (Eds.), *Mathematics Education in Different Cultural Traditions: A Comparative Study of East Asia and the West. – The 13th ICMI Study* (pp. 291–318). Berlin, Heidelberg, New York: Springer.

Neubrand, J. (2009). Geschichte der Bildungsstandards Mathematik in Deutschland: Quellen und Begriffe. In S. Thom & B. Lutz-Westphal (Hrsg.), *Impulse für das Lehren und Lernen von Mathematik – Festschrift für Prof. Dr. Martin Winter* (S. 55–70). Vechtaer fachdidaktische Forschungen und Berichte, 18.Vechta: IFD/ Hochschule Vechta.

Neubrand, J. & Neubrand, M. (2004). Innere Strukturen mathematischer Leistung im PISA-2000-Test. In M. Neubrand (Hrsg.), *Mathematische Kompetenzen von Schülerinnen und Schülern in Deutschland: Vertiefende Analysen im Rahmen von PISA-2000* (S. 87–107). Wiesbaden: VS-Verlag für Sozialwissenschaften.

Neubrand, M. (2000). Reflecting as a Didaktik construction: Speaking about mathematics in the mathematics classroom. In I. Westbury, St. Hopmann & K. Riquarts (Eds.), *Teaching as a Reflective Practice: The German Didaktik Tradition* (pp. 251–265). Mahwah, N.J.; London: Lawrence Erlbaum Associates.

Sjuts, J. (2003). Metakognition per didaktisch-sozialem Vertrag. *Journal für Mathematik-Didaktik 24*(1), 18–40.

Trautwein, U., Watermann, R., Nagy, G. & Lüdtke, O. (2004). Transformation des Sekundarschulsystems und akademische Karrieren: Erfolgsmodell berufliche Gymnasien in Baden-Württemberg. In Max-Planck-Gesellschaft (Hrsg.), *Tätigkeitsbericht 2004* (S. 51–54). München: MPG.

Weinert, F. (1998). Neue Unterrichtskonzepte zwischen gesellschaftlichen Notwendigkeiten, pädagogischen Visionen und psychologischen Möglichkeiten. In Bayerisches Staatsministerium für Unterricht, Kultus, Wissenschaft und Kunst (Hrsg.), *Wissen und Werte für die Welt von morgen* (S. 101–125). München: Bayer. StMUKWK.

Winter, H. (1975). Allgemeine Lernziele für den Mathematikunterricht? *Zentralblatt für Didaktik der Mathematik, 7,* 106–116.

Wynands, A. & Möller, G. (2004). Leistungsstarke Hauptschülerinnen und Hauptschüler in Mathematik – Vergleich einer Schülergruppe mit leistungsgleichen Gruppen anderer Bildungsgänge in Deutschland. In M. Neubrand (Hrsg.), *Mathematische Kompetenzen von Schülerinnen und Schülern in Deutschland: Vertiefende Analysen im Rahmen von PISA-2000* (S. 177–204). Wiesbaden: VS-Verlag für Sozialwissenschaften.

3.5 Mindeststandards als Herausforderung für den Mathematikunterricht

Kristina Reiss

3.5.1 Mindeststandards, Regelstandards, Idealstandards: Eine begriffliche Einordnung

Als 2003 die Bildungsstandards für den mittleren Schulabschluss im Fach Mathematik formuliert wurden (Kultusministerkonferenz, 2003), waren sie als eine Antwort auf das schwache Abschneiden der deutschen Jugendlichen bei PISA 2000 einerseits und die ebenfalls im Rahmen dieser Studie festgestellten großen Leistungsunterschiede zwischen Schülerinnen und Schülern aus verschiedenen Bundesländern andererseits zu sehen (Baumert et al., 2001). Ein wesentliches Ziel war es aufzuzeigen, über welche mathematikbezogenen Kompetenzen Schülerinnen und Schüler am Ende der Pflichtschulzeit in der Regel verfügen sollten. Entsprechend werden in diesen Bildungsstandards alle relevanten inhaltlichen Aspekte abgedeckt und alle wesentlichen Prozesse mathematischen Arbeitens genannt. Der Umgang mit Zahlen, dem Messen, dem uns umgebenden Raum und geometrischen Formen gehört aus inhaltlicher Perspektive genauso dazu wie die Beschäftigung mit funktionalen Zusammenhängen und Phänomenen von Daten und Zufall. Dabei steht nicht deklaratives Wissen im Vordergrund, sondern Anwendungen des Wissens innerhalb und außerhalb der Mathematik, die das Lösen geeigneter Probleme, mathematisches Argumentieren, die mathematische Modellierung von Situationen, eine angemessene Verwendung von Darstellungen und technische Fertigkeiten umfassen. Bildungsstandards sollen allerdings auch dazu beitragen, dass Schule und Unterricht nicht nur enge fachliche Teilziele verfolgen, sondern die wesentlichen Ideen und den allgemeinen Kontext im Blick behalten.

Die Entwicklung der Bildungsstandards fand auf der Grundlage der gültigen Lehrpläne und Rahmenrichtlinien der verschiedenen Bundesländer statt, war aber darüber hinaus stark beeinflusst von den *Principles and Standards of School Mathematics* des National Council of Teachers of Mathematics (NCTM), des großen Berufsverbands in den USA für alle, die professionell mit dem Lehren und Lernen von Mathematik zu tun haben. Dieser Verband hatte zunächst im Jahr 1989 und dann erweitert und präzisiert im Jahr 2000 Vorschläge vorgelegt, wie ein Mathematikunterricht unter optimalen Bedingungen aussehen könnte (National Council of Teachers of Mathematics, 1989, 2000). Detailliert ausgeführt wurden dabei übergreifende Bedingungen („Principles"), die mehr oder minder eine Philosophie guten Unterrichts umfassen, und fachbezogene Details („Standards"), die ähnlich wie die Bildungsstandards der Kultusministerkonferenz Inhalte und Prozesse beschreiben.

Liest man allerdings die Standards des NCTM genauer, dann wird ein wesentlicher Unterschied zu den deutschen Bildungsstandards deutlich. Während der NCTM seine Aufstellung eher als eine Beschreibung dessen ansieht, was in einem perfekten

Unterricht unter perfekten Bedingungen und mit perfekten Akteuren zu erreichen ist, wird in den Standards der Kultusministerkonferenz (2003) explizit davon gesprochen, dass hier ein mittleres Anforderungsniveauı ausgewiesen ist. Die Bildungsstandards der Kultusministerkonferenz zielen entsprechend auf Kompetenzen, die von vielen Schülerinnen und Schülern im Rahmen des alltäglichen Unterrichts erworben werden können und die man somit als *Regelstandards* bezeichnen kann. Die Standards des NCTM sind hingegen *Idealstandards* (manchmal auch *Optimalstandards* genannt), die realistisch nur von einer kleinen Anzahl besonders leistungsfähiger Schülerinnen und Schüler erreicht werden können.

Diese beiden Ansätze bilden (ggf. in modifizierter Form) in vielen Ländern den Ausgangspunkt für die Definition von Standards. In der Diskussion ist (und in letzter Zeit verstärkt, man vergleiche die Stellungnahme der Gesellschaft für Fachdidaktik, im Druck) aber auch noch ein drittes Modell, bei dem das entsprechende Curriculum vergleichsweise wenig durch die Systematik eines Fachs wie etwa der Mathematik beeinflusst wird. Die Basis dieses Modells ist vielmehr die Frage, wie viel Mathematik auch dann mindestens gelernt werden muss, wenn die Voraussetzungen nicht ideal sind, wobei es weniger um die Ausstattung der Schulen als um die Leistungsbereitschaft, die Motivation oder das Interesse der beteiligten Schülerinnen und Schüler geht. Im Zentrum steht entsprechend, welche unverzichtbaren Grundlagen gelegt werden müssen, damit eine Schülerin oder ein Schüler elementaren Anforderungen in Alltag und Beruf gewachsen ist. Standards mit dieser Zielsetzung werden als *Mindeststandards* bezeichnet.

Mindeststandards sind allerdings keinesfalls mit Basiswissen zu verwechseln. Auch bei Mindeststandards kann es nicht darum gehen, kurzfristig Wissen aufzubauen, das ausschließlich in einem engen schulischen Kontext von Bedeutung ist (etwa in der nächsten Klassenarbeit oder Schulaufgabe). Vielmehr wird der Aufbau von Kompetenzen angestrebt, die ein tragfähiges Gerüst für die Teilhabe eines Menschen an gesellschaftlichen Prozessen darstellen, und das sowohl in privater Hinsicht als auch mit dem Blick auf die weitere Ausbildung und den Beruf.

3.5.2 Die Einführung von Mindeststandards: Zentrale Fragen und Probleme

Die Einführung von Mindeststandards wird seit geraumer Zeit diskutiert. Insbesondere wurde bereits in der Expertise von Klieme et al. (2003) die wichtige Funktion von Mindeststandards betont und ihre Entwicklung in naher Zukunft empfohlen. Dahinter steckt eine Philosophie von Bildungsstandards im Sinne einer Festlegung, „über welche Kompetenzen ein Schüler, eine Schülerin verfügen muss, wenn wichtige Ziele der Schule als erreicht gelten sollen" (Klieme et al., 2003, S. 21). Zu den Merkmalen guter Standards gehört es entsprechend, dass sie schulformübergreifend verbindlich für alle Schülerinnen und Schüler sind und damit auch Mindestvoraussetzungen beschreiben, die von allen Lernenden erwartet werden. Doch auch andere Merkmale gelten als zentral, nämlich die Anbindung von Bildungsstandards an ein Fach, ihre Fokussierung auf einen Kernbereich des Fachs, ihr Abzielen auf kumulatives und vernetztes Lernen, ihre Verständlichkeit für (möglichst) alle am Bildungsprozess Beteiligten und ihre Realisierbarkeit. Darüber hinaus setzen Bildungsstandards ein Kompetenzmodell voraus, das eine Differenzierung und damit die Einordnung von Leistungen nach Kompetenzstufen ermöglicht (Klieme et al., 2003).

Konkretisiert man diese Aspekte, dann zeigt sich schnell, dass mit der Ausweisung von Mindeststandards komplexe und schwierige Grundsatzfragen verbunden sind. Da ist zunächst die Fachlichkeit, die nicht nur die Identifizierung von inhaltlichen Kernideen (wie „Zahlen und Operationen", „Raum und Form"; vgl. Kultusministerkonferenz, 2003) verlangt, sondern auch eine Betrachtung der damit verbundenen Prozesse (wie „Argumentieren", „Problemlösen") und ihre Zuordnung zu den Kernideen in einer realistischen Ausprägung. Auch auf der Ebene von Mindeststandards soll es ja um Kompetenzen und nicht um einfaches Faktenwissen gehen, das allzu leicht ein träges und nicht anschlussfähiges Wissen wird (Renkl, 1996). Darüber hinaus bedingt der Fokus auf kumulativem und vernetztem Lernen die Verständigung nicht nur zwischen Lehrkräften verschiedener Schulformen, sondern auch zwischen Lehrkräften auf den unterschiedlichen Schulstufen (und gegebenenfalls den interdisziplinären Dialog). Aber auch Bildungswissenschaftler und Politiker sind an dieser Stelle gefordert. Kumulatives Lernen setzt insbesondere voraus, dass die Abstimmung zwischen der Primarstufe und der Sekundarstufe besser gelingt. Unterricht sollte als ein System gesehen werden, das Kinder auf ihrem Weg über viele Jahre kontinuierlich begleitet und Jugendliche oder Heranwachsende entlässt. Die Übergänge zwischen den Schulformen sind mehr oder minder willkürlich gewählt und dürfen folglich keine Brüche in der Entwicklung unterstützen.

Fraglos muss in wesentlichen Aspekten normativ entschieden werden, welche Inhalte im Unterricht als bedeutsam anzusehen sind. Wesentliche Inhalte der Fächer, ihr Bezug zur Lebenswelt von Kindern und Jugendlichen, aber auch ihr Beitrag zur kulturellen Entwicklung sollen angemessen berücksichtigt werden. Das kleine Einspluseins und Einmaleins stehen im Mathematikunterricht sicherlich nicht zur Disposition, aber über die Notwendigkeit des Rechnens mit Bruchtermen oder das Lösen von linearen Gleichungen mit zwei Unbekannten kann man diskutieren. Angesichts der Schwierigkeiten, die manche Schülerinnen und Schüler mit komplexeren mathematischen Inhalten haben, ist die Frage berechtigt, ob diese Inhalte trotz ihrer fachlichen Bedeutung in einen Katalog von Mindeststandards gehören. Es darf also nicht außer Acht gelassen werden, ob die angestrebten Ziele auch realistischen Anforderungen entsprechen. Folglich ist die Realisierbarkeit von Bildungsstandards in der Praxis eng mit Kompetenzmodellen und ihrer empirischen Evaluation verbunden. Nur über angemessene Modelle dessen, was als eine hohe, eine angemessene oder eine gerade eben noch akzeptable Kompetenz in einem Fach oder einer Domäne verstanden wird, kann eine Operationalisierung von Standards durch Aufgaben für den

Unterricht erfolgen und nur über die empirische Evaluation kann bestimmt werden, welche Anforderungen für die Schülerinnen und Schüler tatsächlich als erfüllbar angesehen werden können.

Die Forderung nach der Realisierbarkeit von Bildungsstandards hat eine weitere (brisante) Komponente. In Bezug auf Mindeststandards kann sie eigentlich nur bedeuten, dass im Wesentlichen alle Schülerinnen und Schüler an diese Standards herangeführt werden müssen. Sicherlich ist schulisches Lernen kaum möglich, wenn die Lernenden nicht selbst die Verantwortung für ihre Lernprozesse übernehmen. In der Philosophie von Mindeststandards haben sie dabei aber auch den Anspruch, durch ihre Lehrkräfte und die Schule unterstützt zu werden, die ihrerseits zum Erreichen dieses Ziels auf staatliche Unterstützung zählen können.

Schließlich erweist sich auch die geforderte Verständlichkeit als eine nicht unerhebliche Hürde. Gemeint ist hier, dass nicht nur Menschen, die professionell im jeweiligen Bildungsbereich arbeiten, sondern alle Beteiligten verstehen sollten, welche Anforderungen zu erfüllen sind. Eltern sollten also beispielsweise wissen, was von ihren Kindern erwartet wird, und ältere Schülerinnen und Schüler sollten selbst in der Lage sein, die Kompetenzen zu benennen, die mit den Mindestanforderungen in einem Fach verbunden sind. Die bisherigen Beispiele (Kultusministerkonferenz, 2003, 2004a, 2000b; National Council of Teachers of Mathematics, 2000) sind davon noch eher weit entfernt. Ihnen ist gemeinsam, dass sie von Fachleuten für Fachleute geschrieben sind, alle Inhalte ausführlich darstellen und reichlich Fachbegriffe nutzen. Mindeststandards sollten entsprechend nicht nur eine „gekürzte" Ausgabe der vorliegenden Standards sein, sondern müssen auch im Hinblick auf die Formulierungen ganz prinzipiell überdacht werden.

3.5.3 Der Weg zu Mindeststandards: Empirische Grundlagen und neuere Ergebnisse

Es ist offensichtlich eine schwierige pädagogische Aufgabe, keinen Schüler und keine Schülerin ohne grundlegende mathematische Kompetenzen aus der Schule zu entlassen. Wie viel Mathematik muss auch dann mindestens gelernt werden, wenn die Voraussetzungen nicht ideal sind? Was brauchen Jugendliche an unverzichtbaren Grundlagen, um zumindest elementaren Anforderungen in ihrem Alltag und der Berufsausbildung gewachsen zu sein?

Auf den ersten Blick mag man es als sinnvoll erachten, die Bildungsstandards für den Hauptschulabschluss nach Klasse 9 als Mindeststandards anzusehen (Kultusministerkonferenz, 2004a). Doch diese Sichtweise verkennt die Entstehungsgeschichte und die Intentionen der Bildungsstandards der Kultusministerkonferenz. Genauso wie alle anderen Bildungsstandards im gegebenen Kontext zielen nämlich auch diese Standards nicht auf ein Basiswissen ab, sondern möchten die Entwicklung von Schule begleiten und eine verbindliche Grundlage für einen qualitativ hochwertigen

Unterricht geben. Entsprechend sind auch sie Regelstandards mit einem nicht unerheblichen Anspruch. Auch sie bedürfen also der empirischen Validierung, um dem Anspruch realistischer (Mindest-)Anforderungen gerecht zu werden.

Es gibt auch im internationalen Bereich nur wenige Beispiele für Mindeststandards, aber zumindest eine interessante Lösung, die ebenfalls die empirische Komponente betont. Umgesetzt worden ist die Idee der Mindeststandards nämlich im schwedischen Curriculum (nicht nur) für das Fach Mathematik (Skolverket, 2000). Dieses Curriculum weist sie nicht in Form einer Liste von Inhalten aus, sondern durch Testleistungsparameter nationaler Schulleistungsuntersuchungen (Skolverket, 2000). Entsprechend kann man in Deutschland auch aus den internationalen Vergleichsstudien TIMSS und PISA, vor allem aber aus der nationalen Ergänzungsstudie PISA-E (Baumert & Lehmann, 1997; Baumert et al., 2001; Prenzel et al., 2004; Prenzel et al., 2008) erste Anhaltspunkte für Mindeststandards in Bezug auf die Sekundarstufe bekommen. In allen diesen Studien wurde mit Tests gearbeitet, bei denen die Kompetenzwerte von Schülerinnen und Schülern mit den Schwierigkeitsparametern der Items auf einer gemeinsamen Skala abgebildet werden konnten. Ein Ergebnis waren daher Kompetenzmodelle auf Grundlage der ausgewählten Items und ihrer Zuordnung zu einem von fünf bzw. sechs Kompetenzniveaus. Die verbalen Beschreibungen dieser Kompetenzstufen waren zwar unterschiedlich, doch gab es gerade im Bereich niedriger Kompetenzen prinzipielle Übereinstimmungen. Insbesondere zeigten die Beschreibungen und entsprechende Beispielaufgaben, dass Schülerinnen und Schüler auf der ersten dieser Stufen allenfalls in der Lage waren, rudimentäres Grundschulwissen in einfachsten Situationen anzuwenden. Sie erreichten damit ein Niveau, das als nicht ausreichend für den weiteren Lebensweg und insbesondere eine mögliche Berufsausbildung angesehen wurde („Risikogruppe"; vgl. Baumert et al., 2002).

Die Testverfahren in den genannten Schulleistungsstudien sind allerdings auf relativ wenige Inhalte und eine eher kleine Anzahl von Items beschränkt. Entsprechend können sie nicht die ganze Breite des Mathematikunterrichts widerspiegeln und somit nur als Orientierung für die Definition von Kompetenzstufen genutzt werden. Umfassendere Beschreibungen setzen daher eine größere Datenbasis in Bezug auf die verwendeten Aufgaben voraus.

Solche breiter gefassten Beschreibungen mathematischer Kompetenz liegen derzeit für die Primarstufe vor. Auch hier gibt es Vorläuferstudien, in denen erste Kompetenzstrukturmodelle mit geeigneten Abstufungen vorgestellt wurden (Walther, Geiser & Lobemeier, 2003; Reiss, 2004; Reiss, Heinze & Pekrun, 2007). Auf dieser Grundlage und einer Basis von 827 Items zu allen inhaltlichen Kompetenzbereichen sowie den Lösungsdaten von 10.326 Schülerinnen und Schülern legten Reiss und Winkelmann (2008) ein fünfstufiges Modell mathematischer Kompetenz vor. Auch hier wurde ein erstes Niveau ausgewiesen, das durch den erfolgreichen Umgang mit Routineprozeduren auf Grundlage einfachen begrifflichen Wissens gekennzeichnet ist. Auf der zweiten Stufe wurde von den Schülerinnen und Schülern beispielsweise in Bezug auf den Umgang mit *Zahlen und Operationen* die Struktur des Dezimalsystems genutzt, es wurden Gesetzmäßigkeiten erkannt und berücksichtigt, Aufgaben zur Addition, Subtraktion und Multiplikation wurden halbschriftlich und schriftlich hinreichend sicher durchgeführt, einfache Überschlagsrechnungen waren möglich, und die Grundrechenarten wurden in einfachen Sachsituationen angewendet. Es liegt nahe, diese Kompetenzen am Ende der vierten Klasse als Mindeststandards anzusehen, da sie notwendige Voraussetzungen für den Unterricht in der fünften Klasse darstellen (vgl. Reiss & Winkelmann, im Druck). Die empirischen Ergebnisse zeigen, dass etwa 10% der Kinder in diesem Modell der ersten Kompetenzstufe zugeordnet werden mussten und etwa 20% die zweite Kompetenzstufe erreichten. Damit bestätigen die Daten, dass es sich bei dieser Anforderung um eine realistische Umsetzung von Mindeststandards handelt, die nur von einem kleinen Teil der Kinder nicht erfüllt wird.

3.5.4 Schlussbemerkung

Es sei betont, dass Mindeststandards ein unverzichtbares Niveau schulischen Kompetenzerwerbs beschreiben, das allerdings auch bei weniger leistungsfähigen Schülerinnen und Schülern möglichst übertroffen werden sollte. Mindeststandards sollen kein Synonym für die Note „ausreichend" in allen Fächern sein, sie sind kein Ziel des Unterrichts, sondern vielmehr eine eher politisch zu wertende Festlegung darüber, welches Niveau keinesfalls unterschritten werden darf. Insofern sollten diese Grenzen auch mit viel Sorgfalt betrachtet werden und auf der Basis einer soliden Forschung bestimmt werden (Reiss, 2007).

Mindeststandards nehmen alle in die Pflicht, nämlich Schülerinnen und Schüler, ihre Eltern und Lehrkräfte, die Schulverwaltung und die Bildungspolitik. Sie sind aber auch für die Bildungswissenschaften (und dazu zählen die Fachdidaktiken) eine besondere Herausforderung. Es bleibt zu wünschen, dass eine gezielte Forschung unser Wissen um weniger erfolgreiche Lernprozesse verbessert und für eine sinnvolle Festlegung von Mindeststandards genutzt werden kann.

Literatur

Baumert, J., Artelt, C., Klieme, E., Neubrand, M., Prenzel, M., Schiefele, U. et al. (Hrsg.) (2002). *PISA 2000: Die Länder der Bundesrepublik Deutschland im Vergleich.* Opladen: Leske + Budrich.
Baumert, J., Klieme, E., Neubrand, M., Prenzel, M., Schiefele, U., Schneider, W. et al. (Hrsg.) (2001). *PISA 2000: Basiskompetenzen von Schülerinnen und Schülern im internationalen Vergleich.* Opladen: Leske + Budrich.
Baumert, J. & Lehmann, R. (Hrsg.) (1997). *TIMSS: Mathematisch-naturwissenschaftlicher Unterricht im internationalen Vergleich. Deskriptive Befunde.* Opladen: Leske + Budrich.
Gesellschaft für Fachdidaktik (im Druck). Mindeststandards am Ende der Pflichtschulzeit. Erwartungen des Einzelnen und der Gesellschaft – Anforderungen an die Schule. Ein Positionspapier. Erscheint in *Zeitschrift für Didaktik der Naturwissenschaften, 15.*
Klieme, E., Avenarius, H., Blum, W., Döbrich, P., Gruber, H., Prenzel, M. et al. (2003). *Zur Entwicklung nationaler Bildungsstandards. Eine Expertise.* Berlin: BMBF.
Kultusministerkonferenz (KMK) (2003). *Bildungsstandards im Fach Mathematik für den mittleren Schulabschluss.* Bonn: KMK.
Kultusministerkonferenz (KMK) (2004a). *Bildungsstandards im Fach Mathematik für die Jahrgangsstufe 4 (Primarstufe).* Bonn: KMK.
Kultusministerkonferenz (KMK) (2004b). *Bildungsstandards im Fach Mathematik für den Hauptschulabschluss nach Klasse 9.* Bonn: KMK.
National Council of Teachers of Mathematics (1989). *Curriculum and evaluation standards for school mathematics.* Reston, VA: NCTM.
National Council of Teachers of Mathematics (Ed.) (2000). *Principles and standards for school mathematics.* Reston, VA: NCTM.
Prenzel, M., Artelt, C., Baumert, J., Blum, W., Hammann, M., Klieme, E. et al. (Hrsg.) (2008). *PISA 2006 in Deutschland. Die Kompetenzen der Jugendlichen im dritten Ländervergleich.* Münster: Waxmann.
Prenzel, M., Baumert, J., Blum, W., Lehmann, R., Leutner, D., Neubrand, M. et al. (Hrsg.) (2004). *PISA 2003. Der Bildungsstand der Jugendlichen in Deutschland – Ergebnisse des zweiten internationalen Vergleichs.* Münster: Waxmann.
Reiss, K. (2004). Bildungsstandards und die Rolle der Fachdidaktik am Beispiel der Mathematik. *Zeitschrift für Pädagogik, 50,* 635–649.
Reiss, K. (2007). Mindeststandards für den Mathematikunterricht. *Lernchancen, 55,* 4–7.
Reiss, K., Heinze, A. & Pekrun, R. (2007). Mathematische Kompetenz und ihre Entwicklung in der Grundschule. In M. Prenzel, I. Gogolin & H. H. Krüger (Hrsg.), *Kompetenzdiagnostik. Sonderheft 8 der Zeitschrift für Erziehungswissenschaft* (S.107–127). Wiesbaden: Verlag für Sozialwissenschaften.

Reiss, K. & Winkelmann, H. (2008). Step by step. Ein Kompetenzstufenmodell für das Fach Mathematik. *Grundschule, 40*(10), 34–37.

Reiss, K. & Winkelmann, H. (im Druck). Stufenmodelle mathematischer Kompetenzen. In D. Granzer, O. Köller, A. Bremerich-Vos, G. Walther & K. Reiss (Hrsg.), *Evaluation der Bildungsstandards Deutsch und Mathematik. Erste Ergebnisse.* Weinheim: Beltz.

Renkl, A. (1996). Träges Wissen: Wenn Erlerntes nicht genutzt wird. *Psychologische Rundschau, 47,* 78–92.

Skolverket (2000). *Syllabuses for the compulsory school.* Stockholm: Skolverket & Fritzes.

Walther, G., Geiser, H. & Lobemeier, K. (2003). Mathematische Kompetenzen am Ende der vierten Jahrgangsstufe. In W. Bos, E.-M. Lankes, M. Prenzel, K. Schwippert, G. Walther & R. Valtin (Hrsg.), *Erste Ergebnisse aus IGLU* (S. 189–226). Münster: Waxmann.

3.6 Erwerb mathematischer Kompetenzen in der Sekundarstufe: Zusammenfassung und Forschungsdesiderata

Kristina Reiss

Vor ein paar Jahren gab es im Rahmen der großen internationalen Schulleistungsstudien zwei Ergebnisse, die nicht ohne weiteres zusammenpassten. Zunächst zeigte PISA 2000, dass die mathematischen Kompetenzen bei 15-jährigen Schülerinnen und Schülern in Deutschland allenfalls im internationalen Mittelfeld lagen (Baumert et al., 2001), nur wenig später bescheinigte IGLU den Grundschülerinnen und -schülern eine weitaus bessere Position im internationalen Vergleich (Bos et al., 2003). Natürlich kann man über die Ursachen dieser Leistungsdiskrepanz spekulieren (und dabei auch die leicht verbesserten Ergebnisse von PISA 2003 bzw. PISA 2006 einbeziehen, vgl. Prenzel et al., 2004, bzw. Prenzel et al., 2007), doch fehlt eine wesentliche Grundlage der Beurteilung: Wir wissen gerade aus mathematikdidaktischer Sicht zu wenig über die Leistungs- bzw. Kompetenzentwicklung in der Sekundarstufe, um hier Inhalte und Ergebnisse zusammenzuführen.

Insbesondere ist sowohl das empirische Wissen über erfolgreiche Lernprozesse als auch das Wissen über Lerndefizite allenfalls als lückenhaft zu bezeichnen. Diese Feststellung kann nun als Ansatzpunkt für die ersten Beiträge dieses Kapitels gesehen werden. Sie widmen sich dem Mathematiklernen in der Sekundarstufe, wobei Lernentwicklungen genauso wie Lerndefizite diskutiert werden. Weil es aber keinen Mathematikunterricht ohne Inhalte und Ziele gibt, fokussieren zwei weitere Beiträge auf diese Ebene und betrachten Aspekte, die für ein anschlussfähiges Lernen von Bedeutung sind.

Die Längsschnittstudie PALMA steht im Zentrum des ersten Beitrags in diesem Kapitel (vom Hofe, Hafner, Blum & Pekrun, in diesem Band). Dabei wurde die Leistungsentwicklung im Fach Mathematik bei einer Kohorte von Schülerinnen und Schülern zwischen der 5. und der 10. Jahrgangsstufe verfolgt. Jährliche Messzeitpunkte erlauben eine Modellierung der Leistungsentwicklung in Abhängigkeit von der spezifischen Schulart und den mathematischen Anforderungen, die nach Modellierungs- und Kalkülkompetenzen unterschieden werden. Es ist nicht unerwartet, dass die Leistungen von Schülerinnen und Schülern zwischen den Schularten differieren; von großem Interesse sind aber die spezifischen Unterschiede. So zeigt PALMA, wie sich die Leistungen in den genannten Bereichen jeweils über die Zeit entwickeln und welche Überschneidungen es nicht nur am Ende der Pflichtschulzeit (vgl. Baumert et al., 2001), sondern bereits ab dem 5. Schuljahr zwischen den Schularten gibt.

Auch im nächsten Beitrag beruhen die Analysen auf der PALMA-Studie. Dabei geht es hier um Kompetenzdefizite von Schülerinnen und Schülern der Sekundarstufe I in einem abgegrenzten Bereich („Bürgerliches Rechnen", Kleine, in diesem Band). Auf einer theoretischen Grundlage wurden dabei Kompetenzniveaus des Rechnens in einfachen Anwendungssituationen unterschieden, die anschließend empirisch überprüft wurden und gut bestätigt werden konnten. Darüber hinaus wurden Lösungsstrategien identifiziert und in einen Zusammenhang mit Leistungswerten gestellt. Die Ergebnisse deuten an, dass ein nicht unerheblicher Teil der Schülerinnen und Schüler mit dem Abschluss der Hauptschule gewisse Mindestanforderungen nicht erfüllt und vermutlich Probleme beim Übergang in die nächste Bildungs- oder Ausbildungsphase haben wird.

Ein weiterer Beitrag zum Mathematiklernen in der Sekundarstufe I geht den Ursachen von Problemen mit dem Rechnen nach (Wartha, in diesem Band). In einer Reihe von Beispielen wird zunächst verdeutlicht, welche Fehlvorstellungen Schülerinnen und Schüler unterschiedlicher Klassenstufen bei einfachen Anwendungsproblemen zeigen. Es wird dann ein Bezug zum Unterricht in der Grundschule hergestellt und aufgezeichnet, dass und wie fehlerhafte Strategien bereits zu einem frühen Zeitpunkt im Verlauf der Schulzeit erworben werden können.

Nochmals: Es gibt kein Stricken ohne Wolle und keinen Mathematikunterricht ohne Inhalte. Gerade an den Übergängen wird allerdings deutlich, dass eine Abstimmung zwischen unterschiedlichen Institutionen nicht immer gegeben ist. Diesen Problemkreis nimmt der Beitrag von Neubrand (in diesem Band) auf. Mathematische Begriffe, Verfahren und Arbeitsweisen werden als wesentliche Elemente genannt, deren Anschlussfähigkeit entsprechend sichergestellt und als „Verpflichtung der abgebenden Institutionen" gesehen werden sollte. Dabei geht es nicht allgemein um Schule, Unterricht und Grundbildung, sondern ganz gezielt um das Fach Mathematik mit seinen spezifischen Inhalten und Methoden und den herausragenden Charakteristika.

Mit einer Verpflichtung befasst sich auch der letzte Beitrag des Kapitels, allerdings geht es in diesem Fall nicht primär um sinnvolle und wichtige Inhalte, sondern vielmehr um absolutes Basiswissen in Form von für alle verbindliche Mindeststandards (Reiss, in diesem Band). Man weiß aus den Daten der internationalen Schulleistungsstudien (z. B. Prenzel et al., 2007), dass mindestens ein Fünftel der 15-jährigen Jugendlichen über ein sehr geringes mathematisches Wissen verfügt, dass für den weiteren Ausbildungsgang kaum tragfähig sein wird. Mindeststandards für den Mathematikunterricht, für deren Erfüllung alle am Bildungsprozess beteiligten Menschen und Institutionen ihre jeweilige Verantwortung übernehmen, könnten eine Möglichkeit eröffnen, diese Probleme zumindest zu verringern.

Alles Lernen in der Schule zielt auf die Verbesserung individueller Kompetenzen in dem von Weinert (2001) vorgeschlagenen breiten Sinn. Entsprechend gibt es für eine schulbezogene mathematikdidaktische bzw. interdisziplinäre Lehr-Lern-Forschung auch in der Sekundarstufe I ein vorrangiges Desiderat: Noch immer wissen wir viel zu wenig über die Entwicklungsprozesse mathematischer Kompetenz. Es ist daher von wesentlicher Bedeutung, gezielt an entsprechenden Kompetenzstruktur- und Kompetenzentwicklungsmodellen zu arbeiten. Die bereits vorliegenden Studien sind ein wichtiger, aber keinesfalls ein ausreichender Schritt. Mit der Einschränkung auf wenige Inhaltsbereiche bzw. Klassenstufen können sie zwar als eine gute Basis betrachtet werden, aber gezieltere Untersuchungen nicht ersetzen. Hat man hingegen empirisch abgesicherte Kompetenzstruktur- und Kompetenzentwicklungsmodelle, dann können sie eine breit nutzbare Grundlage für die weitergehende Forschung, aber auch für die Praxis des Mathematikunterrichts sein. An zwei Beispielen soll diese Behauptung verdeutlicht werden.

(i) Zu den dringlichen Problembereichen der Mathematikdidaktik (nicht nur) in der Sekundarstufe I gehören die Identifizierung von Schülerinnen und Schülern mit Lernproblemen und die genaue Diagnose ihrer Defizite. Warum misslingen Lernprozesse? Welche Inhalte bzw. mathematischen Methoden sind mit diesem Lernprozess verknüpft? Welches Grundlagenwissen kann als Voraussetzung für erfolgreiches Lernen angesehen werden? Fragen wie diese haben auf der Basis geeigneter Kompetenzmodelle nicht nur bessere Chancen beantwortet zu werden, sondern auch die Ausarbeitung von Fördermaterialen kann durch die mögliche Strukturierung von Anforderungen und zu erwerbenden Kompetenzen wesentlich unterstützt werden.

(ii) Bildungsstandards stehen für einen Weg, der die Steuerung des Bildungssystems nicht über angestrebte Inhalte, sondern über seine Ergebnisse in den Vordergrund stellt. Diese Ergebnisse sollten überprüfbar erreicht werden, sodass Lehren und Lernen mit geeigneten Evaluationen verbunden sein muss. Als Grundlage sind auch hier Kompetenzmodelle sinnvoll, die durch ihre empirische Grundlage realistische Erwartungen erzeugen und etwa eine Abgrenzung von Mindeststandards zu Regelstandards ermöglichen.

Selbstverständlich geht der Forschungsbedarf in der empirisch orientierten Mathematikdidaktik über die Definition und Evaluation von Kompetenzstruktur- und Kompetenzentwicklungsmodellen hinaus, wie es ja auch die Zusammenstellung im Beitrag von Wartha (in diesem Band) belegt. Die dort angesprochenen, dringlichen Forschungsfragen kann man im Grunde nur noch einmal betonen. Die mathematikdidaktische Forschung für die Sekundarstufe I und den Übergang nach dieser Stufe hat erhebliche Wissensdefizite in Bezug auf die Diagnose von Lernschwächen, den richtigen Umgang mit diesen Schwächen auf Seiten der Lehrerinnen und Lehrer sowie die Bereitstellung und Evaluation geeigneter Materialien für eine gezielte Förderung. Gerade in der sensiblen Phase zwischen Schule und beruflicher Orientierung und Ausbildung ist es wichtig zu wissen, wie man jungen Menschen helfen kann, diesen Übergang zu meistern.

Die aufgezeigten Forschungsdesiderata beziehen sich auf die Mathematikdidaktik als eine Disziplin der Lehr-Lern-Forschung bzw. der Bildungsforschung. Fraglos wird es bei der Arbeit an vielen, wenn nicht gar an den meisten Forschungsfragen notwendig sein, eine interdisziplinäre Sichtweise einzunehmen. Schule und Unterricht sind durch ein vielfältiges Bedingungsgefüge bestimmt, das einfache Antwortmuster in der Regel nicht zulässt. Entsprechend sollte geprüft werden, welche Beiträge Disziplinen wie die Pädagogik, die Pädagogische Psychologie oder die Soziologie, vielleicht aber auch andere Fachdidaktiken leisten könnten.

Literatur

Baumert, J., Klieme, E., Neubrand, M., Prenzel, M., Schiefele, U., Schneider, W. et al. (Hrsg.) (2001). *PISA 2000: Basiskompetenzen von Schülerinnen und Schülern im internationalen Vergleich.* Opladen: Leske + Budrich.

Bos, W., Lankes, E. M., Prenzel, M., Schwippert, K., Walther, G. & Valtin, R. (Hrsg.) (2003). *Erste Ergebnisse aus IGLU. Schülerleistungen am Ende der vierten Jahrgangsstufe im internationalen Vergleich.* Münster: Waxmann.

Prenzel, M., Artelt, C., Baumert, J., Blum, W., Hammann, M., Klieme, E. et al. (Hrsg.) (2007). *PISA 2006. Ergebnisse der dritten internationalen Vergleichsstudie.* Münster: Waxmann.

Prenzel., M., Baumert, J., Blum, W., Lehmann, R., Leutner, D., Neubrand, M. et al. (Hrsg.) (2004). *PISA 2003. Bildungsstand der Jugendlichen in Deutschland – Ergebnisse des zweiten internationalen Vergleichs.* Münster: Waxmann.

Weinert, F. E. (2001). Vergleichende Leistungsmessung in Schulen – eine umstrittene Selbstverständlichkeit. In F. E. Weinert (Hrsg.), *Leistungsmessungen in Schulen* (S. 17–31). Weinheim: Beltz.

4 Vom Sekundarbereich in die berufliche Ausbildung: Wie viel Mathematik braucht der Mensch?

Der Übergang von der Sekundarstufe I in die berufliche Ausbildung stellt aus wissenschaftlicher Sicht die größte Herausforderung im Hinblick auf die Kontinuität und Kohärenz des Mathematiklernens dar. Können bei den anderen Bildungsphasen und den angrenzenden Übergängen jeweils vergleichsweise einfach die mathematischen Inhalte und damit die inhaltliche Grundlage des Lerngegenstandes identifiziert werden, so stößt man bereits bei der Frage, welche mathematischen Kompetenzen in den verschiedenen Berufsausbildungsgängen benötigt werden, schnell an forschungsmethodische Grenzen.

Dass mathematische Kompetenzen eine Rolle für den Erfolg in vielen Ausbildungsgängen spielen, wird dabei kaum noch in Frage gestellt. Reinhold Nickolaus und Kerstin Norwig stellen dazu im Abschnitt 4.1 die Ergebnisse verschiedener empirischer Forschungsprojekte vor, welche die mathematischen Leistungen von Auszubildenden und deren Einfluss auf das berufsspezifische Fachwissen aufzeigen. Schwer zu beantworten ist allerdings die Frage, wie das berufsspezifische Fachwissen jeweils zu konzeptualisieren ist, da im Gegensatz zur schulischen Ausbildung keine klaren Bezugswissenschaften im Hintergrund stehen.

Dieses Problem der Konzeptualisierung wird auch im Beitrag 4.2 von Mathias Musch, Stefanie Rach und Aiso Heinze in Bezug auf die Mathematik in der Berufspraxis deutlich. Eine einfache utilitaristische Perspektive, die sich auf die (sichtbaren) mathematischen Inhalte in den jeweiligen beruflichen Anforderungen beschränkt, reicht hierbei kaum aus, um Mathematik in ihrer beruflichen Verwendung zu konzeptualisieren. Die Integration mathematischer Elemente in die individuelle berufliche Handlungskompetenz, die mit einer starken Kontextabhängigkeit des mathematischen Wissens einhergeht, lässt das isolierte Herausfiltern der mathematischen Elemente als nicht sinnvoll erscheinen. Die forschungsmethodische Herausforderung liegt entsprechend darin, mathematische Anteile in der beruflichen Handlungskompetenz adäquat zu modellieren und die Kontextuierung nicht außer Acht zu lassen.

Wie im zusammenfassenden Abschnitt 4.3 von Aiso Heinze aufgezeigt wird, bietet sich neben der weiterzuführenden Forschung zur Konzeptualisierung eine parallele empirische Forschungslinie an: Bezogen auf den Übergang von der Schule in die Ausbildung wäre eine Modellierung von erfolgreichen mathematischen Kompetenzentwicklungsverläufen von Interesse. Deren Analyse könnte Einblicke in die Funktion von schulisch erworbenen mathematischen Kompetenzen für die Entwicklung fächerübergreifender beruflicher Handlungskompetenz ermöglichen und so auch eine Grundlage für kohärente mathematische Lernangebote beim Übergang in die Ausbildung darstellen.

4.1 Mathematische Kompetenzen von Auszubildenden und ihre Relevanz für die Entwicklung der Fachkompetenz – ein Überblick zum Forschungsstand

Reinhold Nickolaus und Kerstin Norwig

4.1.1 Zur Relevanz der Thematik

Seit der Vorlage der ersten PISA-Ergebnisse sind die bei einem erheblichen Teil der Jugendlichen unzureichend entwickelten Basiskompetenzen, d. h. unter anderem auch deren mangelhafte mathematischen Kompetenzen, in das Bewusstsein der Öffentlichkeit gerückt. Im Bereich der beruflichen Bildung reichen die Klagen um defizitäre Ausprägungen der Basiskompetenzen jedoch wesentlich weiter zurück (Ingenkamp, 1986; Nickolaus, 1998; Schulz, 1988). In Unternehmen mit systematischen Auswahlverfahren kommen traditionell Testverfahren zum Einsatz, die ergänzend zu den einschlägigen Schulleistungen eine Einschätzung der mathematischen Fähigkeiten gewährleisten sollen.[1] Dabei wird diesen Testverfahren eine prädiktive Aussagekraft über die Entwicklung der Fachkompetenz unterstellt. Auch die Wahrscheinlichkeit, in Zeiten knapper Ausbildungsstellen überhaupt einen Ausbildungsplatz zu erhalten, wird von den mathematischen Leistungen (Schulnoten) substantiell beeinflusst (Friedrich, 2006; Ulrich & Troltsch, 2003).

Selektionsmechanismen an der ersten Schwelle (Übergang zwischen allgemeinbildender Schule und Berufsbildung) führen dazu, dass in die Ausbildungsgänge und Ausbildungsberufe je nach Status und Anforderungsprofil Jugendliche mit sehr unterschiedlichen mathematischen Fähigkeiten einmünden (s. u.). Dies gilt generell, wenngleich innerhalb der verschiedenen nationalen Bildungssysteme das Übergangsverhalten in eine berufliche Ausbildung differiert und die Berufsbildungssysteme weit größere Unterschiede aufweisen als die allgemeinbildenden. So münden beispielsweise in Österreich, das mit parallelen Ausbildungsangeboten von dualer Lehrlingsausbildung und vollzeitschulischen Angeboten auf mittlerem und höherem Niveau ein differenziertes Ausbildungsspektrum anbietet, in die attraktiveren und quantitativ etwa gleich bedeutsamen schulischen Ausbildungsgänge Jugendliche mit besseren Vorbildungen ein als in die duale Ausbildungsvariante (Schneeberger, 2007). In Ländern wie Frankreich mit primär schulisch geprägten Berufsbildungssystemen rangieren duale Ausbildungsvarianten noch deutlicher am unteren Ende der Rangskala (Rothe, 1995; Wolf & Rapiau, 1993). Auch in Australien und den USA lassen sich deutliche Leistungsunterschiede in Mathematik zwischen jenen Schülerinnen und

---

[1] Das gilt z. B. für Großunternehmen wie BASF und Porsche, aber auch für die sich auf dem Markt befindlichen Auswahltests wie beispielsweise die weit verbreiteten Tests des U-Form Verlages.

Schülern identifizieren, die sich auf beruflich akzentuierte Kurse konzentrieren und jenen, die mit ihrer Kurswahl akademische Optionen eröffnen wollen (Silverberg, Warner, Fong & Goodwin, 2004; Coates & Rothman, 2008; National Center for Education Statistics, 1999).

Trotz der verhältnismäßig hohen Relevanz, die den mathematischen Fähigkeiten in den Selektionsverfahren beim Übergang in eine berufliche Ausbildung zukommt, ist der Forschungsstand zu deren Ausprägung in unterschiedlichen beruflichen Kontexten eher bescheiden. Das gilt tendenziell auch für die Aussagemöglichkeiten zum Einfluss mathematischer Fähigkeiten auf die Entwicklung fachlicher Kompetenz, obgleich hierzu in Deutschland im Rahmen der Untersuchungen von Leistungen, Motivation und Einstellungen von Schülerinnen und Schülern in Hamburg (ULME) (Lehmann, Ivanov & Gänsfuß, 2005; Lehmann, Seeber & Hunger, 2006; Lehmann & Seeber, 2007) und in einigen Arbeiten zur Kompetenzentwicklung in der Berufsgrundbildung (Nickolaus, Gschwendtner & Geißel, 2008; Nickolaus, Geißel & Gschwendtner, 2008) substantielle Fortschritte erzielt werden konnten (s. u.). Die hier konstatierten Forschungsdefizite gelten auch für den internationalen Raum. Im folgenden Überblick zur Erkenntnislage werden drei Fragehorizonte fokussiert: (1) Die mathematischen Leistungsstände in anforderungs- und statusdifferenten Berufen, (2) die Entwicklung (anwendungsorientierter) mathematischer Fähigkeiten im Ausbildungsverlauf und (3) die Einflüsse mathematischer Fähigkeiten auf die Entwicklung fachlicher Kompetenzen. Dabei legen wir das Hauptaugenmerk auf die Situation in Deutschland und weisen ergänzend auf Befundlagen in anderen OECD-Ländern hin. Die vielfältigen thematischen Facetten mathematischer Anforderungen und deren Bewältigung in beruflichen Handlungskontexten können hier naheliegenderweise nur angerissen werden. Begrenzungen ergeben sich nicht nur aus Raumgründen, sondern auch durch den limitierten Forschungsstand.

4.1.2 Mathematische Leistungsstände in anforderungs- und statusdifferenten Berufen

Die Einmündung in unterschiedliche Ausbildungsgänge ist im schulischen Berufsbildungssystem i. d. R. an formale Voraussetzungen (allgemeinbildende Abschlüsse) gebunden, im dualen System wird die Einmündung über privatrechtliche Ausbildungsverträge gesteuert. Diese Verträge können prinzipiell unabhängig von formalen Voraussetzungen abgeschlossen werden, kommen in der Regel jedoch berufsspezifisch primär mit Jugendlichen zustande, deren schulische Abschlüsse/Leistungen als angemessen bzw. hinreichend erachtet werden. Dies führt z. B. dazu, dass der Anteil an Abiturienten bei Bankkaufleuten sehr hoch, bei Einzelhandelskaufleuten jedoch sehr gering ist (Berufsbildungsbericht, 2008, S. 137). Ähnliches lässt sich bei Elektronikern für Energie- und Gebäudetechnik (Handwerk) im Vergleich zu Elektronikern für Betriebs- bzw. Automatisierungstechnik (Industrie) beobachten (Nickolaus,

Knöll & Gschwendtner, 2006), die sich nicht nur gemessen an formalen Abschlüssen, sondern auch kognitiv erheblich unterscheiden. Unterschiede in den Anforderungsstrukturen, Rekrutierungspraktiken und der Attraktivität von Berufen und Beschäftigungsfeldern führen zu deutlich differenten kognitiven Eingangsvoraussetzungen der Auszubildenden.

Dieser Befund bestätigt sich im Bereich der dualen Ausbildung durchgängig (Lehmann et al., 2005; Lehmann et al., 2006; Lehmann & Seeber, 2007). Mathematische Leistungshierarchien, die z. T. auch in anderen kognitiven Leistungsmerkmalen wie dem IQ und dem Leseverständnis Bestätigung finden (Nickolaus, Geißel et al., 2008), lassen sich beispielsweise zwischen Berufsschülern und Schülern an voll- und teilqualifizierenden Berufsfachschulen[2] (Ivanov & Lehmann, 2005; Lehmann et al., 2006), zwischen Schülern unterschiedlicher Berufsfachschulen (Elektrotechnik, Handelsschule, Metalltechnik, Sozialwesen, Gesundheit, Ernährung und Hauswirtschaft) (Lehmann et al., 2006), zwischen Auszubildenden in mathematik[3]- und techniknahen[4] Berufen sowie „mathematikfernen"[5] Ausbildungsgängen (Watermann & Baumert, 2000), zwischen Berufsschülern bzw. Berufsfachschülern innerhalb eines Berufsfeldes (Bauzeichner, Zimmerer, Maurer, Stuckateure/Fliesenleger) (Nickolaus, Norwig & Petsch, 2009) als auch zwischen Auszubildenden des gleichen Berufes (Kfz-Mechatroniker) in der Industrie und im Handwerk identifizieren (Nickolaus, Geißel et al., 2008). Dabei variieren die Differenzen zwischen den Gruppen mehr oder weniger deutlich; so liegen die mathematischen Leistungsdifferenzen zwischen den Kfz-Mechatronikern in der Industrie und im Handwerk z. B. nahezu in der Größenordnung einer Standardabweichung (Nickolaus, Geißel et al., 2008).

Offensichtlich gelingt es den Industrieunternehmen für den gleichen Ausbildungsberuf und gegebenenfalls künftig wenig anspruchsvolle Arbeitsplätze am Band[6] kognitiv wesentlich stärkere Auszubildende zu rekrutieren als dies im Handwerk möglich ist. Innerhalb des Handwerks zeigen sich jedoch auch erhebliche Unterschiede in den mathematischen Leistungsständen. Im gewerblich-technischen Bereich erweist sich insbesondere das erreichte Niveau in einem Teil der Bauberufe (Maurer, Stuckateure, Fliesenleger, Maler-Lackierer) als unzureichend. Die Auszubildenden dieser Berufe beherrschen z. T. die Grundrechenarten nicht und können nur in Ausnahmefällen einfache Gleichungen lösen (Averweg, Schürg, Geißel & Nickolaus, 2009). Defizitäre Leistungen in Mathematik werden, bezogen auf einen Teil der Auszubildenden, in der Regel auch in anderen Ländern wie beispielsweise den USA, Frankreich und Australien festgestellt (Silverberg et al., 2004; Wolf & Rapiau, 1993; Coates & Rothman, 2008). Auf Basis der von Ivanov und Lehmann (2005) im Anschluss an TIMSS

---

2   In absteigender Reihenfolge.
3   Primär kaufmännische Berufe.
4   Primär gewerblich-technische Berufe.
5   Z. B. soziale Berufe.
6   Porsche rekrutiert beispielsweise nahezu alle Arbeiter im Produktionsbereich über die duale Ausbildung.

vorgenommenen Skalierung[7] und differentiellen Analysen (vgl. Tabelle 4.1.1) wird nicht zuletzt auch die Heterogenität der mathematischen Eingangsvoraussetzungen der Auszubildenden deutlich.

Das breite berufsspezifische Kompetenzspektrum im Ausbildungsbereich (BFS, BS) bestätigt sich auch in den für die Schweiz vorliegenden Studien (Stamm, 2006, 2007). In Frankreich lassen sich ebenfalls erhebliche berufsspezifische Unterschiede in den mathematischen Fähigkeiten nachweisen (Wolf & Rapiau, 1993), ganz im Gegensatz zu England, wo aufgrund von im Vergleich zu Frankreich völlig differenten Zugangspfaden in berufliche Lehrprogramme Adressaten mit homogeneren Eingangsvoraussetzungen einmünden (Wolf & Rapiau, 1993). Varianzanalysen bescheinigen denn auch bei den französischen, nicht jedoch bei den englischen Auszubildenden, dass die Zugehörigkeit zu einem speziellen Beruf substantiell zur Varianzaufklärung der Mathematikleistungen beiträgt (Wolf & Rapiau, 1993, S. 39). Watermann und Baumert zeigen auf der Basis differenzierter Analysen im Anschluss an TIMSS III für Deutschland, dass insbesondere dem Schulabschluss prädiktive Kraft für die Mathematikleistungen zukommt, aber auch die Zugehörigkeit zu einem mathematik- und techniknahen Beruf zur Varianzaufklärung beiträgt (Watermann & Baumert, 2000, S. 224 f.).

4.1.3 Die Entwicklung mathematischer Fähigkeiten im Ausbildungsverlauf

Breiter untersucht wurden diese Entwicklungen bisher für die Berufsfachschulen im Rahmen von ULME II in Hamburg; einen Überblick zu den Befunden gibt Tabelle 4.1.2.

Danach werden, von hoch differenten Eingangsniveaus ausgehend, in allen hier in den Blick genommenen teilqualifizierenden Berufsfachschulen signifikante Zuwächse erzielt. Auch in der Berufsfachschule für Elektrotechnik, deren Schüler das höchste Anfangsniveau aufweisen, werden noch substantielle Fortschritte erreicht. Analysen auf Klassenebene zeigen erwartungskonform hoch unterschiedliche Eingangsniveaus und Lernzuwächse (Lehmann et al., 2006, S. 71 f.). Die größten Zuwächse erzielen die schwächeren Auszubildenden[8]; lediglich in der Berufsfachschule für Metalltechnik scheint es gelungen zu sein, die Schülerinnen und Schüler im gesamten Leistungsspektrum gleichermaßen zu fördern. Als besonders problematisch erweist sich die Förderung der Leistungsstärkeren in den Berufsfachschulen für Sozialwesen und Ernährung und Hauswirtschaft (Lehmann et al., 2006).

---

7   Kompetenzstufe I verlangt keine expliziten mathematischen Operationen, sondern lediglich intuitive, alltagsnahe Überlegungen, Stufe II die Anwendung von einfachen Routinen (z. B. $x = 600/(50-30)$), Stufe III mathematisches Modellieren auf einfachem Niveau (z. B. Berechnung von Volumina kombiniert mit Verhältnisrechnung) und Stufe IV die Anwendung komplexer Routinen im Rahmen eigenständiger Modellierungen (entspricht etwa Stufe III aus TIMSS).
8   Operationalisiert über unterdurchschnittliche Leistungen der Hamburger Hauptschülerinnen und -schüler.

4.1 Mathematische Kompetenzen von Auszubildenden

Tabelle 4.1.1: Mathematik II. Verteilung der Schülerinnen und Schüler in den Kompetenzstufen nach Schulformen (in %) (Ivanov & Lehmann, 2005, S. 8).

Schulform	Kompetenzstufen					
	0	I	II	III	IV	N
Berufsfachschule – teilqualifizierend	79,1	16,4	4,0	0,5	0,1	2.836
Berufsfachschule – vollqualifizierend	45,3	33,7	15,8	4,5	0,7	2.076
Berufsschule	37,6	28,8	20,3	10,5	2,8	7.670
insgesamt	48,2	26,8	15,2	7,3	1,8	12.582

Tabelle 4.1.2: Lernstandswerte in Mathematik zu Beginn und am Ende der teilqualifizierenden Berufsfachschule (BFS-tq) nach Bildungsgängen (Lehmann et al., 2006, S. 70).

Bildungsgang	Std.	N	Beginn		Ende		Lernzuwachs	
			M^B	SD	M^E	SD	M^E-M^B	d
BFS für Gesundheit	160	198	102,4	14,0	112,9	14,6	10,5	0,75
BFS f. Ernährung und Hauswirtschaft	240	129	101,7	14,9	112,9	15,1	11,2	0,75
BFS für Sozialwesen	200	172	105,6	17,3	112,6	15,0	7,0	0,40
Handelsschule	320	686	110,5	14,6	120,9	16,3	10,4	0,71
BFS für Elektrotechnik	240	118	117,0	20,0	130,5	19,3	13,5	0,68
BFS für Metalltechnik	240	76	107,4	13,6	127,7	16,8	20,3	1,49
insgesamt		1.379	108,3	16,0	119,2	17,0	10,9	0,68

Das hier für die Hamburger Berufsfachschulen gezeichnete Bild bestätigt sich für die duale Ausbildung allerdings nicht bzw. nur bedingt. So konnten in einer in der beruflichen Grundbildung von Elektronikern für Energie- und Gebäudetechnik und bei Kfz-Mechatronikern angesiedelten Studie im Verlaufe des ersten Ausbildungsjahres nur rudimentäre Zuwächse erzielt werden (Nickolaus, Geißel et al., 2008). In einschlägigen Vorstudien hatte sich allerdings gezeigt, dass in einzelnen Segmenten (z. B. Umrechnung von Einheiten) während des ersten Halbjahres substantielle Fortschritte erzielt wurden, die jedoch nicht stabil blieben. Ob diese Instabilität durch mechanistisches Üben begünstigt wurde, ließ sich mithilfe dieser Daten allerdings nicht klären. Auch die Ergebnisse von Watermann und Baumert (2000) zeigen keine Effekte während des ersten Ausbildungsjahres in der dualen Ausbildung, wobei zu berücksichtigen bleibt, dass die auf Basis von TIMSS vorgenommene Analyse auf Querschnittsdaten zurückgreift und diese aufgrund dessen entwicklungsperspektivisch vorsichtig zu interpretieren ist. Die an dieser Stelle ausgewiesenen Effekte der Berufsgruppenzugehörigkeit auf die Lösungsleistungen in beruflich eingekleideten Mathematikaufgaben könnten z. B. als Hinweise auf günstige Effekte der berufsfachlichen Ausbildung bei anwendungsnahen Aufgaben gedeutet werden (Watermann & Baumert, 2000, S. 239 ff.). Im internationalen Kontext liegen zumindest für die USA ebenfalls Hinweise vor, nach welchen die berufsbezogenen Kurse keinen substantiellen Beitrag zur Entwicklung mathematischer Fähigkeiten erbringen (Silverberg et al., 2004).

Bezogen auf deutsche Verhältnisse liegt die Erklärung für die relativ deutlichen Leistungszuwächse in den teilqualifizierenden Berufsfachschulen und die Stagnation der Auszubildenden in der dualen Ausbildungsvariante vermutlich in den unterschiedlichen Förderbedingungen begründet. Während in ersteren ein spezieller (fachbezogener) Mathematikunterricht im Umfang von 160–320 Stunden ausgewiesen war, wurde in der dualen Ausbildung kein spezieller Mathematikunterricht erteilt. Fachrechnen, wie es früher üblich war, wird im gegenwärtig an Lernfeldern orientierten Unterricht in den Lernfeldunterricht integriert. Wenn schon kein substantieller Fortschritt in den mathematischen Fähigkeiten erzielt wird, bleibt zu klären, ob damit die Anwendungsfähigkeit jener mathematischen Kenntnisse gesichert wird, die im Arbeitsprozess benötigt werden.

Zur Entwicklung mathematischer Leistungen von Ausbildungsbewerbern liegen über verschiedene Jahrgänge hinweg für Deutschland u. W. primär Daten aus den Eingangsuntersuchungen von Großunternehmen vor, die deutlich machen, dass die Leistungen der Bewerberinnen und Bewerber mit gleichem formalen Bildungshintergrund lange Zeit kontinuierlich sanken (Nickolaus, 1998). Für die USA werden in Mathematik für den Zeitraum von 1990–2000 allerdings gegenläufige, d. h. positive Entwicklungen berichtet (Silverberg et al., 2004). Wo und inwieweit die im Anschluss an die PISA-Studien erzielten Effekte auch in der beruflichen Bildung sichtbar werden, ist u. W. bisher nicht untersucht.

4.1.4 Mathematische Fähigkeiten als Prädiktoren der Fachkompetenzentwicklung

Für den akademischen Bereich wurde die exponierte Stellung der Mathematiknote für die Vorhersage des Studienerfolgs mehrfach dokumentiert (vgl. z. B. Baron-Boldt, Schuler & Funke, 1988; Trapmann, Hell, Weigand & Schuler, 2007). Die Korrelationskoeffizienten sind z. T. relativ hoch und erreichen z. B. im Studienfach Wirtschaftsinformatik an der Universität Stuttgart die Größenordnung von 0.7 (Abele, Geißel & Nickolaus, 2007). Zugleich kann davon ausgegangen werden, dass die Mathematiknote unter allen Schulfachnoten am stärksten mit Intelligenzscores korreliert (Tent, 2006).

Für die fachlichen Leistungen der Schülerinnen und Schüler an den Berufsfachschulen ermitteln Lehmann et al. (2006) durchgängig, allerdings mehr oder weniger starke Zusammenhänge zu den mathematischen Fähigkeiten. Eher gering ($r < 0.3$) fallen diese im Fall Ernährung und Hauswirtschaft, eher hoch z. B. in Elektrotechnik ($r = 0.45$ bzw. 0.49) aus. Erste Befunde einer aktuell durchgeführten Studie mit Schülerinnen und Schülern der Berufsfachschule Bautechnik deuten ähnlich ausgeprägte Zusammenhänge ($r = 0.46$) an (Nickolaus, Norwig et al., 2009).

Auf Facharbeiterebene wurde in der von Lehmann u. a. vorgelegten Studie ULME III für den größten Teil der einbezogenen Ausbildungsberufe die prädiktive Kraft mathematischer Fähigkeiten für die Fachkompetenzentwicklung ebenfalls bestätigt.[9] In einzelnen Berufen (Fachinformatiker, Friseure, medizinische Fachangestellte und Industriekaufleute) gingen die mathematischen Fähigkeiten jedoch nicht in die Erklärungsmodelle ein. Die von den Autoren vermuteten Ursachen variieren in Abhängigkeit vom Beruf und reichen von mangelnder Varianz bis zur Gestaltung der Fachwissenstests bzw. den damit abgebildeten Anforderungen (Lehmann & Seeber, 2007). In eigenen Untersuchungen erhärtet sich die Vermutung, dass die Gestaltung der Fachwissenstests mit ursächlich für die differenten Modellbildungen sein könnte. So führt ein rechenlastiger Fachwissenstest im Bereich der Elektrotechnik zur Integration der Mathematik als mächtigem Prädiktor (Nickolaus, Gschwendtner et al., 2008, siehe auch Abbildung 4.1.1). Ein nahezu ohne mathematische Anforderungen gestalteter Fachwissenstest im Ausbildungsberuf Kfz-Mechatroniker hat hingegen ein Modell zur Folge, in dem die mathematischen Fähigkeiten zu Beginn der Ausbildung zwar stark mit dem fachspezifischen Vorwissen assoziiert sind, jedoch keinen direkten Einfluss auf das Fachwissen am Ende der Ausbildung nehmen (ausführlicher Nickolaus, Geißel et al., 2008). Notwendig scheinen zur Klärung der damit aufgeworfenen Frage allerdings experimentelle Untersuchungsdesigns, wobei neben der Variation der Testmerkmale zugleich die Validitätsfrage zu klären ist, die im beruflichen Bereich nicht nur curricular, sondern auch bezogen auf die beruflichen Tätigkeitsan-

---

9 Das gilt z. B. für Anlagenmechaniker, Industriemechaniker, Elektroinstallateure, Tischler, Hotelfachkaufleute, Einzelhandelskaufleute und zahnmedizinische Fachangestellte.

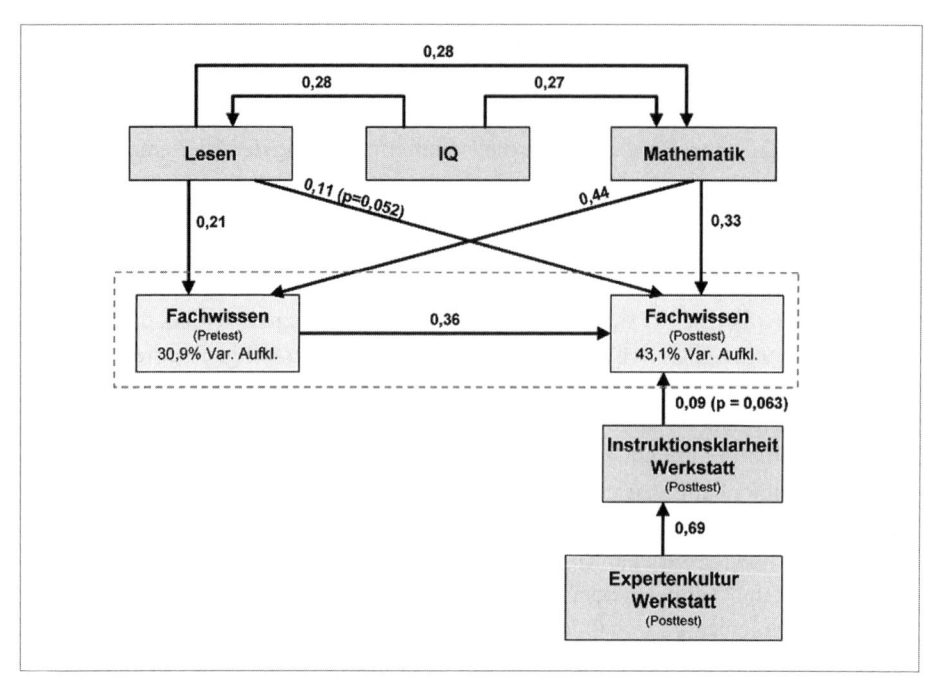

Abbildung 4.1.1: Pfadmodell für Elektroniker (Chi-Quadrat = 11,16; df = 11; RMSEA = 0,008)

forderungen zu sondieren ist. Untersuchungen zum Zusammenhang zwischen Leistungen in Fachwissenstests und beruflicher Performanz stehen weitgehend aus. Eine erste Validierungsstudie, in welcher der Frage nachgegangen wurde, wie Leistungen in handlungsnah gestalteten Fachwissenstests, Fehlerdiagnoseleistungen in simulierten Kraftfahrzeugen und Fehleranalyseleistungen in realen Kraftfahrzeugen zusammenhängen, erbrachte allerdings hohe Korrelationen (Nickolaus, Gschwendtner & Abele, 2009).

Insgesamt spricht der gegenwärtige Forschungsstand zur Ausprägung mathematischer Fähigkeiten zu Beginn der Ausbildung, ihrer Entwicklung und ihrem Einfluss auf die Fachkompetenzentwicklung für verstärkte Anstrengungen, mathematische Fähigkeiten auch in der beruflichen Bildung systematisch zu fördern.

4.1.5 Studien zur Förderung mathematischer Fähigkeiten in der Berufsbildung

Wie oben dargestellt stellen sich in den Berufsfachschulen, in welchen die Förderung mathematischer Fähigkeiten betrieben wird, substantielle Fortschritte ein. In der dualen Ausbildung, in der seit Einführung des Lernfeldkonzepts kein systematischer Fachrechenunterricht realisiert wird, scheint dies allerdings nicht zu gelten, so dass die defizitären Ausprägungen mathematischer Fähigkeiten und damit Barrieren für die Fachkompetenzentwicklung bestehen bleiben. Vor diesem Hintergrund sind vor allem dort verstärkte Anstrengungen zur Förderung mathematischer Fähigkeiten angezeigt, wo sich die Defizite als Barrieren für die Fachkompetenzentwicklung erweisen oder auch die Teilhabe am gesellschaftlichen Leben begrenzen. Zu prüfen wäre insbesondere, inwieweit die bisher primär im allgemeinbildenden Bereich untersuchten Förderansätze, die von Attribuierungstrainings (Gruenke & Castello, 2004), Ansätzen zur Interessen- und Motivationsförderung (Schiefele, 2004; Fischer, 2006; Kunter, 2005), Strategie- und Selbstregulationstrainings (Komorek, Bruder, Collet & Schmitz, 2006; Perels, Schmitz & Bruder, 2005), dem Arbeiten mit Lösungsbeispielen (Carroll, 1994; Reiss et al., 2006; Renkl, 1997; Renkl, Hilbert & Schworm, 2008; Ward & Sweller, 1990; Zhu & Simon, 1987) bis zum Lernen aus Fehlern (Chott, 1999; Oser, Hascher & Spychiger, 1999) reichen, auch im Kontext beruflicher Bildung effektvoll etabliert werden können. Positive Effekte erzielten mit schwächeren Auszubildenden z. B. Berger, Kipfer und Büchel (2008) mit metakognitiv ausgerichteten Strategietrainings. Eine Studie zum Lernen aus Fehlern verknüpft mit Strategietrainings wird gegenwärtig durchgeführt (Nickolaus, Norwig et al., 2009). Als problematisch dürfte sich dabei weniger die Übertragung der einschlägigen Befundlagen aus dem allgemeinbildenden Bereich als die curriculare Einbettung im Regelunterricht erweisen. Die z. T. an den Schulen etablierten Stütz- und Ergänzungsprogramme bieten unter den gegebenen strukturellen und curricularen Bedingungen wohl am ehesten einen Erfolg versprechenden Förderrahmen.

Literatur

Abele, S., Geißel, B. & Nickolaus, R. (2007). *Optimierung und Evaluation von Eignungsfeststellungs- und Auswahlverfahren an der Universität Stuttgart*. Abschlussbericht für das Ministerium für Wissenschaft, Forschung und Kunst Baden-Württemberg.

Averweg, A., Schürg, U., Geißel, B. & Nickolaus, R. (2009). Förderungsbedarf im Bereich der Mathematik bei Berufsschülern im Berufsfeld Bautechnik. *Die berufsbildende Schule, 61*(1), 22–28.

Baron-Boldt, J., Schuler, H. & Funke, U. (1988). Prädiktive Validität von Schulabschlussnoten: Eine Metaanalyse. *Zeitschrift für Pädagogische Psychologie, 2*, 79–90.

Berger, J.-L., Kipfer, N. & Büchel, F. P. (2008). Effects of Metacognitive Intervention in Low-Performing Vocational Students [Electronic Version]. *Journal of cognitive Education and Psychology, 3*, 337–367.

Bundesministerium für Bildung und Forschung (Hrsg.) (2008). *Berufsbildungsbericht 2008*. Bonn/Berlin.

Carroll, W. M. (1994). Using worked examples as an instructional support in the algebra classroom. *Journal of Educational Psychology, 86*(3), 360–367.

Chott, P. O. (1999). Ansätze zur Förderung einer „Fehlerkultur". *PÄDForum, 3*, 238–248.

Coates, H. & Rothman, S. (2008). *Participation in VET in Schools.* LSAY Briefing Number 15, October 2008. Retrieved May 13, 2009, from http://www.acer.edu.au/lsay/briefs.html

Fischer, N. (2006). Motivationsförderung in der Schule. Konzeption und Evaluation einer Fortbildungsmaßnahme für Mathematiklehrkräfte. In *Schriften zur Pädagogischen Psychologie* (Bd. 22). Hamburg: Kovac.

Friedrich, M. (2006). Jugendliche in Ausbildung: Wunsch und Wirklichkeit. Chancen der Jugendlichen erneut verschlechtert. *Berufsbildung in Wissenschaft und Praxis, 35*(3), 7–11.

Gruenke, M. & Castello, A. (2004). Attributionstraining. In G. W. Lauth, M. Gruenke & J. C. Brunstein (Hrsg.), *Interventionen bei Lernstörungen: Förderung, Training und Therapie in der Praxis* (S. 382–390). Göttingen: Hogrefe.

Ingenkamp, K. (1986). Zur Diskussion über die Leistungen unserer Berufs- und Studienanfänger. Eine kritische Bestandsaufnahme der Untersuchungen und Stellungnahmen. *Zeitschrift für Pädagogik, 32*(1), 1–29.

Ivanov, S. & Lehmann, R. H. (2005). *Mathematische Grundqualifikationen zu Beginn der beruflichen Ausbildung.* bwp@ - Berufs- und Wirtschaftspädagogik online, 8, Juli 2005. Retrieved May 13, 2009 from http://www.bwpat.de.

Komorek, E., Bruder, R., Collet, C. & Schmitz, B. (2006). Inhalte und Ergebnisse einer Intervention im Mathematikunterricht der Sekundarstufe I mit einem Unterrichtskonzept zur Förderung mathematischen Problemlösens und von Selbstregulationskompetenzen. In M. Prenzel & L. Allolio-Näcke (Hrsg.), *Untersuchungen zur Bildungsqualität von Schule. Abschlussbericht des DFG-Schwerpunktprogramms* (S. 240–267). Münster: Waxmann.

Kunter, M. (2005). *Multiple Ziele im Mathematikunterricht.* Münster: Waxmann.

Lehmann, R. H., Ivanov, S. & Gänsfuß, R. (2005). *ULME I – Untersuchung der Leistungen, Motivation und Einstellungen zu Beginn der beruflichen Ausbildung.* Hamburg: HIBB.

Lehmann, R. H. & Seeber, S. (Hrsg.) (2007). *ULME III – Untersuchung von Leistungen, Motivation und Einstellungen der Schülerinnen und Schüler in den Abschlussklassen der Berufsschulen.* Hamburg: HIBB.

Lehmann, R.H., Seeber, S. & Hunger, S. (2006). *ULME II – Untersuchung von Leistungen, Motivation und Einstellungen der Schülerinnen und Schüler in den Abschlussklassen der teilqualifizierenden Berufsfachschulen.* Hamburg: HIBB.

National Center for Education Statistics (1999). *Students who Prepare for College and a Vocation.* Issue Brief NCES 1999–072. Retrieved May 13, 2009 from http://nces.ed.gov/pubs99/1999072/

Nickolaus, R. (1998). Ausbildungsreife – Befunde und Problemlösungsvorschläge. In K.-H. Sommer (Hrsg.), *Didaktisch-organisatorische Gestaltungen vorberuflicher und beruflicher Bildung.* Stuttgarter Beiträge zur Berufs- und Wirtschaftspädagogik (Bd. 22, S. 57–120). Esslingen: Deugro.

Nickolaus, R., Geißel, B. & Gschwendtner, T. (2008). Die Rolle der Basiskompetenzen Mathematik und Lesefähigkeit in der beruflichen Ausbildung und die Entwicklung mathematischer Fähigkeiten im ersten Ausbildungsjahr. *bwp@ – Berufs- und Wirtschaftspädagogik online, 14*, Juni 2008. Retrieved May 13, 2009 from http://www.bwpat.de.

Nickolaus, R., Gschwendtner, T. & Abele, S. (2009). *Die Validität von Simulationsaufgaben am Beispiel der Diagnosekompetenz von Kfz-Mechatronikern. Vorstudie zur Validität von Simulationsaufgaben im Rahmen eines VET-LSA.* Abschlussbericht für das Bundesministerium für Bildung und Forschung.

Nickolaus, R., Gschwendtner, T. & Geißel, B. (2008). Entwicklung und Modellierung beruflicher Fachkompetenz in der gewerblich-technischen Grundbildung. *Zeitschrift für Berufs- und Wirtschaftspädagogik, 104*(1), 48–73.

Nickolaus, R., Knöll, B. & Gschwendtner, T. (2006). Methodische Präferenzen und ihre Effekte auf die Kompetenz- und Motivationsentwicklung – Ergebnisse aus Studien in anforderungsdifferenten elektrotechnischen Ausbildungsberufen in der Grundbildung. *Zeitschrift für Berufs- und Wirtschaftspädagogik, 102*(4), 225–577.

Nickolaus, R., Norwig, K. & Petsch, C. (2009). *Die Förderung schwächerer Auszubildender in der gewerblich-technischen Bildung: Eine Interventionsstudie im Baubereich.* Vortrag auf der Frühjahrstagung der Sektion Berufs und Wirtschaftspädagogik. www.uni-stuttgart.de/bwt.

Oser, F., Hascher, T. & Spychiger, M. (1999). Lernen aus Fehlern. Zur Psychologie des „negativen" Wissens. In W. Althof (Hrsg.), *Fehlerwelten. Vom Fehlermachen und Lernen aus Fehlern* (S. 11–41). Opladen: Leske + Budrich.

Perels, F., Schmitz, B. & Bruder, R. (2005). Lernstrategien zur Förderung von mathematischer Problemlösekompetenz. In C. Artelt & B. Moschner (Hrsg), *Lernstrategien und Metakognition. Implikationen für Forschung und Praxis* (S. 155–175). Münster: Waxmann.

Reiss, K., Heinze, A., Kuntze, S., Kessler, S., Rudolph-Albert, F. & Renkl, A. (2006). Mathematiklernen mit heuristischen Lösungsbeispielen. In M. Prenzel & L. Allolio-Näcke (Hrsg.), *Untersuchungen zur Bildungsqualität von Schule. Abschlussbericht des DFG-Schwerpunktprogramms* (S. 194–208). Münster: Waxmann.

Renkl, A. (1997). Learning from worked-out examples: A study on individual differences. *Cognitive Science, 21*, 1–29.

Renkl, A., Hilbert, T. & Schworm, S. (2008). Example-Based Learning in Heuristic Domains: A Cognitive Load Theory Account. *Educational Psychology Review, 21*, 67–78.

Rothe, G. (1995). *Die Systeme beruflicher Qualifizierung Frankreichs und Deutschlands im Vergleich: Übereinstimmungen und Besonderheiten in den Beziehungen zwischen den Bildungs- und Beschäftigungssystemen zweier Kernländer der EU.* Beiträge zur Arbeitsmarkt- und Berufsforschung (Bd. 190). Nürnberg: IAB.

Schiefele, U. (2004). Förderung von Interessen. In: G. W. Lauth, M. Gruenke & J. C. Brunstein (Hrsg.), *Interventionen bei Lernstörungen. Förderung, Training und Therapie in der Praxis* (S. 134–144). Göttingen: Hogrefe.

Schneeberger, A. (2007). Nebeneinander von Lehre und Vollzeitschule in der österreichischen Berufsbildung. Was steckt dahinter? *bwp@ – Berufs- und Wirtschaftspädagogik online, Spezial Ausgabe 3 – Österreich Spezial,* Oktober 2007. Retrieved May 13, 2009 from http://www.bwpat.de.

Schulz, K. (1988). *Mathematische Leistungen von Hauptschülern. Eine empirische Untersuchung über Zielvorstellungen des Beschäftigungssystems und real vorfindbare Leistungsprofile bei Hauptschülern.* Regensburg: Roderer.

Silverberg, M., Warner, E., Fong, M. & Goodwin, D. (2004). *National Assessment of Vocational Education. Final Report.* Washington. D.C.

Stamm, M. (2006). Kluge Köpfe und goldene Hände. Überdurchschnittlich begabte Lehrlinge in der Berufsbildung. *Zeitschrift für Berufs- und Wirtschaftspädagogik, 2,* 226–248.

Stamm, M. (2007). Minderleister in der Berufsausbildung. Empirische Befunde aus einer Schweizer Längsschnittstudie. *Zeitschrift für Berufs- und Wirtschaftspädagogik, 3,* 330–344.

Tent, L. (2006). Zensuren. In D. H. Rost (Hrsg.), *Handwörterbuch Pädagogische Psychologie* (S. 805–811). Weinheim: Beltz.

Trapmann, S., Hell, B., Weigand, S. & Schuler, H. (2007). Die Validität von Schulnoten zur Vorhersage des Studienerfolgs – Eine Metaanalyse. *Zeitschrift für Pädagogische Psychologie, 21,* 11–27.

Ulrich, J. G. & Troltsch, K. (2003). Stabilisierung des Lehrstellenmarktes unter wirtschaftlich schwierigen Rahmenbedingungen? Bundesinstitut für Berufsbildung (Hrsg.), *Forschung spezial,* H. 5. Bonn.

Ward, M. & Sweller, J. (1990). *Structuring effective worked examples.* Cognition and Instruction, 7, 1–39.

Watermann, R. & Baumert, J. (2000). Mathematische und naturwissenschaftliche Grundbildung beim Übergang von der Schule in den Beruf. In J. Baumert, W. Bos & R. Lehmann (Hrsg.), *TIMSS/III. Dritte internationale Mathematik- und Naturwissenschaftsstudie – Mathematische und naturwissenschaftliche Bildung am Ende der Schullaufbahn* (Bd. 1, S. 199–259). Opladen: Leske+Budrich.

Wolf, A. & Rapiau, M. (1993). The Academic Achievement of Craft Apprentices in France and England: Contrasting Systems and Common Dilemmas. *Comparative Education, 29*(1), 29–43.

Zhu, X. & Simon, H. A. (1987). Learning mathematics from examples and by doing. *Cognition and Instruction, 4,* 137–166.

4.2 Zum Spannungsverhältnis zwischen mathematischen Anforderungen im Schulunterricht und im Berufsleben

Mathias Musch, Stefanie Rach und Aiso Heinze

„Nicht für die Schule, sondern für das Leben lernen wir" ist eine Weisheit, die Jahrzehnte, wenn nicht Jahrhunderte lang verwendet wurde, um Schülerinnen und Schülern eine Rechtfertigung und eine Motivation für die schulischen Lerninhalte und damit auch für den Mathematikunterricht zu geben. Fragt man sich umgekehrt aus der Perspektive des Berufs- und Alltagslebens, welche mathematischen Inhalte im Alltag und Beruf überhaupt „gebraucht" werden, so findet man viele Curriculumsinhalte nicht wieder. Der hier schnell gezogene Schluss, dass große Teile des Mathematikunterrichts überflüssig sind, greift allerdings zu kurz. Inzwischen gilt die Grundannahme eines Bildungsverständnisses, das schulisches Lernen als Wissenserwerb auf Vorrat ansieht, kaum noch als akzeptabel. Im Sinne von Mittelstraß (1989) kann es nicht nur darum gehen, in der Schule „Verfügungswissen" zu erwerben, das unmittelbare instrumentelle Bedeutung für die Bewältigung beruflicher und alltäglicher Anforderungen hat. Vielmehr muss es zusätzlich darum gehen, „Orientierungswissen" aufzubauen, um einerseits eine Anschlussfähigkeit für ein Weiterlernen zu gewährleisten und andererseits eine situationsadäquate Interpretation von beruflichen und alltäglichen Anforderungen zu ermöglichen. Die Bewältigung dieser Anforderungen kann demnach durch eine zielgerichtete Erweiterung von fehlendem notwendigen Wissen erfolgen.

Auch wenn dieser Ansatz als Konsens gelten dürfte, so stellt sich doch die Frage, was im Mathematikunterricht der allgemeinbildenden Schulen konkret behandelt werden soll. Konzeptionen zu (allgemeinen) Bildungszielen des Mathematikunterrichts wie etwa von Winter (1995), Heymann (1996) oder wie das Literacy-Konzept (OECD, 2003) geben vergleichsweise abstrakte Ziele vor. Im Rahmen der Konzeptionierung nationaler Bildungsstandards (Klieme et al., 2003) und deren fachspezifischen Ausarbeitung für die Sekundarstufe I (KMK, 2003, 2004) wurde dagegen eine Konkretisierung erreicht, die unmittelbar für die Schulpraxis umsetzbar ist. Diese orientiert sich im Wesentlichen an der Struktur der Disziplin Mathematik, indem eine Inhaltsdimension und eine Prozessdimension charakterisiert werden. Gegenüber den bisherigen Curricula haben die Bildungsstandards Mathematik allerdings eine stärkere Betonung der kognitiven Komponenten mathematischer Tätigkeiten, die natürlich auch im Hinblick auf die Anwendung der Mathematik bedeutsam sind. Allerdings bleibt eine klare Orientierung an der Bezugswissenschaft Mathematik bestehen, und es wird ein Erwerb von universell einsetzbaren mathematischen Kompetenzen angestrebt.

Fraglich ist, ob und wie weit eine spezifische berufliche Orientierung der Inhalte des Mathematikunterrichts möglich und/oder wünschenswert ist. Dazu wäre zunächst einmal die Frage zu beantworten, welche mathematischen Kompetenzen denn in den verschiedenen Berufszweigen benötigt werden und wie diese charakterisiert werden können. Im vorherigen Kapitel 4.1 wurde dargestellt, dass die Ergebnisse mathematischer Leistungstests je nach Ausbildungsberuf einen mehr oder weniger starken prädiktiven Charakter für die berufsfachliche Kompetenz aufweisen (Nickolaus & Norwig, in diesem Band). Unklar bleibt bei diesen Zusammenhangsanalysen allerdings, wie dieser Einfluss inhaltlich erklärt werden kann, wenn man einmal von den einfachen mathematischen Basisqualifikationen absieht. Es bleibt insbesondere die Frage, ob hier die Konfundierung von mathematischer Leistung und kognitiven Grundfähigkeiten die entscheidende Rolle spielt oder ob es einen substanziellen Beitrag „höherer" mathematischer Kompetenz für die berufsfachliche Kompetenz gibt. Wie im folgenden Abschnitt 4.2.1 deutlich wird, ist diese Frage nur sehr schwer zu beantworten, da das notwendige mathematische Wissen und die notwendigen mathematischen Fähigkeiten und Fertigkeiten zur Bewältigung beruflicher Anforderungen nur schwer umfassend zu identifizieren sind und zudem häufig sehr stark kontextuiert und situationsbezogen sein können.

Diese Schwierigkeit, die Korrespondenz zwischen dem mathematischen Kompetenzaufbau in der Schule und den mathematischen Kompetenzanforderungen im Beruf umfassend zu charakterisieren, steht schon länger in der Diskussion. Eine Konsequenz ist, dass in der berufspädagogischen Ausbildung inzwischen weniger die fachlich-mathematischen Kompetenzen, orientiert an der Bezugsdisziplin Mathematik, aufgebaut werden, sondern stattdessen berufsfachliche Kompetenzen im Vordergrund stehen, orientiert an berufsspezifischen Lernfeldern, in die mathematische Kompetenzen integriert sind (vgl. Abschnitt 4.2.2). Somit ergibt sich beim Übergang von der allgemeinbildenden Schule in die Berufsschule bzw. berufliche Ausbildung ein Bruch, der einerseits mit einer „Auflösung" des Schulfaches Mathematik einhergeht und andererseits aber weiterhin einen mathematischen Kompetenzaufbau in berufsspezifischen Anforderungssituationen verlangt. Davon ausgehend könnte überlegt werden, welche mathematischen Lernvoraussetzungen die Berufsschülerinnen und Berufsschüler aus der allgemeinbildenden Schule mitbringen sollten, die über mathematische Basiskompetenzen hinausgehen.

4.2.1 Mathematik in der beruflichen Verwendung als Herausforderung für die Forschung

Untersuchungen von mathematischen Anforderungen im Berufsleben hat es in den vergangenen Jahrzehnten immer wieder gegeben. Insbesondere in den 1970er Jahren und in den frühen 1980er Jahren wurden national und international verschiedene Berufe sowie die berufliche Ausbildung im Hinblick auf mathematikhaltige Problemsituationen betrachtet (vgl. etwa die Zusammenfassung in Bardy, 1985). Als Ergebnisse dieser Studien wurden häufig Auflistungen von mathematischen Inhalten präsentiert, die für die erfolgreiche Bewältigung von Anforderungen in den betrachteten Berufen beherrscht werden müssen. Diese umfassten nicht nur die oft für fast alle Berufe als notwendig genannten Inhalte, wie die Grundrechenarten, den Dreisatz und die Prozentrechnung, sondern durchaus auch nach Berufszweigen differenzierte und teilweise sehr spezielle mathematische Teilbereiche. So wurden beispielsweise für den Beruf Zahnarzthelferin die mathematischen Teilgebiete „Rechnen mit Geldwerten, Zeitspannen, Verhältnisse, Anteile, Mischungsrechnen, Prozentrechnen" angegeben (vgl. Bardy, 1985, S. 40). Andere Untersuchungen aus jener Zeit bezogen sich zumeist direkt auf die Anforderungen des Berufsschulunterrichts der Auszubildenden. Dabei wurden mathematische Anforderungen vor allem durch die Analyse von Lehrplänen und Lehrbüchern ermittelt (z.B. Blum, 1981; Reinisch, 1985), und es wurde die Rolle der Berufsschullehrkräfte und des Berufsschulunterrichts in den Blick genommen (Blum, Fingerle & Gerdsmeier, 1998; Bromme, Rambow & Sträßer, 1991).

Als unzureichend wird bei den älteren Studien zur Nutzung von Mathematik in der Berufspraxis vor allem das forschungsmethodische Vorgehen kritisiert (vgl. die Kritik in Bardy, 1985; Sträßer, 1996). Die Daten in diesen Untersuchungen wurden in erster Linie durch Interviews bzw. Fragebögen bei den Berufstätigen erhoben. Erforderliche Beobachtungen mit einer begleitenden Analyse der Anforderungen am Arbeitsplatz bzw. der Art der Bewältigung der beruflichen Anforderungen spielten bei den damaligen Studien nur eine untergeordnete Rolle. Dieses ist insbesondere deshalb problematisch, da viele mathematische Aktivitäten von den Berufstätigen nicht als mathematische Aktivitäten wahrgenommen und entsprechend bei Befragungen auch nicht genannt werden. Bereits 1982 wurde im Cockcroft Report für die britische Regierung festgestellt:

> However, even when mathematics is being used, frequent repetition and increasing familiarity with a task may mean that it may cease to be thought of as mathematics and become an almost automatic part of the job. A remark which was overhead – 'that's not mathematics, it's common sense' – is an illustration of this and, indeed, indicates an 'at-homeness' with that particular piece of mathematics which we would wish to commend. (Cockcroft, 1982, p. 65).

Sträßer (1996) verweist in diesem Zusammenhang darauf, dass je nach beruflicher Anforderungssituation mathematische Begriffe und Verfahren mit Konzepten aus anderen Disziplinen kognitiv zu einem neuen Konzept verschmolzen werden (problemorientierte Konzeptintegration). Folglich können die mathematischen Anteile vom Individuum nicht mehr herauskristallisiert werden, um sie einer Reflexion zugänglich zu machen. Entsprechend können mental durchgeführte mathematische Operationen als nicht sichtbare Mathematik nicht identifiziert werden, weil sie entweder von den Befragten nicht als mathematisch wahrgenommen werden oder weil sie für die Beobachtenden nicht erkennbar sind. Als Konsequenz erscheint hier eine gemeinsame theoretische und empirische Analyse der Arbeitstätigkeiten das Mittel der Wahl zu sein, um mögliche mathematikhaltige Anforderungssituationen zu identifizieren. Noss, Hoyles und Pozzi (2000) kombinierten zu diesem Zweck verschiedene, aufeinander aufbauende empirische Forschungsmethoden. So wurden zunächst Schulungsunterlagen für die betreffenden Berufe im Hinblick auf mathematische Inhalte analysiert und diese Inhalte auch unter Beachtung der Anwendungskontexte herausgearbeitet. Die Ergebnisse wurden durch halbstandardisierte Interviews mit erfahrenen Führungskräften validiert und anschließend durch halbstandardisierte Interviews mit Berufstätigen der jeweiligen Berufe im Hinblick auf die Anwendungskontexte ergänzt. Im Rahmen eines ethnografischen Ansatzes wurden danach Arbeitsplatzbeobachtungen durchgeführt (work shadowing), die durch situationsbezogene Interviews ergänzt wurden. Diese Beobachtungen erlaubten es nicht nur, einen umfassenden Überblick über mathematikhaltige Aktivitäten in den jeweiligen Berufen zu erhalten, sondern es konnten auch kritische Anforderungssituationen (non-routine episodes, breakdowns, conflicts) identifiziert werden. Letztere wurden typisiert und dienten als Basis zur Entwicklung von Interviewitems, die eine realistische, kontexteingebettete Simulation solcher kritischen Anforderungssituationen darstellten. In den folgenden Interviews konnten die Probandinnen und Probanden so leichter dazu gebracht werden, ihre Handlungsentscheidungen zu begründen bzw. zu rechtfertigen. Dabei wurden die individuell verwendeten Lösungsansätze und Situationsmodelle explizit und konnten so einer wissenschaftlichen Analyse zugänglich gemacht werden.

Als Beispiel sei aus der Studie von Noss et al. (2000) die Blutdruckuntersuchung von Patienten durch Krankenschwestern genannt.[1] Die Einschätzung von Blutdruckwerten als „normal" als Voraussetzung für eine Medikamentengabe erfordert eine Entscheidung, die notwendigerweise auch unter Einbezug mathematischer Kenntnisse getroffen wird.[2] Wie in den Simulationsinterviews aufgezeigt werden konnte, basierte das von den Krankenschwestern verwendete Modell zur Bewertung von Blutdruckwerten einer Person als „normal" nicht in allen Fällen auf einem Korrelationsmodell, also dem von Ärzten vollzogenen üblichen Vergleich mit den durchschnittlichen Werten der Population, aus der diese Person stammt (festgemacht am Alter und Geschlecht). Stattdessen orientierten sich die befragten Krankenschwestern eher an einem Variationsmodell, das individuell auf den Patienten bezogen war. So wurden aktuelle Blutdruckwerte im Hinblick auf ihre Abweichung von einem individuellen Basiswert des Patienten (im Normalzustand) als hoch oder niedrig eingeschätzt.

Das von Noss et al. (2000) eingesetzte methodische Vorgehen erlaubt es, die Beziehung zwischen Mathematik als Disziplin und Mathematik in der beruflichen Verwendung durch eine Integration des situated cognition-Ansatzes (z.B. Lave, 1988) und einer mathematischen Perspektive differenzierter zu untersuchen (vgl. auch das

---

[1] Weitere Ergebnisse der Studie mit Krankenschwestern finden sich in Hoyles, Noss und Pozzi (2001) und Noss, Hoyles und Pozzi (2002).
[2] Auch wenn die Krankenschwestern selber dieses kaum als Verwendung mathematischer Kenntnisse ansehen würden.

forschungsmethodische Vorgehen bei der Studie von Sträßer (1996) und Bromme, Rambow und Sträßer (1996) mit Technischen Zeichnern). Wurde bis in die 1980er Jahre noch häufig ein utilitaristischer Ansatz verwendet, der versuchte, mathematische Inhalte zu identifizieren, die im Berufsleben eine Rolle spielten (wie es in der Einleitung dieses Beitrags anklang und etwa im bereits zitierten Cockcroft Report 1982 gemacht wurde), so setzte zu Beginn der 1990er Jahre die Erforschung der „mathematics in use" auf Basis des situated cognition-Ansatzes ein. Hintergrund war die Kritik an dem utilitaristischen Ansatz, der eine rein mathematische Perspektive (aus akademischer oder schulischer Sicht) einnahm und nur einzelne inhaltliche Elemente der Mathematik in ihrer instrumentellen Anwendung erfasste (vgl. die Kritik in Noss, 1997). Alternativ wurde mit dem situated cognition-Ansatz versucht, mittels einer epistemologischen Perspektive eine Konzeptualisierung von Mathematik in der beruflichen Praxis zu erreichen, da die hier verwendete Mathematik (als Wissen) in Handlungskontexten situiert ist und nicht unabhängig vom Kontext betrachtet werden kann. Vor diesem Hintergrund lebte in den 1990er Jahren die Forschung zur Mathematik in der Berufspraxis wieder auf, und für verschiedene Berufszweige wurden eine Reihe neuer Studien durchgeführt. Als Beispiele seien Studien mit Berufstätigen in der Leichtmetallindustrie (Buckingham, 1997) und mit Teppichverlegern (Masingila, 1994) genannt.

Durch den situated cognition-Ansatz mit der Bindung an den jeweiligen soziokulturellen Kontext standen allerdings eher die Unterschiede zwischen Mathematik als Disziplin und Mathematik in der beruflichen Praxis im Vordergrund, da Letztere von der Idee her als eigenständige „Disziplin" betrachtet wurde. Um aber insbesondere die in der Schule erworbene mathematische Kompetenz in Beziehung zu den mathematikhaltigen Kompetenzanforderungen im Beruf zu stellen, wäre eher eine Perspektive zu bevorzugen, welche auch diejenigen Aspekte mathematischer Kompetenz mit einbezieht, die epistemologisch invariant unter Veränderung soziokultureller Bedingungen sind (vgl. Nunes, 1992). Noss und Hoyles (1996) haben diesbezüglich in einem anderen Zusammenhang den Begriff der „situated abstraction" eingeführt, um den Kern mathematischer Strukturen in ihrer Entwicklung in einer soziokulturellen Einbettung zu beschreiben. Mit diesem Ansatz könnte es einerseits gelingen, Mathematik in der Berufspraxis als einbettet in und gebunden an das professionelle Wissen der Berufstätigen zu beschreiben und andererseits diese Mathematik tatsächlich in ihrem mathematischen Charakter zu erfassen. Die oben erwähnte Studie von Noss et al. (2000) ist ein Beispiel dafür.

4.2.2 Mathematischer Kompetenzerwerb in Schule und Ausbildung: eine Frage des Kompetenzbegriffs?

Die im vorherigen Abschnitt aufgezeigten Herausforderungen bei der Identifikation mathematischer Kompetenzanforderungen in beruflichen Tätigkeiten machen deutlich, dass es sich beim Übergang von der Sekundarstufe I in die berufliche Ausbildung für viele Auszubildende wohl nicht um einen fließenden Übergang handelt. Betrachtet man mathematische Kompetenz als Ziel eines allgemeinbildenden Mathematikunterrichts und vergleicht sie mit der beruflichen Handlungskompetenz zur Bewältigung mathematikhaltiger Anforderungen im Beruf, so wird deutlich, dass es sich um unterschiedliche Konzepte handeln muss, deren genaue Beziehung nur schwer charakterisierbar ist. Entsprechend werden – wie zuvor erwähnt – die im Mathematikunterricht erworbenen Kompetenzen in der individuellen Wahrnehmung von Berufstätigen häufig nicht mit denjenigen, die in beruflichen Situationen benötigt werden, in Verbindung gebracht.

Der Mathematikunterricht der allgemeinbildenden Schulen orientiert sich deutlich an der Bezugswissenschaft Mathematik, indem seine Ziele ausgehend von einer Analyse der mathematischen Inhalte und Tätigkeiten vor dem Hintergrund eines Allgemeinbildungsanspruchs in den Bildungsstandards konkretisiert werden. Angestrebt wird dabei der Erwerb individueller mathematischer Kompetenz im Sinne von Weinert (2001), der Kompetenz als „die bei Individuen verfügbaren oder durch sie erlernbaren kognitiven Fähigkeiten und Fertigkeiten, um bestimmte Probleme zu lösen, sowie die damit verbundenen motivationalen, volitionalen und sozialen Bereitschaften und Fähigkeiten, um die Problemlösungen in variablen Situationen erfolgreich und verantwortungsvoll nutzen zu können" beschreibt. Wesentlich ist dabei der Anspruch, dass die individuellen Fähigkeiten und Fertigkeiten zur Problemlösung in verschiedenen Situationen eingesetzt werden können. Somit zeigt sich hier in Bezug auf die Mathematik, dass die Lernenden die universelle Anwendbarkeit der abstrakten mathematischen Konzepte und Prozesse nicht nur als Charakter der Mathematik erkennen sollen, sondern dass sie diese auch bis zu einem gewissen Grad situations- und kontextübergreifend einsetzen können sollen.

Damit ergibt sich eine Abgrenzung in der Zielsetzung zu einer mathematikbezogenen beruflichen Handlungskompetenz. Wie im vorherigen Abschnitt 4.2.1 aufgezeigt, steht im Berufsleben grundsätzlich die Ausübung beruflicher Handlungen im Mittelpunkt, deren (mathematische) Anforderungen sich aus den Handlungen selbst ergeben und somit auch mit situations- und kontextspezifischen Aspekten verwoben sind. Die universelle Anwendbarkeit mathematischer Konzepte und Prozesse steht damit nicht mehr im Vordergrund, sondern sie ist eingeschränkt auf die jeweiligen beruflichen Anwendungsfelder. Entsprechend geht es bei der beruflichen Handlungskompetenz weniger um einen systematischen Aufbau von domänenspezifischem Wissen und damit verbundenen Kompetenzen (im Sinne Weinerts). Stattdessen steht – auch unter Einschluss mathematischer Elemente – eine Fachkompetenz im Vordergrund, die „als die Fähigkeit und Bereitschaft, Aufgabenstellungen selbstständig, fachlich richtig, methodengeleitet zu bearbeiten und das Ergebnis zu beurteilen" (Bader, 1989, S. 75) beschrieben werden kann.[3]

---

3   Nach Bader (1989) gehört neben der Fachkompetenz auch die Humankompetenz und Sozialkompetenz zur beruflichen Handlungskompetenz.

4.2 Mathematische Anforderungen im Schulunterricht und im Berufsleben

Dieser Unterschied zwischen dem Kompetenzbegriff wie er im Rahmen der nationalen Bildungsstandards bzw. wie er in der Berufspädagogik und auch der Arbeitspsychologie verwendet wird, wurde bereits in der Klieme-Expertise verdeutlicht, indem im Zusammenhang mit der Domänenspezifizität des Kompetenzerwerbs der Begriff „Domäne" auf die Schulfächer bzw. deren Bezugswissenschaften bezogen wird (vgl. Klieme et al., 2003, S. 21–26).[4]

Durch die verschiedenen Kompetenzbegriffe ergeben sich für die didaktische Analyse der mathematischen Lerngegenstände verschiedene Herangehensweisen in Bezug auf die mathematischen Inhalte (berufsbezogen oder disziplinär) und die damit verbundenen Kompetenzen (vgl. auch Brand, Hofmeister & Tramm, 2005). So ist – wie bereits erwähnt – im Rahmen des Allgemeinbildungsanspruchs der allgemeinbildenden Schulen die Bezugsdisziplin Mathematik die Grundlage für die Ableitung mathematischer Inhalte und allgemeiner mathematischer Kompetenzen, über die wiederum für den Unterricht gezielt konkrete Problemsituationen als Lerngelegenheiten geschaffen werden. Für die berufliche Ausbildung wird dagegen der umgekehrte Weg eingeschlagen, indem aus konkreten beruflichen Problemsituationen die notwendigen Kompetenzen und Inhalte definiert werden. Letztere können dann ggf. in Elemente verschiedener akademischer Bezugsdisziplinen zerlegt werden, was allerdings einerseits eine große Herausforderung darstellt (vgl. Abschnitt 4.2.1) und andererseits die Integration mathematischer Elemente in Konzepte professionellen Wissens unbeachtet lässt.

Die unterschiedlichen Kompetenzkonzeptionen haben aber nicht nur die beschriebenen Folgen hinsichtlich einer (fach-)didaktischen Analyse, sondern sie wirken darüber hinaus auch auf die Bildungskonzepte für allgemeinbildende und berufliche Schulen. Im Gegensatz zu den Bildungsstandards für allgemeinbildende Schulen orientieren sich die Rahmenlehrpläne für die berufsbildenden Schulen seit 1996 an dem Begriff der Handlungskompetenz. Diese wird in der aktuellen Fassung von 2007 als „die Bereitschaft und Fähigkeit des einzelnen, sich in gesellschaftlichen, beruflichen und privaten Situationen sachgerecht, durchdacht sowie individuell und sozial verantwortlich zu verhalten" verstanden (KMK, 2007, S. 10). Handlungskompetenz entfaltet sich dabei in Fachkompetenz, Humankompetenz und Sozialkompetenz sowie in Methodenkompetenz, kommunikative Kompetenz und Lernkompetenz. Ein wesentliches Anliegen dabei ist, eine „deutliche Position gegen ein enges Verständnis von beruflicher Bildung im Sinne von fachlicher Qualifikation einzunehmen" (Breuer, 2005, S.11).

---

4 Es wird in einer Fußnote sogar eine explizite Abgrenzung vorgenommen: „Der hier verwendete Begriff von ‚Kompetenzen' ist daher ausdrücklich abzugrenzen von den aus der Berufspädagogik stammenden und in der Öffentlichkeit viel gebrauchten Konzepten der Sach-, Methoden-, Sozial- und Personalkompetenz. Kompetenzen werden hier verstanden als Leistungsdispositionen in bestimmten Fächern oder ‚Domänen'" (Klieme et al., 2003, S. 22).

Der Begriff der Handlungskompetenz geht einher mit der Einführung von Lernfeldern und der damit verbundenen Abkehr von den traditionellen Schulfächern in der Berufsschule. Intention war die Verbindung vielschichtiger Faktoren aus unterschiedlichen Disziplinen, die erfolgreiches berufliches Handeln ermöglichen. Mathematik kommt dabei nur noch eingebettet in Inhalten beruflicher Anforderungssituationen vor.

Die unterschiedlichen Konzepte von Kompetenz haben beim Übergang von der Sekundarstufe I in die Ausbildung weitreichende Folgen, da ein regelrechter Bruch in den Lernangeboten stattfindet. Die Kompetenzentwicklung in den traditionellen Schulfächern wird durch die Entwicklung von Handlungskompetenz anhand beruflich orientierter Lernfelder abgelöst. Mathematik ist in der Berufsbildung kein eigenes Fach mehr; mathematische Kompetenzen sind anwendungs- und situationsbezogen in die Lernfelder integriert. Zwar ist laut KMK-Handreichung ausdrücklich auch vorgesehen, in besonderen Fällen Themenbereiche unter fachwissenschaftlichen Gesichtspunkten im Rahmen der Lernfelder zu unterrichten (vgl. KMK, 2007, S. 17), eine systematische mathematische Unterrichtskultur existiert jedoch nicht mehr.

Eine ganze Reihe von Publikationen hat sich mit der Diskussion um die Verträglichkeit der beiden Kompetenzkonzepte beschäftigt (vgl. beispielsweise Brand et al., 2005; Breuer, 2005; Seeber, 2006; Sloane, 2007). Eine Zusammenführung der verschiedenen Kompetenzbegriffe in der Berufsbildung erscheint aufgrund der unterschiedlichen Zugänge (handlungstheoretisch vs. kognitionstheoretisch) schwierig. Eine Studie, in der die Bildungsstandards Mathematik für den Mittleren Schulabschluss zur Analyse von mathematikhaltigen Aufgaben aus Lernfeldern der Berufsschule verwendet wurden, liefert die Erkenntnis, dass sich viele dieser Aufgaben auf die allgemeinen mathematischen Kompetenzen „Mathematisch Modellieren", „Mathematische Darstellungen verwenden" und „Mit technischen, symbolischen und formalen Aspekten der Mathematik umgehen" beschränken und den Anforderungsbereich 1 (Reproduzieren) abdecken (Averweg, Schürg, Geißel & Nickolaus 2009). Allerdings bezieht sich dieses nur auf die Einschätzung dieser Aufgaben aus mathematischer Perspektive und lässt zunächst kaum Rückschlüsse auf die Kompetenzanforderung der Aufgaben im Allgemeinen zu.

Zusammenfassend lässt sich feststellen, dass der Übergang von der Sekundarstufe I in die berufliche Ausbildung aufgrund der unterschiedlichen Bildungskonzeptionen zwangsläufig mit Reibungsverlusten behaftet ist. Diese sind theoretisch bisher nicht auflösbar, sodass eine Kontinuität höchstens punktuell durch Aufzeigen von Bezügen zwischen der erlernten Mathematik der Sekundarstufe I und den mathematischen Kompetenzanforderungen in der Ausbildung angestrebt werden kann.

Literatur

Averweg, A., Schürg, U., Geißel, B. & Nickolaus, R. (2009). Förderungsbedarf im Bereich der Mathematik bei Berufsschülern im Berufsfeld Bautechnik. *Die berufsbildende Schule, 61* (1), 22–28.

Bader, R. (1989). Berufliche Handlungskompetenz. *Die Berufsbildende Schule, 41* (2), 73–77.

Bardy, P. (1985). Mathematische Anforderungen in Ausbildungsberufen. In P. Bardy, W. Blum, H. G. Braun (Hrsg.), *Mathematik in der Berufsschule – Analysen und Vorschläge zum Fachrechenunterricht* (S. 37–48). Essen: Girardet.

Blum, W. (1981). Fachrechnen / Technische Mathematik. In B. Bonz & A. Lipsmeier (Hrsg.), *Beiträge zur Fachdidaktik Maschinenbau* (S. 85–106). Stuttgart: Holland + Josenhans.

Blum, W., Fingerle, K. & Gerdsmeier, G. (Hrsg.) (1998). *Mathematiklehren in der Berufsschule – Fachunterricht und Lehrerbildung (Berufs- und Wirtschaftspädagogik; Bd. 24)* [Elektronische Version]. Kassel: Gesamthochschul-Bibliothek.

Brand, W., Hofmeister, W. & Tramm, T. (2005). Auf dem Weg zu einem Kompetenzstufenmodell für die berufliche Bildung – Erfahrungen aus dem Projekt ULME. *bwp@ – Berufs- und Wirtschaftspädagogik online, 8.* Zugriff am 25.05.2009 unter http://www.bwpat.de/ausgabe8/brand_etal_bwpat8.pdf.

Breuer, K. (2005). Berufliche Handlungskompetenz – Aspekte zu einer gültigen Diagnostik in der beruflichen Bildung. *bwp@ – Berufs- und Wirtschaftspädagogik online, 8.* Zugriff am 25.05.2009 unter http://www.bwpat.de/ausgabe8/breuer_bwpat8.pdf.

Bromme, R., Rambow, R. & Sträßer, R. (1996). Jenseits von „Oberfläche" und „Tiefe": Zum Zusammenhang von Problemkategorisierungen und Arbeitskontext bei Fachleuten des Technischen Zeichnens. In H. Gruber & A. Ziegler (Hrsg.), *Expertiseforschung. Theoretische und methodische Grundlagen* (S. 150–168). Opladen: Westdeutscher Verlag.

Buckingham, E. (1997). *Specific and generic numeracies of the workplace: How is numeracy learnt and used by workers in production industries, and what learning/working environments promote this?* Burwood (Victoria, AU): Centre for Studies in Mathematics, Science, and Environmental Education, Deakin University.

Cockcroft, W. H. (1982). The Cockcroft Report – *Mathematics counts.* London: Her Majesty's Stationery Office [Online Version]. Zugriff am 16.06.2009 unter www.dg.dial.pipex.com/documents/docs1/cockcroft.shtml.

Heymann, H. W. (1996). *Allgemeinbildung und Mathematik.* Weinheim: Beltz.

Hoyles, C., Noss, R. & Pozzi, S. (2001). Proportional reasoning in nursing practice. *Journal for Research in Mathematics Education, 32* (1), 4–27.

Klieme, E., Avenarius, H., Blum, W., Döbrich, P., Gruber, H., Prenzel, M. et al. (2003). *Zur Entwicklung von nationalen Bildungsstandards – eine Expertise.* Bonn/Berlin: Bundesministerium für Bildung und Forschung.

Kultusministerkonferenz (KMK) (2003). *Bildungsstandards im Fach Mathematik für den mittleren Schulabschluss*. Bonn: KMK.

Kultusministerkonferenz (KMK) (2004). *Bildungsstandards im Fach Mathematik für den Hauptschulabschluss nach Klasse 9*. Bonn: KMK.

Kultusministerkonferenz (KMK) (2007). *Handreichungen für die Erarbeitung von Rahmenlehrplänen der Kultusministerkonferenz (KMK) für den berufsbezogenen Unterricht in der Berufsschule und ihre Abstimmung mit Ausbildungsordnungen des Bundes für anerkannte Ausbildungsberufe* (Fassung vom September 2007). Zugriff am 25.05.2009 unter http://www.kmk.org/fileadmin/pdf/Bildung/ BeruflicheBildung/handreich.pdf.

Lave, J. (1988). *Cognition in practice*. Cambridge, UK: Cambridge University Press.

Masingila, J. O. (1994). Mathematics practice in carpet laying. *Anthropology and Education Quarterly, 25* (4), 430–462.

Mittelstraß, J. (1989). *Der Flug der Eule. Von der Vernunft der Wissenschaft und der Aufgabe der Philosophie*. Frankfurt/Main: Suhrkamp Verlag.

Noss, R. (1997). *New Cultures, New Numeracies*. London: Institute of Education, University of London.

Noss, R. & Hoyles, C. (1996). *Windows on mathematical meanings: Learning cultures and computers*. Dordrecht: Kluwer.

Noss, R., Hoyles, C. & Pozzi, S. (2000). Working knowledge: Mathematics in use. In A. Bessot & J. Ridgway (Eds.), *Education for mathematics in the workplace* (pp. 17–35). New York: Kluwer.

Noss, R., Hoyles, C. & Pozzi, S. (2002). Abstraction in expertise: a study of nurses' conceptions of concentration. *Journal for Research in Mathematics Education, 33* (3), 204–229.

Nunes, T. (1992). Ethnomathematics and everyday cognition. In D. A. Grouws (Ed.), *Handbook of Research in Mathematics Teaching and Learning* (pp. 557–574). New York: Macmillan Publishing Company.

OECD (2003). *The PISA 2003 Assessment Framework: Mathematics, Reading, Science and Problem Solving Knowledge and Skills*. Paris: OECD Publications.

Reinisch, H. (1985). Mathematische Unterrichtsinhalte an kaufmännischen Berufsschulen – Versuch einer Bestandsaufnahme aus berufs- und wirtschaftspädagogischer Sicht in kritischer Absicht. In R. Sträßer (Hrsg), *Bausteine zu einer Didaktik des mathematischen Unterrichts in Berufsschulen. Institut für Didaktik der Mathematik der Universität Bielefeld, Materialien und Studien, 34* (S. 22–51). Bielefeld.

Seeber, G. (2006). Zur Implementation von Bildungsstandards in der wirtschaftsschulischen Bildung im Spannungsfeld unterschiedlicher Kompetenzmodelle. *Journal für Sozialwissenschaften und ihre Didaktik, 3/2006*. Zugriff am 16.04.2009 unter http://www.sowi-onlinejournal.de/2006-3/fischer-bank_editorial.htm.

Sloane, P. F. E. (2007). *Bildungsstandards in der beruflichen Bildung*. Paderborn: Eusl Verlagsgesellschaft mbH.

Sträßer, R. (1996). Professionelles Rechnen? Zum mathematischen Unterricht in Berufsschulen. *mathematica didactica, 19* (1), 67–92.

Weinert, F. E. (2001). Vergleichende Leistungsmessung in Schulen – eine umstrittene Selbstverständlichkeit. In F. E. Weinert & A. Helmke (Hrsg.), *Leistungsmessungen in Schulen* (S. 17-31). Weinheim: Beltz Verlag.

Winter, H. (1995). Mathematikunterricht und Allgemeinbildung. *Mitteilungen der Gesellschaft für Didaktik der Mathematik, 61,* 37–46.

4.3 Ausblick und Forschungsdesiderata

Aiso Heinze

Mathematische Kompetenzen, wie sie im allgemeinbildenden Schulsystem erworben werden, spielen zweifellos eine wichtige Rolle in der Ausbildungs- und Berufsphase. Wesentlich dürften dabei nicht nur die sogenannten mathematischen Basisfertigkeiten wie etwa das Beherrschen der elementaren Grundrechenarten oder des oft zitierten Dreisatz sein, sondern vor allem auch Modellierungsfähigkeiten, die ein Durchdringen von beruflichen Anforderungssituationen aus mathematischer Perspektive ermöglichen. Die bisherige Forschungslage, die im Abschnitt 4.1 dargestellt wird, bestätigt diese Annahme und zeigt auf, dass die Mathematikleistung von Auszubildenden einen signifikanten Einfluss auf deren berufsspezifisches Fachwissen hat (Nickolaus & Norwig, in diesem Band). Allerdings wird hier auch deutlich, dass es je nach Berufszweig und je nach Operationalisierung des berufsspezifischen Fachwissens in Testitems z. T. große Unterschiede in dem (statistischen) Einfluss der betrachteten mathematischen Kompetenz gibt. So wird dieser Einfluss größer, je mathematikhaltiger die berufsspezifischen Fachwissenstests sind.

Diese Problematik verweist auf eine noch nicht gelöste Herausforderung: Wie kann das berufsspezifische Fachwissen konzeptualisiert werden? Im Gegensatz zu Schulfächern gibt es keine Bezugswissenschaften, sodass hier eine detaillierte und umfassende Analyse von beruflichen Anforderungen notwendig ist, auf deren Basis das professionelle Wissen und die damit verbundene berufliche Handlungskompetenz charakterisiert werden muss. Erst dann kann geprüft werden, inwieweit die verwendeten berufsspezifischen Fachwissenstests valide im Hinblick auf die Tätigkeitsanforderungen des jeweiligen Berufes sind. Offen ist bisher auch noch – und dies ist eine generelle Herausforderung bei der Erfassung von Indikatoren für professionelle Handlungskompetenz – inwieweit das gemessene Fachwissen handlungsrelevant und bedeutsam für die tatsächliche berufliche Performanz ist. Hier wären entsprechende Validierungsstudien notwendig.

Mit Schwierigkeiten dieser Art sehen sich derzeit auch andere Projekte konfrontiert. So zeigte sich im Rahmen der Machbarkeitsstudie für ein „Berufsbildungs-PISA", dass die Kompetenz eigentlich über interne und externe Kriterien erhoben werden müsste. Interne Kriterien umfassen dabei die per paper&pencil-Test erhobenen Kompetenzen, während externe Kriterien das tatsächliche Verhalten in typischen Arbeitsplatzsituationen umfassen (vgl. Achtenhagen & Baethge, 2007). Letztere handlungs- und aktivitätsbezogene Messung von Handlungskompetenz wurde inzwischen aus theoretischen und methodischen Gründen verworfen, da der zeitliche Aufwand zu groß ist und die Auswahl der Arbeitsplatzaktivitäten einen internationalen Konsens über geeignete Situationen voraussetzt.

Im Hinblick auf die mathematikdidaktische Forschung zur Verwendung von Mathematik in der beruflichen Praxis liegt die größte Herausforderung ebenfalls in der

Konzeptualisierung des betrachteten Konstrukts (vgl. Musch, Rach & Heinze, in diesem Band). Wie kann spezifisch für bestimmte Berufe die mathematische Kompetenz bzw. das mathematische Wissen charakterisiert werden, das zur erfolgreichen Ausübung des Berufes benötigt wird? Die Problematik liegt hier vor allem darin, die mathematischen Aspekte der beruflichen Handlungskompetenz herauszuarbeiten, ohne dass der soziokulturelle Kontext ignoriert wird. Wie in Sträßer (1996) herausgestellt wird, sind bei Berufstätigen mathematische Konzepte oft situationsspezifisch mit anderen Konzepten verwoben (problemorientierte Konzeptintegration). Der Ansatz der situated abstraction von Noss und Hoyles (1996) erscheint als eine Möglichkeit, mittels aufwändiger Kombination verschiedener empirischer Forschungsmethoden (u. a. Simulationsinterviews) die verwendeten mathematischen Modelle von Berufstätigen zu identifizieren. Es wäre wünschenswert, wenn es damit gelänge, für einzelne Berufszweige solche mathematischen Kenntnisse, Fähigkeiten und Fertigkeiten herauszuarbeiten, die als typisch und notwendig für die einzelnen Berufe angesehen werden. Auch wenn die damit verbundenen Handlungskompetenzen natürlich situationsspezifisch auf die entsprechenden beruflichen Anforderungen bezogen bleiben, erhält man einen tieferen Einblick in die Mathematik, die in verschiedenen Berufen verwendet wird. Diese Erkenntnisse über die berufsspezifische Verwendung von mathematischen Kompetenzen geben außerdem Hinweise für die Gestaltungen von mathematikbezogenen Lernangeboten in der beruflichen Ausbildung. Insbesondere könnte so versucht werden, eine Brücke zwischen dem Mathematiklernen in der allgemeinbildenden Schule und dem lernfeldorientierten Unterricht in der Berufsschule zu bauen, um die Kontinuität und Kohärenz in der Übergangsphase zu verbessern.

Eine parallele Forschungslinie könnte in der empirischen berufsspezifischen Beschreibung von erfolgreichen Entwicklungsverläufen mathematischer Kompetenzen liegen. Interessant wäre in einem ersten Schritt die Ausarbeitung von Modellen, die für ausgewählte mathematische Inhalte und die damit verbundenen allgemeinen mathematischen Kompetenzen (im Sinne der Bildungsstandards) die Kompetenzentwicklung vom Ende der Sekundarstufe I bis zum Ende der Ausbildung beschreiben. Diese können dann einerseits als Grundlage für mathematikbezogene Lernangebote in der Berufsschule dienen und andererseits auch für berufsvorbereitende Fördermaßnahmen für Schulabgänger mit geringen mathematischen Kompetenzen Bedeutung erlangen, da mathematische Kompetenzdefizite gezielt im Hinblick auf ihre berufliche Verwendung thematisiert werden können.

Auch im Hinblick auf die sogenannte „Risikogruppe" in der Sekundarstufe I, also Schülerinnen und Schüler, die im Vergleich zu ihrer Altersgruppe nur rudimentäre mathematische Kompetenzen aufweisen und damit wenig Chancen auf einen Hauptschulabschluss haben, stellt sich die Frage, ob nicht eine unterrichtliche Behandlung von berufsspezifischen mathematikhaltigen Inhalten ein möglicher Weg zum Aufbau von zumindest berufsspezifischen mathematiknahen Handlungskompetenzen wäre. Dabei wird nicht daran gedacht, mögliche Mindeststandards für Mathematik (vgl. Kapitel 3.5, Reiss, in diesem Band) zu unterschreiten. Eher wäre zu überlegen, ob nicht durch eine Einbettung komplexerer mathematischer Inhalte in spezifische Kontexte situationsspezifische Handlungskompetenzen erworben werden können, welche die in den Mindeststandards beschriebenen Basiskompetenzen ergänzen und die ohne Kontexteinbettung nicht erreicht werden würden. Damit könnte für diese Gruppe leistungsschwacher Schülerinnen und Schüler zudem bereits ein Schritt in Richtung einer stärkeren Kohärenz und Kontinuität für den Übergang in die Ausbildungsberufe bzw. berufsvorbereitende Maßnahmen geleistet werden.

Grundlegend dürfte für alle genannten Forschungsdesiderata sein, dass eine stärkere Vernetzung und Kooperation zwischen den Fachdidaktiken, der Berufs- und Wirtschaftspädagogik und der Arbeitspsychologie notwendig ist. Gerade die Analyse des Konstrukts der beruflichen Handlungskompetenz für einzelne Berufe ist so komplex, dass ein multiperspektivischer Blick notwendig erscheint.

Literatur

Achtenhagen, F. & Baethge M. (2007). Kompetenzdiagnostik als Large-Scale-Assessment im Bereich der beruflichen Aus- und Weiterbildung. In M. Prenzel, I. Gogolin & H.-H. Krüger (Hrsg.) *Kompetenzdiagnostik* (S. 51–70). Wiesbaden: VS Verlag.

Noss, R. & Hoyles, C. (1996). *Windows on mathematical meanings: Learning cultures and computers*. Dordrecht: Kluwer.

Sträßer, R. (1996). Professionelles Rechnen? Zum mathematischen Unterricht in Berufsschulen. *mathematica didactica, 19* (1), 67–92.

5 Mathematiklernen in der Sekundarstufe II und im Studium: Die besondere Herausforderung beim Übergang zur akademischen Mathematik

Für viele Schülerinnen und Schüler endet das Mathematiklernen nicht mit dem Abitur, sondern es setzt sich an Fachhochschulen und Universitäten fort. Im Gegensatz zu den Auszubildenden, wie im vorherigen Kapitel beschrieben, werden die angehenden Studierenden nicht mit für sie neuartigen beruflichen Anforderungen konfrontiert, die eine Erweiterung der in der Schule erworbenen Kompetenzen um berufliche Handlungskompetenzen erfordern. Stattdessen besteht im Hinblick auf die mathematischen Lerninhalte eine Beibehaltung der Orientierung an der Bezugswissenschaft Mathematik, die je nach Studiengang eine mehr oder weniger starke akademische oder instrumentelle Ausrichtung haben kann. Diese Stetigkeit in der Orientierung der Lerninhalte an der Bezugswissenschaft Mathematik bedeutet aber nicht zwangsläufig, dass während des Übergangs ins Studium auch eine Kontinuität und Kohärenz bezüglich der mathematischen Kompetenzanforderungen wahrgenommen wird bzw. vorhanden ist. Ähnlich wie im vorherigen Kapitel stehen im Folgenden zwei zentrale Themen im Mittelpunkt: Einerseits die Frage nach den mathematischen Basiskompetenzen der betreffenden Zielgruppe (hier Studierende) und anderseits die Frage nach der Kohärenz der mathematischen Lerninhalte und der zu erwerbenden mathematischen Kompetenzen beim Übergang von der Schule in eine weiterführende Bildungsinstitution (hier Hochschule).

In dem ersten Beitrag stellt Alexander Roppelt eine empirische Untersuchung zu mathematischen Basiskompetenzen von Studierenden verschiedener Studiengänge fünf Jahre nach dem Abitur vor. Seine Ergebnisse zeigen, dass die Studierenden im Vergleich zu den Ergebnissen von Zehntklässlern ein relativ hohes Kompetenzniveau erreichen. Roppelt stellt fest, dass sogar die Studierenden, die keine Mathematikanteile im Studium haben, größtenteils noch sehr zufriedenstellende Ergebnisse erzielen. Er relativiert die Bedeutung der Ergebnisse für den Studienerfolg allerdings dahingehend, dass zumindest in den Studiengängen mit hohen Mathematikanteilen nicht allein die Basiskompetenzen relevant sind, sondern vor allem Kenntnisse über die Inhalte der Sekundarstufe II von Bedeutung sind.

Der Frage, in welcher Beziehung das Mathematiklernen in der Schule mit dem Mathematiklernen an der Hochschule steht, widmet sich der Beitrag von Astrid Fischer, Aiso Heinze und Daniel Wagner. Sie vergleichen dazu den Charakter der „Schulmathematik" mit dem der akademischen Mathematik an der Hochschule, um so eine Basis für die besonderen Herausforderungen zu erhalten, die beim Beginn eines Studiums mit mathematischem Schwerpunkt auftreten können. Des Weiteren gehen sie auf die sehr wenigen vorhandenen empirischen Studien ein, welche punktuell die Schwierigkeiten von Studienanfängerinnen und -anfängern im Fach Mathematik untersucht haben.

Im letzten Beitrag von Astrid Fischer und Daniel Wagner werden schließlich zwei mögliche Forschungslinien aufgezeigt. Zum einen wäre die Entwicklung eines Kompetenzmodells wünschenswert, das sich auf die gemeinsamen Inhalte der Sekundarstufe II und des ersten Studienjahres bezieht. Dieses könnte eine Grundlage darstellen, um die wesentlichen Unterschiede in den Kompetenzanforderungen in Schule und Hochschule empirisch zu untersuchen. Die zweite Forschungslinie stellt zum anderen die Lehre in Schule und Hochschule in den Vordergrund und wirft die Frage auf, inwieweit durch Lehrkonzepte eine bessere Kontinuität beim mathematischen Kompetenzerwerb in der Übergangsphase erreicht werden kann.

5.1 Mathematische Grundkompetenzen von Studierenden[1]

Alexander Roppelt

Obwohl das Lernen in der Institution Schule vornehmlich auf das Leben nach dem Abschluss zielt, gibt es nur wenige empirische Studien, welche die Entwicklung schulisch erworbener Kompetenzen nach Ende der Schulzeit untersuchen. In besonderer Weise gilt dies für mathematische Fähigkeiten (Ehmke, 2004). Diese stehen einerseits in der breiten Öffentlichkeit gelegentlich im Ruf, für „das Leben" gar nicht oder nur in begrenztem Umfang notwendig zu sein (vgl. auch die Diskussion von und um Heymann, 1996). Andererseits ist es unter Bildungsexperten weitgehend unstrittig, dass mathematische Kompetenzen zum Kern von Bildung überhaupt und zu den Schlüsseln für eine aktive gesellschaftliche Teilhabe zählen (Tenorth, 2001; Rychen & Salganik, 2003). Eine besondere Rolle spielen Mathematikkompetenzen im Zusammenhang mit der im Abitur bescheinigten allgemeinen Studierfähigkeit. In den Medien finden sich immer wieder Klagen von Hochschullehrern, die unzureichende Mathematikkenntnisse der Studierenden bemängeln. Selbst die Inhalte der Sekundarstufe I würden demnach nicht hinreichend beherrscht (z. B. Kaube, 2008).

In Anbetracht des Mangels an empirisch fundierten Kenntnissen zu den mathematischen Fähigkeiten von Erwachsenen speziell im deutschsprachigen Raum, vergleicht die vorliegende Studie die mathematischen Grundkompetenzen von Studierenden mit jenen von Schülerinnen und Schülern am Ende der Sekundarstufe I. Neben quantitativen Unterschieden im Leistungsniveau wird auch geprüft, ob sich die Grundkompetenzen qualitativ in ihrer Struktur verändern.

5.1.1 Mathematische Grundkompetenzen

Die vorliegende Arbeit beschränkt sich auf die Untersuchung von mathematischen Grundkompetenzen. Damit sind hier diejenigen mathematischen Kompetenzen gemeint, die bis zum Ende der Sekundarstufe I in der Schule erworben werden sollten, also gerade jene Kompetenzen, die von den länderübergreifenden Bildungsstandards (KMK, 2004a) beschrieben werden. Mathematische Grundkompetenz in diesem Sinne ist eng verwandt mit „Mathematical Literacy", wie sie von PISA verstanden wird (OECD, 2003). Zugleich berücksichtigt sie auch die didaktische Tradition in Deutschland, nach der das Erleben von Mathematik als „Welt eigener Art" eine zentrale Grunderfahrung ist, welche die Schule ermöglichen soll (Winter, 1995; Blum, Drüke-Noe, Hartung & Köller, 2006). Mathematische Grundkompetenzen sind also zum Kanon der Allgemeinbildung zu zählen, und die Schule sollte sie zu einem ge-

---

[1] Ich danke Katrin Böhme und Henrik Winkelmann für ihre hilfreichen Anmerkungen zu einer früheren Version dieses Textes.

wissen Grad *allen* Schülerinnen und Schülern vermitteln. Dieser Anspruch unterscheidet die hier betrachteten Grundkompetenzen von den Kompetenzen, die mit dem Abitur bescheinigt werden.

Die gymnasiale Oberstufe zielt neben der Vermittlung einer vertieften Allgemeinbildung auch darauf ab, eine allgemeine Studierfähigkeit der Abiturientinnen und Abiturienten zu gewährleisten (KMK, 2004b). Es ließe sich diskutieren, ob Grundkompetenzen auf hohem Niveau als hinreichend angesehen werden können, um von vertiefter Allgemeinbildung hinsichtlich mathematischer Kompetenzen insgesamt zu sprechen. Eine *allgemeine* Befähigung zum Studium setzt jedenfalls Kenntnisse voraus, die über die Inhalte der Sekundarstufe I und die hier definierten Grundkompetenzen hinausgehen. Dies bedeutet jedoch nicht, dass umgekehrt die Inhalte des Mathematikunterrichts der gymnasialen Oberstufe tatsächlich für alle Studiengänge notwendig sind. Aus guten Gründen wird in vielen Staaten keine allgemeine Hochschulreife vergeben. Vielmehr werden dort je nach gewähltem Studiengang unterschiedliche Kenntnisse, z. B. in Mathematik, gefordert.

Die Beschränkung der vorliegenden Studie auf mathematische Grundkompetenzen erlaubt einen gemeinsamen Blick auf die Kompetenzen der Studierenden aller Fachrichtungen. Sie untersucht die Fähigkeiten eher unter dem Blickwinkel der nachhaltigen Vermittlung von grundlegender Allgemeinbildung als unter der Perspektive von Studienpropädeutik.

5.1.2 Mathematische Grundkompetenzen von Erwachsenen

Welche empirischen Befunde zur Entwicklung mathematischer Kompetenzen nach Verlassen des allgemeinbildenden Schulsystems gibt es im deutschsprachigen Raum (für die internationale Perspektive siehe z. B. Condelli, 2006)? Die meisten Erkenntnisse stammen aus Untersuchungen mit eher traditionellen Rechenaufgaben im Rahmen von Weiterbildungsmaßnahmen an der Universität Linz. Maaß und Schlöglmann (2000) kommen dabei zu dem Ergebnis, dass ein sicheres Beherrschen nur bei Inhalten der ersten fünf Schuljahre bei fast allen Erwachsenen zu beobachten ist.

In der internationalen Vergleichsuntersuchung IALS stellt die OECD (2000) für die sog. „Quantitative Literacy" fest, dass etwa ein Drittel der deutschen Erwachsenen nicht das in der Studie als minimal notwendig definierte Niveau erreicht. Unter den Personen mit Hochschulabschluss verbleibt ein Anteil von 14 %, der diesen Level nicht übertrifft. Hier ist anzumerken, dass „Quantitative Literacy" lediglich ein eingeschränktes Spek-trum der mathematischen Kompetenzen testet. Die Nachfolgeuntersuchung ALL erfasst deshalb zusätzlich mathematische Fähigkeiten im Rahmen der sog. Numeracy (OECD, 2005). Deutschland nahm jedoch an dieser Studie nicht teil.

Ehmke und Siegle (2006) untersuchten die „Mathematical Literacy" bei gut 200 Eltern von Teilnehmern der PISA-Studie (vornehmlich von Gymnasiasten). Sie stellen in dieser Stichprobe ein hohes mittleres Fähigkeitsniveau im Bereich der fünften

Kompetenzstufe der PISA-Skala fest. Die bei PISA definierten Minimalanforderungen für Schülerinnen und Schüler am Ende der Pflichtschulzeit erfüllen faktisch alle Eltern, die an der Studie teilgenommen haben.

Studien im Bereich der beruflichen Ausbildung finden insgesamt ein relativ niedriges Niveau mathematischer Kompetenz, wobei große Unterschiede in Abhängigkeit von der Ausbildungsrichtung auszumachen sind (TIMSS: Watermann & Baumert, 2000; ULME: Lehmann & Seeber, 2007).

Zusammenfassend lässt sich festhalten, dass es in Deutschland wohl eine substanzielle Gruppe Erwachsener mit mangelhafter mathematischer Grundbildung gibt. Für Akademiker ist die Befundlage uneindeutig. Während die Ergebnisse von IALS dafür sprechen, dass auch in dieser Gruppe zumindest teilweise geringe Kenntnisse vorhanden sind, legen die Ergebnisse von Ehmke und Siegle eher ein durchgängig hohes Niveau nahe.

5.1.3 Datengrundlage der Studie

Zwei Studien bilden die Grundlage für die vorliegende Untersuchung. Hier ist zunächst die Normierungsstudie für die länderübergreifenden Bildungsstandards am Ende der Sekundarstufe I aufzuführen. Darin wurden in zwei Erhebungswellen deutschlandweit repräsentative Daten von rund 14.000 Schülerinnen und Schülern der Jahrgangsstufen 8, 9 und 10 erhoben (vgl. Katzenbach et al., 2009). Vergleichsgruppe für die vorliegende Studie sind 1.900 Zehntklässler, die (mindestens) den Mittleren Schulabschluss (MSA) anstreben.

Zweiter Ausgangspunkt ist die am Max-Planck-Institut für Bildungsforschung (Berlin) initiierte TOSCA-Studie (Köller, Watermann, Trautwein & Lüdke, 2004). Sie untersucht längsschnittlich den Übergang vom Ende der gymnasialen Oberstufe ins Berufsleben. Die Basiserhebung umfasste eine breit angelegte Testung einer repräsentativen Stichprobe von 4.730 Abiturientinnen und Abiturienten aus Baden-Württemberg. Für die vorliegende Studie unterzog sich eine Teilstichprobe von 382 Studierenden aller Fachrichtungen fünf Jahre nach dem Abitur wiederum einem Mathematiktest.

Da die Verkleinerung der Stichprobe für die erneute Erhebung das Risiko einer Verzerrung der Ergebnisse birgt, wurden Selektivitätsanalysen auf Basis der ursprünglichen Stichprobe durchgeführt. Diese deuten zwar in der Tat auf eine positive Verschiebung hin, die Effekte sind jedoch zu klein, um auf die unten berichteten Ergebnisse substanziellen Einfluss zu haben.

Die hier berichteten Daten beziehen sich auf einen Test mit 43 Items, für welche aus der oben beschriebenen Normierung repräsentative Daten von Schülerinnen und Schülern am Ende der Sekundarstufe I vorliegen. Im Sinne eines „Pseudo-Längsschnitts" ist somit ein Vergleich der Kompetenzen der beiden Kohorten möglich. Der Test wird durch einen Fragebogen ergänzt, dem u. a. der Mathematikanteil des gewählten Studienganges entnommen werden kann. Die Daten der Studierenden wurden, analog zum Vorgehen bei den Bildungsstandards, auf Basis des Raschmodells skaliert und mit der Metrik des MSA mittels fixierter Itemparameter verlinkt. Die Ergebnisse werden auf einer Skala berichtet, die sich an das Vorgehen bei PISA anlehnt. Die hier zum Vergleich gewählten Zehntklässler in Deutschland zeigen auf dieser Skala einen Mittelwert von 550 und eine Standardabweichung von 80.

5.1.4 Niveau der mathematischen Grundkompetenzen von Studierenden

Als erstes zentrales Ergebnis der Studie ergibt sich das Niveau der mathematischen Grundkompetenzen der Studierenden aus der TOSCA-Studie. Es liegt im Mittel bei 700 Punkten[2] auf der Skala des MSA. Gegenüber den Schülerinnen und Schülern der zehnten Jahrgangsstufe beträgt der Leistungsvorsprung also rund 150 Punkte. Betrachtet man als Vergleichsgruppe lediglich die Schülerinnen und Schüler an Gymnasien, aus denen sich Studierende größtenteils rekrutieren, schrumpft der Abstand zwar, bleibt jedoch mit über 100 Punkten noch erheblich (vgl. Abbildung 5.1.1).

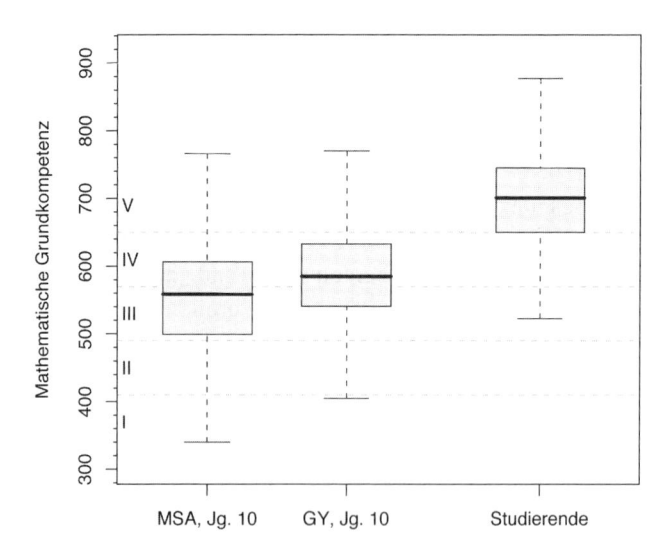

Abbildung 5.1.1: Boxplots der mathematischen Grundkompetenzen von Schülerinnen und Schülern der 10. Jahrgangsstufe (alle und Gymnasiasten (GY) separat) und Studierenden auf der Skala des Mittleren Schulabschlusses (MSA). Die römischen Ziffern markieren die Kompetenzstufen.

---

2 Die statistischen Unsicherheiten bei den Leistungsmittelwerten sind hier und im Folgenden durchweg zu klein, um Einfluss auf die inhaltliche Interpretation zu haben. Sie bewegen sich im unteren einstelligen Punktebereich und werden nicht gesondert angegeben.

Hinsichtlich der Nachhaltigkeit des Lernens in der Schule ist die Gruppe jener Studierenden besonders interessant, deren Studiengang keine Mathematikanteile umfasst. An dieser Gruppe wird erkennbar, wie sich die mathematischen Grundkompetenzen verändern, wenn keine institutionellen Lerngelegenheiten dem Vergessen entgegenwirken. Vergleicht man die Leistungen von Studierenden mit und ohne Mathematik im Studium, zeigen erstere erwartungsgemäß einen deutlichen Vorsprung von rund 60 Punkten. Bemerkenswert ist jedoch, dass auch die Gruppe ohne Mathematik mit 660 Punkten im Mittel noch ein sehr hohes Niveau erreicht.

Das Kompetenzstufenmodell der Bildungsstandards (Katzenbach et al., 2009) ermöglicht, diesem Vergleich eine sachnormorientierte Perspektive hinzuzufügen. Die vierte von fünf Kompetenzstufen markiert in diesem Modell ein Fähigkeitsniveau, das über die grundlegenden Zielsetzungen für den MSA hinausgeht und deshalb auch als *erweiterter Regelstandard* bezeichnet wird. Es wäre diskutierbar, den erweiterten Regelstandard als erwartetes Niveau für Gymnasiasten dieser Jahrgangsstufe zu betrachten. Bis zum Abitur durchlaufen Studierende jedoch noch die gesamte gymnasiale Oberstufe, deren Zielsetzungen über jene des MSA hinausgehen. In Anbetracht dieses weitergehenden Auftrages sind die Erwartungen an Abiturientinnen und Abiturienten höher zu formulieren. Näherungsweise könnte man den erweiterten Regelstandard deshalb als die Stufe definieren, die Studierende *minimal* erreichen sollten.

Betrachtet man die Ergebnisse zu den mathematischen Grundkompetenzen der Studierenden unter der Perspektive dieser Zielsetzung, überspringen mehr als 95 % der Studierenden jene Marke. Bei den verbleibenden 5 % beinhaltet der gewählte Studiengang in den allermeisten Fällen keine Mathematik. Betrachtet man allein

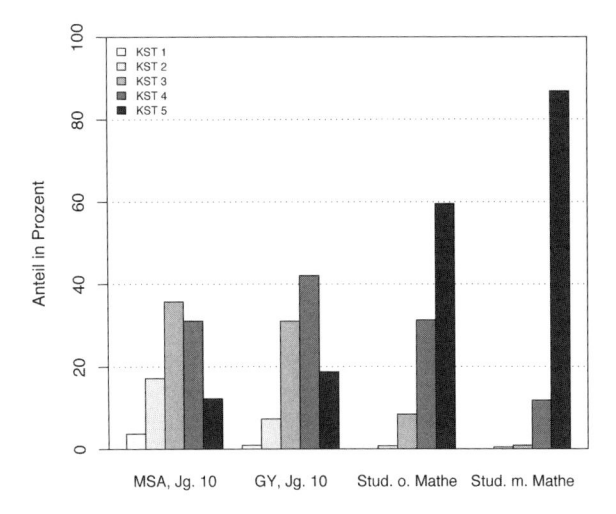

Abbildung 5.1.2: Verteilungen auf die Kompetenzstufen der Bildungsstandards für den Mittleren Schulabschluss (MSA) für Studierende mit und ohne Mathematik im Studium im Kontrast zu Schülerinnen und Schülern der 10. Jahrgangsstufe (alle und Gymnasiasten (GY) separat).

die Gruppe ohne Mathematik im Studium, so stellt man fest, dass es selbst in dieser Gruppe weniger als 10% sind, die den erweiterten Regelstandard nicht (mehr) erreichen (vgl. Abbildung 5.1.2). Vielmehr liegen beinahe zwei Drittel sogar in der höchsten Kompetenzstufe und übertreffen in ihren Fähigkeiten damit vier von fünf Gymnasiasten.

5.1.5 Spezifische Stärken Studierender

Im zweiten Teil dieser Studie wird explorativ erforscht, ob es qualitative Unterschiede zwischen den mathematischen Grundkompetenzen in der Schüler- und in der Studierendenstichprobe gibt. Zu diesem Zweck wird untersucht, ob bestimmte Eigenschaften von Items dazu führen, dass tendenziell diese Aufgaben in einer der beiden Gruppen „überproportional" häufig gelöst werden. Ein solcher Effekt könnte so interpretiert werden, dass die Studierenden im Vergleich zu den Schülerinnen und Schülern ein verändertes Kompetenzprofil entwickelt haben, das über den generellen Leistungsvorsprung hinaus Vor- oder Nachteile beim jeweils betrachteten Itemmerkmal mit sich bringt. Würden beispielsweise Modellierungsaufgaben von den Studierenden „überproportional" häufig gelöst, deutete dies auf eine Verschiebung des Kompetenzprofils zugunsten der allgemeinen mathematischen Kompetenz „Modellieren" hin.

Methodisch gesprochen wird untersucht, ob Korrelationen zwischen dem Vorliegen von bestimmten Itemmerkmalen und dem *differenziellen Itemfunktionieren* (DIF; Holland & Wainer, 1993) auftreten. Die Identifikation von DIF bei einem Item bedeutet, dass Studierende und Schülerinnen und Schüler auch dann noch unterschiedliche Lösungswahrscheinlichkeiten für dieses Item besitzen, wenn sie im Test insgesamt die gleiche Fähigkeit zeigen.[3]

Aus der Vielzahl von denkbaren Itemeigenschaften werden hier die Leitidee, die allgemeinen mathematischen Kompetenzen (KMK, 2004a; Blum et al., 2006) und das Antwortformat ausgewählt. Dabei kann für jedes Item aus der Normierung der Bildungsstandards auf Klassifikationen zu Leitidee und allgemeinen mathematischen Kompetenzen zurückgegriffen werden. Die Einordnungen wurden in einem iterativen Konsensverfahren von einer Gruppe fachdidaktischer Experten getroffen.[4] Bezüglich des Antwortformates wird unterschieden zwischen geschlossenen Antworten, Kurzantwort und ausführlicher Antwort.

---

3 Hier werden zwei Effekte betrachtet, die streng genommen beide die Modellierung mit einem eindimensionalen Raschmodell in Frage stellen. Sowohl die Existenz eines Kompetenzprofils als auch von DIF widersprechen der Voraussetzung der lokalen stochastischen Unabhängigkeit der Items. Die Abweichungen sind im Allgemeinen jedoch so klein, dass eine eindimensionale Modellierung unter pragmatischen und normativen Gesichtspunkten vertretbar bleibt.
4 Für die Klassifikationen zeichnete die Arbeitsgruppe von Prof. Werner Blum (Universität Kassel) verantwortlich.

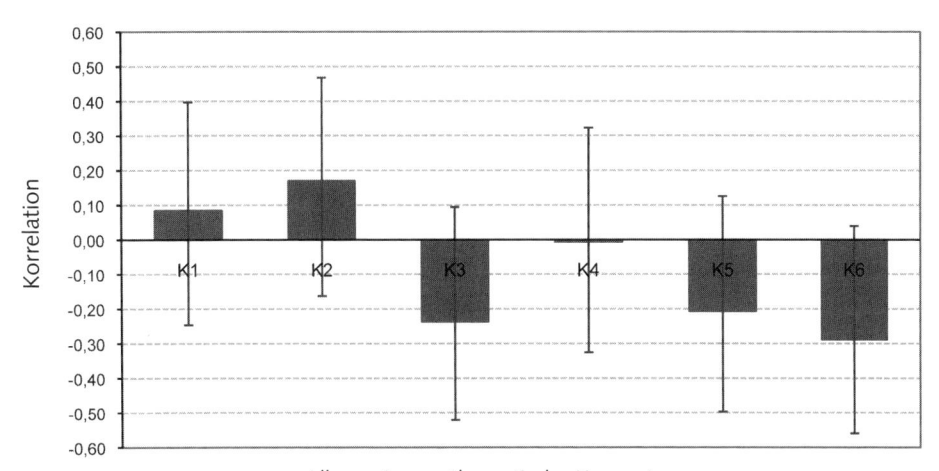

5.1 Mathematische Grundkompetenzen von Studierenden

Abbildung 5.1.3: Korrelationen der geforderten allgemeinen mathematischen Kompetenzen mit dem DIF zwischen Normierungs- und Studierendenstichprobe sowie deren 95 %-Konfidenzintervall. Negative Korrelationen indizieren einen überproportionalen Vorteil für die Studierenden in den Items, welche die jeweilige Kompetenz erfordern.

Die Analysen ergeben verschwindend kleine Korrelationswerte für die Leitidee und das Antwortformat der Items. Diese beiden Merkmale werden deshalb im Folgenden nicht weiter betrachtet.

Bei den allgemeinen mathematischen Kompetenzen deuten sich moderate Korrelationen zumindest für Modellieren (K3), technisches Arbeiten (K5) und Kommunizieren (K6) an (vgl. Abbildung 5.1.3). Items, die diese Kompetenzen fordern, fallen den Studierenden überproportional leicht. Für das Argumentieren (K2) könnte das Umgekehrte gelten. Vertiefende Untersuchungen deuten an, dass der Einfluss der Kompetenzen möglicherweise nur bei solchen Items zu Tage tritt, bei denen die Kompetenzen auf nicht-basalem Niveau benötigt werden (Anforderungsbereich > I). In Analysen, die dies berücksichtigen, werden die Effekte für K3, K5 und K6 in der Tat noch ein wenig stärker. Allerdings bleibt die statistische Unsicherheit der Korrelationen auch dann noch groß. Die Daten sprechen zwar eher für die Existenz unterschiedlicher Kompetenzprofile zwischen den Stichproben, ein zufälliges Zustandekommen der Effekte kann jedoch nicht ausgeschlossen werden.[5]

---

[5] Das 95%-Konfidenzintervall schließt für alle Korrelationen die Null ein. Häufig wird dies in dem Sinne interpretiert, dass kein Effekt nachweisbar ist. Diese Schlussfolgerung würde bei der geringen Anzahl von Items jedoch zu einem inflationären Fehler 2. Art führen. Thompson (2007) fordert zu Recht, dass auch die Stärken von statistisch nicht signifikanten Effekten berichtet werden sollten. Dies gilt in besonderem Maße für explorative Studien, bei denen Fehler 1. und 2. Art häufig gleich zu gewichten sind.

5.1.6 Fazit und Diskussion

Zieht man als Maßstab die Bildungsstandards für den Mittleren Schulabschluss heran, zeigen Studierende insgesamt ein sehr hohes Niveau mathematischer Grundkompetenzen. Auch die Studierenden ohne Mathematikanteile im Studium erbringen bis auf einen kleinen Anteil noch sehr zufriedenstellende Leistungen und übertreffen größtenteils die erweiterten Regelstandards des MSA deutlich. Offenbar gelingt es der Institution Schule hier, nachhaltige Lernprozesse zu initiieren und Fähigkeiten über die Schulzeit hinaus zu vermitteln. Die Klagen mancher Hochschullehrer und das subjektive Gefühl vieler Studierender „in Mathe gar nichts mehr zu können" müssen folglich zumindest relativiert werden.

Während die Ergebnisse aus Perspektive einer dauerhaft vermittelten Grundbildung positiv zu bewerten sind, bleibt die Frage nach einer hinreichenden Vorbereitung auf ein Studium mit gehobenen Anforderungen in Mathematik weitgehend offen. Zwar stellen die hier getesteten Grundkompetenzen zweifellos eine notwendige Bedingung für die dort erwarteten Fähigkeiten dar, hinreichend sind sie jedoch nicht. Zum einen sind in solchen Studiengängen die Anforderungen an eher technische Rechenfertigkeiten häufig höher als dies in typischen Bildungsstandardaufgaben der Fall ist. Zum anderen sind an Hochschulen, wie bereits eingangs beschrieben, häufig nicht nur mathematische *Grund*kompetenzen erforderlich, sondern auch die Inhalte der gymnasialen Oberstufe unabdingbar. Diese fanden in den hier präsentierten Analysen keine Berücksichtigung. Die Erhebung, aus der die vorgestellten Daten stammen, umfasste jedoch noch weitere Instrumente, die auch diese Bereiche testeten. Es sind deshalb weitere Analysen geplant, welche die Entwicklung eines breiteren Spektrums mathematischer Kompetenzen in den Blick nehmen.

Offen bleibt weiterhin, inwieweit sich die Ergebnisse der Stichprobe aus Baden-Württemberg generalisieren lassen. Die Ergebnisse von Trautwein, Köller, Lehmann und Lüdtke (2007) weisen darauf hin, dass Abiturientinnen und Abiturienten verschiedener Bundesländer Leistungen sehr unterschiedlichen Niveaus aufweisen. Diese Ausgangslage könnte sich in der weiteren Bildungskarriere fortsetzen.

Die Studierenden zeigen ein Profil in den allgemeinen mathematischen Kompetenzen, das sich tendenziell von dem der Schülerinnen und Schüler am Ende der Sekundarstufe I unterscheidet. Spezifische Stärken bei Items, die insbesondere die allgemeinen mathematischen Kompetenzen „Modellieren" (K3) oder „Kommunizieren" (K6) erfordern, könnten darauf hinweisen, dass es Studierenden vergleichsweise leicht fällt, ein adäquates Situationsmodell für die Kontexte der Aufgaben aufzubauen.

Allerdings ist die Anzahl der Items gering, und die Korrelationsanalysen sind folglich statistisch unsicher. Außerdem sind Klassifikationen gerade der allgemeinen Kompetenzen keineswegs eindeutig. Es gibt eine Vielzahl verschiedener Systematiken (siehe z. B. OECD, 2003; National Assessment Governing Board, 2008), und keine ist per se zu bevorzugen. Die Verwendung der Itemmerkmale der Bildungsstandards kann für Analysen dieser Art auch nur ein erster Schritt sein. Denn dieses Kompetenzmodell dient eher der deskriptiv-normativen Beschreibung der Domäne Mathematik als der empirischen Modellierung der kognitiven Prozesse beim Lösen von Mathematikaufgaben. Hier sind weitere theoretische und empirische Forschungsarbeiten notwendig (vgl. etwa Embretson & Daniel, 2008).

Die vorgestellte Studie ist ein erster Schritt in einem von der empirischen Forschung weitgehend vernachlässigten Feld. Obgleich sie notwendigerweise eher explorativen Charakter besitzt, lässt sie schon jetzt die mathematischen Fähigkeiten der Studierenden in einem Licht erscheinen, das nicht unbedingt erwartet wurde. In Hinblick auf die Überprüfung der nachhaltigen Wirksamkeit von schulischem Lernen sind weitere längsschnittliche Studien notwendig, welche die Entwicklung schulisch erworbener Kompetenzen nach Verlassen des allgemeinbildenden Schulsystems verfolgen. Besonders wünschenswert wäre, darin auch Erwachsene einzubeziehen, die nicht den Weg einer akademischen Ausbildung eingeschlagen haben.

Literatur

Blum, W., Drüke-Noe, C., Hartung, R. & Köller, O. (Hrsg.) (2006). *Bildungsstandards Mathematik: konkret. Sekundarstufe I: Aufgabenbeispiele, Unterrichtsanregungen, Fortbildungsideen*. Berlin: Cornelsen Scriptor.

Condelli, L. (2006). *A Review of the Literature in Adult Numeracy: Research and Conceptual Issues*. Washington, DC: US Department of Education.

Ehmke, T. (2004). Mathematische Kompetenz bei Erwachsenen. Ein Überblick zum Stand der empirischen Forschung. In A. Heinze & S. Kuntze (Hrsg.), *Beiträge zum Mathematikunterricht 2004* (S. 145–148). Hildesheim: Franzbecker.

Ehmke, T. & Siegle, T. (2006). Mathematical Literacy von Erwachsenen. Über welche Kompetenz verfügen die Eltern von PISA-Schülerinnen und -Schülern? In M. Prenzel & L. Allolio-Näcke (Hrsg.), *Untersuchungen zur Bildungsqualität von Schule* (S. 83–98). Münster, Westfalen u. a.: Waxmann.

Embretson, S. E. & Daniel, R. C. (2008). Understanding and quantifying cognitive complexity level in mathematical problem solving items. *Psychology Science, 50*(3), 328–344.

Heymann, H. W. (1996). *Allgemeinbildung und Mathematik*. Weinheim u. a.: Beltz.

Holland, P. W. & Wainer, H. (1993). *Differential item functioning*. Hillsdale, NJ England: Lawrence Erlbaum Associates, Inc.

Katzenbach, M., Blum, W., Drücke-Noe, C., Keller, K., Köller, O., Leiß, D. et al. (2009). *Bildungsstandards: Kompetenzen überprüfen. Mathematik Sekundarstufe I*. Berlin: Cornelsen Verlag.

Kaube, J. (2008, 11.03.2008). Mit Mathe im Gepäck. Begabtenförderung gegen das Monopol der Sprachen. *Frankfurter Allgemeine Zeitung / Sonntagszeitung*, S. 39.

KMK (2004a). *Bildungsstandards im Fach Mathematik für den Mittleren Schulabschluss. Beschluss vom 04.12.2003*. München: Kluwer.

KMK (2004b). *Vereinbarung zur Gestaltung der gymnasialen Oberstufe in der Sekundarstufe II. Beschluss der Kultusministerkonferenz vom 07.07.1972 i.d.F. vom 16.06.2000 – Anlagen nach dem Stand der Fortschreibung vom 12.03.2004.* Bonn: KMK.

Köller, O., Watermann, R., Trautwein, U. & Lüdtke, O. (Hrsg.) (2004). *Wege zur Hochschulreife in Baden-Württemberg. TOSCA – Eine Untersuchung an allgemein bildenden und beruflichen Gymnasien*. Opladen: Leske u. Budrich.

Lehmann, R. & Seeber, S. (Hrsg.) (2007). *ULME III. Untersuchung von Leistungen, Motivation und Einstellungen der Schülerinnen und Schüler in den Abschlussklassen der Berufsschulen*. Hamburg: Behörde f. Bildung u. Sport.

Maaß, J. & Schlöglmann, W. (2000). Erwachsene und Mathematik. *Mathematica Didactica. Zeitschrift fuer Didaktik der Mathematik, 23*(2), 95–106.

National Assessment Governing Board (2008). *Mathematics Framework for the 2009 National Assessment of Educational Progress*. Washington, DC: U.S. Department of Education.

OECD (2000). *Literacy in the Information Age: Final Report on the International Adult Literacy Survey*. Paris, Ottawa: OECD.

OECD (2003). *The PISA 2003 Assessment Framework Mathematics, Reading, Science and Problem Solving Knowledge and Skills*. Paris: OECD.

OECD (2005). *Learning a living. First results of the adult literacy and life skills survey*. Paris: OECD.

Rychen, D. S. & Salganik, L. H. (Hrsg.) (2003). *Key competencies for a successful life and a well-functioning society*. Ashland, OH: Hogrefe & Huber Publishers.

Tenorth, H.-E. (Hrsg.) (2001). *Kerncurriculum Oberstufe. Mathematik, Deutsch, Englisch.* Weinheim u. a.: Beltz.

Thompson, B. (2007). Effect sizes, confidence intervals, and confidence intervals for effect sizes. *Psychology in the Schools, 44*(5), 423–432.

Trautwein, U., Köller, O., Lehmann, R. & Lüdtke, O. (2007). *Schulleistungen von Abiturienten: Regionale, schulformbezogene und soziale Disparitäten*. Münster: Waxmann.

Watermann, R. & Baumert, J. (2000). Mathematische und naturwissenschaftliche Grundbildung beim Übergang von der Schule in den Beruf. In J. Baumert, W. Bos & R. Lehmann (Hrsg.), *TIMSS/III. Dritte Internationale Mathematik- und Naturwissenschaftsstudie. Mathematische und naturwissenschaftliche Bildung am Ende der Schullaufbahn. 1. Mathematische und naturwissenschaftliche Bildung am Ende der Pflichtschulzeit* (S. 199–259). Opladen: Leske u. Budrich.

Winter, H. (1995). Mathematikunterricht und Allgemeinbildung. *Mitteilungen der Gesellschaft für Didaktik der Mathematik, 61*, 37–46.

5.2 Mathematiklernen in der Schule – Mathematiklernen an der Hochschule: die Schwierigkeiten von Lernenden beim Übergang ins Studium

Astrid Fischer, Aiso Heinze und Daniel Wagner

5.2.1 Einleitung

Nachdem im vorigen Kapitel auf mathematische Basiskompetenzen von Studierenden im Sinne der Bildungsstandards eingegangen wurde, widmet sich dieses Kapitel der Frage, welche grundlegenden Unterschiede es zwischen dem Mathematiklernen in der Schule und dem Lernen von akademischer Mathematik[1] an Hochschulen gibt. Erfahrungsgemäß stellt der Übergang von der Schule an die Universität eine markante Bruchstelle im Leben eines Lernenden dar, wobei nicht zuletzt hohe Studienabbruchquoten darauf hinweisen, dass gerade in Studiengängen mit hohem Mathematikanteil die Probleme äußerst gravierend sind. Zur genaueren Betrachtung des Übergangs Schule-Hochschule im Fach Mathematik wird zunächst der besondere Charakter der Schulmathematik genauer herausgestellt, woraufhin dann im zweiten Abschnitt detaillierter auf die spezifischen Besonderheiten des Mathematiklernens auf Hochschulniveau eingegangen wird. Unter Berücksichtigung der wenigen bestehenden empirischen Ergebnisse auf diesem Gebiet sollen abschließend konkrete Forschungsdesiderata für den Übergang Schule-Hochschule formuliert werden.

5.2.2 Zum Charakter der Mathematik in der Schule

In diesem Abschnitt soll zunächst die Rolle der Mathematik in der Schule genauer untersucht werden, um deren Eigenschaften und Besonderheiten herauszuarbeiten. Da einerseits die fachwissenschaftliche Mathematik die Bezugswissenschaft für das Schulfach Mathematik ist, kann davon ausgegangen werden, dass sich eine Reihe von charakteristischen Eigenschaften aus der akademischen Disziplin Mathematik auf das zugehörige Schulfach übertragen lassen. Dennoch ist andererseits offensichtlich, dass die Mathematik in der Schule bedingt durch die Rolle, die sie im schulischen Bildungsprozess einnimmt, gewisse Eigenheiten hat. Insbesondere soll im Verlauf des Abschnitts exemplarisch auf das mathematische Beweisen eingegangen werden, da hieran der Unterschied zwischen der schulischen und der akademischen Disziplin besonders deutlich wird. Eine umfassendere Diskussion dieser Aspekte findet sich in Heinze und Reiss (2007).

---

1   Unter akademischer Mathematik verstehen wir hier die Mathematik als Lerngegenstand, wie sie an der Hochschule präsentiert wird. Dies schließt zunächst nicht die aktuelle mathematische Forschung mit ein, welche wiederum einen anderen, prozessorientierten Charakter aufweist.

Bei dieser Untersuchung ist zunächst zu klären, welche Form der sogenannten Schulmathematik betrachtet wird. Es können an dieser Stelle gemäß der Unterscheidung in intendiertes, implementiertes und realisiertes Curriculum drei Formen der Mathematik im Unterricht differenziert werden. Die folgende Diskussion bezieht sich allerdings immer auf die intendierte Form der mathematischen Inhalte als die Form, welche für den Mathematikunterricht angestrebt wird.

Der gesellschaftlich weit verbreiteten Auffassung, dass Schulmathematik nichts anderes sei als eine elementarisierte Form der akademischen Mathematik, wird seitens der Mathematikdidaktik mit dem Hinweis auf die Funktionen der Schulmathematik widersprochen.

Die soziale Funktion der Schulmathematik macht es erforderlich, sie als eigenständigen gesellschaftlichen Wissensbestand zu akzeptieren und zu untersuchen und nicht als bloße Trivialisierung der akademischen Wissenschaft Mathematik (Keitel & Otte, 1979, S. 165).

So verweist beispielsweise Steiner (1989) auf spezifische Aspekte wie die soziale Interaktion im Unterricht, den didaktischen Vertrag als Bündel sozialer bzw. soziomathematischer Normen im Unterricht, die didaktischen Transpositionen sowie die Interpretationsweisen der verwendeten Darstellungs- und Tätigkeitsmittel als Besonderheiten der Schulmathematik, welche durch die historisch-soziale Einbindung der Schulmathematik in die Institution Schule zustande kommen. Keitel und Otte (1979) beschreiben die Schulmathematik darüber hinaus nicht nur als eigenständigen Bereich, der von der akademischen Mathematik beeinflusst, aber abgegrenzt ist, sondern sehen durch die schulische Prägung der gesellschaftlichen Vorstellung über die Wissenschaft Mathematik auch eine Beeinflussung der Wissenschaftsdisziplin Mathematik durch die Schulmathematik. Damit weisen sie der Schulmathematik in ihrem Verhältnis zur Bezugsdisziplin eine aktive Rolle zu.

Während sich die Weiterentwicklung der akademischen Mathematik nur in Teilen auf außermathematische Problemstellungen stützt und die meisten mathematischen Probleme und deren Lösungen aus einer innermathematischen Motivation heraus entstehen,[2] ist die Schulmathematik deutlich von außen, einerseits von außerhalb der Mathematik, andererseits auch von außerhalb der Schule, gesteuert. Inhaltlich wird sie zunächst durch die Bezugswissenschaft beeinflusst, wobei die Auswahl und Betonung der inhaltlichen Aspekte durch die angestrebten Bildungsziele mitbestimmt werden. Die Darstellung der Inhalte der Schulmathematik wird schließlich noch durch die organisatorische Struktur des schulischen Bildungsprozesses in Form von Klassenunterricht sowie durch die pädagogischen und psychologischen Bedingungen des Lernens geprägt, sodass der fachmathematische Charakter auch hier eine Änderung erfährt.

---

2 Dies bedeutet keinesfalls, dass mathematische Ergebnisse keine Funktionen außerhalb der Mathematik haben. Es geht hier um die Tatsache, dass Mathematiker häufig keine außermathematischen Probleme im Blick haben, wenn sie neue mathematische Ergebnisse generieren.

Besonderheiten der Schulmathematik sind beispielsweise die erweiterten Interpretationsmöglichkeiten von Inhalten und Begriffen. Während es in der akademischen Mathematik einen engen Spielraum für die präzise gefassten Begriffe gibt und sich Mathematikerinnen und Mathematiker darüber im Klaren sind, dass die spezifischen Begriffsinterpretationen im außermathematischen Kontext in der Regel nicht mehr gelten oder verstanden werden, so sind im Mathematikunterricht immer verschiedene Bedeutungsebenen präsent, angefangen von umgangssprachlichen Bedeutungen über Bedeutungszusammenhänge in Anwendungsbereichen bis hin zur fachmathematischen Bedeutung. Im Gegensatz zu einer Mathematikerin oder einem Mathematiker kann sich eine Mathematiklehrkraft in ihrem beruflichen Kontext also nicht auf einen separaten, fachspezifischen Interpretationszusammenhang zurückziehen (vgl. Keitel & Otte, 1979). Dieser erweiterte Interpretationsraum geht dabei auf die spezifischen Eigenschaften der Lehr-Lern-Situation zurück, für die die Schulmathematik vorgesehen ist. Die Veranschaulichung mathematischer Begriffe und auch Prozesse in verschiedenen Zusammenhängen oder beispielsweise der Aufbau von Grundvorstellungen dienen dem besseren Verständnis von Mathematik auf Grundlage lebensweltlichen Erfahrungswissens.

Auch andere Aspekte, wie etwa die große Gewichtung von Aufgaben in der Schulmathematik oder die Einführung von spezifisch schulmathematischen Begriffen und Themenbereichen, wie beispielsweise Grundmenge oder Äquivalenzumformungen, gehen darauf zurück (vgl. Dörfler & McLone, 1986, S. 64). Ziel des Mathematikunterrichts ist dabei nicht allein, dass Schülerinnen und Schüler analog den Mathematikern eine schulmathematische „Theorie" entwickeln und somit für sie neues Wissen konstruieren und akzeptieren, sondern es geht vor allem auch um den Erwerb einer mathematischen Grundbildung, die insbesondere mathematische Prozessfähigkeiten umfasst[3] (vgl. NCTM, 2000; KMK, 2003). Professionelles Wissen im Bereich der Schulmathematik setzt sich aus diesem Grunde nicht nur aus Inhalten der Bezugswissenschaft Mathematik zusammen, sondern beinhaltet ebenso ein metatheoretisches Wissen. Entsprechend setzt die didaktische Aufbereitung fachmathematischer Inhalte für unterrichtliche Lerngelegenheiten nicht nur mathematische Kenntnisse voraus, sondern auch metamathematische Kenntnisse über die Intention, die Bedingungen und die Art und Weise wie mathematische Aktivitäten ablaufen.[4]

---

3   Diese Prozessfähigkeiten sind bei Mathematikerinnen und Mathematikern als Grundlage für ihre Tätigkeit vorhanden und bleiben durch die permanenten mathematischen Aktivitäten auch erhalten bzw. ergänzen sich. Bei Schülerinnen und Schülern müssen diese Fähigkeiten aufgebaut werden, was den Charakter der schulischen Inhalte maßgeblich beeinflusst (vgl. die Bedeutung von Übungsaufgaben).
4   Dörfler (2003) schlägt für diese Metatheorie die Bezeichnung *mathematicology* vor.

Fehlende Axiomatik als entscheidender Unterschied

Die zuvor genannten Aspekte haben zwar deutlich gemacht, dass die Schulmathematik durchaus als ein eigenständiger Wissensbereich gesehen werden kann, der aufgrund seiner Funktion als unterrichtlicher Lerngegenstand bestimmte Eigenschaften aufweist, er benennt an sich aber noch keine gravierenden Unterschiede bezüglich der mathematischen Aussagen und Beweise bzw. Begründungen und deren Systematisierung. Allerdings gibt es auch im Theorieaufbau zwischen der akademischen Mathematik und der Schulmathematik einen wesentlichen Unterschied. Während die fachwissenschaftliche Mathematik seit Hilberts Programm durch die Axiomatik und die Möglichkeit der Formalisierung geprägt wurde, spielen axiomatischer Aufbau und auch Formalisierung in der Schulmathematik nur eine geringe Rolle. Zwar folgt das mathematische Curriculum über die Schuljahre hinweg einem inhaltlich-logischen Aufbau (im Sinne eines Spiralcurriculums), man denke beispielsweise an die Zahlbereichserweiterungen, den Funktionsbegriff oder die Dreieckseigenschaften, aber dieser Aufbau orientiert sich an den pädagogisch-psychologischen Lernvoraussetzungen der Schülerinnen und Schüler bzw. an den Bildungszielen des Schulfaches Mathematik und eben nicht an einer mathematischen Axiomatik.

> Kinder lernen auszurechnen, wie viel drei Pfund Zucker kosten, wenn der Preis eines Pfundes gegeben ist, und wie groß ein Rechteck ist, dessen Seiten bekannt sind. Begriffe, wie sie hier auftreten, sind niemals in ein Axiomensystem gefasst worden. Wenn man die Mathematik anwendet, bewegt man sich niemals innerhalb eines Axiomensystems (Freudenthal, 1979, S. 423).

Nach Freudenthals Ansicht führt eine axiomatische Darstellung der Mathematik in der Schule zu einer „Treibhausmathematik, die den Anforderungen der Wirklichkeit nicht gewachsen ist" (Freudenthal, 1979, S. 423).

> Ein mathematischer Text kann mit Axiomen anfangen, weil er fertige Mathematik ist. Mathematik als Tätigkeit kann es nicht. Im Allgemeinen ist, was wir betreiben, wenn wir Mathematik schaffen und anwenden, eine Tätigkeit des lokalen Ordnens. Anfängern ist überhaupt nicht mehr gegeben (Freudenthal, 1979, S. 426).

Es ist allerdings nicht nur der Anwendungsaspekt, der eine Axiomatisierung problematisch macht, sondern auch der Aspekt der Wissensentwicklung bei den Schülerinnen und Schülern. So verändert sich der Charakter der Schulmathematik in ihrer Darstellung und dem Niveau ihrer Begründungen im Laufe der Schulzeit und nähert sich immer mehr der akademischen Mathematik an.

> Das Problem der fehlenden Axiomatik hängt genuin mit dem Problem der Entwicklungsdynamik des Wissens zusammen, denn die Tatsache, dass das Wissen

beim Schüler sich entwickelt, macht es unmöglich, sich auf den Standpunkt eines abgeschlossenen Systems zu stellen (Jahnke, 1978, S. 212).

Auch dies spricht dafür, statt eines *globalen Ordnens* sich auf ein *lokales Ordnen* zu stützen. Die Idee des lokalen Ordnens im Gegensatz zu der des axiomatisch geprägten globalen Ordnens beschreibt Freudenthal für die Geometrie wie folgt:

> Man analysiert die geometrischen Begriffe und Beziehungen bis zu einer recht willkürlichen Grenze, sagen wir, bis zu dem Punkte, wo man von den Begriffen mit dem bloßen Auge sieht, was sie bedeuten, und von den Sätzen, dass sie wahr sind. So räsoniert man immer in der Geometrie unseres Lebensraumes; niemals aus den Axiomen, die viel zu weit weg liegen, sondern nach einem verschwimmenden und sich verschiebenden Horizont von Sätzen hin, die jeweils als wahr angenommen werden. Das Feld wird auf kleine oder größere Strecken, aber nicht als Ganzes geordnet (Freudenthal, 1979, S. 142).

In einer lokal geordneten Theorie werden also keine expliziten Axiome angegeben. Implizit haben allerdings alle Aussagen, die als wahr angenommen werden, den Charakter von Axiomen. Auf dieser Basis kann dann durchaus auf die übliche formale mathematische Weise definiert, bewiesen und begründet werden[5] (vgl. Stein, 1986, Kap. 1.2.3). Allerdings tritt in der Schule insbesondere in den jüngeren Jahrgängen der Fall auf, dass die Begriffsentwicklung anschaulich über die Betrachtung von Beispielen verläuft und es keine explizit formulierte Definition gibt. Während dies in der Geometrie über prototypische bildliche Darstellungen geschieht (z. B. Dreieck), werden algebraische Sachverhalte durch adäquate Grundvorstellungen gestützt (z. B. negative Zahlen über das Guthaben-Schulden-Modell). Im Verlauf der Sekundarstufe wird schließlich die anschauliche Begriffsbildung mit einer formal definitorischen Begriffseinführung kombiniert (z. B. Parallelogramm). Während es in der Geometrie eine natürliche Kombination der formalen Ebene mit der bildlichen Darstellung gibt, werden algebraische Zusammenhänge entweder durch leicht zugängliche Grundvorstellungen (z. B. bei Gleichungen) oder durch graphische Repräsentationen (z. B. lineare Funktionen) gestützt.

Die fehlende Axiomatik und auch die unterschiedliche Grundlegung der verwendeten Begriffe, teils durch formale Definitionen, teils durch anschauliche Begriffsbil-

---

5 Einen derartigen Charakter des lokalen Ordnens findet man auch in der akademischen Mathematik. Hilbert erklärte 1920 in einer Vorlesung: „Vielmehr habe ich ja bereits bei der Erörterung der Methode der Mathematik betont, daß es ein durchaus berechtigtes Verfahren ist, wenn man beim Aufbau einer speziellen Theorie gewisse noch unbewiesene, aber plausible Sätze (als Axiome) voranstellt, sofern man sich nur über die Unvollständigkeit der Begründungsweise im klaren ist" (Hilbert, 1992, S. 78). Es ist also durchaus erlaubt, auf der Basis von plausiblen Sätzen eine Theorie aufzubauen. Dies entspricht vielleicht nicht ganz dem lokalen Ordnen in der Schulmathematik, hat aber doch einen lokalen Charakter.

dung, implizieren demnach Auswirkungen auf das Explizierungsniveau und den Grad der Strenge der schulmathematischen Beweise.

> Das Fehlen der Axiomatik macht den Rückgriff auf empirische bzw. intuitive Argumentationen notwendig, und es bleibt doch die Frage, nach welchen Kriterien der Lehrer entscheiden soll, was logisch expliziert werden muss und was implizit bleiben kann (Jahnke, 1978, S. 212).

Die Frage, wie viel Strenge bei der Formulierung mathematischer Begründungen in der Schule notwendig ist, beantwortet Gila Hanna pragmatisch mit einer Orientierung an dem Verständnis: „Rigour is a question of degree in any case. In the classroom one need provide not absolute rigour, but enough rigour to achieve understanding and to convince" (Hanna, 1997, p. 183).

Vergleicht man zusammenfassend die Schulmathematik und die akademische Mathematik in ihrem mathematischen Charakter, so ist festzuhalten, dass es in der Schulmathematik keine globale Systematisierung im Sinne einer Axiomatik gibt. Die Mathematik wird unter einem Prozessaspekt entwickelt, bei dem zugleich ihre Anwendungsaspekte im Sinne der angestrebten Bildungsziele behandelt werden. Die Systematik der Schulmathematik kann durch ein lokales Ordnen beschrieben werden, das auf grundlegenden, als gültig angesehenen Aussagen basiert. In diesen lokalen Einheiten wiederum ist dann ein mathematisches Arbeiten ähnlich dem der akademischen Mathematik möglich, wobei der Grad der Strenge reduziert ist. Das Wissen in der Schulmathematik ist infolge deren Aufbau mit einer größeren Unsicherheit behaftet als das der akademischen Mathematik (wobei es natürlich dadurch abgesichert wird, dass die schulmathematischen Ergebnisse inhaltlich mit Ergebnissen der akademischen Mathematik korrespondieren).

Zum Beweisen in der Schulmathematik

Die Bedeutung des Beweisens zur Absicherung von neuem Wissen ist in der Schulmathematik von einer geringeren Bedeutung als in der akademischen Mathematik. Wie erwähnt, wird das Wissen in der Schulmathematik einerseits extern durch die Methoden der akademischen Mathematik zusätzlich abgesichert, was auch den Schülerinnen und Schülern bekannt ist. Andererseits bleibt auf Grundlage der Wissensbasis der Lernenden in vielen Fällen diffus, was als gesichertes Wissen angenommen werden darf und was nicht, da beim lokalen Ordnen keine eindeutig festgelegten Axiome existieren. Dies führt im Weiteren nicht nur dazu, dass die Beweisnotwendigkeit bei bestimmten Aussagen unklar bleibt, sondern dass beim Formulieren von Beweisen die Kriterien für die Explizierung von einzelnen Beweisschritten noch weniger bestimmt sind als es in der akademischen Mathematik der Fall ist (vgl. auch Jahnke, 1978, S. 212).

Es liegt an dieser Stelle nahe, für den Bereich des Beweisens weniger die Validierungsfunktion in den Vordergrund zu stellen, sondern für Beweise vor allem deren erklärende Funktion und teilweise auch systematisierende Funktion hervorzuheben. Beweisen kommt damit in der Schulmathematik vor allem die Funktion der Wissens- bzw. Verständnisentwicklung zu, die eine Durchdringung der lokal geordneten schulmathematischen Zusammenhänge erlaubt. Diese Sichtweise wurde in der Mathematikdidaktik u. a. von Hanna (1989) betont. Sie folgerte entsprechend, möglichst Beweise mit explikativem Charakter im Mathematikunterricht einzubinden. Aber auch schon Freudenthals geometrische Beispiele zum lokalen Ordnen weisen implizit auf diesen Aspekt hin (vgl. Freudenthal, 1979, Kap. 16). Betrachtet man Beweise als Lösung eines Beweisproblems, so ergeben sich für die Schülerinnen und Schüler nachvollziehbarere Kriterien dafür, was in einer erklärenden Lösung (Beweis) expliziert werden muss und was nicht.

In der Mathematikdidaktik hat die Diskussion um den Charakter des Beweisens in der Schulmathematik zu verschiedenen Vorschlägen von Beweiskonzepten geführt. So schlägt beispielsweise Balacheff (1988) vor, auch solche Begründungen als Beweise zuzulassen, die nicht dem Kriterium der Allgemeingültigkeit genügen. Er unterscheidet vier Typen von Beweisen: der naive Empirismus (Prüfung mehrerer Beispiele), das experimentum crucis (Prüfung eines Beispiels), das generischen Beispiel (eine Begründung anhand eines Beispiels, die aber zu einem Beweis verallgemeinert werden kann) und das Gedankenexperiment (Begründung basiert ausschließlich auf gedanklichen Operationen und Beziehungen). Gemäß der Sichtweise, dass Beweise immer auch von ihrem sozialen Kontext abhängen, macht Balacheff (1988) seinen Beweisbegriff an der sozialen Akzeptanz einer Begründung als Beweis in einer vorhandenen Gemeinschaft fest.

Einer derart weiten Fassung des Beweisbegriffs folgen andere Autoren nicht. So verweisen Blum und Kirsch (1991), Biermann und Blum (2002), Blum (2003) sowie auch Müller und Wittmann (1988) auf drei Kategorien von Begründungen: Zum einen die experimentellen, beispielbasierten oder heuristischen Begründungen, die nicht als Beweis angesehen werden, zum zweiten die wissenschaftlichen Beweise der akademischen Mathematik und zum dritten, als Zwischenkategorie, eine Form des Beweisens, die einerseits einen Allgemeingültigkeitsanspruch erhebt und sich andererseits aber nicht auf eine formal abgesicherte Basis, sondern sich auf Operationen und Konstruktionen stützt, deren Gültigkeit sich intuitiv erkennen lässt. Bei diesen intuitiv einsichtigen Basisaussagen kann es sich beispielsweise um Bilder (inhaltlich-anschauliches Beweisen), Handlungen (operatives Beweisen) oder auch grundlegende reale Erfahrungen (realitätsbezogenes Beweisen) handeln.

Alle Autoren betonen, dass sich diese Form der *präformalen* Beweise (Blum & Kirsch, 1991) einerseits klar von den experimentellen Begründungen abgrenzen und dass sie andererseits bei einer Formalisierung den akademischen Beweisen entsprechen. Tatsächlich ist die mögliche Formalisierung hin zu einem wissenschaftlich akzeptierbaren Beweis ein entscheidendes Kriterium für die Gültigkeit dieser Beweisform. Dies verlangt wiederum einen höheren Standpunkt für die Beweisakzeptanz, der auf einer präformalen Ebene nicht erreicht wird – ein Umstand, der, wie Blum und Kirsch (1991) erwähnen, bei jeder Form der Wissensabsicherung gegeben ist.

Im sozialen Kontext der Schulklasse könnten präformale Beweise Vorteile bieten. Der schülerorientierte Kontext, in dem diese Beweise formuliert werden, liefert den Lernenden eine für sie besser bekannte Basis, auf der Entscheidungen über die Notwendigkeit der Explizierung von einzelnen Beweisschritten getroffen werden können. Da der Übergang vom präformalen Beweisen zum wissenschaftlichen Beweisen als fließend betrachtet werden kann, ergibt sich so außerdem die Möglichkeit, das Beweisverständnis der Schülerinnen und Schüler langfristig in Richtung wissenschaftliches Beweisen zu erweitern. Offen ist hier allerdings, wie so eine Entwicklungslinie aussehen könnte. Gegebenenfalls könnten auch wissenschaftliche Beweise als Alternative eingeführt werden und in höheren Jahrgängen präformale Beweise als mögliche Verständnisunterstützung verwendet werden.

Der Entwicklung des Beweisverständnisses von Lernenden hat sich u. a. Tall (2002) in seinen theoretischen Überlegungen zu den „Three worlds of mathematics" gewidmet. Er unterscheidet die Sichtweisen auf die Mathematik in die drei Welten *embodied world, proceptual world und formal world,* worauf wir weiter unten noch detaillierter eingehen werden. In jeder dieser drei Welten gibt es eigenständige Beweiskriterien, die sich gemeinsam mit dem individuellen mathematischen Wissen entwickeln. Die hier erwähnten Beispiele der präformalen Beweise können als Entwicklungsstufe in der embodied world und proceptual world eingeordnet werden. Die Überlegungen von Tall (2002) sind wie erwähnt theoretischer Natur. Es ist an dieser Stelle eine spannende Frage, ob sich sein Modell der Entwicklung des mathematischen Beweisverständnisses empirisch verifizieren lässt.

5.2.3 Komponenten des Lernens akademischer Mathematik

Nachdem im vorigen Abschnitt spezifische Besonderheiten der Schulmathematik im Vergleich zur akademischen Mathematik herausgestellt wurden, soll im Folgenden speziell auf die spezifischen Herausforderungen beim Lernen der akademischen Mathematik eingegangen werden. Die bisherige Forschung verfolgt dazu verschiedene Ansätze, die in unterschiedliche Theorien bzw. Modelle mündeten. So beschäftigen sich einige Wissenschaftlerinnen und Wissenschaftler im Rahmen der Arbeitsgruppe *Advanced Mathematical Thinking* mit den psychologischen Besonderheiten des Mathematiklernens auf Hochschulniveau. Ein Mitglied dieser Gruppe, David Tall, geht darüber hinaus mit seinen *drei Welten* auf die verschiedenen Dimensionen des Mathematiklernens ein, und Dubinsky und McDonald entwickelten die Schema-basierte konstruktivistische Lerntheorie *APOS*. Alle Forschungsansätze weisen jeweils auf spezifische Anforderungen beim Lernen akademischer Mathematik hin, die von den Studierenden bewältigt werden müssen.

Advanced Mathematical Thinking

Vor dem Hintergrund, dass sich die Mathematik, wie sie in der Schule behandelt wird, wesentlich von der akademischen Mathematik unterscheidet, gründete sich 1985 in der *International Group for the Psychology of Mathematics (PME)* eine Arbeitsgruppe mit dem Namen Advanced Mathematical Thinking. Das Ziel dieser Gruppe bestand in der Analyse der kognitiven und epistemologischen Herausforderungen, vor welche die akademische Mathematik die Studienanfängerinnen und -anfänger stellt. Die Ergebnisse dieser oft theoretischen bzw. auf Fallstudien basierenden Forschungsaktivitäten deuten darauf hin, dass die Mathematik als Fachwissenschaft einige grundlegende charakteristische Schwierigkeiten aufweist, welche die Lernenden vor konzeptuelle Verständnisprobleme stellt. Im Folgenden sollen diese kurz diskutiert werden.

Kognitive Überlegungen

Ein Problem, auf das bereits Skemp (1971) hinweist, ist die Tatsache, dass Mathematik[6] als fertige Theorie gelehrt wird und die Studierenden infolge dessen nicht aktiv am kreativen Aufbau mitwirken können. Ihnen wird somit durch die Darbietung der Mathematik als Produkt der Prozess des mathematischen Denkens genommen. Tall (1991a) stellt deshalb die Frage, ob eine logische Darbietung förderlich für das Lernen ist, wo doch einige empirische Befunde (Cornu, 1983; Artigue, 1991; Eisenberg, 1991) kognitive Hindernisse in diesem Zusammenhang aufzeigen. Diese entstehen, sobald Lernende mit einer Theorie konfrontiert werden, welche ihre Vorkenntnisse in Frage stellt oder diesen oftmals gar widerspricht. So entstehen logische Schwierigkeiten, da die Studierenden das Aufgenommene nicht kategorisieren können, was Tall mit Hilfe der Piagetschen Entwicklungstheorie erklärt. Danach findet ein Übergang in höhere Denkstrukturen durch Aufnahme neuer Daten (assimilation) und durch Änderung der kognitiven Struktur (accomodation) statt. Kognitive Hindernisse und Konflikte entstehen bei ungenügender „accomodation".

Schwierigkeiten treten auch bei Generalisierung und Abstrahierung im Zusammenhang mit mathematischen Begriffen auf, welche Tall als Erweiterung bzw. Reorganisation mentaler Prozesse und Begriffe bezeichnet. Nimmt man als Beispiel die Einführung von Vektorräumen in der Linearen Algebra, so stellt unter der Annahme, dass Vorstellungen und Verständnis vom R^2 bzw. R^3 vorhanden sind, die Konstruktion des R^n eine Generalisierung und die Konstruktion eines beliebigen Vektorraums über einem Körper eine Abstrahierung dar. Problematisch ist hierbei, dass bekannte Beispiele sowohl als Unterstützung dienen – weisen sie doch auf gewisse Eigenschaften

---

6 Ist in diesem Abschnitt von Mathematik die Rede, so ist damit die Mathematik als Fachwissenschaft gemeint, solange nicht ausdrücklich von Schulmathematik die Rede ist.

hin – als auch Konfliktpotential bergen können, da oft die Gefahr der Übergeneralisierung besteht. Man denke beispielsweise an die Euklidizität, welche in beliebigen Vektorräumen nicht mehr gegeben ist. Im Sinne des oben Gesagten findet hier ungenügende „accomodation" statt, da die kognitive Struktur nicht dahingehend verändert wird, dass anhand der assimilierten Konzepte (d. h. der Definitionen und der daraus abgeleiteten Theoreme) erkannt wird, welche der Eigenschaften nun für die bereits bekannten Beispiele gelten und welche nicht.

„Advanced Mathematical Thinking" als Prozess

Auch Dreyfus (1991) sieht das Lernen von Mathematik eher als Prozess und kritisiert daher die Darbietung der mathematischen Inhalte in den Anfängervorlesungen. In diesen wird die Mathematik oft nur als fertiges Produkt präsentiert. Nach Dreyfus geschieht jedoch Mathematiklernen nicht zuletzt durch „trial and error", falsche Lösungen, Intuition oder Visualisierung, was eben durch die Vorlage von Mathematik als fertigem Produkt unterdrückt wird. Zwar findet „trial and error" im Sinne von systematischer Exploration und dem Anwenden von Heuristiken in Mathematikveranstaltungen an deutschen Hochschulen, z. B. in den Übungen statt, jedoch werden mathematische Prozesse bzw. Tätigkeiten wie Problemlösen und Beweisen von Dozentinnen und Dozenten oft nicht vorgemacht, sondern bleiben implizit. Die Studierenden werden diesbezüglich nicht angeleitet und bleiben beim Aufgabenlösen damit allein.

Den Charakter des Mathematiklernens als Prozess veranschaulicht Dreyfus an folgendem Beispiel: Betrachte die Gleichung $\int_a^b g(x)dx = \int_{a+k}^{b+k} g(x-k)dx$, welche zu beweisen ist. Zur Lösung dieser Aufgabe sind verschiedene Prozesse, wie Repräsentieren, Transformieren, Visualisieren, Vergewissern und Schließen nötig, welche bei Expertinnen und Experten in einem Schritt ablaufen, wohingegen Anfängerinnen und Anfänger jeden Prozess einzeln abarbeiten und so womöglich an einer fehlenden Synthese scheitern.

Darüber hinaus bedingt mathematischer Erfolg reichhaltige Repräsentationen der beteiligten Begriffe und Prozesse, die sowohl symbolisch als auch mental als interne Schemata vorliegen können. Diese reichen dann nicht aus, wenn sie zu wenig, zu einseitig oder zu wenig vernetzt vorliegen, um Probleme zu lösen. Das Mathematiklernen als Prozess fördert die Reichhaltigkeit dieser Repräsentationen, sofern diese auch wirklich bei dem jeweiligen Thema vorkommen. Dreyfus beschreibt in diesem Zusammenhang vier Stationen von Lernprozessen. Zunächst nennt er die Verwendung einer Darstellung, worauf die Verwendung mehrerer Darstellungen folgt. Danach findet die Verbindung dieser statt und schließlich die mentale Integration, welche ein Wechseln zwischen diesen Darstellungen ermöglicht. Der entscheidende Punkt, an dem ein Übergang von elementarem zu fortgeschrittenem Denken stattfindet, ist hierbei die Verbindung der verschiedenen Darstellungen, welche den Aufbau eines semantischen Netzwerkes ermöglicht und maßgeblich für eine flexible Lösung von Problemen ist.

„Concept image" und „concept definition"

Ein weiterer wesentlicher Beitrag zum Verständnis der Denkprozesse beim Mathematiklernen, der insbesondere auf das Begriffsverständnis der Lernenden eingeht, stammt von Vinner (1983), der die Begriffe *concept image* und *concept definition* einführt. Dabei bedeutet concept image das jeweilige mentale Schema, das zu einem bestimmten mathematischen Begriff vorliegt, wohingegen concept definition die Definition ist, mit der in der Regel beim formalen Umgang mit diesem Begriff gearbeitet wird. Nach Vinner wird ein Begriff nur dann verstanden, wenn die Synthese von concept definition und concept image zur sogenannten concept formation gelingt.

In den Anfängervorlesungen werden nun häufig aus der Schule bekannte Inhalte noch einmal formal-axiomatisch eingeführt. Da in der Schule die concept definitions einerseits fast nie gebraucht wurden und damit nicht präsent sind und andererseits die Lernenden überwiegend mit einem concept image und einigen eventuell nicht verstandenen Prozeduren erfolgreich waren, ist die gegebene Definition also nicht eigentlich sondern nur vermeintlich neu. Liegt aber ein concept image von einem Begriff vor und es kommt eine bisher scheinbar nicht bekannte Definition hinzu, so beschreibt Vinner drei verschiedene Möglichkeiten einer kognitiven Reaktion:

(i) Das concept image und die concept definition ändern sich adäquat (accomodation, siehe oben).
(ii) Das concept image bleibt gleich, während sich die concept definition ändert (fehlende assimilation, siehe oben).
(iii) Beide (concept image und concept definition) bleiben gleich.

Während Fall (i) sicherlich wünschenswert wäre, so tritt bei Problemen und Aufgaben zu diesen Begriffen doch sehr oft Fall (ii) mit folgendem Phänomen auf: Die Lernenden erhalten einen Input (die Aufgabe) und verarbeiten diesen nur mit Hilfe seines (unvollständigen!) concept image, ohne die concept definition zu beachten. Dies kann dann zu falschem Output (Lösung) führen. Vinner bringt dazu folgendes Beispiel:

In der Schule wird der intuitive Grenzwertbegriff oft nur an Hand des Verhaltens von Funktionen gegen gewisse Definitionslücken oder gegen die Unendlichkeit behandelt. Dies führt zu einem fehlerhaften concept image, nämlich dass der Grenzwert eines Objekts nie wirklich erreicht werden kann. Bei der Behandlung von Grenzwerten reeller Zahlenfolgen in den gängigen Analysis-Einführungskursen wird im Falle des Auftretens von (ii) an dieser Vorstellung festgehalten, was dazu führt, dass zum Beispiel nach der Frage des Grenzwertes der Folge $(-1)^{2n}$ Antworten wie „nicht existent" gegeben werden.

Verschiedene Welten

Ein anderer Ansatz, das Lernen akademischer Mathematik besser zu verstehen, stammt ebenfalls von Tall (2008). Im Vordergrund stehen dabei nicht die inhaltlichen Diskrepanzen zur Schulmathematik, vielmehr führt Tall aus, dass das Problem des Übergangs grundsätzlicherer Natur ist:

Er stellt drei mathematische Welten vor, die sehr unterschiedliche Darstellungen und Zugänge zu mathematischen Objekten beinhalten:

1. Die eingebettete Welt, in der die mathematischen Objekte gegenständlicher oder gedacht-gegenständlicher Art sind, wie in der elementaren Geometrie.
2. Die proceptual-symbolische Welt, in der Prozesse auf symbolische Darstellungen angewendet werden können und gedankliche mathematische Objekte aus diesen Darstellungen konstruiert werden, wie in der Arithmetik und Algebra.

Diese beiden „Welten" sind Teil der Schulmathematik. Die dritte ist grundsätzlich anderer Art:

3. Die formal-axiomatische Welt, die auf postulierten Eigenschaften aufbaut. In ihr wird als wahr nur anerkannt, was aus diesen Eigenschaften deduziert wird. In dieser Welt wird gegenüber den beiden anderen der Prozess der Begriffsentwicklung „umgekehrt": Man geht nicht von bekannten Objekten aus, deren Eigenschaften beschrieben werden, sondern von Eigenschaften, über welche die Objekte definiert werden.

Die drei „Welten" haben bei aller Verschiedenheit Überschneidungen und Bezüge: So können geometrisch eingebettete Objekte und Phänomene symbolisch beschrieben und symbolische Darstellungen eingebettet werden, wie das etwa bei Funktionsgraphen und ihren algebraischen Termen der Fall ist. Die axiomatischen Vorgaben der dritten „Welt" wurden ursprünglich zumeist über eingebettete oder symbolische Erfahrungen gewonnen. Dabei werden deduzierte Eigenschaften, wie Struktursätze, ihrerseits oft eingebettet. Mathematische Begriffe sind häufig Überlagerungen oder Verbindungen verschiedener Ursprünge, oft aus verschiedenen mathematischen Welten (z. B. treten die Reellen Zahlen in allen drei Welten auf). Grundsätzliche Unterschiede weist Tall unter anderem am Beispiel des Beweisens in den drei Welten auf: Er postuliert, dass in der ersten und zweiten „Welt" Beweise durch Experimente und generische, prototypische Beispiele geführt werden, in der dritten jedoch allein auf formale Eigenschaften gründen dürfen. Der Übergang ist schwierig, weil die Strategien, die in den ersten beiden Welten praktiziert wurden, das Denken auch weiterhin leiten. Tall verweist auf Studierende, die in empirischen Fallstudien sehr unterschiedliche Strategien zeigen, mit Beweisen in der dritten „Welt" umzugehen: Manche wählen den „natürlichen", vertrauten Weg, andere sind erfolgreich in einem formalen

Ansatz, der sich nur an den gegebenen Bedingungen orientiert. Wieder andere lernen nur die vorgeführten Beweise auswendig ohne Begründungen geben zu können.

Die Charakteristika dieser drei mathematischen „Welten" sind hilfreiche Konzepte zur Erklärung von manchen Brüchen und sachimmanenten epistemologischen Hürden, die Lernende bewältigen müssen. Aber unseres Erachtens kann dieser grundsätzliche Schritt von den ersten beiden zur dritten „Welt" der Mathematik viel geringer sein, als Tall ihn darstellt. Das ist der Fall, wenn einige Grundvoraussetzungen gegeben sind, die allgemeine intellektuelle Haltungen und Denkfähigkeiten betreffen, welche nicht auf die Mathematik beschränkt sind. Aus ihnen können sich dann mathematikspezifische Ausformungen graduell weiterentwickeln.

Die APOS-Theorie

Eine weitere konstruktivistische Lerntheorie in Bezug auf akademische Mathematik geht zurück auf Ed Dubinsky (Dubinsky & McDonald, 2001). Die sogenannte APOS (action, process, object, schema) Theorie geht von der Hypothese aus, dass mathematisches Wissen beim Umgang mit Problemsituationen folgendermaßen organisiert ist: Die Lernenden konstruieren mentale Handlungen, Prozesse und Objekte, welche dann durch individuelle Reorganisation und Ordnung in Schemata in den einzelnen Situationen sinnvoll eingesetzt werden, um das jeweilige Problem zu lösen.

Dabei versteht Dubinsky zunächst unter einer *Handlung* die Umformung und Manipulation bestimmter mathematischer Objekte, welche vom Subjekt (Lernende) als im Wesentlichen extern wahrgenommen werden. Es werden hier stets Anweisungen von außen benötigt, wie die jeweilige Operation auszuführen ist. Wird eine Handlung oft genug wiederholt und intern reflektiert, so kann eine *interne* mentale Konstruktion erfolgen. Mit Hilfe dieser kann das Subjekt dieselbe Handlung ausführen, braucht jedoch aufgrund der Verinnerlichung keine externen Stimuli mehr. Diese Internalisierung nennt Dubinsky *Prozess*. Ausgehend von diesem Prozess als verinnerlichte Handlung kann der Lernende ein *Objekt* konstruieren, nämlich dann, wenn er den Prozess als Einheit versteht und erkennt, dass Abbildungen und Operationen an diesem Objekt wirken bzw. ausgeführt werden können. Die individuelle Ansammlung von Handlungen, Prozessen und Objekten bilden dann ein *Schema* für einen bestimmten mathematischen Begriff. Diese Schemata wiederum sind so miteinander vernetzt, dass sie es dem Subjekt ermöglichen, mathematische Probleme im Zusammenhang mit dem jeweiligen Konzept zu bewältigen.

Empirische Befunde (Dubinsky & McDonald, 2001) zeigen, dass die APOS-Theorie eine gute Erklärungsmöglichkeit für das Zustandekommen von Verständnis, aber auch von Schwierigkeiten mit bestimmten Begriffen, v. a. der akademischen Mathematik, ist.

Zusammenfassend ist zu sagen, dass diese theoretischen Überlegungen zum Mathematiklernen auf Hochschulniveau Hinweise auf einige markante Unterschiede zum Mathematiklernen in der Schule geben. Die Forschungsansätze haben gezeigt, dass die akademische Mathematik spezifische Besonderheiten aufweist, die zu kognitiven Brüchen bei Lernenden führen und so den angesprochenen Übergang erschweren. Dabei gibt es zwei Faktoren, welche zu berücksichtigen sind: Einerseits ist es der eben herausgearbeitete Unterschied zwischen Schul- und Hochschulmathematik, andererseits die Art und Weise, wie Mathematik gelernt und gelehrt wird, welche die besonderen Schwierigkeiten beim Übergang Schule-Hochschule im Fach Mathematik ausmacht. Darauf weisen auch die wenigen empirischen Befunde zu diesem Thema hin, welche im nächsten Abschnitt genauer dargestellt werden.

5.2.4 Empirische Befunde zu Übergangsschwierigkeiten

Im deutschsprachigen Raum sind bisher kaum empirische Untersuchungen zu Schwierigkeiten des Übergangs von der Sekundarstufe II in ein Studium mit mathematischem Schwerpunkt durchgeführt worden. Demgegenüber stehen vielfach Klagen von Hochschullehrenden über unzureichende Vorbereitung ihrer Studierenden (mit zunehmender Tendenz) und von Studierenden über unzumutbar hohe Anforderungen in den Eingangssemestern.

In der internationalen Diskussion hört man von ähnlichen Problemen, und hier gibt es mittlerweile diverse empirische Untersuchungen, die diese Eindrücke konkretisieren. Solche Untersuchungen können allerdings nicht unmittelbar auf die Situation in Deutschland übertragen werden, weil die Schwerpunkte in den Schulsystemen ebenso wie in den Anfangssemestern erheblich differieren. So wird z. B. in englischen Schulen tendenziell ein Schwerpunkt auf praktische Vorgehensweisen gelegt, die nur auf besonders einfache Fälle anwendbar sind, während in Deutschland eher systematische Lösungsmethoden und theoretische Begriffsbildungen betont werden (Kaiser, 1999).

Wissen zu einzelnen Inhaltsbereichen

Vielfach werden Differenzen zwischen Kenntnissen von Studierenden und Erwartungen ihrer Hochschullehrenden an einzelnen Inhalten, Begriffsvorstellungen und Fertigkeiten festgemacht, die großenteils Thema des Mathematikunterrichts in den Sekundarstufen sind. Insbesondere in Universitätsbrückenkursen werden oftmals solche Inhalte vermittelt (Leviathan, 2008). Empirische Befunde, die sich mit einer Kontinuität von problematischen Vorstellungen bis zur Hochschule beschäftigen, liegen z. B. zu einer einseitigen Konzeption von Gleichungen als Prozessbeschreibung statt als Ausdruck von Äquivalenz (Godfrey & Thomas, 2008) vor. Zu dieser Einseitigkeit gibt es im Hinblick auf einen Übergang von der Arithmetik zur Algebra viele Diskussionen. Inzwischen wurde sie auch bei neuseeländischen Studierenden (immerhin bei einem Viertel der Probanden) im ersten Studienjahr nachgewiesen.

Stoffdidaktische Probleme wie falsche oder fehlende Grundvorstellungen zu Inhalten der Schulmathematik sind sicherlich eine Ursache für Schwierigkeiten von Studierenden im Mathematikstudium. Aber sie allein genügen nicht als Erklärung für die Übergangsprobleme. Eine empirische Studie (Fischer, 2006) beschäftigt sich mit dem Verständnis einer Gruppe von Restklassen, das Studierende in einem dreiwöchigen Projekt zu Beginn ihres Studiums gewinnen. In diesem Projekt setzen sich die Studierenden mit Aufgaben auseinander, die jeweils zur Definition einer Addition auf einer endlichen Menge anregen. Die Konstruktion dieser Mengen und einer zugehörigen Addition geht immer von den ganzen Zahlen aus, und die entstehenden Strukturen sind alle isomorph zu einem $(Z/nZ, +)$. Inhaltlich baut die Thematik auf nichts auf, das über Inhalte der Grundschule hinausgeht. Dennoch zeigen sich die meisten der Probanden in der Studie überfordert, eine Addition auf $Z/5Z$ zu erläutern. Schwierigkeiten müssen also noch an anderer Stelle gesucht werden.

Allgemeine intellektuelle Denkhaltungen

Zu Denkfähigkeiten, die nicht nur in der Mathematik, sondern in jedem wissenschaftlichen Umfeld gebraucht werden, gehört die Unterscheidungsfähigkeit von Unterschiedlichem, die sich in einer präzisen Ausdrucksweise widerspiegelt. In der Formalisierung der Ausdrucksmittel wird diese Präzision in der Mathematik auf die Spitze getrieben. Sie beansprucht eine eindeutige und widerspruchsfreie Definition von Begriffen und schlussfolgerndes Beweisen. Aber auch in anderen intellektuellen Zusammenhängen werden präzise Darstellungen und logisch stimmige Argumentationsketten gefordert (in denen z. B. korrekt zwischen Voraussetzung und Behauptung unterschieden wird und in denen keine Zirkelschlüsse zulässig sind). Vinner (1997) und Wittmann (2000) verweisen auf mangelnde Fähigkeiten dieser Art bei ihren Schülerinnen und Schülern.

Viele Kolleginnen und Kollegen betonen die Notwendigkeit einer inhaltlich-begrifflichen Auseinandersetzung mit mathematischen Sachverhalten, die um ein tiefes Verständnis ringt, gegenüber einer eher passiven Haltung, die nur auf das Kopieren von Handlungsabläufen ausgerichtet ist (vgl. Carlson et al., 1997). Unter eine solche intellektuelle Haltung fällt das Bemühen, neue Inhalte kognitiv zu verarbeiten. Wenn diese sehr fremd sind oder bereits vorhandenen Vorstellungen zuwiderlaufen, kann das für Studierende eine große Herausforderung darstellen, die Selbstregulationskompetenzen und intensive Anstrengung erfordert (Tall, 1991b). Fischer (2007) weist in Fallstudienanalysen mit Studienanfängerinnen und -anfängern nach, dass diese sich in den Interviews intensiv um solche erweiterten oder neuen Vorstellungen bemühen. Dabei wird deutlich, dass bereits vorhandene Vorstellungen der Studierenden einen dominierenden Einfluss auf die Wahrnehmung der gegebenen Darstellungen und ihre Verarbeitung haben. Die besuchte Vorlesung selbst mit ihren präzisen Definitionen und daraus abgeleiteten Eigenschaften, in der solche Konflikte nicht thematisiert werden, ist zu weit vom Erfahrungshorizont der Probandinnen und Probanden entfernt, als dass sie – in dieser Auseinandersetzung auf sich gestellt – erfolgreich sind.

Zu einer solchen Haltung gehören auch die Einordnung von Phänomenen und Konzepten in größere Zusammenhänge und die Fähigkeit, Erkanntes in andere Sachzusammenhänge zu übertragen und in anderen Darstellungen zu repräsentieren. Diese Punkte werden insbesondere von Publikationen zu Herausforderungen in der Linearen Algebra betont, wobei verschiedene Versuche vorgestellt werden, Studierenden solche Transferfähigkeiten zu lehren. (vgl. Alves-Dias & Artigue, 1995; Dorier, Robert, Robinet & Rogalski, 2000; Rogalski, 2000; Hillel, 2000))

Schließlich soll hier noch die Bereitschaft zur Genauigkeit und zur Wahrnehmung und Auflösung von Widersprüchen als intellektuelle Haltung, die für das Lernen von Mathematik unverzichtbar ist, erwähnt werden. Fischer (2006) zeigt in ihren Fallstudien, dass diese Haltung keineswegs selbstverständlich ist. Sie kann als eine Ursache für die Ausbildung von langfristig bestehenden Fehlvorstellungen angesehen werden.

Sjuts (2003) verweist auf die Fähigkeiten, das eigene Denken zu reflektieren und bewusst zu steuern im Sinne von Planungs-, Überwachungs- und Prüfaktivitäten als ein entscheidendes Merkmal für Erfolg in Mathematik. In empirischen Studien zur Überprüfung einfacher algebraischer Termumformungen (ohne Zeitbegrenzung) vergleicht er gymnasiale Schülergruppen unterschiedlicher Leistungsstärken (zwei gesamte zehnte Klassen, die besten 10 % eines zehnten Jahrgangs eines anderen Gymnasiums und Oberstufenschüler einer Sommerakademie mit herausragenden Schulleistungen). Obwohl die einzelnen zu überprüfenden Schritte keine Kenntnis schwieriger mathematischer Konzepte erfordern, zeigt sich, dass sich die Lösungshäufigkeit in den Gruppen erheblich unterscheidet (40 % in der unteren Leistungsgruppe, 75 % in der mittleren, 85 % in der oberen). Eine Erklärung über mangelndes Verstehen in der unteren Leistungsgruppe greift hier nicht, denn das würde ihren Erfolgen bei manchen Aufgaben widersprechen. Es erklärt auch nicht die immerhin noch 15 % Misserfolge in der leistungsstärksten Gruppe. Eine anschließende Befragung zeigt, dass die Schülerinnen und Schüler der schwächsten Gruppe sich am wenigsten gewiss sind, dass ihre Antworten korrekt sind, und ihr Vorgehen auch am wenigsten als sorgfältig bezeichnen, die stärkste Gruppe hingegen hier am positivsten antwortet. Dieser Befund deutet auf einen Zusammenhang zwischen der Lösungshäufigkeit und der Anwendung metakognitiver Strategien der Selbstüberwachung und Prüfung hin. Sjuts (2003) verweist noch auf eine andere, sehr viel ältere empirische Untersuchung mit Mathematikstudierenden (Gundlach, 1968), in der eine Korrelation von Studienerfolg und Lösungshäufigkeiten von Bruchrechenaufgaben vor Studienbeginn nachgewiesen wurde. Hier gibt es keinen inhaltlichen Zusammenhang zwischen den beiden Merkmalen, auf den diese Ergebnisse zurückgeführt werden können. Mit metakognitiven Fähigkeiten können diese Befunde jedoch gut erklärt werden.

Interventionsmaßnahmen

Vereinzelte Vorschläge zur Verbesserung der Lehre werden sowohl für die Schule wie auch für die Hochschule erprobt. Manche konzentrieren sich auf einzelne mathematische Konzepte oder Strategien und weisen nach, dass so ein lokales Problem durch das vorgeschlagene Lehrkonzept gelöst oder verbessert werden kann.

Ein umfassenderes, ganzheitliches Konzept stellen Dorier et al. (2000) zur Linearen Algebra vor. In der Veranstaltung wird die Entwicklung einer mathematischen Theorie durch die Beschäftigung mit genetischen Problemen anstelle von Verarbeitung einer fertigen Theorie betont. Zu diesem Konzept gehören ausführliche Reflexionsphasen und das Wecken eines Bedürfnisses nach einer einheitlichen Theorie für die untersuchten Phänomene. Die Erprobung des Programms an der Universität von Lille (Frankreich) wurde von empirischen Untersuchungen begleitet. In einigen Teilen, wie dem Verstehen des zentralen Begriffs des Rangs, erwies sich das Konzept als erfolgreich. In anderen Teilen, wie z. B. Darstellungswechseln von Unterstrukturen eines Vektorraums, zeigten die Lernenden auch bei diesem Lehrkonzept große Probleme.

Leviathan (2008) stellt ein Brückenprogramm für den Übergang Schule – Hochschule vor, das verteilt auf mehrere Semester studienbegleitend absolviert wird. Es wiederholt begriffliches Wissen aus der Schule und baut dieses aus, betont aber auch eine forschende Haltung beim Mathematiklernen und führt in Logik und mathematische Darstellungsweisen ein. Eine genauere Betrachtung von Interventionsmaßnahmen aus der Praxis, insbesondere von Brückenkursen, nehmen Meiner, Seiler und Wagner in diesem Buch vor (vgl. Kapitel 6.4).

Literatur

Alves-Dias, M. & Artigue, M. (1995). Articulation Problems Between Different Systems of Symbolic Representations in Linear Algebra. In L. Meira & D. Carragher (Eds.), *Proceedings of the 19th Conference on the International Group for the Psychology of Mathematics Education* (pp. 34–41). Recife: Universidade Federal de Pernambuco.

Artigue, M. (1991). Analysis. In D. Tall (Ed), *Advanced mathematical thinking* (pp. 167–198). Dordrecht: Kluwer Academic Publishers.

Balacheff, N. (1988). *Une Étude des Processus de Preuve en Mathématique chez les Élèves de Collège*. Dissertation. Grenoble: Université Joseph Fourier.

Biermann, M. & Blum, W. (2002). Realitätsbezogenes Beweisen. Der „Schorle-Beweis" und andere Beispiele. *Mathematik Lehren, 110,* 19–22.

Blum, W. (2003). On the Role of "Grundvorstellungen" for reality-related Proofs – Examples and Reflections. In M. A. Mariotti (Ed.), *Proceedings of the Third Conference of the European Society for Research in Mathematics Education (CERME 3)* (o. S.). Pisa (Italien): Universität Pisa.

Blum, W. & Kirsch, A. (1991). Preformal proving: examples and reflections. *Educational Studies in Mathematics, 22* (2), 183–203.

Carlson, D., Johnson, C., Lay, D., Porter, A., Watkins, A. & Watkins, W. (Eds.) (1997). *Resources for Teaching Linear Algebra. MAA Notes 42*. Washington: Mathematical Association of America.

Cornu, B. (1983). *Apprentissage de la notion de limite: conceptions et obstacles*. Thèse de doctorat de troisième cycle. Grenoble: L'Université Scientifique et Medicale de Grenoble.

Dörfler, W. (2003). Mathematics and Mathematics Education: Content and People, Relation and Difference. *Educational Studies in Mathematics, 54*, 147–170.

Dörfler, W. & McLone, R. R. (1986). Mathematics as a School Subject. In B. Christiansen, A. G. Howson & M. Otte (Eds.), *Perspectives on Mathematics Education* (pp. 49–98). Dordrecht: Kluwer Academic Publishers.

Dorier, J.-L., Robert, A., Robinet, J. & Rogalski, M. (2000). The Obstacle of Formalism in Linear Algebra. In J.-L. Dorier (Ed.), *On The Teaching of Linear Algebra* (pp. 85–124). Dordrecht: Kluwer Academic Publishers.

Dreyfus, T. (1991). Advanced Mathematical Thinking Processes. In D. Tall (Ed.), *Advanced mathematical thinking* (pp. 25–41). Dordrecht: Kluwer Academic Publishers.

Dubinsky, E. & McDonald, M. (2001). APOS: A Constructivist Theory of Learning in Undergraduate Mathematics Education Research. In D. Holton (Ed.), *The Teaching and Learning of Mathematics at University Level* (pp. 275–282). Dordrecht: Kluwer Academic Publishers.

Eisenberg, T. (1991). Functions and associated learning difficulties. In D. Tall (Ed.), *Advanced mathematical thinking* (pp. 140–152). Dordrecht: Kluwer Academic Publishers.

Fischer, A. (2006). *Vorstellungen zur linearen Algebra: Konstruktionsprozesse und -ergebnisse von Studierenden*. Dissertation. Dortmund: Universität Dortmund.

Fischer, A. (2007). Gegenseitige Beeinflussungen von Darstellungen und Vorstellungen zum Vektorraumbegriff. *Journal für Mathematik-Didaktik, 28*(3/4), 311–330.

Freudenthal, H. (1979). *Mathematik als pädagogische Aufgabe*. Band 1 und 2. 2. Auflage. Stuttgart: Klett.

Godfrey, D. & Thomas, M. (2008). Student Perspectives on Equation: The Transition from School to University. *Mathematics Education Research Journal, 20* (2), 71–92.

Gundlach, K. (1968). Kenntnisse der Abiturienten und Studienerfolg in den Anfängervorlesungen im Fach Mathematik. *Mathematisch-Physikalische Semesterberichte, XV,* 20–31.

Hanna, G. (1989). Proofs that Prove and Proofs that Explain. In G. Vergnaud, J. Rogalski, & M. Artigue (Eds.), *Proceedings of the 13th Conference of the International Group for the Psychology of Mathematics Education,* Vol. 2 (pp. 45–51). Paris: Université de Paris.

Hanna, G. (1997). The Ongoing Value of Proof. *Journal für Mathematik-Didaktik, 2/3*, 171–185.

Heinze, A. & Reiss, K. (2007). Reasoning and proof in the mathematics classroom. *Analysis, 27* (2–3), 333–357.

Hilbert, D. (1992). *Natur und mathematisches Erkennen.* Basel: Birkhäuser.

Hillel, J. (2000). Modes of Description and the Problem of Representation in Linear Algebra. In J.-L. Dorier (Ed.), *On the Teaching of Linear Algebra* (pp. 191–207). Dordrecht: Kluwer Academic Publishers.

Jahnke, H. N. (1978). *Zum Verhältnis von Wissensentwicklung und Begründung in der Mathematik – Beweisen als didaktisches Problem.* Bielefeld: Institut für Didaktik der Mathematik.

Kaiser, G. (1999). *Unterrichtswirklichkeit in England und Deutschland. Vergleichende Untersuchungen am Beispiel des Mathematikunterrichts.* Weinheim: Beltz.

Keitel, C. & Otte, M. (1979). Probleme der Profession und des professionellen Wissens des Mathematiklehrers. *Mathematisch-physikalische Semesterberichte, 26*, 154–176.

Kultusministerkonferenz (KMK) (2003). *Bildungsstandards im Fach Mathematik für den mittleren Schulabschluss.* Bonn: KMK.

Leviathan, T. (2008). Bridging a Cultural Gap. *Mathematics Education Research Journal, 20* (2), 105–116.

National Council of Teachers of Mathematics (NCTM) (Ed.) (2000). *Principles and Standards for School Mathematics.* Reston, VA: NCTM.

Rogalski, M. (2000). The Teaching Experimented in Lille. In J.-L. Dorier (Ed.), *On The Teaching of Linear Algebra* (pp. 133–149). Dordrecht: Kluwer Academic Publishers.

Sjuts, J. (2003). Metakognition per didaktisch-sozialem Vertrag. *Journal für Mathematik-Didaktik, 24* (1), 18–40.

Skemp, R. R. (1971). *The Psychology of Learning Mathematics.* London: Penguin.

Stein, M. (1986). *Beweisen.* Bad Salzdetfurth: Franzbecker.

Steiner, H. G. (1989). Philosophische und epistemologische Aspekte der Mathematik. *Mathematische Semesterberichte, 36* (1), 47–60.

Tall, D. (1991a). The Psychology of Advanced Mathematical Thinking. In D. Tall (Ed.), *Advanced mathematical thinking* (pp. 3–4). Dordrecht: Kluwer Academic Publishers.

Tall, D. (1991b). Reflections. In D. Tall (Ed.), *Advanced mathematical thinking* (pp. 251–256). Dordrecht: Kluwer Academic Publishers.

Tall, D. (2002). Differing Modes of Proof and Belief in Mathematics. In F. L. Lin (Ed.), *International Conference on Mathematics – "Understanding proving and proving to understand"* (pp. 91–107). Taipei: NSC und National Taiwan Normal University, Taipei, Taiwan.

Tall, D. (2008). The Transition to Formal Thinking in Mathematics. *Mathematics Education Research Journal, 20* (2), 5–24.

Vinner, S. (1983). Concept Definition and Concept Image and the Notion of Function. *International Journal of Mathematical Education in Science and Technology, 14,* 239–305.

Vinner, S. (1997). Scenes from Linear Algebra Classes. In D. Carlson, C. Johnson, D. Lay, A. Porter, A. Watkins & W. Watkins (Eds.), *Resources for Teaching Linear Algebra. MAA Notes, 42* (pp. 155–171). Washington: Mathematical Association of America.

Wittmann, E. C. & Müller, G. (1988). Wann ist ein Beweis ein Beweis? In P. Bender (Hrsg.), *Mathematikdidaktik: Theorie und Praxis. Festschrift für Heinrich Winter* (S. 237–257). Berlin: Cornelsen.

Wittmann, G. (2000). Schülerkonzepte und epistemologische Probleme. In U. P. Tietze, M. Klika & H. Wolpers (Hrsg.), *Mathematikunterricht in der Sekundarstufe II. Bd 2. Didaktik der Analytischen Geometrie und Linearen Algebra* (S. 132–148). Braunschweig: Vieweg.

5.3 Mathematiklernen in der Sekundarstufe II und im Studium: Zusammenfassung und Forschungsdesiderata

Astrid Fischer und Daniel Wagner

5.3.1 Zusammenfassung

Die Aufnahme eines Hochschulstudiums nimmt nicht zuletzt aufgrund gravierender Veränderungen des sozialen Umfelds und der Lernkultur eine Sonderstellung im Leben eines Lernenden ein. Objektiv hohe Studienabbruchquoten einerseits, subjektive Wahrnehmungen von Studierenden sowie Dozenten andererseits sind ein Fingerzeig darauf, dass der Übergang von der Schule an die Hochschule gerade bei Studiengängen mit mathematischem Schwerpunkt markante Bruchstellen aufweist und große Schwierigkeiten mit sich bringt. Dabei beziehen sich die wenigen empirischen Studien zu diesem Problem (wie z. B. Godfrey und Thomas, 2008; de Guzman, Hodgson, Robert & Villani, 1998 oder Hoyles, Newman & Noss, 2001) weitgehend auf allgemeine Personenmerkmale wie etwa Motivation und Selbstregulation und sind nicht auf spezifische Studiengänge fokussiert. In den Beiträgen dieses Kapitels werden mathematische Kompetenzen von Studierenden aus zwei unterschiedlichen Perspektiven betrachtet.

Im ersten Beitrag (Roppelt, in diesem Band) geht es um mathematische Grundkompetenzen im Sinne der KMK-Bildungsstandards für den mittleren Schulabschluss (KMK, 2004). Hierzu wird untersucht, inwieweit diese mathematischen Grundkompetenzen bei Studierenden fünf Jahre nach dem Abitur noch vorhanden sind. Dabei werden die Studierenden in zwei Gruppen differenziert, nämlich getrennt nach Studiengängen mit mathematischen Inhalten und solchen, die weitgehend ohne Mathematik auskommen. Als Ergebnis zeigt sich, dass die Kompetenzen der beiden erwähnten Gruppen signifikant über dem Durchschnitt derer von Zehntklässlern liegen. Offenbar gelingt es hier also der Institution Schule nachhaltig zeitlich stabile Kompetenzen zu vermitteln.

Es muss jedoch beachtet werden, dass die oben erwähnten mathematischen Grundkompetenzen zwar notwendig, aber wohl keineswegs hinreichend als Voraussetzung für ein erfolgreiches Mathematikstudium sind. Speziell auf die Probleme und Schwierigkeiten beim Übergang zu einem solchen Studium mit mathematischen Inhalten geht der zweite Beitrag dieses Kapitels ein (Fischer, Heinze & Wagner, in diesem Band). Dabei wird zunächst der besondere Charakter der Schulmathematik herausgestellt, wobei insbesondere die fehlende Axiomatik als entscheidender Unterschied zur Fachwissenschaft Mathematik genannt wird. Demgegenüber werden daraufhin Komponenten des Lernens akademischer Mathematik untersucht und diskutiert. Dazu werden einige Theorien zum Mathematiklernen auf Hochschulniveau analysiert, wobei das Lernen als Prozess stets im Vordergrund steht. Schließlich werden noch die wenigen existierenden empirischen Befunde zu diesem Thema diskutiert und einige mögliche Interventionsmaßnahmen kurz angerissen.

Es wird deutlich, dass über die genauen Ursachen der Übergangsproblematik von der Schule zur Hochschule bisher wenig bekannt ist, da vorhandene empirische Ergebnisse zu Studienabbrüchen bzw. -schwierigkeiten kaum fachbezogen untersucht wurden. So ist weitgehend unklar, inwieweit Einflussfaktoren wie beispielsweise Studienmotivation und Selbstregulation für mathematikbezogene Studiengänge eine spezifische Ausprägung haben. Letzteres ist zu erwarten, da die mathematischen Inhalte und deren Anwendung in der Hochschule einen anderen Charakter haben als in der Schule (z. B. Axiomatik, Formalisierung). Studien zur Kompetenz von Studierenden gibt es nur zu vereinzelten Themengebieten der höheren Mathematik.

5.3.2 Forschungsfragen

Angesichts dessen besteht unseres Erachtens, als Erweiterung zu den, wie bereits erwähnt bislang nur relativ wenigen, punktuellen empirischen Studien, die einige Schlaglichter auf die Herausforderungen eines Wechsels von Schule zu Hochschule werfen, in folgenden Fragen Forschungsbedarf:

Kenntnisse und Fähigkeiten der Lernenden – Bildungsstandards Mathematik für das Abitur

Zunächst einmal ist es wichtig, die Unterschiede zwischen dem Mathematiklernen in der Schule und dem an den Hochschulen noch genauer zu analysieren. Ziel muss es dabei sein, diese Unterschiede nicht nur hinsichtlich kognitiver Anforderungen herauszuarbeiten. Vielmehr müssen auch affektive und behaviorale Faktoren wie Motivation, Selbstregulation und Selbstkonzept berücksichtigt werden.

Um die mathematischen Anforderungen, die ein Studium mit überwiegend mathematischem Inhalt an die Lernenden stellt, zu beschreiben, wäre ein Kompetenzmodell wünschenswert, welches anschlussfähig an die Bildungsstandards für den mittleren Schulabschluss ist. Dieses Kompetenzmodell sollte als Kompetenzstrukturmodell die gemeinsamen Inhalte der Sekundarstufe II und des ersten Studienjahres umfassen (v. a. Analysis, Lineare Algebra). Mit Testinstrumenten auf Basis dieses Modells könnten dann die wesentlichen Unterschiede in den Kompetenzanforderungen beim Mathematiklernen in der Schule und der Hochschule identifiziert werden, indem Ergebnisse von Schülerstichproben und Studierendenstichproben verglichen werden. Diese Erkenntnisse bieten schließlich eine Grundlage, um Wirkungsmechanismen mathematikbezogener kognitiver und nicht kognitiver Variablen in Bezug auf den Studienabbruch oder Studiengangwechsel innerhalb des ersten Studienjahres zu untersuchen.

Um tiefergehende Erkenntnisse zu erhalten, sind theoretische Sachanalysen sowie Untersuchungen von Vorstellungen und Strategien Lernender zu zentralen mathematischen Begriffen, die für die Schnittstelle von Schule und Hochschule relevant sind, und zu prozessbezogenen mathematischen Kompetenzen, wie Argumentieren, Darstellen, Problemlösen und Definieren, wünschenswert.

Unbedingt erforderlich sind weitere Studien, die der Frage nachgehen, welche Zusammenhänge zwischen Studienleistung und allgemeinen Denkfähigkeiten, insbesondere auch dem Einsatz von metakognitiven Strategien, bestehen. Gegebenenfalls schließt sich die Frage an, wie diese Fähigkeiten im Mathematikunterricht gefördert werden können.

Besonderes Augenmerk ist auch auf die hochschuldidaktische Forschung zu richten. Dabei ist es im Sinne einer „Design Science" wichtig, ganzheitliche Lehrkonzepte zu entwickeln, die auf den empirischen Erkenntnissen aufbauen, und diese Lernkonzepte zu erproben, empirisch auszuwerten und zu optimieren. Diese sollten sich nicht nur auf einen Aspekt konzentrieren, sondern neben inhaltlichen Konzepten auch prozessbezogene Kompetenzen aufbauen. Hierzu sind längsschnittliche Studien mit Kontrollgruppendesigns nötig, um Effekte messen zu können. Neben quantitativen Leistungsmessungen wäre es wünschenswert, über qualitative Fallstudien die Ausbildung von individuellen Vorstellungen und Strategien in den Blick zu nehmen. Sie können wertvolle Erkenntnisse liefern, auf deren Grundlage die Unterrichtskonzepte verbessert werden können.

Kenntnisse und Fähigkeiten der Lehrenden

Wünschenswert sind auch Analysen von Vorstellungen und Strategien von Lehrenden sowohl an Schulen, als auch an Hochschulen. Zudem sind Untersuchungen wichtig, die danach fragen, welche didaktisch-methodischen Fähigkeiten die Lehrenden besitzen, um Lernvoraussetzungen von ihren Schülerinnen und Schülern bzw. Studierenden aufzugreifen und daran anknüpfend tragfähige Konzepte zu vermitteln.

Daran sollte die Entwicklung von Lehrkonzepten anschließen, die Lehrenden und Lehramtsstudierenden helfen,

a) ihre eigenen Vorstellungen zu erweitern oder anzupassen und
b) typische Fehlvorstellungen von Lernenden zu berücksichtigen, aber auch
c) Hilfen zu geben, über individuelle Vorstellungen zu reflektieren und diese je nach Bedarf auszubauen, zu korrigieren oder zu ersetzen.

Die Universität ist hier in doppelter Hinsicht in Verantwortung: Sie muss Wege finden, den Übergang von Schule zu Hochschule für ihre Studienanfängerinnen und -anfänger in hilfreicher Weise zu gestalten. Und sie muss ihre Lehrangebote so gestalten, dass die Lehrerinnen und Lehrer, die sie ausbildet, später in der Lage sind, den Übergang seitens der Schule besser vorzubereiten.

Literatur

Godfrey, D. & Thomas, M. O. J. (2008). Student Perspectives on Equation: The Transition from School to University. *Mathematics Education Research Journal, 20* (2), 71–92.

De Guzman, M., Hodgson, B. R., Robert, A. & Villani, V. (1998). Difficulties in the Passage from Secondary to Tertiary Education. *Documenta Mathematica, Extra Volume ICME 1998 (III),* 747–762.

Hoyles, C., Newman, K. & Noss, R. (2001). Changing patterns in transition from school to university mathematics. *International Journal of Mathematical Education in Science and Technology, 32* (6), 829–845.

KMK (2004). *Bildungsstandards im Fach Mathematik für den Mittleren Schulabschluss. Beschluss vom 04.12.2003.* München: Kluwer.

6 Übergänge beim Mathematiklernen gestalten: Projekte aus der Praxis

Nachdem in den vorangegangenen Kapiteln der Stand der Forschung zum Mathematiklernen vom Kindergarten bis zum Studium beschrieben wurde, soll in diesem Kapitel ein Einblick in Praxisprojekte gegeben werden, die bereits an einer verbesserten Kohärenz und Kontinuität des Mathematiklernens in Übergangsphasen arbeiten. Wie so oft bei drängenden Problemen in der Realität stellt sich ein unmittelbarer Handlungsbedarf ein, der ein Abwarten auf wohldurchdachte und empirisch abgesicherte Konzepte aus der Wissenschaft kaum zulässt. In den folgenden Abschnitten 6.1 bis 6.4 wird aufgezeigt, dass es entsprechend bereits vielfältige Aktivitäten für die verschiedenen Übergänge gibt.

Die Herausforderungen für die Lernenden in den einzelnen Übergangsphasen und der damit verbundene Handlungsbedarf weisen dabei durchaus Ähnlichkeiten auf. Allerdings zeigt sich in der Praxis, dass für die verschiedenen Übergänge jeweils spezifische Lösungen gefunden wurden. So wäre es für die Übergänge vom Elementar- in den Primarbereich sowie vom Primar- in den Sekundarbereich jeweils wünschenswert, wenn ein gemeinsames Bildungs- und Mathematikverständnis der beteiligten Erzieherinnen und Erzieher sowie Lehrkräfte vorhanden wäre. Entsprechend wäre eine Institutionalisierung von Kooperationen an diesen Schnittstellen notwendig. Diese ist auf der Ebene einzelner Schulbezirke auch schon zu finden.

Der Übergang von der Sekundarstufe I in die Ausbildung wird ebenfalls durch vielfältige, regionale und überregionale Maßnahmen begleitet, zumindest was Angebote zur Förderung der sogenannten Ausbildungsreife nach der Schulzeit betrifft. Ansonsten zeigt sich hier, dass der Übergang von der Schule in die Ausbildung institutionell oft nur durch punktuelle schulische Maßnahmen vorbereitet wird. Projekte einzelner Schulen zeigen beispielhaft, dass es auch andere Möglichkeiten gibt.

Zwischen Sekundarstufe II und dem Studium werden häufig Brückenkurse in Mathematik zur Erleichterung des Überganges angeboten. Dazu werden im Folgendem exemplarisch zwei Formen von Brückenkursen vorgestellt. Betont wird hierbei die Notwendigkeit einer engen Kooperation von Schule, Hochschule und Forschung.

In einigen – momentan noch vereinzelten – Fällen wurden bereits landesweite Programme implementiert. Doch häufig gehen Projekte, die den Übergang zwischen Institutionen erleichtern sollen, auf die Initiative von einzelnen Kolleginnen und Kollegen aus der Praxis zurück. Ihr Engagement führt zu Kontinuität und Kohärenz in den mathematischen Lernangeboten. Damit allen Heranwachsenden gelingende Übergänge ermöglicht werden, sind – wie in den folgenden Beiträgen ersichtlich wird – in Zukunft bundesländerübergreifende Programme notwendig.

6.1 Übergänge beim Mathematiklernen gestalten: vom Kindergarten in die Primarstufe

Hedwig Gasteiger

„Politik und Experten ... sowie die Pädagogen vor Ort haben die Aufgabe, den Übergang von der Kindertageseinrichtung in die Grundschule so zu planen und zu gestalten, dass für jedes Mädchen und jeden Jungen das Recht auf und die Teilhabe an Bildung verwirklicht werden" – so schreibt die Bertelsmann Stiftung in ihren Handlungsempfehlungen zum Übergang von der Kindertagesstätte in die Grundschule (Bertelsmann Stiftung, 2008, S. 3). Diese Forderung beinhaltet, dass sich das Bemühen um Kontinuität in der Entwicklung der Kinder nicht auf kleine gemeinsame Aktivitäten von Kindergarten- und Schulkindern vor Schulbeginn beschränken darf und mehr umfassen sollte als ein gegenseitiges Kennenlernen und Vertrautmachen der neuen Umgebung in der Schule. Die Gestaltung von Übergängen in diesem Sinne verlangt zusätzlich, *Inhalte* in den Fokus zu rücken, um den Kindern die Gelegenheit zu geben, ihr intuitives Wissen weiterzuentwickeln und zu strukturieren, sowie den individuellen Lernstand des Kindes im Blick zu haben, um *jedem* Kind die Weiterentwicklung der eigenen Fähigkeiten zu ermöglichen. Drei Perspektiven zur Gestaltung von Übergängen beim mathematischen Lernen werden im Folgenden ausgeführt und anschließend durch die Schilderung gelungener Praxisbeispiele vertieft.

6.1.1 Perspektiven

Mathematiklernen im Übergangsbereich reflektieren

Eine inhaltliche Gestaltung des Übergangs erfordert klare Vorstellungen von fundamentalen Ideen, die im mathematischen Lernen vom Kindergarten bis zum Studium von Bedeutung sind. Im Mittelpunkt stehen dabei fruchtbare Begegnungen mit Mathematik in verschiedenen Kompetenzbereichen, wie z. B. Zahl und Struktur, Maße und Zeit, Raum und Form oder Daten und Zufall (vgl. Steinweg, 2008, S. 146 f.). Anstelle einer vermeintlich motivierenden Verpackung der eigentlichen Mathematik, wie dies in einigen Konzepten zur vorschulischen mathematischen Förderung erfolgt, stehen bei elementarer mathematischer Bildung, wie sie von Seiten der Mathematikdidaktik gesehen wird, sinnstiftende Aktivitäten im Zentrum, die zum kreativen und problemlösenden Denken, zum Schlussfolgern und Argumentieren herausfordern und ein aktiv-entdeckendes Lernen auf verschiedenen Niveaustufen ermöglichen (vgl. Selter, 2008; Steinweg, 2007; van Oers, 2004; Wittmann, 2006a, 2006b). Mathematische Lerngelegenheiten im Alltag und in freien oder initiierten Spielen liefern dabei die Basis für die Weiterentwicklung mathematischer Kompetenzen.

Soll mathematisches Lernen im vorschulischen und schulischen Bereich sowohl inhaltlich als auch methodisch anschlussfähig sein, sind Konzepte notwendig, die sich durch eine gute theoretische Fundierung auszeichnen, aber auch umsetzbar sind und sich in der Praxis bewähren (vgl. Hacker, 2008, S. 56). Auf der Suche nach Konzepten zur mathematischen Frühförderung ist das Sicherstellen einer fachlichen, theoretischen Fundierung eine große Herausforderung für die Erziehenden und Lehrkräfte, die den Übergang gemeinsam gestalten.

Eine Abstimmung der Bildungspläne von Kindergarten und Grundschule wäre dazu hilfreich, sie ist aber beileibe noch nicht in allen Bereichen verwirklicht (vgl. z.B. Bertelsmann Stiftung, 2008; Bundesministerium für Bildung und Forschung, 2007; Carle & Samuel, 2008; NAEYC, 2002). Dies ist eine zentrale Aufgabe für Politik, Verwaltung und Wissenschaft. Ein schlüssig aufeinander aufbauender Bildungsplan, der die Bildungsphilosophien der verschiedenen Einrichtungen integriert und auf zentrale Grundideen der Fächer aufbaut, könnte die Arbeit der Erziehenden und Lehrkräfte deutlich erleichtern, sollte aber so viel Offenheit haben, dass in den Einrichtungen vor Ort noch Gestaltungsspielraum und Platz für die individuellen Bedürfnisse der Kinder ist. Zurzeit stellen sich Erziehende und Lehrkräfte in der konkreten Gestaltung des Übergangs vielerorts selbst der Aufgabe, Inhalte und Methoden aufeinander abzustimmen (vgl. im Abschnitt 6.1.2 das Projekt „Mathe von Anfang an").

Mathematische Kompetenzentwicklung ermöglichen

Nachhaltiges Lernen kann gelingen, wenn aufgrund einer guten Passung zum individuellen Entwicklungsstand neue Inhalte mit bereits bekannten konstruktiv so vernetzt werden können, dass diese für weitere Denkprozesse und Handlungen zur Verfügung stehen und flexibel verwendet werden können. Die Vorkenntnis- und Leistungsunterschiede von Kindern sind jedoch auch im Kindergartenalter bereits enorm. Man geht davon aus, dass sich alltägliche, informelle mathematische Lerngelegenheiten, wie z.B. das Spielen von Würfelspielen, gemeinsames Einkaufen, Kochen, Tischdecken und einiges mehr, nicht mehr für alle Kinder gleichermaßen im Elternhaus bieten. Die Kinder kommen bereits mit einem großen Unterschied an individuellen Erfahrungen in den Kindergarten (vgl. z.B. Bundesministerium für Bildung und Forschung, 2007; Siegler & Ramani, 2008; Hughes, 1986). Entsprechend zeigen Vorkenntnisermittlungen im letzten Kindergartenjahr vor Schulbeginn immer noch eine beträchtliche Heterogenität bezüglich der mathematischen Leistungen. Bei der Betrachtung der Ergebnisse von Untersuchungen zu mathematischen Fähigkeiten im Vorschulalter liegt der Fokus verständlicherweise meist auf den bereits vorhandenen Kompetenzen (vgl. Schipper, 2006). Exemplarisch sei dafür das Ergebnis einer Oldenburger Studie genannt, wonach ein Jahr vor Schulbeginn 69% der Kinder die Zahlwortreihe bis 20 aufsagen können und 49% eine Menge mit mindestens 20 Elementen zählen können (vgl. Clarke, Clarke, Grüßing & Peter-Koop, 2008, S. 279). Lenkt man den Blick, wie im Ergebnisbericht einer Berliner Untersuchung sichtbar wird, auch einmal in die andere Richtung, so fällt auf, dass 30 % der Kinder ein Jahr vor der Einschulung nicht bis 5 bzw. gar nicht zählen konnten und 63 % an der Aufgabe, 8 Kreise auszumalen, scheiterten (vgl. Gasteiger & Steinweg, 2006, S. 6).

Soll das Recht auf Teilhabe an Bildung in der Schule für diese Kinder verwirklicht werden, wird in der Diskussion um die Gestaltung von Übergängen in der Praxis eine weitere Facette eröffnet. Die Berücksichtigung der individuellen Ausgangslagen der Kinder erfordert geeignete Instrumente und Verfahren zur Beobachtung und Dokumentation von Lernprozessen und das entsprechende Fachwissen der Erziehenden und Lehrkräfte über die mathematische Kompetenzentwicklung, um auf kritische Momente in der Entwicklung des Kindes aufmerksam werden zu können (vgl. im Abschnitt 6.1.2 das Projekt „Beobachten – Dokumentieren – Fördern" im Rahmen des Projekts TransKiGs Berlin).

Gemeinsam beruflich weiterentwickeln

„Das Wissen um die Entwicklungsförderung von Kindern bei Berücksichtigung von Übergängen im Kindesalter ist bei beiden Pädagogengruppen wenig ausgebildet" (Hense & Buschmeier, 2002, S. 72). Dies ist Erziehenden und Lehrkräften durchaus bewusst und äußert sich nicht selten im Wunsch nach gemeinsamen Fortbildungen, um die Förderung und Bildung der Kinder in der Übergangsphase auch gemeinsam verantworten zu können (vgl. Bertelsmann Stiftung, 2008; Hacker, 2008; Carle & Samuel, 2008). Bedarf besteht z. B. nach Auskünften von Erziehenden darin, geeignete Anregungssituationen zum mathematischen Lernen kennenzulernen, die für den Aufbau von Verständnis und für die Herausbildung von Basisfähigkeiten dienlich sind, die aber nicht schulische Inhalte vorwegnehmen. Dazu wiederum ist zunächst das Wissen um mathematische Basisfähigkeiten bedeutsam: Welche Inhalte sind im vorschulischen Lernen wichtig? Welche Grundlagen können durch die Arbeit in der Kindertagesstätte gelegt werden, damit das mathematische Lernen in der Schule erfolgreich weitergeführt werden kann? Zudem ist der Einblick in die mathematische Kompetenzentwicklung vom Kleinkind bis zum Grundschulkind von großer Relevanz. Gerade auch für die diagnostische Arbeit der Lehrkräfte sind Informationen über die Zähl- und Zahlbegriffsentwicklung von großer Bedeutung, da diese zu Schulbeginn noch nicht als abgeschlossen gelten kann.

Durch die gemeinsame Arbeit an fachlichen und entwicklungspsychologischen Inhalten gewinnt der Austausch zwischen den Lehrkräften und Erziehenden eine neue Qualität, die über das bloße Kennenlernen hinausgeht. In den Mittelpunkt rückt die Verständigung über verschiedene Bildungsphilosophien in den Einrichtungen, über Arbeitsweisen und Methoden und vor allem über Entwicklungsprozesse bei Kindern. Vor diesem Hintergrund kann die eigene Arbeit wieder neu reflektiert werden. Gemeinsame, inhaltlich orientierte Weiterbildungsmaßnahmen bergen im Vergleich zu getrennten Fortbildungen für das Personal der jeweiligen Institution viel Potential für die Kooperation und können dazu beitragen, Lernen anschlussfähiger zu gestalten. (vgl. im Abschnitt 6.1.2 das Projekt ANREGEN).

6.1.2 Projekte aus der Praxis

Zur Zusammenarbeit zwischen Kindergärten und Grundschule gibt es in der Praxis zahlreiche Ideen, die jedoch meist allgemein-pädagogisch und nicht fachbezogen angelegt sind. Bei Praxisprojekten zum mathematischen Lernen handelt es sich bislang oftmals um kleinere Aktivitäten, die z. B. an einem Projekt- oder Schnuppertag der Kindergartenkinder in der Schule stattfinden. Sie dienen allerdings weniger dem langfristigen Ziel, Mathematiklernen möglichst ohne Brüche zu ermöglichen. Im Folgenden werden drei Projekte geschildert, die sich gerade dies zur Aufgabe gemacht haben. Sie sind alle auf einen längeren Zeitraum ausgelegt und stützen sich auf grundsätzliche Überlegungen, wie sie unter anderem eingangs geschildert wurden.

„Mathe von Anfang an" – Projekt im Rahmen von „Frühes Lernen – Kindergarten und Grundschule kooperieren" (Carle & Samuel, 2008)

In Folge der Bekanntgabe der PISA-Ergebnisse 2000 startete in Bremen das Modellprojekt „Frühes Lernen" mit den Hauptzielen, Kooperationsstrukturen auszuarbeiten, die Elternarbeit zu verstärken und die curriculare Abstimmung zu verbessern. Kindertagesstätten und zugehörige Schulen arbeiteten in Verbünden an der Verwirklichung dieser Ziele und konnten sich vor allem bezüglich der inhaltlichen Arbeit auf einen Fach- bzw. Themenbereich spezialisieren. Ein Verbund von drei Grundschulen und sieben Kindertagesheimen führte in diesem Zusammenhang das Praxisprojekt „Mathe von Anfang an" durch, mit der Zielvorstellung, die Entwicklung eines gemeinsamen Curriculums voranzubringen. Grundlage für dieses Projekt war das im Rahmen von „mathe 2000" entwickelte Frühförderprogramm (Wittmann, 2006a). Die Kinder aller Kindertagesstätten dieses Kooperationsverbunds sollten bis zum Schuleintritt durch das Spielen von zehn Kernspielen des „kleinen Zahlenbuchs" (Müller & Wittmann, 2002, 2004) ihr mathematisches Können spielerisch so weiterentwickeln, dass die mathematischen Inhalte der Spiele vor Schulbeginn bewältigt werden können. In der Grundschule wurde die Arbeit mit weiteren Spielen dieses Materials fortgesetzt. Begleitend erfolgten für die Erzieherinnen und Lehrkräfte von Mathematikdidaktikern der Universität Dortmund durchgeführte inhaltliche Fortbildungen.

Wie sich in der Abschlussevaluation des Projekts „Frühes Lernen" zeigte, war es gerade die Arbeit am mathematischen Inhalt, die den Anstoß für die Auseinandersetzung mit Lern- und Entwicklungswegen der Kinder gab (vgl. Carle & Samuel, 2008, S. 120).

Offensichtlich scheint die Auswahl des mathematischen Projekts die betreffenden Pädagoginnen und Pädagogen deutlich mehr angesprochen zu haben als andere thematische Praxisprojekte, die in einzelnen Einrichtungen bereits durchgeführt wurden (vgl. Carle & Samuel, 2008, S. 118, S. 63). Aufgrund der Arbeit in dem Kooperationsprojekt „Frühes Lernen", das bereits ein Jahr vorher startete, konnte auf Organisationsstrukturen innerhalb des Verbunds zurückgegriffen werden, die die Planung und Durchführung der inhaltlichen Arbeit erleichterten (vgl. Carle & Samuel, 2008, S. 117).

Das eigentliche Ziel, die Curricula aufeinander abzustimmen, wurde nach einem Jahr noch nicht erreicht, jedoch wurde ein Anfang zur Abstimmung mathematischer Inhalte in den verschiedenen Institutionen gemacht (Detaillierte Informationen finden sich in Carle & Samuel, 2008).

„Beobachten – Dokumentieren – Fördern" – TransKiGs Berlin (www.transkigs.de)

Im Rahmen des Verbundprojekts „TransKiGs – Stärkung der Bildungs- und Erziehungsqualität in Kindertageseinrichtungen und Grundschule, Gestaltung des Übergangs" setzte das Bundesland Berlin folgende vier Schwerpunkte: „Beobachten – Dokumentieren – Fördern", „Förderung der mathematischen Grunderfahrungen", „Förderung der naturwissenschaftlichen/technischen Grunderfahrungen" sowie „Zusammenarbeit mit den Eltern".

Die Kooperation zwischen den Einrichtungen sollte unter anderem durch die inhaltliche Arbeit angestoßen werden und für die Kinder zur Verbesserung der Übergangssituation beitragen. Die Schwerpunkte „Förderung der mathematischen Grunderfahrungen" und „Beobachten – Dokumentieren – Fördern" sind dabei in engem Zusammenhang zu sehen. Beim Nutzen spielerischer Aktivitäten und natürlicher mathematischer Lernsituationen im Alltag der Kindertagesstätte (vgl. Gasteiger, 2008) und im Schulalltag können Erzieherinnen und Erzieher bzw. Lehrkräfte die unterschiedlichen Lernausgangslagen der Kinder erkennen und infolgedessen gezielte Anregungen zur Weiterentwicklung der individuellen Fähigkeiten geben. Voraussetzungen dafür sind jedoch die genaue Beobachtung, die bewusste Wahrnehmung und die Dokumentation der Kompetenzentwicklung. Zur Unterstützung dieser Aufgabe wurde mit der „Lerndokumentation Mathematik" (Steinweg, 2006) ein Beobachtungsraster entwickelt, das den Erziehenden und Lehrkräften dafür zur Verfügung gestellt wurde. Dieses Instrument soll die Anschlussfähigkeit der Systeme verbessern und zur mathematischen Kompetenzentwicklung im Übergangsbereich beitragen (vgl. www.transkigs.de).

Die Arbeit der Pädagogen wurde durch eine Fortbildungsoffensive unterstützt, die Anregungen und Hintergrundinformationen zum mathematischen Lernen im Übergangsbereich sowie die Beobachtung und Dokumentation zum Inhalt hatte (vgl.

Steinweg & Gasteiger, 2007). Die Veranstaltungen wurden von Lehrkräften und Erziehenden besucht und forcierten den Austausch über die inhaltliche Anschlussfähigkeit der Arbeit in den einzelnen Institutionen. Zugleich bot sich die Gelegenheit zu eher informellen Gesprächen über individuelle Fähigkeiten und Schwierigkeiten von Kindern, die den Übergang zur Schule bereits bewältigt hatten oder kurz davor standen.

Inwieweit sich diese Arbeit positiv auf die Kompetenzentwicklung der beteiligten Kinder auswirkt, wurde durch eine videobasierte Längsschnittstudie überprüft. Bereits nach einem Projektjahr wiesen erste Trendergebnisse darauf hin, dass Kinder der Projektgruppe im Vergleich zu einer Kontrollgruppe insgesamt betrachtet größere Entwicklungsfortschritte machten (vgl. Gasteiger, 2008). Nach zwei Projektjahren bestärkte sich dieses Ergebnis (Gasteiger, i. V.).

Die Arbeit mit der Lerndokumentation bot den beteiligten Pädagoginnen und Pädagogen eine Hilfestellung, durch Beobachtung gewonnene Informationen über den individuellen Entwicklungsstand des Kindes einzuordnen und sich zugleich mit den mathematischen Grunderfahrungen im Übergangsbereich auseinanderzusetzen. Im Sinne der Kooperation zwischen den beiden Einrichtungen regte sie einen fachgebundenen Austausch an, der zur Gestaltung von Übergängen unter dem Blickwinkel der Kompetenzentwicklung einzelner Kinder zwingend erforderlich ist (Weitere Informationen finden sich in allen in diesem Abschnitt genannten Veröffentlichungen).

ANREGEN – „Anschlussfähigkeit in der Schuleingangsphase mit Erzieherinnen/Erziehern und Grundschullehrkräften reflektieren und gemeinsam entwickeln" (Universitäten Münster, Duisburg-Essen, Dortmund)

In einem Kooperationsprojekt der Arbeitsgruppe Grundschulpädagogik und Grundschuldidaktik des Instituts für Erziehungswissenschaften der Universität Münster mit Mathematikdidaktikern der Universitäten Duisburg-Essen und Dortmund steht die Reflexion eigener Praxisaktivitäten unter dem Gesichtspunkt der Anschlussfähigkeit im Mittelpunkt. Erziehende von zehn Kindertagesstätten und die Lehrkräfte der fünf zugehörigen Grundschulen treffen sich dazu im halbjährlichen Rhythmus. Im Rahmen von Workshops werden auf der Basis eines theoretischen Hintergrunds zu allgemeineren Themen, wie z. B. ‚Diagnoseaufgaben und -gespräche' oder ‚Reflektieren mit Kindern', Ideen für die Umsetzung geeigneter Themen und Inhalte im mathematischen Anfangsunterricht erarbeitet. Die Durchführung dieser Unterrichtsideen wird mit Videokameras aufgezeichnet und die Filmausschnitte stellen in der nächsten gemeinsamen Fortbildungsveranstaltung die Grundlage für die weitere Arbeit dar. Ausgewählte Sequenzen werden von den Erziehenden und Lehrkräften kategoriengeleitet im Hinblick auf Anschlussfähigkeit reflektiert. Durch die Auseinandersetzung mit konkreten Unterrichtsaktivitäten wird das eigene Handeln kritisch durchdacht und Routinen können aufgebrochen werden.

Das Projekt soll der Unterrichtsentwicklung bzw. Weiterentwicklung pädagogischer Handlungspraxis in Kindertagesstätten und Grundschulen dienen. Erziehende und Lehrkräfte lernen Materialien und Lerngelegenheiten kennen, die Kinder in ihrer mathematischen (und auch schriftsprachlichen) Entwicklung voranbringen und die vor allem unter dem Fokus eines Lernens ohne Brüche bereits gemeinsam reflektiert und kritisch beleuchtet wurden. Zugleich dient diese Art der Arbeit der Professionsentwicklung, da über die Institutionen hinweg Lern- und Entwicklungsprozesse der Kinder beobachtet werden und die didaktisch-methodische Gestaltung von Lerngelegenheiten in der jeweiligen Partnereinrichtung diskutiert werden kann. Aufgrund des fokussierten Austauschs kann eine nachhaltige Veränderung der eigenen Arbeit angestoßen werden.

Für die Weiterarbeit in diesem Projekt ist die Entwicklung und Erprobung von Lerngelegenheiten geplant, die sich im Einsatz in der Kindertagesstätte und Grundschule wechselseitig ergänzen und die insofern die inhaltliche Gestaltung des Übergangs zum Schwerpunkt haben (Informationen unter http://egora.uni-muenster.de/ew/sp_auto_59199.shtml).

6.1.3 Bedingungen für eine erfolgreiche Gestaltung des Übergangs

Stellt man sich in der Praxis der Herausforderung, mathematisches Lernen oder auch Lernen allgemein im Übergangsbereich Kindergarten-Grundschule so anschlussfähig wie möglich zu gestalten, so kann man in vielen Bereichen an Grenzen stoßen. Aus Erfahrungsberichten sind einige Faktoren bekannt, die nicht unwesentlich zum Gelingen beitragen können und die insofern bei der Planung von Kooperation als Richtschnur dienen können (z. B. in Hense & Buschmeier, 2002; Hacker, 2008; Bertelsmann Stiftung, 2008).

An erster Stelle steht hierbei sicher, Möglichkeiten zu regelmäßigem Austausch zu schaffen. Sind organisatorische Hürden dafür genommen, so ist die Voraussetzung für einen produktiven Austausch, der auf gleicher Augenhöhe stattfindet, zunächst die Verständigung über das jeweilige Bildungsverständnis. Unter Umständen müssen erst Vorurteile über die Profession des jeweils anderen Bereichs ausgeräumt werden, die beispielsweise durch unterschiedliche Leitvorstellungen zu Bildung und Erziehung begründet sein können. Ist die persönliche Basis für die Kooperation geschaffen, so bietet es sich an, fachliche Themen und die gemeinsame Arbeit an Inhalten in den Mittelpunkt zu stellen. Hospitationen oder gemeinsam besuchte Fortbildungsveranstaltungen werden in diesem Zusammenhang als gewinnbringend erlebt.

Für eine Weiterentwicklung der Kompetenz von Erziehenden und Lehrkräften ist gerade bei Fortbildungen die Berücksichtigung aktueller Forschungserkenntnisse von Bedeutung, die, z. B. durch externe Referenten an die Beteiligten herangetragen, zur Qualitätssicherung der inhaltlichen Arbeit notwendig sind.

Anschlussfähige Bildungsprozesse erfordern, das Kind und seinen individuellen Lernprozess in den Mittelpunkt zu stellen. Dadurch ist ein Hauptbezugspunkt für die Kooperation gegeben, an dem sich alle Maßnahmen messen lassen müssen. Entscheidende Fragestellungen sind dabei unter anderem: Inwiefern profitiert das einzelne Kind? Wie kann optimale Unterstützung für das individuelle Lernen geleistet werden? Wie nachhaltig ist die Bildungsarbeit für den Lernprozess über die eigene Institution hinaus? Diese und ähnliche Fragestellungen sollten im Verlauf der Arbeit immer wieder reflektiert werden, um die Wirksamkeit des eigenen Engagements zu hinterfragen und im Idealfall gleichzeitig Antrieb für die weitere Arbeit zu bekommen.

Organisatorisch erweist es sich oftmals als günstig, die Zusammenarbeit in bestimmten Punkten verbindlich zu verabreden. In der Regel müssen Kooperationsstrukturen zwischen Einrichtungen zunächst geschaffen werden. Die Leitungsebene der betreffenden Institutionen kann diese Prozesse maßgeblich unterstützen. Sobald Kooperation als gewinnbringend erlebt wird – und erfahrungsgemäß kann dies durch die inhaltliche Fokussierung gelingen – ist es den Beteiligten ein Bedürfnis die Regelungen einzuhalten.

6.1.4 Ausblick

Will man beim mathematischen Lernen im Übergangsbereich Kindergarten-Grundschule Reibungsverluste möglichst vermeiden, gibt es aus der Forschung und aus der Erfahrung heraus bereits einiges, worüber weitgehend Einigkeit besteht. Gleichzeitig eröffnen sich noch einige Felder, in denen vor allem von Seiten der Praktiker Unterstützungsbedarf angemeldet wird.

Die Professionalisierung von Erziehenden und Lehrkräften über den aktuellen Stand hinaus ist ein Bereich, der immer wieder von außen gefordert wird, der aber den engagierten Pädagogen selbst ein großes Anliegen ist. Ähnlich sieht es mit dem Wunsch nach einem gemeinsamen Bildungs- und Mathematikverständnis aus, welches sich auch in einem gemeinsamen Bildungsplan erkennen lassen sollte. Dass allerdings auch optimal aufeinander abgestimmte Curricula nicht zwangsläufig zum gewünschten Erfolg führen, wenn individuelle Voraussetzungen und Fehlvorstellungen der Kinder unberücksichtigt bleiben (vgl. Carey, 2000), ist ebenfalls ein Punkt, der vielen am Bildungsprozess der Kinder Beteiligten bewusst ist.

Hier schließen sich die von Praktikern angemeldeten Wünsche nach Unterstützung nahtlos an: Ein abgesichertes Wissen über die Verläufe der mathematischen Entwicklung bei Kindern würde die Aufgabe der Diagnose deutlich erleichtern. Auch ist nach wie vor offen, ob die Aufgabe der Diagnose von Lehrkräften und Erziehenden im Alltag so geleistet werden kann, dass problematische Entwicklungen bei Kindern augenfällig werden und wann dafür externe Unterstützung zweckmäßig ist. Unsicherheit gibt es zudem vor allem bei Erzieherinnen und Erziehern hinsichtlich der Frage, ob mathematisches Lernen in Alltagssituationen im vorschulischen Bereich ausreicht oder ob ein eigenständiges Lernfeld Mathematik in der pädagogischen Arbeit der Kindertagesstätten sinnvoll und notwendig ist.

Dadurch eröffnet sich ein breites Feld an Forschungsfragen, welche in einigen Teilbereichen noch über die Wünsche der Praktiker hinausgehen: Welche Voraussetzungen brauchen Pädagogen, um auffällige Entwicklungsverläufe erkennen zu können? Wie können sie dahingehend qualifiziert werden? Was sind auch langfristig erfolgreiche Konzepte für frühes mathematisches Lernen? Wie beeinflussen Interessen und Einstellungen von Erziehenden und Lehrkräften unterrichtliches Wirken? – um nur einige zu nennen.

Übergänge im mathematischen Lernen zwischen Kindergarten und Grundschule so zu gestalten, dass man das Recht auf Bildung für alle Kinder verwirklicht sehen kann, bleibt eine Herausforderung für alle Beteiligten.

Literatur

Bertelsmann Stiftung (Hrsg.) (2008). *Von der Kita in die Schule. Handlungsempfehlungen an Politik, Träger und Einrichtungen.* Gütersloh: Verlag Bertelsmann Stiftung.

Bundesministerium für Bildung und Forschung (2007). *Auf den Anfang kommt es an: Perspektiven für eine Neuorientierung frühkindlicher Bildung.* Bonn, Berlin.

Carey, S. (2000). Science Education as Conceptual Change. *Journal of Applied Developmental Psychology, 21*(1), 13–19.

Carle, U. & Samuel, A. (2008). *Frühes Lernen – Kindergarten und Grundschule kooperieren.* Baltmannsweiler: Schneider Verlag Hohengehren.

Clarke, B., Clarke, D., Grüßing, M. & Peter-Koop, A. (2008). Mathematische Kompetenzen von Vorschulkindern: Ergebnisse eines Ländervergleichs zwischen Australien und Deutschland. *Journal für Mathematik-Didaktik, 29*(3/4), 259–286.

Gasteiger, H. (2008). Lernanregungen und -dokumentation im Alltag der Kindertagesstätte – ein kompetenzorientierter Förderansatz. In É. Vásárhelyi (Hrsg.), *Beiträge zum Mathematikunterricht 2008* (S. 285–288). Münster: WTM – Verlag.

Gasteiger, H. (i. V.). Mathematische Lernanregungen und Lerndokumentation im Alltag der Kindertagesstätte – Evaluation eines kompetenzorientierten Förderansatzes.

Gasteiger, H. & Steinweg, A. S. (2006). *1. Zwischenstandsbericht: Wissenschaftliche Begleitung der Implementierung der Lerndokumentation Mathematik im Rahmen des Projekts TransKiGs.* Senatsverwaltung für Bildung, Wissenschaft und Forschung Berlin (TransKiGs). Verfügbar über: http://www.transkigs.de/fileadmin/user/redakteur/Berlin/Bericht_WissBegleitungTransKiGs_Dez06.pdf (Zugriff am: 02.05.2009).

Hacker, H. (2008). *Bildungswege vom Kindergarten zur Grundschule.* (3. neubearbeitete Auflage). Bad Heilbrunn: Verlag Julius Klinkhardt.

Hense, M. & Buschmeier, G. (2002). *Kindergarten und Grundschule Hand in Hand. Chancen, Aufgaben und Praxisbeispiele.* München: Don Bosco Verlag.

Hughes, M. (1986). *Children and Number Difficulties in Learning Mathematics.* Oxford: Basil Blackwell.

Müller, G. N. & Wittmann, E. Ch. (2002/2004). *Das kleine Zahlenbuch. Teil 1 und Teil 2.* Seelze: Kallmeyer.

National Association for the Education of Young Children & National Council of Teachers of Mathematics (2002). *Early childhood mathematics: promoting good beginnings.* Verfügbar über: www.naeyc.org/about/positions/pdf/psmath.pdf (Zugriff am: 02.05.2009).

Schipper, W. (2006). „Schulanfänger verfügen über hohe mathematische Kompetenzen." Eine Auseinandersetzung mit einem Mythos. In A. Peter-Koop (Hrsg.), *Das besondere Kind im Mathematikunterricht der Grundschule* (S. 119–139). Offenburg: Mildenberger.

Selter, Ch. (2008). Wie junge Kinder rechnen lernen. In L. Fried (Hrsg.), *Das wissbegierige Kind. Neue Perspektiven in der Früh- und Elementarpädagogik* (S. 37–55). Weinheim, München: Juventa Verlag.

Siegler, R. S. & Ramani, G. B. (2008). Playing linear numerical board games promotes low-income children's numerical development. *Developmental Science. Special Issue on Mathematical Cognition, 11,* 655–661.

Steinweg, A. S. (2006). *Lerndokumentation Mathematik.* Berlin: Senatsverwaltung für Bildung, Wissenschaft und Forschung.

Steinweg, A. S. (2007). Mit Kindern Mathematik erleben. Aktivitäten und Organisationsideen sowie Beobachtungsvorschläge zur mathematischen Bildung der Drei- bis Sechsjährigen. In Stiftung Bildungspakt Bayern (Hrsg.), *Das KIDZ-Handbuch* (S. 136–203). Köln: Wolters Kluwer.

Steinweg, A. S. (2008). Zwischen Kindergarten und Schule – Mathematische Basiskompetenzen im Übergang. In F. Hellmich & H. Köster (Hrsg.), *Vorschulische Bildungsprozesse in Mathematik und Naturwissenschaften* (S. 143–159). Bad Heilbrunn: Verlag Julius Klinkhardt.

Steinweg, A. S. & Gasteiger, H. (2007). *2. Zwischenstandsbericht: Wissenschaftliche Begleitung der Implementierung der Lerndokumentation Mathematik im Rahmen des Projekts TransKiGs.* Senatsverwaltung für Bildung, Wissenschaft und Forschung Berlin (TransKiGs). Verfügbar über: http://www.transkigs.de/fileadmin/user/redakteur/Berlin/Bericht_WissBegleitungTransKiGs_Dez07.pdf (Zugriff am: 07.05.2009).

TransKiGs (2009). *Stärkung der Bildungs- und Erziehungsqualität in Kindertageseinrichtungen und Grundschule, Gestaltung des Übergangs.* www.transkigs.de (Zugriff am: 08.05.2009).

van Oers, B. (2004). Mathematisches Denken bei Vorschulkindern. In W. E. Fthenakis & P. Oberhuemer (Hrsg.), *Frühpädagogik international. Bildungsqualität im Blickpunkt* (S. 313–329). Wiesbaden: VS Verlag für Sozialwissenschaften.

Wittmann, E. Ch. (2006a). Mathematische Frühförderung vom Fach aus. In *Beiträge zum Mathematikunterricht 2006* (S. 553–556). Hildesheim: Franzbecker.

Wittmann, E. Ch. (2006b). Mathematische Bildung. In L. Fries & S. Roux (Hrsg.), *Handbuch der Pädagogik der frühen Kindheit* (S. 205–211). Weinheim: Beltz.

6.2 Übergänge beim Mathematiklernen gestalten: von der Primarstufe in die Sekundarstufe

Franziska Marschick und Wolfram Kriegelstein

Der Übergang von der Grundschule in eine weiterführende Schule stellt die Schülerinnen und Schüler vor zahlreiche neue Herausforderungen. Diese umfassen sowohl soziale Aspekte (neue Klassenzusammensetzungen mit unbekannten Mitschülerinnen und Mitschülern) als auch individuelle Aspekte wie die noch nicht einschätzbaren kognitiven Anforderungen. Entsprechend stellt beispielsweise Wiederhold (1991) fest, dass Viertklässler bzgl. des Übergangs vielfältige Befürchtungen haben. In der Literatur finden sich zudem Beschreibungen von dem sogenannten „Sekundarstufenschock" (Hansen, Rösner & Weißbach, 1986) oder einer Krise. Die Gründe dafür sind sehr unterschiedlich.

In diesem Beitrag werden zuerst einige durch den Übergang entstehende Herausforderungen für die Lernenden kurz beschrieben (vgl. auch Kapitel 2.2, in diesem Band) und anschließend Vorschläge wie auch exemplarische Umsetzungen, die bereits an Schulen praktiziert werden, aufgezeigt.

6.2.1 Herausforderungen beim Übergang in die Sekundarstufe

Die Herausforderungen beim Übergang von der Grundschule in die Sekundarstufe sind von vielfältiger Art. Zum einen ist die affektiv-emotionale Ebene zu betrachten, also die psychischen Verunsicherungen, die mit einer neuen Umgebung und neuen Beziehungen einhergehen. Zum anderen gibt es auch zahlreiche potentielle Probleme auf der fachlichen Ebene, beispielsweise durch unterschiedliche Herangehensweisen, Methoden und Inhalte der verschiedenen Schulen. Diese führen zu Schwierigkeiten auf der kognitiven Ebene in den einzelnen Schulfächern.

Hervorzuheben ist, dass nicht nur die leistungsschwächeren Schülerinnen und Schüler eine Verunsicherung beim Übergang in die folgende Schule erleben, sondern ebenso auch leistungsstarke Kinder. Dies ist auf den mit dem Übertritt einhergehenden Bezugsgruppenwechsel zurückzuführen. Grundschulkinder mit einem hohen Leistungsniveau, die auf das Gymnasium wechseln, kommen in der Regel in eine Klasse mit den leistungsstärksten Schülerinnen und Schülern aus den umliegenden Grundschulen. Dies führt dazu, dass manche von ihnen ihren Status als Klassenbeste verlieren (sog. Big-fish-little-pond-Effekt vgl. z. B. Schwarzer, Lange & Jerusalem, 1982; Götz et al., 2004). Zwar ist die Situation für leistungsstarke und leistungsschwache Schülerinnen und Schüler unterschiedlich, aber dennoch ist der Übergang in die Sekundarstufe als eine Herausforderung für alle Grundschulkinder anzusehen und ihm dementsprechend eine große Bedeutung beizumessen.

Affektiv-emotionale Ebene

Unter der affektiv-emotionalen Ebene sind Verunsicherungen zu verstehen, die in zwei wesentliche Ursachen unterschieden werden können: zum einen der Verlust der vertrauten räumlichen und sozialen Umgebung und zum anderen die individuelle Unsicherheit bezüglich der Anforderungen, die in der neuen Schule gestellt werden.

An den weiterführenden Schulen gibt es in der Regel höhere Klassenstärken sowie eine größere Anzahl an Klassen und Lehrkräften. Entsprechend gibt es größere Schulgebäude, die nicht selten aus mehreren Gebäudetrakten bestehen und zusätzliche Fachräume für die Fachbereiche Naturwissenschaften, Informatik, Musik oder Kunst sind üblich. Damit ist der Raum, den es zu überblicken gilt, größer und die Möglichkeit, sich im Schulgebäude nicht zurechtzufinden, erhöht.

In den meisten weiterführenden Schulen wird zudem das Klassenlehrerprinzip gegen das Fachlehrerprinzip getauscht. Dies hat zur Folge, dass sich die Schülerinnen und Schüler in einer Vielzahl von Fächern auf verschiedene Charaktere, verbunden mit vielen unterschiedlichen Einstellungen und Meinungen zum Lernen, einstellen müssen. Eine enge Bezugsperson wie in der Grundschule gibt es meist nicht mehr. Zusätzlich verweist Wiederhold (1991) darauf, dass viele Lehrkräfte der Sekundarstufe I im Vergleich zu Grundschullehrkräften eine enge, emotionale Bindung zu den Lernenden ablehnen.

Eine weitere Verunsicherung ist durch den Verlust des gewohnten Klassenverbandes gegeben. Die Kinder haben in der Regel vier Jahre mit den gleichen Mitschülerinnen und Mitschülern verbracht, die sich nun auf verschiedene weiterführende Schulen verteilen. Aus dieser vertrauten Gruppe scheiden die Kinder beim Übergang aus und müssen sich in eine völlig neue Klasse – mit neuen sozialen Regeln – einordnen und ihren Platz darin finden.

Schließlich werden die Schülerinnen und Schüler beim Schulwechsel noch vor neue Leistungsanforderungen – sogar in neuen Schulfächern – gestellt, die sie nur teilweise erahnen können. Auch dies kann, insbesondere bei leistungsschwächeren Grundschulkindern, zu Verunsicherungen führen.

Fachliche Ebene

Auf der fachlichen Ebene zeigt sich häufig, dass sich die Unterrichtsmethoden an der weiterführenden Schule von den bisher gewohnten unterscheiden. In der Grundschule sind offene Unterrichtsformen üblicherweise ein elementarer Bestandteil des Unterrichts, wohingegen in der Sekundarstufe der Frontalunterricht dominiert:

> Im Extremfall steht in der Grundschule ein ganzheitlicher und fächerintegrierender Unterricht, der offen, binnendifferenziert und zumeist in flexiblen, rhythmisierten Einheiten erteilt wird, einem auf einzelne Fächer und Lehrerinnen abgestimmten,

gleichschrittigen und lehrerinnenzentrierten Unterricht in den Sekundarschulen gegenüber (Koch, 2001, S. 17).

Bezogen auf das Fach Mathematik bedeutet dies, dass bekannte Unterrichtselemente wie „Rechenkonferenzen" oder „Rechenwegausstellungen" (vgl. z. B. Schütte, 2005) nicht mehr oder nur noch marginal Bestandteil des Unterrichts sind und stattdessen eine „Monokultur" des Mathematikunterrichts zu erwarten ist (vgl. Baumert et al., 1997).

Weitere Probleme können auftreten, wenn sich die curricularen Inhalte in der Grundschule ändern und dies von Lehrkräften an den weiterführenden Schulen nicht beachtet wird. Ein Beispiel dafür ist die Einführung des Abziehverfahrens bei der schriftlichen Subtraktion im Zuge der Lehrplanänderung für die Grundschulen in Bayern im Jahre 2000. Viele Lehrkräfte der Sekundarstufe I verlangten jedoch weiterhin das Ergänzungsverfahren, was zu Elternprotesten führte (Burtscheidt, 2005). Auch die Bildungsstandards Mathematik für die vierte Jahrgangsstufe und für die weiterführenden Schulen sind nicht optimal aufeinander abgestimmt. So gibt es für die Grundschule die übergeordnete Leitidee „Muster und Strukturen", welche in der Sekundarstufe so nicht mehr vorhanden ist (vgl. Walther, van den Heuvel-Panhuizen, Granzer & Köller, 2007; Blum, Drüke-Noe, Hartung & Köller, 2006). Somit können sowohl auf der Schülerseite als auch auf der Lehrerseite Irritationen durch den Übergang entstehen.

6.2.2 Ansätze zur Unterstützung von Lernenden beim Übergang in die Sekundarstufe

Wenn der Schulwechsel potentiell mit einer „Krise" oder einem „Sekundarstufenschock" für Schülerinnen und Schüler einhergeht, so stellt sich für alle Beteiligten die Frage, wie diesen Schwierigkeiten in der Übergangsphase begegnet werden kann. Erstaunlich ist in diesem Zusammenhang, dass es in der Forschung kaum systematische Ansätze zur Bewältigung des Überganges gibt (vgl. auch Peter-Koop, Hasemann & Klep, 2006).

Auf der Expertentagung „Mathematiklernen vom Kindergarten bis zum Studium" im November 2008 in Berlin wurden von Vertreterinnen und Vertretern aus der Wissenschaft, der Schulpraxis und der Bildungsadministration folgende Ansätze für eine Verbesserung der mathematischen Lernbedingungen beim Übergang von der Primarstufe in die Sekundarstufe formuliert:

- Institutionalisierung und konzeptionelle Anlage von Kooperation zwischen Lehrkräften des Primar- und Sekundarbereichs, verbunden mit der Schaffung von zusätzlichen personellen und organisatorischen Ressourcen
- gemeinsame didaktisch-methodische Arbeit in der Praxis und der Forschung
- Beteiligung fachlicher Mitarbeiterinnen und Mitarbeiter der jeweils anderen Schulstufe bei der Lehrplanerstellung für eine bessere curriculare Abstimmung

- Abgleich der Aufgabenformate in den Schulbüchern der beiden Schulstufen
- Entwicklung diagnostischer Verfahren für die Phase des Übergangs, um spezifische Lernschwierigkeiten frühzeitig zu entdecken
- Überdenken der Lehrerausbildung/Lehrerfortbildung in Bezug auf die Übergangsphase (z. B. Mathematik als Pflichtfach für das Studium des Lehramtes an Grundschulen; verpflichtende Praktika für Studierende eines Lehramtes an weiterführenden Schulen in der Grundschule und andersherum)
- Schaffung eines unterstützenden Rahmens für individualisierenden Unterricht in der Sekundarstufe
- Einrichtung von Fachberatern für Mathematik, insbesondere für den Primarbereich

Wie im folgenden Abschnitt 6.2.3 aufgezeigt wird, werden einige dieser Ansätze bereits umgesetzt. Häufig handelt es sich dabei allerdings um Einzelprojekte, die von engagierten Lehrkräften initiiert wurden. Für einige Ansätze gibt es in einzelnen Bundesländern aber auch schon landesweite Programme.

6.2.3 Beispiele aus der Praxis

Auf der affektiv-emotionalen Ebene gibt es bereits seit langem Maßnahmen, um die Schwierigkeiten, die durch den Übergang entstehen, abzumildern (z. B. Beck, 1999). Da diese in den meisten Schulen umgesetzt werden, sollen sie hier nur kurz erwähnt werden.

Um dem Orientierungsproblem entgegenzuwirken, werden beispielsweise Rundgänge mit der neuen Lehrkraft oder Schulhausralleys durchgeführt, die den neuen Schülerinnen und Schülern das Zurechtfinden erleichtern sollen. Ein weiteres Beispiel ist die Einrichtung eines Jahrgangsflures (Beck, 2002), in dem alle fünften Klassen untergebracht sind und der so eine erste räumliche Orientierung bietet. Eine weitere traditionell umgesetzte Möglichkeit zu Beginn der fünften Klasse, Sicherheit in einem sozialen Rahmen zu bieten, ist die Gruppenbildung von Schülerinnen und Schülern. Dabei wird eine Gruppe von befreundeten Kindern aus einer Grundschulklasse gemeinsam in eine Klasse der weiterführenden Schule eingeteilt. Somit lässt sich auch der Verlust der vertrauten sozialen Umgebung reduzieren.

Einen Einstieg in die neue Schule, der sich mit dem Fach Mathematik verknüpfen ließ, bot die Fachschaft Mathematik des Ernst-Moritz-Arndt Gymnasiums in Bonn in Kooperation mit dem Hausdorff Center for Mathematics der Universität Bonn ihren Fünftklässlern an. Zu Beginn des Schuljahres gestalteten sie für die Schülerinnen und Schüler eine mathematische Erkundungsrunde durch die neue Schule. Hierbei konnten sowohl soziale Kontakte als auch fachliche Inhalte gefördert werden. Ein weiteres Beispiel stellt die Mathematikausstellung dieser Schule dar, zu der insbesondere Grundschulkinder und deren Eltern eingeladen waren (vgl. Wefer, 2008).

Derartige vorbereitende Maßnahmen zeigen positive Wirkungen auf die teilnehmenden Schülerinnen und Schüler. Kinder, die bereits im Rahmen eines „Schnuppertages" ihre zukünftige Schule besuchen oder dort am Unterricht teilnehmen konnten, gaben deutlich häufiger an, dass sie sich auf den Mathematikunterricht freuen würden als andere, die nicht daran teilgenommen hatten (Peter-Koop et al., 2006).

Lehrerbildung

Die Mathematiklehrkräfte sind zweifellos die maßgeblichen Personen, wenn es um das Mathematiklernen der Schülerinnen und Schüler geht. Entsprechend gibt es in einigen Bundesländern Ansätze, die Lehrkräfte bereits in ihrer Ausbildung für die Problematiken des Überganges zu sensibilisieren.

An den Pädagogischen Hochschulen in Baden-Württemberg beispielsweise werden die Studierenden im Grund- und Hauptschullehramt gemeinsam ausgebildet. Das jeweilige angestrebte Lehramt wird dann als Schwerpunkt studiert. Somit sind auch die Veranstaltungen „übergreifend" angelegt, wie zum Beispiel das Seminar für das Fach Mathematik „Didaktik der Klassen 3–6".

Auch bei der Regelung der Praktika während des Studiums gibt es verschiedene Ansätze der einzelnen Bundesländer, die Studierenden mit der jeweils anderen Schule vertraut zu machen. Im Saarland beispielsweise absolvieren die Lehramtsstudenten der Sekundarstufenschulen ein fünfwöchiges Orientierungspraktikum: zwei Wochen an einer Grundschule und drei Wochen an der jeweiligen weiterführenden Schule. Auch in Schleswig-Holstein ist das erste zu absolvierende Praktikum für das Lehramt Realschule oder Gymnasium ein dreiwöchiges „Pädagogisches Praktikum" an einer Grundschule. Diese Maßnahmen können zu einem breiteren Bewusstsein der Studierenden gegenüber der Situation in der abgebenden Schule führen und Verständnis für weitere Kooperation fördern.

Es wäre sicher sinnvoll, Mathematik flächendeckend als verpflichtendes Studienfach mit einer substanziellen Stundenzahl für zukünftige Grundschullehrkräfte festzulegen. Ohne Einblick in das Fach und dessen Didaktik ist es für Lehrkräfte kaum möglich, die Inhalte der Mathematik grundlegend und anschlussfähig zu unterrichten. In diversen Bundesländern umfasst der verpflichtende Mathematikanteil im Studium des Grundschullehramts bisher nur ein oder zwei Seminare zum mathematischen Erstunterricht. Andere Bundesländer haben durch Änderungen in den Prüfungsordnungen dagegen Mathematik neben Deutsch und Sachunterricht als verpflichtendes Kernfach für alle zukünftigen Grundschullehrkräfte festgelegt.

Individualisierung

Da die Herausforderungen beim Wechsel auf die weiterführenden Schulen individuell sehr unterschiedlich wahrgenommen werden können, gibt es dementsprechend auch individuell sehr unterschiedliche Bedürfnisse nach Unterstützungsangeboten. Aufgrund dieser Erfahrung wurden in verschiedenen Schulen für die Übergangsphase zusätzliche Lernangebote mit einem Fokus auf Individualisierung eingerichtet. Languth (2007) beschreibt zum Beispiel ein Projekt am Max-Planck-Gymnasium in Göttingen, in dem eine fachliche Begleitung für die 5. bis 7. Jahrgangsstufe eingerichtet wurde. Für die Fächer Deutsch, Mathematik und Englisch wird jeweils eine Förderstunde angeboten, zu der sich die Kinder in Absprache mit ihren Eltern anmelden können. Ebenso gibt es eine weitere Differenzierung durch speziell eingerichtete Arbeitsgemeinschaften, um auch den leistungsstarken Kindern gerecht zu werden. „Hier werden mathematische Knobelaufgaben gelöst, aber ebenso komplexe mathematische Probleme erörtert, die über den Bereich des Unterrichts hinausreichen" (Languth, 2007, S. 15). Dazu sind natürlich personelle und organisatorische Ressourcen nötig.

Fachberatung Mathematik für Grundschulen

In einigen Bundesländern, wie in Hessen, wurde bereits eine Fachberatung eingerichtet. Die Mitarbeiterinnen und Mitarbeiter arbeiten im Auftrag des Staatlichen Schulamts und stehen für die Schulen unentgeltlich zur Verfügung. Zu ihren Aufgaben zählen unter anderem die Beratung bei Fachkonferenzen, schulinterne Fortbildungen und das Aufzeigen didaktischer Möglichkeiten für den Unterricht.

Sie leisten zudem Unterstützung bei der Gestaltung anschlussfähigen Unterrichts in den weiterführenden Schulen mit der Durchführung von Vorträgen und Workshops auf „Fachtagen Mathematik", wie es die Fachberatung Mathematik des Staatlichen Schulamtes für den Landkreis Groß-Gerau und den Main-Taunus-Kreis gemacht hat. Spezielle Workshops, wie etwa „Zahlengitter, Punktmuster, Malwinkel, Zahlenmauern – Kompetenzentwicklung in der Sekundarstufe mit bekannten Lernumgebungen aus der Primarstufe", betonen die Bedeutung der Anschlussfähigkeit des Unterrichts (http://mathe.ssa-ggmt.net/Workshop-Beschreibung_mit_Raum_ Fachtag_05_080604.doc, 20.04.2009).

Kontinuität beim Kompetenzaufbau

Hilfreich für Lehrkräfte der Sekundarstufe sind Kenntnisse über das Vorwissen, das die Grundschülerinnen und Grundschüler mitbringen. Das Wissen um den Lernstand ist notwendig, um den folgenden Unterricht daran anzuknüpfen und Kontinuität zu entwickeln. Ein Beispiel für eine diesbezügliche, schulinterne Initiative zeigt das Hardenberg Gymnasium in Fürth (Kramer & Lämmermann, 2009). Dort wurde für verschiedene mathematische Bereiche (Geometrie, Strich- und Punktrechenarten) zusammengefasst, welche Kompetenzen die Lernenden bereits in der Grundschule erworben haben. Dies stellt eine Erleichterung für die Sekundarstufenlehrkräfte dar, da nicht jede einzeln den Grundschullehrplan und die relevanten Informationen suchen muss, sondern auf zwei Seiten zusammengefasst alle wichtigen Informationen vorfindet. Somit können sich Lehrkräfte einen schnellen Überblick darüber verschaffen, was die Schülerinnen und Schüler schon wissen und wo Möglichkeiten zur Anknüpfung liegen.

Diagnostische Verfahren

Die Ziffernnoten der verschiedenen Grundschulen lassen häufig kein differenziertes Bild über die Stärken und Schwächen eines Kindes zu. Schon in den 1970er Jahren zeigte etwa Ingenkamp (1971) auf, dass Ziffernzensuren die Fähigkeiten von Lernenden nicht objektiv abbilden – ein Ergebnis, das seitdem vielfach repliziert wurde. Ratsam ist es somit für die Grundschulen, die Ziffernnoten durch Kompetenzbeschreibungen zu ergänzen. Das Fach Mathematik kann dabei in Anlehnung an die Leitideen der Bildungsstandards untergliedert werden.

Ein Versuch zur Diagnostik im Übergangsbereich ist in dem Projekt „Guter Start in der Hauptschule" in Baden-Württemberg entstanden. Im Zuge dessen ist ein Umsetzungsbeispiel für die Leistungsmessung und -bewertung im Mathematikunterricht entstanden, das die Lehrkräfte dazu anregt, einen Beobachtungsbogen für die Schülerinnen und Schüler auszufüllen, um Wahrnehmungen gezielt zu erfassen (Baumgärtner & Schneider, 2006). Dennoch ist es wichtig, weitere Instrumente für die individuelle Diagnose der mathematischen Kompetenzen zukünftiger Sekundarstufenschülerinnen und -schüler zu entwickeln.

Für die Grundschulen können Lehrkräfte zudem auf die inzwischen überall eingesetzten Lernstandserhebungen zurückgreifen. So werden im Rahmen von VERA 3 bereits ein Jahr vor Ende der Grundschulzeit die mathematischen Kompetenzen erfasst. Bis zum Übergang in die weiterführenden Schulen können Lehrkräfte so noch Kompetenzdefizite einer Klasse durch gezielte unterrichtliche Schwerpunktsetzung ausgleichen.

Kooperation zwischen der Primar- und Sekundarstufe

Grundsätzlich kann das Wissen über zukünftige Lerngegenstände eine angstmindernde Wirkung bei Lernenden entfalten (z. B. Peter-Koop et al., 2006). Entsprechend sind fachliche Kooperationen zwischen den Grundschulen und weiterführenden Schulen sowohl auf der Ebene der Lehrkräfte als auch auf der Ebene der Schülerinnen und Schüler wünschenswert. Die Kooperation zwischen Grundschulen und weiterführenden Schulen ist in allen Lehrplänen der Bundesländer auf verschiedenste Weise formuliert. Es lässt sich zusammenfassen, dass die Kooperation zwischen den Institutionen grundsätzlich gefordert wird. Konkretisierungen gibt es allerdings kaum und somit liegt es an jeder einzelnen Schule, Maßnahmen für den Übergang festzulegen.

Erfolgversprechend klingt die konkrete Umsetzung durch die Fachtagung zur „Kooperation Grundschule – weiterführende Schulen" auf Basis einer Initiative der Regierung des Bezirks Unterfranken mit über 250 teilnehmenden Lehrkräften aus den Grund-, Haupt- und Realschulen sowie den Gymnasien (Amrehn, 2008). Ein Anfang ist sicherlich der erste Kontakt der Lehrkräfte, auf dem dann eine fachliche Kooperation aufbauen kann. Dies ist im Zuge des genannten Projekts für den Fachbereich Englisch schon geschehen und wäre somit auch im Hinblick auf das Fach Mathematik realisierbar. Darüber hinaus wäre eine gegenseitige Hospitation wünschenswert, die das unterschiedliche methodische Vorgehen ins Bewusstsein der Lehrkräfte bringt. Ebenfalls entstand auch die Zusammenarbeit über eine Plattform im Internet. Auf www.virtuelle-schule.de sollen in Zukunft themenbezogene Aktivitäten größeren Umfangs, meist fächer- und jahrgangsstufenübergreifend angelegt, dargestellt werden.[1]

Eine andere Form der Kooperation zwischen der abgebenden und der aufnehmenden Schule ist der Kontakt der Schülerinnen und Schüler untereinander. Sekundarstufenschüler haben bereits Übergangserfahrungen gemacht und können ihre Erfahrungen und ihr Wissen weitergeben. Diese Idee hat das Sally-Bein-Gymnasium Beelitz (Brandenburg) aufgegriffen. Dort haben Lernende aus den Jahrgängen 9–13 selbst Unterrichtsstunden für Grundschulkinder entworfen und durchgeführt. Dieses Projekt birgt Chancen für alle Beteiligten: Die Sekundarstufenschüler wiederholen den eigenen Schulstoff und bereiten ihn didaktisch auf und die Grundschüler erleben anspruchsvolle Unterrichtsinhalte auf ihrem Niveau. Ein weiteres Beispiel sind die „Mathematikwochenenden", organisiert von Mathe-Pro, einem Bonner Verein zur Förderung mathematisch begabter Schülerinnen und Schüler. Hier wurden Workshops für die Klassenstufen 4–5 sowie 7–8 angeboten und es konnten Kontakte zwischen Schülerinnen und Schülern verschiedener Schulen geknüpft werden.

6.2.4 Ausblick

Abschließend lässt sich sagen, dass in der schulischen Praxis schon vielfältige Maßnahmen getroffen wurden, um den Übergang von der Grundschule in die weiterführenden Schulen für die Lernenden zu erleichtern. Einige Beispiele wurden in diesem Beitrag exemplarisch aufgezeigt und eingeordnet. Allerdings kommen diese bisher häufig nur vereinzelt vor und basieren weniger auf landesweiten Programmen sondern eher auf den Aktivitäten engagierter Kolleginnen und Kollegen in den Schulen oder Schulämtern. Es wäre zu begrüßen, wenn die Bundesländer erprobte Maßnahmen aus der schulischen Praxis aufgreifen und in landesweite Programme einfließen lassen würden.

---

1 Die Seite befindet sich derzeit noch im Aufbau.

Literatur

Amrehn, I. (2008). *Wegbereiter des Übergangs. Erste Fachtagung zur Kooperation Grundschule – weiterführende Schulen am 12. Juni 2008 in Karlstadt.* Zugriff am 20. April 2009 auf: http://www.regierung.unterfranken.bayern.de/imperia/md/content/regufr/schuleundbildung/volksschulen/bericht.pdf

Baumert, J., Lehmann, R., Lehrke, M., Schmitz, B., Clausen, M., Hosenfeld, I. et al. (1997). *TIMSS – Mathematisch-naturwissenschaftlicher Unterricht im internationalen Vergleich.* Opladen: Leske + Budrich.

Baumgärtner, G. & Schneider, K. (2006). *Hauptschule Werkrealschule. Umsetzungsbeispiel für Mathematik. Leistungsmessung und Leistungsbewertung im Mathematikunterricht der Hauptschule.* Stuttgart: Landesinstitut für Schulentwicklung.

Beck, G. (1999). Vom 4. bis zum 5. Schuljahr: Abschied und Neubeginn. Beispiele, wie die Schule dabei helfen kann. *Die Grundschulzeitschrift, 121,* 46–48.

Beck, G. (2002). *Den Übergang gestalten. Wege vom 4. ins 5. Schuljahr.* Seelze-Velber: Kallmeyer.

Blum, W., Drüke-Noe, K., Hartung, R. & Köller, O. (2006). *Bildungsstandards Mathematik konkret. Sekundarstufe I: Aufgabenbeispiele, Unterrichtsideen und Fortbildungsmöglichkeiten.* Berlin: Cornelsen/Scriptor.

Burtscheidt, C. (2005, 17. November). *Die Bayern rechnen anders.* Zugriff am 20.03.2009 auf http://www.sueddeutsche.de/politik/402/402183/text/

Götz, T., Pekrun, R., Zirngibl, A., Jullien, S., Kleine, M., vom Hofe, R. et al. (2004). Leistung und emotionales Erleben im Fach Mathematik – Längsschnittliche Mehrebenenanalysen. *Zeitschrift für Pädagogische Psychologie, 18,* 201–212.

Hansen, R., Rösner, E. & Weißbach, B. (1986). Der Übergang in die Sekundarstufe I. *Jahrbuch der Schulentwicklung, 4,* 70–101.

Ingenkamp, K. (1971). *Die Fragwürdigkeit der Zensurengebung.* Weinheim/Basel: Beltz.

Koch, K. (2001). *Von der Grundschule in die Sekundarstufe. Band 2: Der Übergang aus der Sicht der Lehrerinnen und Lehrer.* Wiesbaden: Leske + Budrich.

Kramer, M. & Lämmermann, J. (2009). Hardenberg Gymnasium Fürth. Jahrgangsstufe 5 M 5.1.2 Vorwissen Grundschule – Strichrechenarten. Zugriff am 15. April 2009 auf: http://www.hardenberg-gymnasium.de/index2.php?option=com_content&do_pdf=1&id=17

Languth, M. (2007). Der Übergang von der Grundschule in die Sekundarstufe I am Max-Planck-Gymnasium Göttingen. Zugriff am 1. April 2009 auf: http://www.bildungsregion-goettingen.de/publikationen/Der_Uebergang_von_der_Grundschule_in_die_Sekundarstufe_I.pdf

Peter-Koop, A., Hasemann, K. & Klep, J. (2006). SINUS-Transfer Grundschule. MATHEMATIK Modul G 10: Übergänge gestalten. Zugriff am 15. April 2009 auf: http://sinus-transfer.uni-bayreuth.de/fileadmin/Materialien/ModulG10_Druckversion_08maerz06.pdf

Schütte, S. (2005). *Die Matheprofis 3. Lehrermaterialien.* München: Oldenbourg.
Schwarzer, R., Lange, B. & Jerusalem, M. (1982). Selbstkonzeptentwicklung nach einem Bezugsgruppenwechsel. *Zeitschrift für Entwicklungspsychologie und Pädagogische Psychologie, 14*(2), 125–140.
Walther, G., van den Heuvel-Panhuizen, M., Granzer, D. & Köller, O. (2007). *Bildungsstandards für die Grundschule: Mathematik konkret.* Berlin: Cornelsen.
Wefer, G. (2008). *Mathe erleben. Der Schulwettbewerb im Jahr der Mathematik 2008.* Universität Bremen.
Wiederhold, K.A. (1991). Der Übergang von der Grundschule zu den weiterführenden Schulen – ein Problembereich für Kinder, Eltern, Lehrer. *Der Mathematikunterricht, 3*, 6–19.

Internetadressen

Virtuelle Schule. Zugriff am 15. April 2009 auf: www.virtuelle-schule.de
Die Fachberater Mathematik des Staatlichen Schulamtes für den Landkreis Groß-Gerau und den Main-Taunus-Kreis. 5. Fachtag Mathematik, 27.08.2008, IGS Kelsterbach. Zugriff am 20. April 2009 auf: http://mathe.ssa-ggmt.net/Workshop-Beschreibung_mit_Raum_Fachtag_05_080604.doc

6.3 Übergänge beim Mathematiklernen gestalten: von der Sekundarstufe in die Ausbildung

Mathias Musch und Hans Spielhaupter

Die im Kapitel 4 beschriebene komplexe Situation in Bezug auf den Übergang von der Sekundarstufe in die berufliche Ausbildung zeigt sich auch in der Praxis. Einerseits sind die Schulen gefordert, in der Sekundarstufe I eine bestimmte Form der Vorbereitung auf die berufliche Ausbildung zu leisten, die vor allem in den Hauptschulen oft noch die Funktion zur Motivierung und Sinnstiftung übernehmen soll. Andererseits haben sie es aufgrund der großen Variation an Ausbildungsberufen und -gängen schwer, eine möglichst konkrete und ausbildungsspezifische Vorbereitung der Jugendlichen zu leisten, die über das gängige Üben des Zusammenstellens von Bewerbungsmappen und des Besuchens der Berufsinformationszentren hinausgehen. Dennoch schaffen es viele engagierte Schulen, hier vielfältige Ideen zu initiieren. Einige Beispiele aus der schulischen Praxis stellen wir kurz in Abschnitt 6.3.1 vor.

Eine besondere Herausforderung stellt der Übergang für Schülerinnen und Schüler dar, die in der Schule nur geringe fachliche Kompetenzen erworben haben. Wie in mehreren Beiträgen in Kapitel 3 dargestellt, umfasst diese sogenannte Risikogruppe etwa ein Fünftel der Schülerinnen und Schüler am Ende der Pflichtschulzeit. Diese weisen zum Teil erhebliche Kompetenzdefizite in Mathematik auf und können somit als kaum „ausbildungsfähig" für viele Ausbildungsberufe gelten. Viele dieser Jugendlichen benötigen eine zusätzliche vorgeschaltete oder begleitende Förderung, um eine Ausbildung erfolgreich zu bewältigen. Diese Fördermaßnahmen werden innerhalb eines vielschichtigen „Übergangssystems" angeboten. Unter diesem Begriff versteht man nach dem ersten nationalen Bildungsbericht von 2006

> (Aus-)Bildungsangebote, die unterhalb einer qualifizierten Berufsausbildung liegen bzw. zu keinem anerkannten Ausbildungsabschluss führen, sondern auf eine Verbesserung der individuellen Kompetenzen von Jugendlichen zur Aufnahme einer Ausbildung oder Beschäftigung zielen und zum Teil das Nachholen eines allgemein bildenden Schulabschlusses ermöglichen (Konsortium Bildungsberichterstattung, 2006, S. 79).

Hierzu gehört eine Fülle bundesweiter, landesweiter und regionaler Angebote. Die Vielfalt der Maßnahmen, Modellprojekte und regionalen Angebote ist geprägt von unterschiedlichen Zuständigkeiten und Finanzierungen, unterschiedlich definierten Zielgruppen und Konzeptionen. Manche Kritiker halten daher aufgrund einer fehlenden Systematik den Begriff des „Übergangssystems" für unangebracht und bevorzugen stattdessen beispielsweise den Begriff des „Übergangssektors" (vgl. Schelten, 2009). In Frage gestellt wird zwar nicht die Notwendigkeit, wohl aber die Wirksamkeit der momentan praktizierten Übergangsmaßnahmen.

So kommt Ulrich (2008) u. a. aufgrund von Nutzeneinschätzungen der Teilnehmerinnen und Teilnehmer der Maßnahmen zu dem Schluss, dass das Übergangssystem zwar „besser als sein Ruf" sei, jedoch mahnt er, dass

> die durchaus anerkennenswerten Leistungen nicht über den Schatten hinwegtäuschen [sollen], die in der Verbleibsverteilung ebenfalls erkennbar sind: Für rund ein Fünftel [der teilnehmenden Jugendlichen] schließt sich ein Bildungsgang des Übergangssystems unmittelbar an den anderen an (Ulrich, 2008, S. 14).

Andere Autoren gehen noch darüber hinaus und legen dar, dass sich die Übergangsmaßnahmen für viele Jugendliche sogar nachteilig auf die Ausbildungsplatzsuche auswirken (vgl. Baethge, Solga & Wieck, 2007, S. 57). Die Etikettierung der Maßnahmen als „Warteschleife" scheine nach dem nationalen Bildungsbericht 2006 „einen Kern von Wahrheit zu enthalten" (Konsortium Bildungsberichterstattung, 2006, S. 82). In der Konsequenz wird im Bildungsbericht 2008 explizit eine Neuorganisation und Weiterentwicklung des Übergangssystems sowie eine genauere Untersuchung seiner Wirksamkeit gefordert (Autorengruppe Bildungsberichterstattung, 2008, S. 14). Gleichwohl beinhalten die Zielvorgaben aller Projekte die Förderung der „Ausbildungsreife", die eine Verbesserung der schulischen Vorbildung einschließt. Insbesondere wird dem Aspekt der Förderung mathematischer Kompetenzen große Bedeutung beigemessen, da diese definitiv zur Fachkompetenzentwicklung von Auszubildenden beitragen (vgl. Nickolaus und Norwig, in diesem Band). In Abschnitt 6.3.2 werden wir einige konkrete Beispiele für Übergangsmaßnahmen vorstellen.

6.3.1 Schulinterne Projekte zur Berufsorientierung

Neben den üblichen unterrichtlichen und außerunterrichtlichen Aktivitäten zur Berufsorientierung (Arbeitslehre, Berufspraktika, Betriebsbesichtigungen, Informationsveranstaltungen zusammen mit der Berufsberatung der Bundesagentur für Arbeit, Bewerbungstrainings) initiieren die meisten Schulen der Sekundarstufe eine Vielzahl an innovativen Projekten, um ihren Schülerinnen und Schülern den Übergang ins Berufsleben leichter zu ermöglichen. Einige der erfolgreichsten Konzepte für Schulformen, die ihre Schülerinnen und Schüler für den Hauptschulabschluss, die Berufsbildungsreife oder die Berufsreife qualifizieren, werden beispielsweise beim alle zwei Jahre stattfindenden, bundesweiten Wettbewerb namens „Starke Schule" ausgezeichnet. Dies geschieht vor allem mit dem Ziel, good-practice-Modelle als Vorbild bekannt zu machen. Unter anderem ist den erfolgreichen Modellen gemeinsam, dass gute Kontakte mit den Grundschulen und ortsnahen Betrieben vorliegen, die Schülerinnen und Schüler vor allem im sozialen und handlungsorientierten Lernen individuell unterstützt werden, die Berufs- und Praxisorientierung frühzeitig in den Fokus rückt und die Vielzahl an Projekten in ein stimmiges Gesamtkonzept eingebettet ist.

Bei den Erstplatzierten im Jahr 2009 wurden folgende Projekte besonders hervorgehoben: Das Projekt „Doppelqualifikation für Hauptschüler" der kooperativen Gesamtschule Neustadt am Rübenberge sieht für die Schülerinnen und Schüler der neunten und zehnten Jahrgangsstufe neben dem regulären allgemeinbildenden auch intensiven berufsbildenden Unterricht vor. Teile der beruflichen Qualifikation werden somit auch in den Abschlusszeugnissen aufgeführt. Ähnlich wird den Schülerinnen und Schülern der Ganztageshauptschule Coerde in Münster neben individuellen Förderangeboten und einer kostenlosen Betreuung die Möglichkeit angeboten, im letzten Jahr ihres Schulbesuchs ein Langzeitpraktikum zu absolvieren oder eine Berufsvorbereitungsklasse zu besuchen. Ab der 9. Jahrgangsstufe werden auch in der Fritz-Walter-Schule mit Förderschwerpunkt Lernen in Kaiserslautern besondere Arbeitsklassen angeboten, in denen Praxistage an der Schule und außerhalb absolviert werden.

Das Konzept des dualen Angebots von allgemein- und berufsbildendem Unterricht wird ab dem Schuljahr 2010/11 auch in der neuen „Werkrealschule" in Baden-Württemberg eingesetzt. Der Unterricht für die Schülerinnen und Schüler der 10. Jahrgangsstufe soll dazu wechselseitig in der Werkrealschule und in beruflichen Schulen stattfinden. Leistungsstarke Schülerinnen und Schüler werden die Möglichkeit haben neben dem Hauptschulabschluss auch den mittleren Bildungsabschluss zu erhalten, ohne dabei die Schule wechseln zu müssen.

6.3.2 Übergreifende Unterstützungsangebote für den Übergang

Im Folgenden sollen nun exemplarisch drei Maßnahmen aus verschiedenen Phasen des Übergangs von der Sekundarstufe in die Ausbildung vorgestellt werden, jeweils ganzheitlich und speziell unter Hervorhebung des Aspekts des Mathematiklernens. Im Einzelnen geht es dabei um das im Bundesland Schleswig-Holstein angesiedelte Projekt „Handlungskonzept Schule und Arbeitswelt" sowie die „Berufsvorbereitenden Bildungsmaßnahmen" (BvB) und die „ausbildungsbegleitenden Hilfen" (abH), beides bundesweite Maßnahmen der Bundesagentur für Arbeit.

Handlungskonzept Schule und Arbeitswelt

Das 2006 eingeführte „Handlungskonzept Schule und Arbeitswelt" des Landes Schleswig-Holstein dient als ein junges Beispiel für den Versuch, einzelne lokale Maßnahmen zur Unterstützung von Ausbildungs- und Berufsreife in einem überregionalen Netzwerk zusammenzufassen. Das Angebot des sogenannten „Übergangsmanagements" richtet sich an Jugendliche ab der 8. Jahrgangsstufe aus Haupt- und Förderschulen. Es ist geplant, good-practice-Modelle zu verbreiten und das Netzwerk langfristig auszubauen (vgl. MBF & MJAE, 2006). Die Finanzierung erfolgt in erster Linie durch Landesmittel und den europäischen Sozialfond.

Realisiert wird die systematische Förderung im Netzwerk, indem sich die Projekte modulweise an Handlungsfeldern orientieren. Durch diese Aufgliederung betont man die Ziele, die Jugendlichen zu beraten und ihnen eine realistische Berufsorientierung zu bieten (Coaching), ihre Kompetenzen individuell und standardisiert festzustellen (Assessments/Potentialanalyse), Elemente der beruflichen Grundbildung zu fördern (Qualifizierungsbausteine) und letztendlich schulische und berufliche Ausbildung früh zu verweben (Berufsfelderprobung).

Hervorheben möchten wir aus dem breiten organisatorischen Rahmen (vgl. MBF & MJAE, 2006) des Handlungskonzeptes die flexible Übergangsphase („FlexPhase"), die Jugendlichen insbesondere Gelegenheit bietet, durch die gesamtheitliche Förderung auch intensiv an mathematischen Kompetenzdefiziten zu arbeiten. Im Rahmen dieser Maßnahme kann die 8. und 9. Jahrgangsstufe auf drei Jahre ausgeweitet werden. Zur Zielgruppe gehören Hauptschülerinnen und Hauptschüler, deren Abschluss frühzeitig gefährdet erscheint und Förderschülerinnen und Förderschüler, die über einen guten Leistungsstand verfügen. Während ein zusätzlich erhöhter Praxisanteil eine intensivere Berufsorientierung ermöglichen soll, bleiben die zu vermittelnden Kompetenzen der allgemeinbildenden Fächer wie Mathematik trotz der mehr zur Verfügung stehenden Zeit unverändert. Auf diese Weise soll eine intensivere und erfolgreichere Kompetenzentwicklung ermöglicht werden. In einem mehrjährigen modellhaften Einsatz der FlexPhase zeigen sich Entwicklungen, wie eine erhöhte Abschlussquote und eine erhöhte Übergangsquote in die Ausbildung (MBF & MJAE, 2006, S. 15). Studien bezüglich der Kompetenzentwicklung allgemeinbildender Fächer, insbesondere der Mathematik, liegen uns allerdings nicht vor.

Berufsvorbereitende Bildungsmaßnahmen (BvB)

Auf Grundlage des dritten Sozialgesetzbuches (SGB III) führt die Bundesagentur für Arbeit Maßnahmen zur Benachteiligtenförderung in der Berufsbildung durch (vgl. §§ 59–76, 240–247). Diese Maßnahmen sind wesentlicher Bestandteil des Übergangssystems. Hierzu gehören neben den berufsvorbereitenden Bildungsmaßnahmen (BvB) beispielsweise auch die Berufsausbildung in außerbetrieblichen Einrichtungen (BaE) und die im nächsten Abschnitt vorgestellten ausbildungsbegleitenden Hilfen (abH).

Die BvB gehören zu den großen Maßnahmen des Übergangssystems und werden bundesweit angeboten. 2004 wurden mit dem neuen Fachkonzept mehrere Vorgängermaßnahmen unter einem Konzept zusammengefasst. Wir beziehen uns hierbei auf die Fassung von 2006 (Bundesagentur für Arbeit, 2006). Im Gegensatz zu vielen anderen Projekten und Maßnahmen des Übergangssystems bestehen hierdurch ausführliche, verbindliche Rahmenbedingungen, welche die Durchführung der Maßnahme festlegen.

Die Bundesagentur für Arbeit vergibt die Durchführung der Maßnahmen für jeden Maßnahmeort durch ein Ausschreibungsverfahren an private lokale Bildungsträger oder an Zusammenschlüsse von Bildungsträgern (sogenannte Bietergemeinschaften). Durch das Ausschreibungsverfahren werden qualitative sowie wirtschaftliche Aspekte der sich anbietenden Bildungsträger berücksichtigt, so dass prinzipiell eine effektive Durchführung gewährleistet werden kann. Ob die qualitativen Aspekte tatsächlich genügend berücksichtigt werden, ist allerdings umstritten (vgl. Braun, Richter & Marquardt, 2007, S. 49). Des Weiteren hat diese Praxis auch Nachteile: Wechselt der Auftrag zur Durchführung zu einem anderen Träger, muss die Maßnahme mit wichtigen Institutionen wie Berufsschulen, Agentur für Arbeit, Ausbildungs- und Praktikumsbetrieben neu vernetzt und nicht zuletzt auch die Maßnahme selbst samt Einrichtung und Personal neu eingerichtet werden. BvB-Maßnahmen angrenzender Regionen, die ebenfalls im Kontakt zu denselben Partnern stehen, erzeugen dann eher ein unübersichtliches Bild eines schnelllebigen Maßnahmenangebots.

Nach dem Fachkonzept für die BvB gehören junge Menschen bis zur Vollendung ihres 25. Lebensjahres zur Zielgruppe, wenn sie die allgemeine Schulpflicht erfüllt haben, noch keine berufliche Erstausbildung haben und aufgrund „fehlender Übereinstimmung zwischen den Anforderungen des Ausbildungsmarktes und dem persönlichen Bewerberprofil" keine Ausbildung angetreten haben (Bundesagentur für Arbeit, 2006, S. 2). Die Zuweisung eines Platzes in einer BvB erfolgt durch die zuständige Agentur für Arbeit. Ausdrücklich abgegrenzt werden Jugendliche mit schwerwiegenden Hemmnissen „insbesondere im Bereich Motivation/Einstellungen, Schlüsselqualifikationen und sozialer Kompetenzen".

Zu den wichtigsten Zielen der BvB gehören vorrangig die Vorbereitung der Jugendlichen auf die Aufnahme einer Ausbildung und letztlich insbesondere die Vermittlung in Ausbildung. Für den Fall, dass diese nicht gelingt, ist die berufliche Eingliederung vorgesehen (Bundesagentur für Arbeit, 2006, S. 1). Im Mittelpunkt der Aufgaben, die diese Ziele verwirklichen sollen, stehen die berufliche Orientierung und die Berufswahlentscheidung sowie die Vermittlung erforderlicher Kenntnisse und Fähigkeiten für die Aufnahme einer Ausbildung. Hierzu zählt auch die eventuelle Vorbereitung auf den Erwerb des Hauptschulabschlusses.

Da eine ausführliche Beschreibung der Maßnahmendurchführung der BvB (bezüglich der Betriebsphasen, des Personals, usw.) den Rahmen sprengen würde, greifen wir nur die für die Mathematik relevanten Aspekte heraus und verweisen im Übrigen auf das Fachkonzept.

Wesentlicher Grundsatz bei der Durchführung ist die individuelle Förderung der Teilnehmerinnen und Teilnehmer. Es findet also kein kollektiver Ablauf der Maßnahme statt, sondern jeder Jugendliche erarbeitet mit seinem Bildungsbegleiter seinen persönlichen Qualifizierungsplan. Dieser wird im Anschluss an die zu Beginn der Maßnahme durchlaufene „Eignungsanalyse" aufgestellt, in der mit standardisierten Verfahren der individuelle Förderbedarf festgestellt wird und bestimmt deren weiteren Verlauf. In den weiteren Phasen der Maßnahme, der Grundstufe, Förderstufe und der Übergangsqualifizierung, finden Förder- und Qualifizierungssequenzen statt. Wie im Fachkonzept (Bundesagentur für Arbeit, 2006, S. 16) aufgelistet ist, zählt zu deren Inhalten auch der „allgemeine Grundlagenbereich", in dem die allgemeinbildenden

Schulfächer und somit auch die Mathematik angesiedelt sind. Im entsprechenden Abschnitt des Fachkonzeptes (Bundesagentur für Arbeit, 2006, S. 18) finden sich jedoch keine inhaltlichen oder curricularen Angaben. Dass die Konzeption den durchführenden Bildungsträgern obliegt, eröffnet einerseits die Möglichkeit einer individuellen Förderung der Teilnehmerinnen und Teilnehmer, lässt andererseits aber wegen des Fehlens gesetzter Standards eine Qualitätsbewertung nur sehr begrenzt zu.

Demzufolge lassen sich kaum konkrete Angaben zur mathematischen Kompetenzentwicklung machen, auch wenn diese eine beträchtliche Rolle spielen dürfte. Neben den offiziellen Statistiken der Agentur für Arbeit gibt es nach Ulrich (2008) nur wenige Untersuchungen über die generelle Effizienz der BvB. Zumindest sind nach Braun et al. (2007, S. 51) die Abschlussquoten besser als beim schulischen Berufsvorbereitungsjahr.

Ausbildungsbegleitende Hilfen (abH)

Die abH-Maßnahmen sind ein bundesweites Instrument, das Jugendliche unterstützen soll, die bereits eine Berufsausbildung begonnen haben. Zeitlich sind sie also in der letzten Phase des Übergangs von der Schule in die Ausbildung anzusiedeln. Nach §241 SGB III gehören zu den ausbildungsbegleitenden Hilfen Maßnahmen zum Abbau von Sprach- und Bildungsdefiziten, zur Förderung der Fachpraxis und Fachtheorie und zur sozialpädagogischen Begleitung. Diese Maßnahmen sollen über betriebs- und ausbildungsübliche Inhalte hinausgehen. Die Zielgruppe sind lernbeeinträchtigte oder sozial benachteiligte Auszubildende, die in einer betrieblichen Ausbildung zusätzliche Unterstützung und Förderung benötigen, um ihre Ausbildung zu beginnen, fortzusetzen oder erfolgreich zu beenden. Hinzu zählen ebenso Auszubildende, denen ohne ausbildungsbegleitende Hilfen ein Ausbildungsabbruch droht sowie ehemalige Teilnehmerinnen und Teilnehmer aus berufsvorbereitenden Bildungsmaßnahmen (SGB III, §242).

Gillen und Schönbeck (2008) fassen die Ziele der abH in fünf Punkten zusammen: Beitrag zum Ausbildungserfolg, Verringerung von Ausbildungsabbrüchen, Begleitung des Übergangs von einer überbetrieblichen Ausbildung in die betriebliche Berufsausbildung, Erhöhung der Integrationsquote in den ersten Arbeitsmarkt und Stabilisierung von Ausbildungsverhältnissen.

Eine Gefährdung des Ausbildungserfolges kann verschiedene Gründe haben. Mangelnde Leistungen in der Berufsschule sind dabei ein wesentlicher Bereich. Daher betrifft ein großer Teil der ausbildungsbegleitenden Hilfen den Förder- und Stützunterricht. Grundprinzip ist hier die Arbeit in kleinen Lerngruppen. Das Lehrpersonal arbeitet in der Regel eng mit den Berufsschullehrerinnen und -lehrern zusammen, um Berufsschulunterricht und Prüfungen effektiv vor- und nachzubereiten.

Die ausbildungsbegleitenden Hilfen leisten jedoch nicht nur Förder- und Stützunterricht. Im Leben der Auszubildenden gibt es auch soziale und lebensweltliche

6.3 Von der Sekundarstufe in die Ausbildung

Problemsituationen im Ausbildungsbetrieb wie im privaten Bereich, die dem erfolgreichen Abschluss einer Ausbildung im Wege stehen können. Daher sind in den abH-Maßnahmen auch Sozialpädagoginnen und -pädagogen beschäftigt, welche die Jugendlichen individuell unterstützen können.

Eine grundsätzliche Hürde beim Übergang von der allgemeinbildenden Schule zur Berufsausbildung ist der fundamentale Wechsel von der fachsystematischen Struktur des Unterrichts zur Lernfeldkonzeption der Berufsschulen. Die Kultusministerkonferenz hat 1996 die berufliche Handlungskompetenz zum Ziel des Unterrichts an Berufsschulen erhoben (Kultusministerkonferenz, 2007; vgl. Musch, Rach & Heinze, in diesem Band). Obwohl ausdrücklich auch fachsystematische Unterrichtseinheiten ihren Platz im Unterricht finden sollen, so ist dies nur im Rahmen der Thematiken der Lernfelder vorgesehen. Die Auszubildenden müssen für die Bewältigung handlungsorientierter Aufgaben also auch zu großen Teilen auf ihre Kenntnisse aus der allgemeinbildenden Schule zurückgreifen. Schon vor der Einführung der Lernfelder wurden mathematische Defizite kaum in der Berufsschule aufgearbeitet, sondern an die Sekundarstufe "zurückgegeben" (Jatho, 1998, S.99). Das bedeutet für die betroffenen Jugendlichen konkret, dass sie ihre Defizite in der mathematischen Kompetenzentwicklung im Berufsschulunterricht kaum aufarbeiten können. Hier kann dann der Förder- und Stützunterricht der ausbildungsbegleitenden Hilfen eine Abhilfe schaffen, der neben aktuellen berufsschulunterrichtsbezogenen Inhalten auch die Aufarbeitung schulischer Defizite aus der Sekundarstufe beinhaltet.

Die bundesweit flächendeckenden abH-Maßnahmen sind zwar durch die Ausschreibungsverfahren der Bundesagentur für Arbeit einheitlich konzipiert, jedoch werden die Maßnahmen an den Standorten von vielen einzelnen Bildungsträgern durchgeführt. Grundsätzlich sind hiermit die gleichen Schwierigkeiten verbunden, wie wir sie im Abschnitt über die BvB beschrieben haben. Eine planbare Kontinuität ist somit auch für die durchführenden Bildungsträger von abH-Maßnahmen nicht gegeben.

Ausblick und Empfehlungen

Die aufgeführten Beispiele beschreiben nur einen kleinen Teil der Projekte und Maßnahmen, die den Übergang von der Sekundarstufe in die Berufsausbildung erleichtern sollen. Aufgrund der Fülle unterschiedlicher Übergangsmaßnahmen, die regional, lokal oder bundesweit angeboten werden und unterschiedliche Zielgruppen ansprechen, ist eine einheitliche systematische Struktur nicht gegeben. Dies hat zur Folge, dass die Einmündung in solche Maßnahmen in nahezu jeder Region unterschiedlich verläuft.

Eine Empfehlung ist daher auf jeden Fall, die vielen Maßnahmen des Übergangssystems bundesweit einheitlich zu systematisieren, um unterschiedliche Verfahrensweisen und Parallelangebote zu vermeiden. Braun et al. (2007, S. 113) kommen zu folgendem Schluss: „Das Problem ist nicht, dass es keine Angebote für alle möglichen Zwecke gibt, sondern eher die Abstimmung dieser Angebote." Insbesondere das Nebeneinander der noch vergleichsweise festen Strukturen der Maßnahmen der Bundesagentur für Arbeit und „einem bunten Strauß befristeter Modellangebote" sei ein Problem. Solche Modellangebote sind überdies allenfalls in der betreffenden Region bekannt.

In einer strukturierten Maßnahmenlandschaft könnten standardisierte Qualifizierungsabschlüsse vergeben werden, die dann auch regionalen Maßnahmen überregionale Akzeptanz verschaffen würden. Die Teilnehmerinnen und Teilnehmer vieler Maßnahmen können bislang nur in geringem Umfang (zurzeit hauptsächlich durch Qualifzierungsbausteine) zertifizierte Qualifikationen erwerben, die ihnen im weiteren Karriereverlauf nützlich sind. Auch die Teilnehmerinnen und Teilnehmer der bundesweiten berufsvorbereitenden Bildungsmaßnahmen erhalten nach Beendigung der Maßnahme lediglich Zertifikate nach der Berufsausbildungsvorbereitungs-Bescheinigungsverordnung (Bundesministerium der Justiz, 2003), aber – mit Ausnahme eines nachholbaren Hauptschulabschlusses – keine verwertbaren Abschlüsse in Form eines berufsqualifizierenden Abschlusses. Qualifizierende Abschlüsse würden die Wertigkeit der Maßnahmen des Übergangssystems wesentlich anheben.

Zu einer dafür notwendigen Struktur sollten auch Ordnungsmittel entwickelt werden. Nach wie vor gibt es für die Maßnahmen keine curricularen oder überhaupt konkrete inhaltliche Vorgaben (siehe BvB), in denen die Anforderungen der einzelnen Fächer konkretisiert werden. Problematisch erscheint dies mit Blick auf die zum Teil sehr weit gefächerten schulischen Eingangsvoraussetzungen für die Maßnahmen. Außerdem bleibt bei der Gestaltung solcher Ordnungsmittel die Frage offen, inwiefern die unterschiedlichen Konzepte von allgemeinbildenden Schulen und Berufsschulen miteinander verknüpft werden können. Wie in Kapitel 4.2 am Beispiel der Mathematik aufgezeigt wurde, offenbart sich hier erneut, dass das Verhältnis der Schulfächer und der darauf bezogenen Anforderungen der Berufsschulen und der Arbeitswelt zunächst näher erforscht werden muss. Denn gerade durch das Fehlen solcher empirischen Studien lässt sich keine gesicherte Aussage über die Qualität der Maßnahmen treffen.

Literatur

Autorengruppe Bildungsberichterstattung (2008). *Ein indikatorengestützter Bericht mit einer Analyse zu Übergängen im Anschluss an den Sekundarbereich I*. Bielefeld: W. Bertelsmann Verlag.

Baethge, M., Solga, H. & Wieck, M. (2007). *Berufsbildung im Umbruch – Signale eines überfälligen Aufbruchs*. Bonn: Bonner Universitäts-Buchdruckerei.

Braun, F., Richter, U. & Marquardt, E. (2007). *Unterstützungsangebote in Deutschland für bildungsbenachteiligte Jugendliche beim Übergang von der Schule in den Beruf – Expertise im Auftrag der Universität Luxemburg*. Zugriff am 04.05.2009 unter http://www.dji.de/bibs/9_8596_expertise_lux.pdf.

Bundesagentur für Arbeit (2006). *Fachkonzept für berufsvorbereitende Bildungsmaßnahmen nach §61 SGB III*. Zugriff am 04.05.2009 unter http://www.arbeitsagentur. de/zentraler-Content/HEGA-Internet/A05-Berufl-Qualifizierung/Publikation/Anlage-HEGA-03-2006-BvB-Fachkonzept.pdf.

Bundesministerium der Justiz (2003, 21. Juli). Berufsausbildungsvorbereitungs-Bescheinigungsverordnung: BAVBVO. *BGBl. I*, 1472–1476.

Gillen, J. & Schönbeck, M. (2008). Qualitätsmerkmale von ausbildungsbegleitenden Hilfen im Handwerk. *bwpat – Berufs- und Wirtschaftspädagogik online, Spezial 4*. Zugriff am 07.05.2009 unter http://www.bwpat.de/ht2008/ft01/gillen_schoenbeck_ft01-ht2008_spezial4.pdf.

Jatho, V. (1998). Mathematik in der Teilzeit-Berufsschule des Berufsfeldes Metall aus unterrichtspraktischer Sicht [Elektronische Version]. In W. Blum, K. Fingerle & G. Gerdsmeier (Hrsg.), *Mathematiklehren in der Berufsschule – Fachunterricht und Lehrerbildung* (S. 93–111). Kassel: Gesamthochschul-Bibliothek.

Konsortium Bildungsberichterstattung (2006). *Bildung in Deutschland. Ein indikatorengestützter Bericht mit einer Analyse zu Bildung und Migration*. Bielefeld: W. Bertelsmann Verlag.

Kultusministerkonferenz (2007). *Handreichung für die Erarbeitung von Rahmenlehrplänen der Kultusministerkonferenz für den berufsbezogenen Unterricht in der Berufsschule und ihre Abstimmung mit Ausbildungsordnungen des Bundes für anerkannte Ausbildungsberufe*. Zugriff am 17.05.2009 unter http://www.kmk.org/fileadmin/veroeffentlichungen_beschluesse/2007/2007_09_01-Handreich-Rlpl-Berufsschule.pdf.

Ministerium für Bildung und Frauen des Landes Schleswig-Holstein (MBF) & Ministerium für Justiz, Arbeit und Europa des Landes Schleswig-Holstein (MJAE) (2006). *Handlungskonzept Schule & Arbeitswelt – Präventive und flankierende arbeitsmarkt- und bildungspolitische Maßnahmen gegen Jugendarbeitslosigkeit und für mehr Ausbildungs- und Berufsreife*. Zugriff am 10.05.2009 unter http://www.schleswig-holstein.de/Bildung/DE/SchuleWirtschaft/HandlungskonzeptSchuleUndArbeitswelt/hakoschulearbeitswelt,templateId=raw,property=publicationFile.pdf.

Schelten, A. (2009). Der Übergangssektor – ein großes strukturelles Problem [Elektronische Version]. *Die berufsbildende Schule, 61* (4), 107–108.

Ulrich, J. G. (2008). Jugendliche im Übergangssystem – eine Bestandsaufnahme. *bwpat – Berufs- und Wirtschaftspädagogik online, Spezial 4*. Zugriff am 13.05.2009 unter http://www.bwpat.de/ht2008/ws12/ulrich_ws12-ht2008_spezial4.pdf.

6.4 Übergänge beim Mathematiklernen gestalten: von der Sekundarstufe II in das Studium

Silke Meiner, Ruedi Seiler und Daniel Wagner

6.4.1 Einleitung

Wie in Kapitel 5 aufgezeigt wurde, stehen Studierende eines Studienganges mit hohen Mathematikanteilen während der ersten Semester vor nicht zu unterschätzenden Herausforderungen in Bezug auf die mathematischen Studieninhalte. In diesem Beitrag werden einige Projekte vorgestellt, die angehenden Studierenden den Einstieg in ein Studium mit mathematischem Schwerpunkt erleichtern sollen. Unser Hauptaugenmerk liegt dabei auf den sogenannten Brückenkursen, womit in der Regel Blockveranstaltungen im Vorfeld eines Studiums gemeint sind, die in erster Linie die mathematischen Grundkenntnisse[1] auffrischen und die angehenden Studierenden in wissenschaftliche Arbeitsweisen der Mathematik auf Hochschulniveau einführen sollen (Abschnitt 6.4.2). Daneben werden in Abschnitt 6.4.3 noch konkrete Beispiele praktischer Maßnahmen vorgestellt, wie sie von Schulen und Universitäten derzeit angeboten werden.

Die Intentionen und Ziele der genannten Maßnahmen zur Unterstützung der Übergangsphase von der Schule an die Hochschule sind vielfältiger Natur. Während gerade bei Brückenkursen die kognitive Ebene fokussiert wird, um die mathematischen Fähigkeiten der angehenden Studierenden zu verbessern, zielen andere Maßnahmen wie etwa Schnupperstudien, Hochschultage etc. eher darauf ab, Interesse zu wecken und die Motivation der Jugendlichen zu fördern, sich mit mathematischen Themen auseinanderzusetzen. Eines ist allen Fördermaßnahmen gemein: Sie stellen eine Chance dar, angehende Studierende in die aus der Schule kaum bekannten Charakteristika und Arbeitsweisen der akademischen Mathematik (vgl. Fischer, Heinze & Wagner, in diesem Band) einzuführen um somit den Übergang von der Schule an die Hochschule zu erleichtern.

Anzumerken ist hierbei, dass bisher nur wenige empirische Ergebnisse über den Nutzen und die Effektivität solcher Programme vorliegen. Hier sind Forschungsprojekte wünschenswert, welche aus lerntheoretischer, fachlicher und fachdidaktischer Sicht die Vor- und Nachteile von praktischen Maßnahmen, wie sie im Folgenden vorgestellt werden, untersuchen.

---

1 Hiermit sind keine Basiskompetenzen im Sinne der Bildungsstandards gemeint, sondern mathematische Kompetenzen auf Abiturniveau, wozu insbesondere auch Grundlagen der Analysis und Analytischen Geometrie gehören.

6.4.2 Brückenkurse zur Vorbereitung auf das Studium

Brückenkurse oder Vorkurse, wie sie an manchen Hochschulen auch heißen, werden für das Fach Mathematik inzwischen an den meisten Hochschulen angeboten. Im Folgenden werden vor allem Brückenkurse im Fach Mathematik diskutiert, die für angehende Studierende vor Beginn eines Ingenieurstudiums angeboten werden.

Ein erfolgreicher Übergang von der Schule an die Hochschule bedeutet für die ersten Semester in den Ingenieurwissenschaften, dass die Studienanfängerinnen und Studienanfänger die technisch-naturwissenschaftlichen Grundlagen ihres Faches erlernen und die notwendigen Leistungsnachweise erbringen. In der typischen Ingenieursausbildung gehören hierzu auch drei oder vier mathematische Lehrveranstaltungen (Lineare Algebra, Analysis 1 und 2, oft auch Numerische Mathematik). Die Erfahrungen etwa an Technischen Universitäten zeigen allerdings, dass die Durchfallquoten in den mathematischen Kursen des ersten Semesters vergleichsweise hoch sind. An der TU Berlin schließt beispielsweise der Kurs Analysis I, zu belegen im ersten Semester aller Ingenieursstudiengänge, mit einer Klausur ab, die einmal wiederholt werden kann. Dabei sind in diesen Anfängervorlesungen hohe Durchfallquoten ein generelles Problem (Heublein, Schmelzer & Sommer, 2005), welches auch in der Presse regelmäßig thematisiert wird (vgl. z. B Schmitz, 2008).

Zur Erleichterung des Überganges an die Hochschule bieten deshalb Hochschulen schon seit längerer Zeit Brückenkurse im Fach Mathematik an. Nach einer telefonischen Umfrage[2] an den TU9 Universitäten[3] im Dezember 2008 bieten alle neun Universitäten einen Brückenkurs in Mathematik an. Diese sind sehr unterschiedlich in Bezug auf die Dauer (1 bis 5 Wochen), die Lernformen (meist frontale Vorlesung, zum Teil frontales Tutorium, mit keinen oder nur wenigen eLearning-Angeboten), die Größe der Tutorien (17–50 Personen zu Beginn des Brückenkurses), das Erreichen von Studienanfängerinnen und -anfängern sowie den Schwund von Teilnehmenden im Laufe der Veranstaltung. Generell werden Brückenkurse als ein wichtiges Instrument zur Erleichterung des Studienbeginns gesehen, an dessen Verbesserung und Weiterentwicklung zum Teil intensiv gearbeitet wird.

Im Folgenden soll exemplarisch der Mathematik-Brückenkurs der RWTH Aachen, wie er vor dem Wintersemester 2008/2009 durchgeführt wurde, vorgestellt werden. Dieser Kurs ist nicht typisch, da er unter vergleichsweise günstigen Rahmenbedingungen verläuft und somit als ein Vorbild angesehen werden kann: Das Betreuungsverhältnis ist ausnehmend günstig, die Tutorinnen und Tutoren sind speziell geschult, der Anteil der eigenständigen Arbeit ist besonders hoch, und der Kurs erreicht

---

2 Telefonische Befragung der Brückenkursverantwortlichen oder -durchführenden im Auftrag des BMBF. Die erhobenen Zahlen beruhen zum Teil auf subjektiven Einschätzungen der Befragten ohne statistische Erhebung.
3 Zum Zusammenschluss der TU9 Universitäten gehören: RWTH Aachen, TU Berlin, TU Braunschweig, TU Darmstadt, TU Dresden, LU Hannover, Universität Karlsruhe, TU München, Universität Stuttgart. Weitere Informationen unter www.tu9.de.

6.4 Von der Sekundarstufe II in das Studium

einen hohen Anteil aller Studienanfängerinnen und Studienanfänger. Stellvertretend für die Brückenkurse der TU9 wollen wir am Beispiel des Brückenkurses der RWTH Aachen aktuelle Schwierigkeiten und zukünftige Herausforderungen beschreiben.

Brückenkurs im Fach Mathematik an der RWTH Aachen

Die RWTH Aachen bietet ihren Studienanfängerinnen und Studienanfängern seit 1994 einen Mathematik Brückenkurs an. Dieser findet unmittelbar vor der Vorlesungszeit ganztägig auf dem Universitätsgelände statt und hat einen Umfang von fünf Wochen. Gegenstand des Kurses ist einerseits das Auffrischen der in der Schule erworbenen mathematischen Kompetenzen und andererseits das Kennenlernen der akademischen mathematischen Methoden sowie die Betrachtung der mathematischen Inhalte der Schule aus akademischer Sicht. Der Kurs ist freiwillig, für die Teilnehmenden kostenfrei und zählt nicht als Studienleistung. Durchgeführt wird er vom akademischen Personal der RWTH Aachen (Professorinnen und Professoren, Wissenschaftlichen Mitarbeiterinnen und Mitarbeiter, Tutorinnen und Tutoren).

Die Teilnehmerzahlen haben sich seit Beginn des Kursangebotes kontinuierlich und erheblich gesteigert: von 460 Teilnehmerinnen und Teilnehmern zu Beginn des ersten Kurses 1994 bis hin zu 2.121 registrierten Teilnehmenden zu Beginn des Brückenkurses vor dem Wintersemester 2008/2009. Von diesen 2.121 angehenden Studierenden vor dem Wintersemester 2008/2009 hatten sich etwa 1.500 für ein Ingenieurstudium immatrikuliert. Die Ingenieurfächer sind in dem Mathematik-Brückenkurs damit am stärksten vertreten. Von den mehr als 3.500 Studienanfängerinnen und -anfängern in Ingenieurfächern an der RWTH Aachen haben somit mehr als 40 % ihr Studium mit dem Brückenkurs begonnen. Darin zeigt sich die Bedeutung der Brückenkurse in den ingenieurwissenschaftlichen Studiengängen und vice versa.

Der Mathematik-Brückenkurs der RWTH Aachen wird als Kombination von Vorlesung und Tutorien durchgeführt. Die Vorlesung ist größtenteils frontal, hier werden die aus der Schule bekannten mathematischen Inhalte mit akademischen Methoden hergeleitet und am Ende kurz zwischen dem Dozierenden und den angehenden Studierenden diskutiert. In den Tutorien werden in Kleingruppen vertiefende Aufgaben zum Inhalt der Vorlesung gerechnet. Die Aufteilung in Vorlesung und Tutorium ist eine typisch universitäre Kursform und unterscheidet sich grundsätzlich von solchen, die aus der Schule bekannt sind.

Das didaktische Konzept der Tutorien setzt vollkommen auf Einzel- und Gruppenarbeit und die eigenständige Arbeit der Kursteilnehmerinnen und -teilnehmer; Frontalunterricht findet im Tutorium nicht statt. Die Tutorien werden von Studierenden aus höheren Semestern der RWTH betreut, welche die Einzel- und Gruppenarbeit anleiten und die Lernenden bei Bedarf fachlich und methodisch unterstützen sowie ggf. auf Fehler bei der Bearbeitung der Aufgaben hinweisen. Das Bearbeiten weiterer Aufgaben neben der Präsenzarbeit in der Vorlesung und im Tutorium wird nicht gefordert oder unterstützt: Es gibt keine Hausaufgaben und kein zusätzliches betreutes, weiterführendes Angebot für besonders gut vorgebildete Teilnehmende. Auch wird auf Inhalte des ersten Studiensemesters nicht vorgegriffen.

Der Präsenzbrückenkurs wird durch ein eLearning-Angebot ergänzt, das sich vor dem Wintersemester 2008/2009 noch in der Probephase befand. Das eLearning-Angebot behandelt elementare schulische Inhalte und richtet sich vor allem an Lernende mit spezifischen Schwierigkeiten in der Schulmathematik. Es wird das Learning Management System *Ilias* benutzt, in das Applets von Geonext[4] und MUMIE[5] eingebunden sind. Das eLearning-Angebot ist nebenläufig zu dem als Präsenskurs konzipierten Brückenkurs und ist bisher nicht in die Vorlesung oder die Tutorien eingebunden.

Eine besondere didaktische, organisatorische und finanzielle Herausforderung stellt die große Teilnehmerzahl des Brückenkurses dar. Die Vorlesungen wurden vor dem Wintersemester 2008/2009 zu jedem Thema zweimal gehalten, weil es keinen Vorlesungsraum gibt, der allen Teilnehmerinnen und Teilnehmern gleichzeitig Platz bietet. Aber auch für die Tutorien ist die Anzahl der Lernenden relevant: Pro Tutorium arbeiten zu Beginn des Kurses etwa 40 angehende Studierende gemeinsam in einem Seminarraum begleitet von einer Tutorin oder einem Tutor. Für eine Aufteilung in kleinere Tutorien mangelt es an genügend gut ausgebildeten Tutorinnen und Tutoren, da diese ein abgeschlossenes Vordiplom und sehr gute bis gute Noten in den mathematischen Fächern haben sollten.

Insgesamt bietet der Mathematik Brückenkurs der RWTH Aachen umfangreiche Lerngelegenheiten, sich mit den mathematischen Inhalten aktiv auseinanderzusetzen. Das Verhältnis von eher passiven Lernphasen in der Vorlesung und einer aktiven Auseinandersetzung im Tutorium steht im Verhältnis 1 : 2. Die Aktivierung der Lernenden im Tutorium soll insbesondere durch eine qualitativ hochwertige Lernbegleitung erreicht werden. Dies wird von der RWTH Aachen dadurch unterstützt, dass Tutorinnen und Tutoren vor dem Brückenkurs an zwei Tagen didaktisch geschult und auf ihre Aufgabe als Lerncoaches vorbereitet werden. Diese Schulung ist umso wichtiger, als dass die meisten dieser Betreuerinnen und Betreuer die Einzel- und Gruppenarbeit nicht aus eigener Erfahrung kennen.

Zu Beginn und zum Abschluss des Brückenkurses wird den Lernenden jeweils ein Test angeboten. Das Abschneiden nach Beendigung des Brückenkurses ist – wie zu erwarten – kontinuierlich signifikant besser als im ersten Test. Ein Vergleich der Testergebnisse von Teilnehmerinnen und Teilnehmern, die in der Schule einen Grundkurs bzw. Leistungskurs in Mathematik besucht hatten, zeigt allerdings auch die Grenzen des Brückenkurses auf: Ehemalige Schülerinnen und Schüler aus Grundkursen erreichen im Durchschnitt auch nach dem Brückenkurs nicht das Niveau der ehemaligen Leistungskursschülerinnen und -schüler. Positiv zu bewerten ist, dass der Anteil der Teilnehmerinnen und Teilnehmer des Abschlusstests erheblich erhöht hat,

---

4   Entwickelt an der Universität Bayreuth, geonext.uni-bayreuth.de
5   Im Einsatz u. a. an der TU Berlin und der ETH Zürich, www.mumie.net

seitdem der Kurs mit dem aktuellen didaktischen Konzept durchgeführt wird. Eine erste Evaluation unter Informatik-Studierenden nach dem ersten Studiensemester zeigt außerdem eine geringere Drop-out Rate und bessere Studienleistungen bei Brückenkursteilnehmerinnen und -teilnehmern im Vergleich zu Studierenden, die nicht am Brückenkurs teilgenommen haben.

Herausforderung

Dass Mathematik am besten durch eine begleitete und aktive Auseinandersetzung mit den mathematischen Inhalten gelernt wird, ist zwar weithin bekannt, allerdings längst nicht Grundlage aller Mathematik-Brückenkurse. Dies liegt häufig an den knappen personellen, räumlichen oder finanziellen Ressourcen der Hochschulen.

Mathematik-Brückenkurse sind freiwillig, die kontinuierliche Teilnahme bedeutet eine hohe Motivation und Selbstregulation sowie die relative Freiheit von anderen Verpflichtungen (Praktikum, Jobben, familiäre Pflichten). In (wünschenswerten!) empirischen Studien wäre also durchaus eine positive Korrelation von Brückenkursteilnahme und Studienleistungen zu erwarten. Es ist darum umso wichtiger, den bisher nicht erreichten Studierwilligen ein Lernangebot zu machen, das sie nicht ablehnen können.

An den einzelnen TU9 Universitäten wurden vor dem Wintersemester 2008/2009 zwischen 8 % und 50 % der Studienanfängerinnen und -anfänger in den Ingenieurwissenschaften durch den Brückenkurs ihrer Hochschule erreicht (an der TU Braunschweig sogar etwa 65 %); die Tagesabbruchquote betrug zwischen 1 % und 8 %. Damit ergibt sich eine große Zahl von zusätzlichen potentiellen Brückenkursteilnehmerinnen und -teilnehmern, deren Betreuung die personellen, räumlichen und finanziellen Ressourcen der Universitäten herausfordert.

Das von den Brückenkursen adressierte Problem mag sich durch eine weitere Heterogenisierung der angehenden Studierenden, z. B durch Erleichterung der Erlangung der Hochschulzugangsberechtigung und Internationalisierung in Zukunft noch verschärfen. Mit der Einführung der gestuften Studiengänge, die an den Universitäten sehr unterschiedlich ausgestaltet werden, ist zudem zu erwarten, dass auch bei Bachelorabsolventinnen und -absolventen ein Bedarf an Brückenkursen besteht, wenn sie an einer anderen Universität einen Masterstudiengang beginnen möchten.

Math.se – ein webbasierter Brückenkurs

Vom internationalen Standpunkt ist ein Blick auf den Mathematik Brückenkurs math. se der Königlich Technischen Hochschule (KTH) Stockholm in Kooperation mit mehreren anderen schwedischen Universitäten lohnenswert. Er zeigt, wie mit neuen Technologien ein einfaches, aber sehr effektives didaktisches Konzept zum Erfolg führt. Math.se unterstützt aktives Lernen in einer zeitlich und örtlich ungebundenen Lernumgebung. Damit spricht das Konzept eine Gruppe von potentiellen Studierenden an, die sich nicht für einen Präsenzkurs entscheiden können.

Die schwedische Königlich Technische Hochschule (KTH) Stockholm hat einen internetbasierten, teletutoriell betreuten Mathematik-Brückenkurs[6] entwickelt, dessen Ziel die Auffrischung und Festigung der schulmathematischen Kenntnisse und Fertigkeiten ist. Der Mathematik-Brückenkurs ist unter www.math.se zu erreichen. Als technische Voraussetzungen werden dabei lediglich ein Browser und ein Internetzugang benötigt. Dieses Kursangebot wird von Studienanfängerinnen und -anfängern von acht schwedischen Universitäten wahrgenommen, die in dem Kurs gemeinsam in einem virtuellen Klassenzimmer lernen. Die Universitäten ergänzen diesen E-Learning-Brückenkurs durch individuelle, mehr sozial ausgerichtete Einführungsveranstaltungen vor dem Studienbeginn.

Abiturientinnen und Abiturienten können sich sofort nach dem Bestehen des Abiturs auf www.math.se für den Brückenkurs anmelden, erhalten einen persönlichen Account und können umgehend im Kurs arbeiten. Erst der Abschluss des Kurses ermöglicht die Zulassung an einer an math.se beteiligten schwedischen Universität und gilt dann als erste Studienleistung. Damit ist der Kurs nach schwedischer Rechtslage eine Studienleistung, fällt aber nach Art der Durchführung nach deutschem Verständnis in die Kategorie eines Brückenkurses.

Das Lernangebot des Mathematik-Brückenkurses math.se umfasst Literatur, Tests, spezielle Einzel- und Gruppenaufgaben, einen individuellen Studienplan sowie ein betreutes fachliches Forum. Allen Kursteilnehmenden ist eine (reale) Betreuungsperson (Tutorin oder Tutor) zugeteilt, die per E-Mail erreichbar ist; zusätzlich gibt es eine rund um die Uhr telefonisch und per E-Mail erreichbare Hilfestelle für technische, organisatorische und fachliche Fragen („Hotline").

Die Literatur und die Tests des Mathematik-Brückenkurses math.se bestehen aus mehreren Kapiteln zu den verschiedenen Themen der zu wiederholenden Mathematik aus der Schule. Die Literatur beginnt mit der kurzen Zusammenfassung des Inhaltes und der Formulierung der Lernziele. Der Hauptteil der Literatur besteht aus Fließtext mit etlichen Beispielen sowie in einigen Fällen aus filmischen Beiträgen mit akademischem Personal und Studierenden, in denen z. B. eine Professorin mit einem Studierenden über die Definition und Anwendung der Ableitung einer Funktion diskutiert. Jeder Abschnitt des Literaturteils schließt mit einem „study advice" und Hinweisen auf themenverwandte Ressourcen im Internet ab. Die Literatur wird angereichert durch etliche Aufgaben mit auf Wunsch einsehbaren Lösungen und Lösungswegen.

---

6   Es gibt aufeinander aufbauend die Mathematik-Brückenkurse I, II, III, und die Plattform wird auch für Brückenkurse in Chemie, Physik und Informatik genutzt.

6.4 Von der Sekundarstufe II in das Studium

Zum Ende jedes Abschnittes ist ein Test zu bearbeiten, der automatisch korrigiert wird. Dieser gilt als bestanden, wenn alle Aufgaben vollständig korrekt gelöst wurden, was dann auch die Voraussetzung für die Bearbeitung des nächsten Abschnittes ist. Nicht bestandene Tests müssen wiederholt werden. Die Aufgaben dazu werden zufällig generiert und können damit im Prinzip beliebig oft neu gestellt werden.

Im individuellen Studienplan können die Brückenkursteilnehmenden angeben, in welchem Tempo sie den Kurs bearbeiten wollen. Das Einhalten des Tempos wird dann automatisch überprüft und im weiteren Verlauf des Kurses bekommen die Lernenden angezeigt, in welchem Maße sie ihrem geplanten Engagement entsprechen. Bei starken negativen Abweichungen werden sie per automatisch generierter SMS, E-Mail oder durch einen persönlichen Telefonanruf eines Tutors oder einer Tutorin darauf aufmerksam gemacht, und es wird ihnen fachliche Hilfe angeboten.

Nach Bearbeiten der ersten Hälfte des Kurses bekommen die Teilnehmerinnen und Teilnehmer individuell eine Aufgabe gestellt, deren Lösung in Form von Rechnungen und textlichen Erklärungen abzugeben ist. Nach Einreichen der Aufgabe werden die Lernenden in Kleingruppen von fünf Personen zusammengefasst, in der sie ihre jeweils verschiedenen Aufgaben und deren Lösungen diskutieren und für jede Aufgabe eine gemeinsame beste Lösung finden sollen. Hier wird weiterhin auf asynchrone und räumlich verteilte Zusammenarbeit gesetzt: Jede Kleingruppe hat ein eigenes Forum, und die Eingabe eines mathematischen Textes wird in LaTeX oder per Buttons unterstützt. Die Lernenden können sich auch während der Gruppenarbeitsphase weiterhin telefonisch oder per E-Mail an Tutorinnen und Tutoren wenden. Die gemeinsam entwickelten besten Lösungen der Aufgaben werden von diesen dann korrigiert.

Die geschilderten Nutzungsmöglichkeiten des Brückenkurses math.se zeigen, dass dieser neben dem Interface für die Brückenkursteilnehmerinnen und -teilnehmer und der automatischen Korrektur der Tests weitere administrative Funktionalitäten zur Verfügung stellt: Dokumentation und Monitoring des individuellen Fortschrittes der Lernenden im Kurs (gemessen an den bestandenen Tests), automatische Nachrichtengenerierung bei Nichteinhalten des im Studienplan gewählten Tempos, Unterstützung der Tutorinnen und Tutoren in der Betreuung sowie die Einhaltung der entsprechenden Sicherheitsstandards der EDV, da es sich im schwedischen Studiensystem bei dem Kurs um Studienleistungen handelt.

Besonders zu erwähnen ist auch die intensive Zielgruppenansprache, die im Rahmen des Mathematik-Brückenkurses math.se betrieben wird: Für die Teilnahme wird in Zeitungen, Zeitschriften, durch Plakataushänge an den Schulen und Werbebanner im Internet geworben. Zusätzlich wird ein persönlich an jede Abiturientin und jeden Abiturienten in Schweden adressierter Einladungsbrief versendet.

Die Beteiligung am Brückenkurs math.se lag im Sommer 2008 bei 10.000 aktiven Teilnehmerinnen und Teilnehmern und die Abschlussrate des Mathematik I Brückenkurses bei 75 %. Eine Evaluation der KTH Stockholm unter den Studierenden, die den Kurs Analysis I belegt haben, ergab, dass die Bestehensrate unter den Brückenkursteilnehmenden genauso hoch war wie bei Studierenden mit besonders guten Schulnoten (A students), die nicht durch math.se gefördert wurden.

Die große Stärke dieses Kurses ist das differenzierte Angebot, welches je nach individuellem Leistungsstand genau auf den Lernenden zugeschnitten werden kann. Positiv ist außerdem die freie Zeiteinteilung durch das Format als Onlinekurs, da Studienanfängerinnen und -anfänger durch einschneidende Veränderungen im sozialen Umfeld ohnehin schon stark belastet sind. Weitere Vorteile des Brückenkurses math. se sind die geforderte und unterstützte Aktivität und Einzelleistung der Teilnehmenden, die unterschiedlichen Kommunikationsangebote, der effiziente Einsatz personeller Ressourcen seitens der Universitäten sowie die Skalierbarkeit, d. h. die einfache Anpassbarkeit des Systems für unterschiedlich große Gruppen von Lernenden.

6.4.3 Weitere Maßnahmen

Neben den ausführlich thematisierten Brückenkursen existieren weitere Initiativen sowohl zur Motivierung für ein Studium als auch zur Erleichterung des Einstiegs für angehende Studierende. Eine gute Übersicht über diese Projekte, auf die wir hier nicht vollständig eingehen können, gibt Michael Ley im Auftrag der Hochschulrektorenkonferenz und der Kultuministerkonferenz (Ley, 2001). Zu erwähnen ist jedoch auch hier das bereits thematisierte Problem der fehlenden empirischen Ergebnisse über den Nutzen solcher Projekte. Im Folgenden soll auf drei Best-Practice-Projekte von Hochschulen genauer eingegangen und deren Effektivität sowohl aus fachlicher als auch aus fachdidaktischer Perspektive kurz diskutiert werden.

Schnupper- und Schülerstudium

Eine Möglichkeit, Schülerinnen und Schüler sowie Studieninteressierte an den Hochschulbetrieb heranzuführen, ist das sogenannte Schnupperstudium, welches von vielen deutschen Hochschulen angeboten wird. Exemplarisch soll hier auf das Angebot der TU Berlin (Technische Universität Berlin, 2009a) eingegangen werden. Grundidee dabei ist es, Interessierten innerhalb einer Woche in den Pfingstferien Einblick in den Alltag eines Mathematikstudierenden zu geben. Neben zwei Vorträgen zu den Themen Wahrscheinlichkeitstheorie und Diskrete Mathematik können sich die Teilnehmerinnen und Teilnehmer zwischen drei verschiedenen Alltagsthemen entscheiden, die dann jeweils in Arbeitsgruppen mathematisch modelliert werden. Zum Abschluss der Schnupperwoche sollen die Schülerinnen und Schüler ihre in Gruppen erarbeiteten Ergebnisse vorstellen und bekommen Rückmeldungen von den betreuenden Tutorinnen und Tutoren. Dieser Ablauf soll die Teilnehmenden einerseits an die Arbeitsweise in der Hochschule heranführen und sie andererseits bereits mit universitätsspezifischen mathematischen Inhalten vertraut machen.

Als Erweiterung dieses Schnupperstudiums bietet die TU Berlin ein sogenanntes Schülerstudium im Rahmen des Programms „Studieren ab 16" an (Technische Universität Berlin, 2009b). Hier haben besonders leistungsstarke Schülerinnen und Schüler die Möglichkeit, bereits während ihrer schulischen Ausbildung am regulären Vorlesungsbetrieb teilzunehmen. So werden die typischen Anfängervorlesungen für mathematische Studiengänge, wie Analysis I und II sowie Lineare Algebra angeboten. Die erbrachten Studienleistungen werden den Jugendlichen dann bei einem eventuellen späteren Studium als volle Studienleistung anerkannt.

Obwohl es sicherlich sinnvoll ist, Schülerinnen und Schülern schon vor einem Studium erste Einblicke in den regulären Ablauf zu geben, muss dabei bedacht werden, dass ein solches Frühstudium, das noch während der Schulzeit absolviert wird, wohl nur die leistungsstarken Lernenden anspricht. Trotzdem sind gerade auch bei solchen Schülerinnen und Schülern immer wieder Probleme beim Übergang an die Hochschule zu beobachten, was die angesprochenen Projekte durchaus sinnvoll erscheinen lässt. Wünschenswert sind hier empirische Studien, welche die Effekte von solch einem Schülerstudium auf den späteren Studienerfolg, bei Kontrolle der angesprochenen Positivauslese, messen.

Modellierungstage

Bereits seit 1993 lädt die TU Kaiserslautern einmal im Jahr 40 Schülerinnen und Schüler zu einer Modellierungswoche ein (Technische Universität Kaiserslautern, 2009). Während dieser Veranstaltungswoche bekommen die Teilnehmerinnen und Teilnehmer ein Problem[7] aus dem Alltag vorgelegt, welches sie dann mathematisieren und lösen sollen. Dazu werden die Schülerinnen und Schüler in Fünfergruppen eingeteilt, wobei jeder Gruppe noch ein oder zwei Lehrkräfte als gleichberechtigte Gruppenmitglieder zugeteilt werden. Die ganze Woche über arbeiten die Gruppen dann selbständig unter Anleitung der Universitätsmitarbeiterinnen und -mitarbeiter an der Lösung des Problems, welche sie dann am letzten Tag der Veranstaltung den anderen Teilnehmenden präsentieren. Auf diese Weise sollen die Jugendlichen Einblick in die wissenschaftliche Arbeitsweise bekommen und ihre mathematischen Kompetenzen im Bereich des *Modellierens* an einem komplexen, mathematisch anspruchsvollen Problem einsetzen.

Aus fachlicher und fachdidaktischer Sicht sind solche Kooperationsprojekte zu begrüßen, wobei auch hier die Einschränkung bestehen könnte, dass überwiegend leistungsstarke Schülerinnen und Schüler an dem Programm teilnehmen. Zur Förderung der allgemeinen mathematischen Kompetenz *Modellieren* ist gerade die Kooperation zwischen Lernenden sowie Lehrenden aus Schule und Hochschule sicher hilf-

---

7   Ein solches Problem ist beispielsweise die Typisierung von Schildkröten anhand ihrer Panzermaserung.

reich. Außerdem kann diese Form des Kennenlernens der akademischen Arbeitsweise eine echte Chance für die Jugendlichen sein, ihnen den Übergang von der Schule an die Hochschule zu erleichtern.

Kooperationsprojekte zwischen Schulen und Hochschulen – Mathematische Spezialklassen

Für eine kontinuierliche und direkte Zusammenarbeit haben sich die Berliner Humboldt-Universität und die Andreas-Oberschule in Berlin-Friedrichshain entschieden (Humboldt-Universität Berlin, 2009). In sogenannten „Mathematischen Spezialklassen" werden Schülerinnen und Schüler der elften Klasse und der Mathematik-Leistungskurse auf besondere Art und Weise unterrichtet. Einerseits erfolgt der Unterricht anhand eines speziellen Rahmenlehrplans, welcher insbesondere Eigenaktivität und Berücksichtigung individueller Voraussetzungen der Lernenden in den Mittelpunkt stellt. Andererseits liegt die Besonderheit dieser Spezialklassen darin, dass je eine Lehrkraft der Schule und eine Hochschuldozentin bzw. ein Hochschuldozent gemeinsam für den Unterricht verantwortlich sind.

Eine Grundlage dieses Projekts ist die Tatsache, dass der Rahmenlehrplan ausdrücklich betont, über das Einüben von reinen Routineverfahren zur Lösung von Aufgaben hinauszugehen und stattdessen die Vermittlung einer „Einsicht in übergreifende Strukturen und Modelle" (Ley, 2001) anzustreben. Gerade dieser Aspekt wird, wie Fischer et al. (in diesem Band) ausführen, als ein Hauptunterschied zwischen dem Mathematiklernen in der Schule und dem in der Hochschule angesehen. Somit kann diese Maßnahme gerade in der Art und Weise, wie Mathematik gelernt wird, für die Schülerinnen und Schüler eine Erleichterung im Übergang von der Schule an die Hochschule sein. Eine weitere Chance, die dieses Projekt bietet, liegt in der Methodik des Unterrichts: Dadurch, dass Hochschuldozentinnen und -dozenten in den Unterricht eingebunden sind, bringen sie neue Methoden und Möglichkeiten der Aufbereitung des Inhalts aus der Universität mit. Dies bietet den Lernenden die Möglichkeit, sich mit den Methoden an der Universität etwas vertraut zu machen.

Wissenschaftspropädeutische Seminare in der gymnasialen Oberstufe

Im Zuge der Umstellung des Lehrplans für Gymnasien von G9 auf G8 wurde in Bayern ein vollkommen neues Konzept eingeführt: Unabhängig von der sonstigen Fächerwahl müssen die Schülerinnen und Schüler in den Jahrgangsstufen 11 und 12 u. a. ein wissenschaftspropädeutisches Seminar (W-Seminar) belegen (vgl. ISB, 2009a). Ziel dieses W-Seminars ist die systematische, wissenschaftsorientierte Bearbeitung eines bestimmten Rahmenthemas, welches einem Leitfach (beispielsweise Mathematik) zugeordnet werden kann. Der Inhalt der Seminare ist nicht an einen Lehrplan gebunden, sondern kann von der betreuenden Lehrkraft relativ frei gestaltet werden. Während im ersten Lernabschnitt ein inhaltlicher und methodischer Input durch die Lehrkraft stattfindet, sind die Schülerinnen und Schüler im Folgenden zur eigenverantwortlichen Tätigkeit angehalten. Diese umfasst neben eigenständigem Auseinandersetzen mit dem Inhalt etwa auch Literaturrecherche und das Verfassen einer Abschlussarbeit, deren Ergebnisse den anderen Seminarteilnehmerinnen und -teilnehmern in einer Präsentation vorgestellt werden.

Im Hinblick auf den Übergang an die Hochschule im Fach Mathematik bietet das Seminar die Möglichkeit, aus der Sekundarstufe I bereits bekannte mathematische Inhalte noch einmal systematisch von einem wissenschaftlichen Standpunkt aus zu entwickeln. Denkbar wäre dabei z. B. die axiomatische Einführung der ebenen Geometrie mit den bereits aus den Jahrgangsstufen 5–9 bekannten mathematischen Definitionen und Sätzen. So kann den Schülerinnen und Schülern ein erster Einblick in die mathematische Arbeitsweise auf Hochschulniveau gegeben werden. Ein Beispiel für eine andere Möglichkeit, in die Arbeitsweise der akademischen Mathematik einzuführen ist das bereits vom Staatsinstitut für Schule und Bildung (ISB) ausgearbeitete Konzept „Mathematik nicht nur für Mathematiker" (ISB, 2009b). Rahmenthema ist hier die Einführung in mathematische Inhalte und Methoden im Grundstudium verschiedener Studiengänge. Dabei wird u. a. auch auf verschiedene Beweistechniken und Heurismen zur Lösung eines mathematischen Problems eingegangen.

6.4.4 Ausblick

Zusammenfassend ist zu sagen, dass gerade seitens der Hochschulen relativ viele Maßnahmen existieren, die den Studienanfängerinnen und -anfängern den Übergang von der Schule an die Hochschule erleichtern sollen. Gerade weil dies im Grundsatz natürlich sehr zu begrüßen ist, wäre mehr empirische Begleitforschung zu diesen Projekten wünschenswert. Angesichts des bereits thematisierten Unterschieds zwischen dem Mathematiklernen in der Schule und dem an der Hochschule ist dabei für die Erleichterung des Übergangs im Fach Mathematik Folgendes beachten: Es sollten theoriegeleitet Maßnahmen konzipiert werden, deren Effektivität dann empirisch untersucht wird. Dabei ist es wichtig, dass alle Parteien an einem Strang ziehen und eine enge Kooperation zwischen Schule, Hochschule und Forschung besteht, damit den angehenden Studierenden der Einstieg in ein Studium mit mathematischem Schwerpunkt zukünftig erleichtert wird.

Literatur

Heublein, U., Schmelzer, R. & Sommer D. (2005). *Studienabbruchstudie 2005.* Hannover: Hochschul-Informations-System.

Humboldt-Universität Berlin (2009). *Mathematik-Spezialklassen.* Zugriff am 18.05.2009 unter http://didaktik.mathematik.hu-berlin.de/index.php?article_id=34.

ISB (2009a). *Das Wissenschaftspropädeutische Seminar.* Zugriff am 26.05.2009 unter http://www.isb-oberstufegym.de/userfiles/Die_Seminare/W_Seminar_Leitfaden.pdf.

ISB (2009b). *Formular zur Beantragung eines W-Seminars im Fach Mathematik.* Zugriff am 26.05.2009 unter http://www.isb-oberstufegym.de/userfiles/Die_Seminare/Mathematik/M_W_Sem_Mathe-nicht-nur-fuer-Mathematiker.doc.

Ley, M. (2001). *Übergang Schule – Hochschule. Klassifikation von Initiativen zur Förderung des naturwissenschaftlichen Nachwuchses im Auftrag der Hochschulrektorenkonferenz und der Kultusministerkonferenz.* Bonn: Hochschulrektorenkonferenz.

Schmitz, W. (2008). Beim Bruchrechnen stoßen Studenten an ihre Grenzen. *VDI Nachrichten, 11* (45).

Technische Universität Berlin (2009). *Schnupperstudium Mathematik.* Zugriff am 15.05.2009 unter http://www.schuluni.tu-berlin.de/schnupperstudium_mathe/termine_in_den_pfingstferien/#76357.

Technische Universität Berlin (2009). *Probestudium.* Zugriff am 15.05.2009 unter http://www.referat-1e.tu-berlin.de/studienberatung/menue/vor_dem_studium/studium_zum_ausprobieren/studieren_ab_16/.

Technische Universität Kaiserslautern (2009). *Modellierungswoche.* Zugriff am 16.05.2009 unter http://www.agtm.mathematik.uni-kl.de/agtm/home/modelling/modellierungswoche.html.

7 Kompetenzentwicklung über die Lebensspanne – Erhebung von mathematischer Kompetenz im Nationalen Bildungspanel

Timo Ehmke, Christoph Duchhardt, Helmut Geiser, Meike Grüßing, Aiso Heinze und Franziska Marschick

7.1 Das Nationale Bildungspanel – ein Überblick

In modernen Wissensgesellschaften ist Bildung die zentrale Voraussetzung sowohl für wirtschaftliches Wachstum und Wohlstand als auch für die Bewältigung von neuen Anforderungen in einer sich rasch wandelnden, globalisierten Welt. Internationale Schulleistungsstudien lassen vermuten, dass ein Teil der Kinder und Jugendlichen in Deutschland auf diese Herausforderungen nicht ausreichend vorbereitet ist. Zudem haben Schulleistungsstudien wiederholt auf den Zusammenhang von sozialer Herkunft und Bildungserwerb in Deutschland hingewiesen. Trotz Bildungsreformen scheint Chancengleichheit immer noch ein schwer zu erreichendes Ziel zu sein. Um mehr über den Erwerb von Bildung und seine Folgen für individuelle Lebensverläufe zu erfahren, wird in Deutschland zukünftig eine Nationale Bildungspanelstudie durchgeführt. Die Studie wird im Auftrag des Bundesministeriums für Bildung und Forschung (BMBF) von einem Konsortium unter Federführung des Instituts für erziehungswissenschaftliche Längsschnittforschung (INBIL) an der Universität Bamberg koordiniert (Blossfeld, 2008; Blossfeld, Doll & Schneider, 2008).

7.1.1 Das Nationale Bildungspanel: Aufgaben und Ziele

Mit der Panelstudie sollen für relevante Bereiche des deutschen Bildungssystems repräsentative Daten gewonnen werden, um vielfältige Fragestellungen der empirischen Bildungsforschung bzw. der Lehr-Lern-Forschung zu bearbeiten. Dabei ist geplant, die Ergebnisse und erhobenen Daten der Studie als *scientific use files* der Wissenschaft zu Forschungszwecken zur Verfügung zu stellen. Die zentralen Fragestellungen der Studie sind:

- Wie entwickeln sich Kompetenzen im Hören und Lesen, in Mathematik, in den Naturwissenschaften und im Umgang mit Informations- und Kommunikationstechnologien im Lebenslauf?
- Wie beeinflussen Kompetenzen von Personen Entscheidungsprozesse an verschiedenen kritischen Übergängen der Bildungskarriere (und umgekehrt)?
- Wie hängt der Erwerb von Kompetenzen mit Lerngelegenheiten in der Familie und in der Gruppe der Gleichaltrigen zusammen? Welche Bedeutung kommt dabei der

Gestaltung von Lehr- und Lernprozessen in Kindergarten, Schule, Hochschule und Berufsausbildung sowie in der Weiterbildung zu?
- Welche Kompetenzen sind für das Erreichen von Bildungsabschlüssen, welche für lebenslanges Lernen und welche für ein erfolgreiches individuelles und gesellschaftliches Leben maßgeblich?

7.1.2 Die Anlage der Panelstudie: Säulen und Etappen

Die Anlage des Nationalen Bildungspanels gliedert sich in fünf Forschungsbereiche (Säulen) und acht Altersstufen (Etappen) (siehe Abbildung 7.1). Die Forschungsbereiche sind: (1) Kompetenzentwicklung über die Lebensspanne, (2) Lernumwelten, (3) Bildungsentscheidungen, (4) Migrationshintergrund sowie (5) Bildungsrenditen. Die Forschungsbereiche zeigen das inhaltliche Spektrum auf, das im Rahmen von Befragungen und Tests in regelmäßigen Abständen in den unterschiedlichen Altersstufen erhoben wird. Die Altersstufen decken die Lebensspanne von der Geburt über die Schul- und Ausbildungszeit bis ins hohe Erwachsenenalter ab. Die Etappen beziehen sich dabei jeweils auf eine bestimmte Altersspanne, die wichtige Phasen und Übergänge im Bildungsverlauf abdeckt.

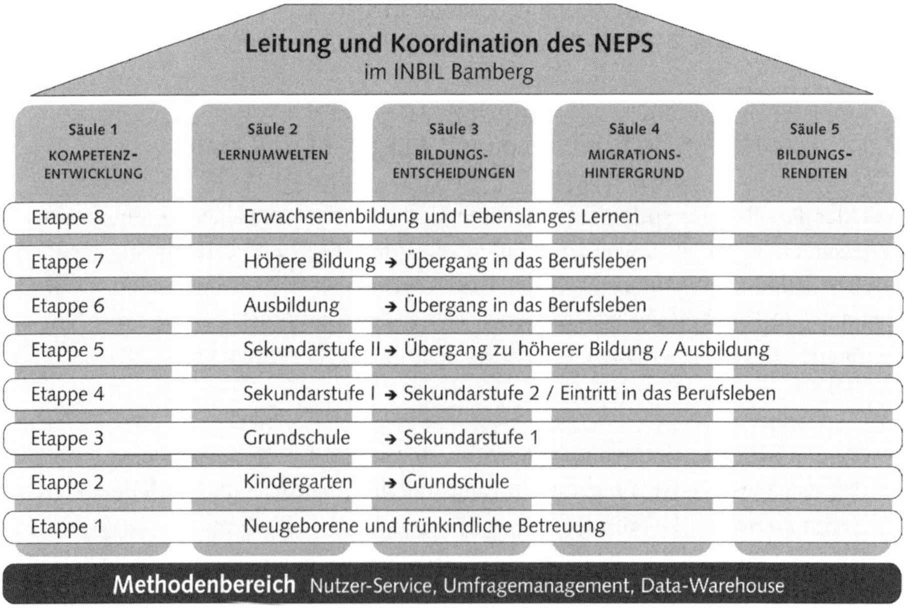

Leitung und Koordination des NEPS
im INBIL Bamberg

Säule 1	Säule 2	Säule 3	Säule 4	Säule 5
KOMPETENZ- ENTWICKLUNG	LERNUMWELTEN	BILDUNGS- ENTSCHEIDUNGEN	MIGRATIONS- HINTERGRUND	BILDUNGS- RENDITEN

Etappe 8	Erwachsenenbildung und Lebenslanges Lernen
Etappe 7	Höhere Bildung → Übergang in das Berufsleben
Etappe 6	Ausbildung → Übergang in das Berufsleben
Etappe 5	Sekundarstufe II → Übergang zu höherer Bildung / Ausbildung
Etappe 4	Sekundarstufe I → Sekundarstufe 2 / Eintritt in das Berufsleben
Etappe 3	Grundschule → Sekundarstufe 1
Etappe 2	Kindergarten → Grundschule
Etappe 1	Neugeborene und frühkindliche Betreuung

Methodenbereich Nutzer-Service, Umfragemanagement, Data-Warehouse

Abbildung 7.1: Forschungsbereiche (Säulen) und Altersstufen (Etappen)

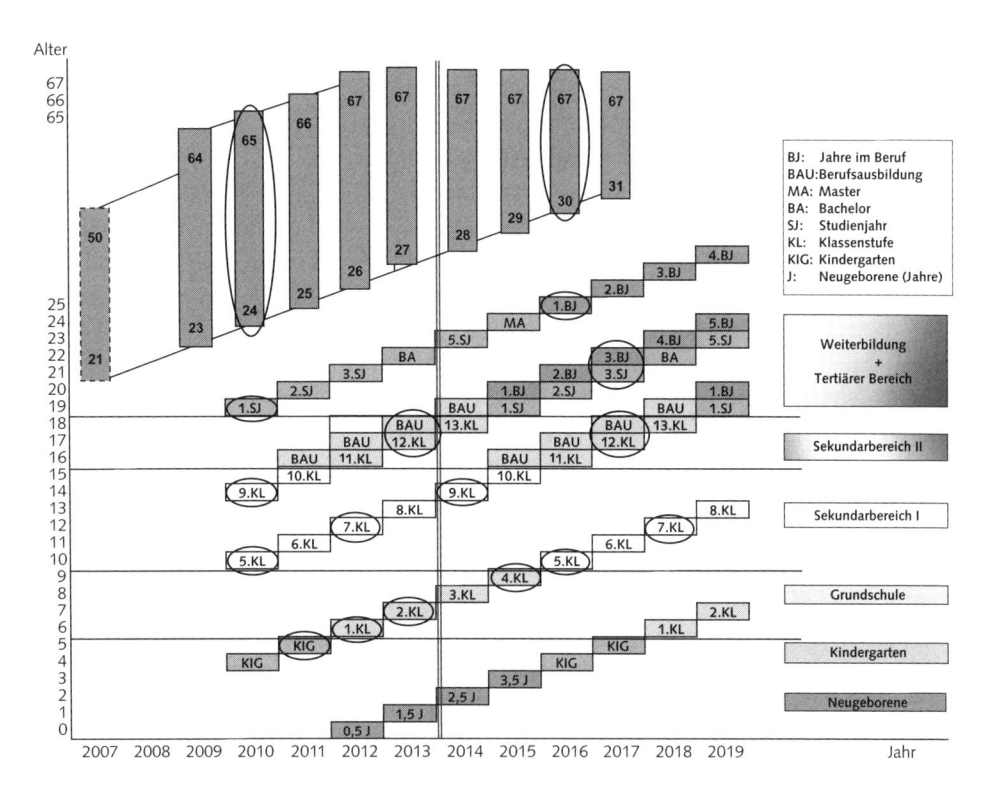

7.1 Das Nationale Bildungspanel – ein Überblick   315

Abbildung 7.2: Multi-Kohorten-Sequenz-Design

7.1.3 Das methodische Design des Nationalen Bildungspanels

Das methodische Design des Nationalen Bildungspanels lässt sich als Multi-Kohorten-Sequenz-Design beschreiben (vgl. Abbildung 7.2). Die Befragung von fünf Alterskohorten wird 2010 beginnen. Die Auswahl dieser Startkohorten orientiert sich sowohl an den Übergängen im Bildungssystem als auch an den Übergängen zwischen Bildungssystem und Arbeitsmarkt. Die zentralen Übergänge sind der Eintritt in die Grundschule, der Übergang in das gegliederte Schulsystem, die Übergänge in die berufliche Ausbildung, die Aufnahme eines Studiums und die Arbeitsmarkteintritte von Absolventen der beruflichen Ausbildung und der Hochschulen. Eine Ausnahme bildet die Startkohorte für den Bereich Weiterbildung im Erwachsenenalter. Diese wird bereits im Jahr 2009 als eine Zufallsstichprobe von 23- bis 64-Jährigen gezogen und befragt. Außerdem wird eine Neugeborenen-Kohorte geplant, um frühkindliche Entwicklungen und den Eintritt in frühkindliche Betreuungsinstitutionen (Krippe, Kindergarten etc.) zu dokumentieren und zu analysieren. Da hier eine längere Vorlaufzeit für die Entwicklung der Instrumente notwendig ist, werden die ersten Haupterhebungen im Jahr 2012 stattfinden.

7.1.4 Kompetenzerhebungen im Nationalen Bildungspanel

Die regelmäßige Messung von Kompetenzen ist zentral für das Bildungspanel und die zu beantwortenden Fragestellungen. Es werden dabei Basiskompetenzen untersucht, die als besonders bedeutsam für Bildungsverläufe und gesellschaftlichen Erfolg betrachtet werden. Dazu zählen insbesondere die Lesekompetenz und die mathematische Kompetenz. Diese beiden Bereiche werden jeweils zu gleichen Zeitpunkten und im gleichen Umfang in den einzelnen Kohorten erhoben. Daneben wird auch – in teilweise etwas größeren Zeitintervallen – das Hörverstehen und die naturwissenschaftliche Kompetenz längsschnittlich erfasst. Ergänzt wird dies durch regelmäßige Messungen von Aspekten der Metakognition bzw. Selbstregulation sowie der Fähigkeiten im Umgang mit Informationstechnologien (ICT). Indikatoren allgemeiner kognitiver Leistungsfähigkeit sowie sozialer Kompetenzen (z. B. zur Konfliktlösung, zur Teamfähigkeit in unterschiedlichen Gruppen) werden ebenfalls in jede Bildungsetappe mit einbezogen.

Mathematische Kompetenz wird in den Alterskohorten unterschiedlich oft erhoben. In den jüngeren Alterskohorten finden die Tests jährlich oder im Abstand von zwei Jahren statt. In der Studierendenkohorte und in der Erwachsenenkohorte sind sie hingegen im Abstand von sechs Jahren geplant, da hier weniger bedeutsame intraindividuelle Entwicklungen erwartet werden. In der Abbildung 7.2 sind alle Erhebungszeitpunkte hervorgehoben, in denen mathematische Kompetenz in den einzelnen Kohorten gemessen wird.

7.2 Rahmenkonzeption zur Beschreibung mathematischer Kompetenz über die Lebensspanne

Was meint mathematische Kompetenz? Wie ist das Konstrukt „mathematische Kompetenz" definiert? Welche mathematischen Inhalte und kognitiven Denkanforderungen sind damit verbunden? Wie kann mathematische Kompetenz empirisch im Nationalen Bildungspanel gemessen werden? Diese Fragen sollen in den folgenden Abschnitten beantwortet werden.

7.2.1 Das Konstrukt „mathematische Kompetenz" im Bildungspanel

Im Nationalen Bildungspanel wird „mathematische Kompetenz" im Sinne von Mathematical Literacy verstanden, wie es im Rahmen von PISA definiert worden ist (OECD, 2003; Blum et al., 2004). Demnach bezeichnet Mathematical Literacy „die Fähigkeit einer Person, die Rolle zu erkennen und zu verstehen, die Mathematik in der Welt spielt, fundierte mathematische Urteile abzugeben und Mathematik in einer Weise zu verwenden, die den Anforderungen des Lebens dieser Person als konstruktivem, engagiertem und reflektiertem Bürger entspricht". Mathematische Kompetenz beschreibt damit das Ausmaß, in dem Schülerinnen und Schüler, aber auch Erwachsene, die in der Schule gelernte Mathematik in problemhaltigen, vorwiegend außermathematischen Situationen flexibel anwenden können. Dies beinhaltet natürlich mathematische Fähigkeiten und mathematisches Wissen. Das Konstrukt „mathematische Kompetenz" ist aber weiter gefasst. Insbesondere gehört dazu die Fähigkeit, problemhaltige Realsituationen in eine mathematische Sprache zu übersetzen. Dazu muss eine gegebene Situation zuerst verstanden, präzisiert, strukturiert und meist auch vereinfacht werden. Durch Mathematisierung entsteht ein mathematisches Modell der Ausgangssituation. Das mathematische Problem lässt sich dann mit passenden mathematischen Hilfsmitteln lösen. Die Ergebnisse sind anschließend mit Blick auf die Realität zu interpretieren und zu validieren, um zu beurteilen, ob die gefundene Lösung auch für die reale Problemsituation angemessen ist. Dieser Zyklus wird als mathematisches Modellieren bezeichnet.

Die OECD-Definition von Mathematical Literacy wurde zwar für Jugendliche ausgeführt, sie lässt sich aber auch auf Erwachsene anwenden (vgl. Ehmke & Siegle, 2007). Der Ansatz von Mathematical Literacy kann aber auch auf Kinder und jüngere Altersgruppen übertragen werden. Mathematische Kompetenz bezieht sich dann auf den kompetenten Umgang mit mathematischen Problemstellungen in altersspezifischen Kontexten. So lassen sich in jeder Altersstufe mathematikhaltige Problemstellungen beschreiben, die Schritte des mathematischen Modellierens zur Lösung erfordern (NCTM, 2003; Stern, 1998). Ein Maß für mathematische Kompetenz von Personen kann daran festgemacht werden, inwieweit diese altersspezifische Problemstellungen in vorwiegend außermathematischen Situationen und Anwendungskontexten erfolgreich bewältigen können.

7.2.2 Struktur der Rahmenkonzeption zur mathematischen Kompetenz

Das zuvor beschriebene Verständnis von mathematischer Kompetenz lässt sich in einem Kompetenzmodell strukturieren, das an die Rahmenkonzeption von Mathematical Literacy in PISA 2003 (OECD, 2003) und an die Konzeption der Bildungsstandards in Mathematik (Kultusministerkonferenz, 2003) angelehnt ist. Dabei wird eine Kompetenzstruktur angenommen, die zwischen einer inhaltlichen Komponente und einer prozessbezogenen Komponente differenziert.

Der inhaltliche Aspekt bezieht sich auf mathematische Inhaltsbereiche, die durch vier sogenannte „übergreifende mathematische Ideen" beschrieben werden (OECD, 2003):
  (1) „Quantität" bezieht sich auf alle Arten von Quantifizierungen, in denen Zahlen verwendet werden, um Situationen zu organisieren und zu beschreiben.
  (2) „Veränderung und Beziehungen" bezieht sich auf alle Arten von relationalen und funktionalen Beziehungen zwischen mathematischen Objekten.

(3) „Raum und Form" bezieht sich auf alle Arten ebener oder räumlicher Konfigurationen, Formen und Muster. (4) „Daten und Zufall" bezieht sich auf alle Arten von Phänomenen und Situationen, die statistische Daten beinhalten oder bei denen der Zufall eine Rolle spielt.

Der prozessorientierte Aspekt umfasst mathematische und kognitive Fähigkeiten, die beim Lösen mathematischer Aufgaben erforderlich sein können. Dabei wird zwischen sechs kognitiven Komponenten mathematischer Denkprozesse unterschieden (vgl. Niss, 2003; Kultusministerkonferenz, 2003): (1) Mathematisch Argumentieren, (2) Mathematisch Kommunizieren, (3) Modellieren, (4) Mathematische Probleme lösen, (5) Repräsentieren (Darstellungen verwenden) und (6) Technische Fertigkeiten einsetzen.

Die beiden Teilkomponenten müssen als eng miteinander verzahnt gesehen werden, da die mathematischen Denkprozesse immer im Rahmen eines konkreten Inhaltsbereiches angewendet werden. Jede Testaufgabe lässt sich somit einem Inhaltsbereich zuordnen und erfordert zur Lösung in der Regel mehrere kognitive Denkprozesse. Das skizzierte Kompetenzstrukturmodell stellt einen Rahmen für die Entwicklung von Testaufgaben dar, anhand derer das Konstrukt „mathematische Kompetenz" einer empirischen Erfassung zugänglich wird. Als weitere Dimension des Kompetenzstrukturmodells muss jedoch auch die jeweils betrachtete Altersstufe berücksichtigt werden. Ziel des Nationalen Bildungspanels ist es (wie oben beschrieben), intraindividuelle Kompetenzentwicklung zu erfassen und dabei die gesamte Altersspanne vom Kleinkind bis zum höheren Erwachsenenalter zu berücksichtigen. Dies macht es erforderlich, für jede betrachtete Altersstufe zu konkretisieren, welche mathematischen Konzepte und prozeduralen Fähigkeiten in den vier Inhaltsbereichen berücksichtigt und durch Testaufgaben erfasst werden sollen. Auch die mit den Aufgaben verbundenen kognitiven Denkprozesse sind abhängig von der Altersstufe. So kann beispielsweise eine Testaufgabe für ein Kind einer bestimmten Klassenstufe eine mathematische Problemstellung darstellen, weil noch kein Lösungsalgorithmus bekannt ist („Mathematische Probleme lösen"). In einer höheren Klassenstufe könnte aber ein allgemeines Lösungsschema bekannt sein. Die gleiche Testaufgabe erfordert dann in der höheren Altersstufe zur Lösung nur noch „technische Fertigkeiten".

Die skizzierte Rahmenkonzeption wurde gezielt so gewählt, dass sie anschlussfähig ist an bestehende Testkonzeptionen aus internationalen Schulleistungsstudien (z. B. TIMSS und PISA) und an die nationalen Bildungsstandards in Mathematik für die Grundschule und für den Mittleren Schulabschluss. Dadurch können zum einen Teile der bestehenden Aufgabenpools in die Tests im Nationalen Bildungspanel integriert werden. Zum anderen ist damit auch die Voraussetzung für eine mögliche Verbindung zwischen den Kompetenzskalen im Nationalen Bildungspanel und anderen Vergleichsstudien geschaffen.

7.2.3 Das Spektrum mathematischer Inhalte vom Kindergarten bis zur Hochschule

In den folgenden fünf Abschnitten soll das Spektrum an konzeptuellen und prozeduralen Fähigkeiten in Mathematik skizziert werden, das den Rahmen für die Auswahl bestehender und für die Entwicklung neuer Testaufgaben bildet. Die Darstellung der ersten vier Abschnitte gliedert sich nach den Inhaltsbereichen. Der fünfte Abschnitt bezieht sich auf die prozessbezogenen Anforderungen. Die Abschnitte zu den Inhaltsbereichen betrachten jeweils die Altersstufen Kindergarten, Klassenstufe 5, Klassenstufe 9 und Hochschule (Studierende im ersten Semester). Diese Altersstufen stellen wegen der Übergangsproblematik zwischen institutionellen Einrichtungen wichtige Zeitpunkte im Bildungsverlauf dar. Sie bilden zugleich auch die Startkohorten, mit denen die Erhebungen im Nationalen Bildungspanel beginnen (vgl. Abschnitt 7.1.3). Eine fünfte Kohorte wird aus einer Stichprobe von Erwachsenen bestehen. Für diese werden aber keine darüber hinausgehenden mathematischen Inhalte bei der Kompetenzmessung berücksichtigt. Die folgende Darstellung konzentriert sich deshalb darauf, exemplarische mathematische Konzepte und Fähigkeiten für die vier genannten Alterskohorten zu skizzieren. Dabei kann aus Platzgründen keine Vollständigkeit angestrebt werden. Eine differenzierte Beschreibung der zu erreichenden mathematischen Fähigkeiten und Fertigkeiten für den Altersbereich vom Kindergarten bis zum Ende der Sekundarstufe II ist durch die Standards des National Council of Teachers of Mathematics gegeben (NCTM, 2003).

Entwicklung mathematischer Kompetenz im Inhaltsbereich „Quantität"

Der Inhaltsbereich „Quantität" bezieht sich auf den Umgang mit Zahlen und Größen in altersspezifischen Kontexten und Situationen. Dabei spielen verschiedene Repräsentationsformen von Zahlen und Zahlbeziehungen sowie das Anwenden von mathematischen Operationen eine wichtige Rolle.

Im Kindergartenalter kommt diesem Inhaltsbereich die größte Bedeutung zu, da sich hier ein erstes Verständnis des Zahlbegriffs entwickelt. Dabei ist es sinnvoll, vertiefend zwischen den Teilbereichen „Mengen, Zahlen und Operationen" und „Größen und Messen" zu unterscheiden. Aufbauend auf kognitiven Grundfähigkeiten wie Klassifizieren, Seriation und Eins-zu-Eins-Zuordnen sollen zentrale Konzepte durch die Tests erfasst werden. Auf der einen Seite sind dies zum Beispiel Mengenvergleiche („*Sind es mehr rote oder mehr schwarze Knöpfe?*"), Zahldarstellungen sowie Abzählaufgaben, die sowohl kardinale („*Wie viele Schafe siehst Du auf dem Bild?*") als auch ordinale Aspekte („*Zeig' mir das fünfte Schaf in der Reihe!*") ansprechen. Auf der anderen Seite zählen zum Teilbereich „Größen und Messen" z. B. Ordnungsstrukturen („*Welcher Stift ist der längste?*") sowie der Umgang mit Hilfsmitteln zum Messen (Lineal, Schrittlänge).

Bis zur Klassenstufe 5 haben Kinder ihr Zahlverständnis weiter ausdifferenziert. Dies zeigt sich etwa an ihrem Verständnis des dezimalen Stellenwertsystems und daran, dass sie ganze Zahlen und Dezimalzahlen vergleichen und ordnen können. Bezüglich der Rechenoperationen sollten Kinder in dieser Altersstufe die Grundrechenarten und zugehörige Rechenstrategien und Rechengesetze verstanden haben und schriftliche Verfahren geläufig durchführen können. Dieser Bereich umfasst außerdem Beziehungen zwischen Operationen, wie beispielsweise Division als Umkehrung der Multiplikation gezielt anzuwenden, und bei Problemstellungen in authentischen Situationen, quantitative Ergebnisse abzuschätzen und im Hinblick auf Plausibilität zu bewerten.

Bis zum Ende der Sekundarstufe I sollten die Schülerinnen und Schüler sinntragende Vorstellungen von natürlichen, ganzen, rationalen und irrationalen Zahlen entwickelt haben und diese in entsprechenden Situationen anwenden können. Dabei sollen Rechengesetze (vorteilhaftes Rechnen), Lösungsalgorithmen und Kontrollverfahren (z. B. Überschlagsrechnungen) in Anwendungsfeldern eingesetzt werden können. In entsprechenden Kontexten sind Prozent- und Zinsrechnung sachgerecht zu nutzen. In naturwissenschaftlichen und anderen Kontexten sollen die Schülerinnen und Schüler Längen-, Flächen- und Volumenmessungen nutzen können und entsprechende Einheiten von Größen (insbesondere für Zeit, Masse, Geld, Länge, Fläche, Volumen und Winkel) situationsgerecht auswählen können.

Am Ende der Sekundarstufe II und bis zum Beginn eines Hochschulstudiums sollten junge Erwachsene umfassende Kenntnisse von Zahleigenschaften, Zahlsystemen und Zahlbereichen besitzen und unterschiedliche Repräsentationsformen kennen. Dies wird auch daran deutlich, dass sie Matrizen als mathematische Systeme nutzen können, um beispielsweise lineare Gleichungssysteme zu lösen, um geometrische Transformationen zu beschreiben oder um graphentheoretische Ecken-Kanten-Systeme zu repräsentieren. Ein vertieftes Verständnis mathematischer Operationen zeigt sich beim operationalen Verknüpfen von Vektoren und Matrizen. Die mathematischen Konzepte Permutation und Kombination werden als systematische Zähltechniken verstanden und können in mathematikhaltigen Problemsituationen angewendet werden. Zum Messen von Inhalten sollte die Integralrechnung angewendet werden können. Für verschiedene Problemstellungen sollten Personen entscheiden können, inwieweit eine grobe Abschätzung, eine numerische Annäherung oder eine analytisch exakte Lösung gesucht wird.

Entwicklung mathematischer Kompetenz im Inhaltsbereich „Veränderung und Beziehungen"

Der Inhaltsbereich „Veränderung und Beziehungen" bezieht sich darauf, relationale und funktionale Beziehungen zwischen mathematischen Objekten und Mustern zu verstehen und zu nutzen. Mathematische Kompetenz in diesem Inhaltsbereich bedeutet auch, quantitative Zusammenhänge und Beziehungen in altersspezifischen Problemsituationen analysieren und durch algebraische Symbole repräsentieren zu können. Ferner geht es in diesem Bereich darum, Veränderungen in unterschiedlichen Anwendungskontexten zu analysieren und mathematisch zu beschreiben.

Im Kindergartenalter bezieht sich dieser Inhaltsbereich etwa darauf, kognitive Grundfähigkeiten (Sortieren, Klassifizieren) zu nutzen, um geometrische Muster zu erkennen und fortzusetzen. Dazu gehört auch, elementare Zahlzusammenhänge (Vorgänger, Nachfolger) und einfache Proportionalitäten (z. B. weiterer Weg – mehr Schritte) und Antiproportionalitäten (mehr Kinder – weniger Bonbons für jedes Kind) in vertrauten Situationen zu erkennen. In einfachen Kontexten und Situationen sollten die Kinder Additionen von ganzen Zahlen mit Hilfe von Objekten, Bildern und Symbolen modellieren sowie qualitative Veränderungen in altersgerechten Kontexten beschreiben können (unterschiedliches Körperwachstum bei Kindern).

In der Klassenstufe 5 bezieht sich dieser Bereich darauf, strukturierte Zahldarstellungen zu verstehen und zu nutzen, Gesetzmäßigkeiten in geometrischen und arithmetischen Mustern wie in Zahlenfolgen zu erkennen und fortzusetzen oder diese selbst zu entwickeln und systematisch zu verändern. Ein erstes Verständnis des Begriffs „Variable" als eine unbekannte Größe, die durch ein Symbol oder ein Zeichen repräsentiert wird, sollte vorhanden sein. Kinder in diesem Alter sollten ein Vorverständnis von funktionalen Zusammenhängen entwickelt haben. Mathematische Kompetenz in diesem Teilbereich zeigt sich auch daran, dass Kinder den Zusammenhang zwischen der Veränderung einer Variablen und der Veränderung einer weiteren abhängigen Variablen erkennen können (Verhältnis zwischen Warenmenge und Gesamtpreis, Sachaufgaben zur Proportionalität).

Der Inhaltsbereich „Veränderung und Beziehungen" bezieht sich in der 9. Klassenstufe darauf, Funktionen als begriffliches Mittel nutzen zu können, um quantitative Zusammenhänge zu beschreiben und auf verschiedene Arten (sprachlich, tabellarisch, graphisch, symbolisch) darzustellen und zu interpretieren. Dabei sollten die Schülerinnen und Schüler kennzeichnende Merkmale von Funktionen kennen und zwischen Funktionsterm und graphischer Darstellung eine Beziehung herstellen können. Mathematische Kompetenz in diesem Alters- und Inhaltsbereich meint außerdem, realitätsnahe Probleme im Zusammenhang mit proportionalen und antiproportionalen Zuordnungen sowie linearen, quadratischen oder exponentiellen Funktionen lösen zu können. Dabei sollten die Jugendlichen auch Techniken zum Lösen von Gleichungen erlernt haben und algorithmisch anwenden können.

Bis zum Beginn eines Hochschulstudiums sollte sich das Verständnis vom Funktionsbegriff weiter ausdifferenziert haben, so dass die jungen Erwachsenen mit Funktionen und deren lokalen Veränderungen im Sinne der Analysis mathematisch umgehen können (Ableitungen bestimmen, Nullstellen berechnen, Extremwerte bestimmen, zwischen verschiedenen Repräsentationsformen wechseln). Mathematische Kompetenz zeigt sich dabei darin, gegebene Problemstellungen in Gleichungen, Ungleichungen oder Gleichungssysteme übersetzen und lösen zu können. Ein wichtiger Teilbereich ist auch, Veränderungen in unterschiedlichen Kontexten (Wirtschaft,

Umwelt, Medizin) zu analysieren, die zunehmend auch in den Alltagsmedien eine Rolle spielen.

Entwicklung mathematischer Kompetenz im Inhaltsbereich „Raum und Form"

Der Inhaltsbereich „Raum und Form" umfasst alle Arten ebener oder räumlicher Konfigurationen, Gestalten und Muster. Dazu zählt auch, Merkmale und Eigenschaften von geometrischen Formen und Objekten zu analysieren und geometrische Zusammenhänge zu beschreiben. Beim Lösen von altersbezogenen Problemstellungen in diesem Bereich wird außerdem gefordert, geometrische Repräsentationen und Darstellungen zu verstehen und zu modellieren.

Im Kindergarten stehen hier zunächst geometrische Formen, also zum Beispiel Kreise, Dreiecke oder Quadrate, die als ganzheitliche Objekte erfasst werden, im Mittelpunkt („*Zeig' mir bitte das Dreieck!*"). Die Kinder können aber auch bereits Formen analysieren und ihre Eigenschaften entdecken (Anzahl der Ecken, gerade / gekrümmt, Größe von Winkeln, …). Ein anderer Schwerpunkt liegt auf Kongruenz- und Ähnlichkeitsabbildungen, vor allem der Translation, z. B. bei ebenen Mustern („*Kannst Du das Muster weiter legen?*"). Altersspezifische Fähigkeiten in diesem Bereich umfassen außerdem, geometrische Formen und Strukturen in der Umgebung zu erkennen.

In der Klassenstufe 5 sollten sich die Kinder bereits gut im Raum orientieren können, um etwa räumliche Beziehungen wie in Plänen oder Ansichten zu erkennen oder Kantenmodelle und Netze zu nutzen. Geometrische Körper und ebene Figuren sollten sie nach Eigenschaften sortieren und ihnen Fachbegriffe zuordnen können. In dieser Altersstufe wird außerdem gefordert, Flächen (bzw. Körper) durch Zerlegen zu vergleichen und mit Einheitsflächen (bzw. Einheitswürfeln) zu messen. Geometrische Abbildungen wie Drehung und Verschiebung sollten erkannt und durchgeführt werden können. Ein weiterer Schwerpunkt in diesem Bereich liegt darin, den Symmetriebegriff anzuwenden.

In der Klassenstufe 9 bezieht sich dieser Inhaltsbereich darauf, geometrische Strukturen in der Umwelt (in der Ebene und im Raum) zu erkennen, zu analysieren und zu beschreiben sowie gedanklich mit Strecken, Flächen und Körpern operieren zu können. Ein weiterer Schwerpunkt besteht darin, geometrische Figuren im kartesischen Koordinatensystem zu beschreiben und darzustellen und Eigenschaften und Beziehungen geometrischer Objekte (wie Symmetrie, Kongruenz, Ähnlichkeit, Lagebeziehungen) zu erkennen und zu begründen. Um geometrische Probleme in authentischen Kontexten lösen zu können, ist außerdem Wissen über Sätze der Elementargeometrie gefordert.

Mathematische Kompetenz in diesem Bereich am Ende der Sekundarstufe II lässt sich daran festmachen, inwieweit junge Erwachsene im Umgang mit dem kartesischen Koordinatensystem geübt sind und geometrische Abbildungen (Verschiebung, Spiegelung, Drehung, Streckung) von ebenen Objekten in verschiedenen Repräsentationen darstellen können (etwa durch Vektoren und Matrizen). Ein weiterer Schwerpunkt in diesem Bereich bezieht sich auf den Umgang mit dreidimensionalen mathematischen Objekten (Ebenen und Geraden im Raum, Kugeln etc.).

Entwicklung mathematischer Kompetenz im Inhaltsbereich „Daten und Zufall"

Im Inhaltsbereich „Daten und Zufall" stehen Phänomene und Situationen im Mittelpunkt, bei denen es um statistische Daten geht oder bei denen der Zufall eine Rolle spielt. Zum Umgang mit Daten gehört insbesondere, Informationen zu erheben, gewonnene Daten zu organisieren und in Grafiken darzustellen. Ein weiterer Aspekt besteht auch darin, in Problemsituationen gegebene Daten zu analysieren, um Schlussfolgerungen zu ziehen und datenbasierte Vorhersagen zu treffen. Der Schwerpunkt „Zufall" bezieht sich außerdem darauf, ein Verständnis von dem Begriff „Wahrscheinlichkeit" aufzubauen und in Kontexten anzuwenden.

Bereits im Kindergartenalter spielt der Umgang mit Daten und Zufall eine Rolle. So können Kinder bereits Objekte nach vorher festgelegten Kriterien (z.B. Farbe von Murmeln) sammeln und deren Anzahl festhalten, wobei wieder die Fähigkeit zum Klassifizieren angesprochen wird. Diese Daten können dann organisiert und ausgewertet werden, es können zum Beispiel absolute Häufigkeiten bestimmt werden. Ein intuitives Verständnis des Zufallsbegriffs (z.B. die Einsicht, dass ein Ereignis unmöglich oder wahrscheinlicher als ein anderes ist) zeigt sich in Alltagserfahrungen (etwa bei Würfelspielen).

In der Klassenstufe 5 können die Kinder systematischer und gezielter mit Daten umgehen als noch im Kindergarten. Fähigkeiten in diesem Inhaltsbereich lassen sich daran festmachen, inwieweit die Kinder Daten aus einfachen Experimenten oder Beobachtungen sammeln und in Tabellen oder Schaubildern (Balkendiagramm, Liniendiagramm) darstellen können. Im Teilbereich „Zufall" wird außerdem gefordert, Wahrscheinlichkeiten von Ereignissen in Zufallsexperimenten zu vergleichen und Grundbegriffe wie „sicher", „unmöglich" oder „wahrscheinlich" zu kennen. Bei Würfelspielen sollten die Kinder die Gewinnchancen einschätzen können.

Schülerinnen und Schüler am Ende der Sekundarstufe I sollten in der Lage sein, einfache statistische Erhebungen zu planen, systematisch Daten zu messen (z.B. Flugweite von Papierfliegern mit unterschiedlichen Eigenschaften), Daten zu organisieren und sie graphisch darzustellen (Histogramme, Streudiagramme). Um Daten zu analysieren, sollten die Jugendlichen geeignete statistische Methoden auswählen und anwenden können (Mittelwerte, Streuungen). Dazu zählt beispielsweise, anhand von Streudiagrammen Vermutungen über mögliche Zusammenhänge zwischen Merkmalen in einer Stichprobe zu treffen. Einfache Zufallsexperimente und Zufallserscheinungen in alltäglichen Situationen sollten die Schülerinnen und Schüler mathematisch beschreiben und deren Wahrscheinlichkeiten bestimmen können.

Am Ende der Sekundarstufe II sollten Personen ein tieferes Verständnis von statistischen Erhebungen erlangt haben. Dies lässt sich daran festmachen, dass die jungen Erwachsenen unterschiedliche Erhebungsdesigns kennen (Befragung, Experiment) und wissen, welche Arten von Schlussfolgerungen daraus gezogen werden können. Kompetenz in diesem Teilbereich zeigt sich außerdem daran, dass sie bei der Analyse von Daten mit grundlegenden statistischen Methoden vertraut sind. Personen sollten auch die Angemessenheit der Datenanalyse und der getroffenen Aussagen von Studien vor dem Hintergrund der methodischen Designs bewerten können. Ein weiterer Schwerpunkt liegt darin, die Konzepte „Stichprobenraum" und „Wahrscheinlichkeitsverteilung" zu verstehen und in verschiedenen Kontexten anwenden zu können.

Prozessorientierte Anforderungen mathematischer Kompetenz

Die vier „übergreifenden Ideen" fassen mathematische Inhaltsbereiche zusammen, die sich auf mathematische Konzepte und prozedurale Fähigkeiten beziehen und die sich über die Lebensspanne weiterentwickeln und ausdifferenzieren. Hingegen werden mit den „kognitiven Komponenten mathematischer Denkprozesse" prozessorientierte Anforderungen beschrieben, die nicht spezifisch für einen Inhaltsbereich sind, sondern quer dazu stehen und in allen Bereichen vorkommen können. So lassen sich für alle vier mathematischen Inhaltsbereiche Testaufgaben entwickeln, die unterschiedliche kognitive Denkprozesse zur Lösung voraussetzen. Die Definition dieser prozessorientierten Anforderungen ist angelehnt an die allgemeinen mathematischen Kompetenzen in den Bildungsstandards Mathematik (vgl. Blum, Drüke-Noe, Hartung & Köller, 2006). Letztere beziehen sich darauf, das mathematische Arbeiten in der Schule zu beschreiben und „das Können der Schüler in Mathematik an den Kompetenzen festzumachen, die sie beim Bearbeiten von Aufgaben zu aktivieren haben" (vgl. Blum et al., 2006, S. 33). Im Gegensatz zu den offenen Problemstellungen, die in der Schule oder auch in privaten oder beruflichen Kontexten vorkommen, sind die Möglichkeiten in einer Panelstudie begrenzt. Die kognitiven Komponenten mathematischer Denkprozesse beziehen sich daher auch nur auf diejenigen kognitiven Anforderungen, die zur Lösung der Testaufgaben in der Panelstudie mit überwiegend geschlossenem Antwortformat erforderlich sind. Die sechs Bereiche sind (vgl. Abschnitt 7.2.2):

„Mathematisches Kommunizieren" hat zwei Aspekte: Einerseits müssen gegebene Aussagen jeglicher Art (mündlich, schriftlich, graphisch,...) verstanden werden, so dass die relevanten mathematischen Inhalte entnommen werden können. Dazu ist unter anderem das Verständnis mathematischer Fachbegriffe notwendig. Andererseits müssen mathematische Inhalte z. B. Ergebnisse oder Zusammenhänge adressatengerecht kommuniziert werden (z. B. auf einem geeigneten fachsprachlichen Niveau zusammengefasst oder mit Hilfe von Skizzen, Darstellungen, etc. ausgedrückt werden). Der zweite Aspekt des aktiven Kommunizierens kann allerdings im Rahmen des Nationalen Bildungspanels nicht erfasst werden.

„Mathematisches Argumentieren" beschreibt den expliziten Umgang mit mathematischen Begründungen. So müssen gegebene Argumentationen (im kontinuierlichen Spektrum zwischen anschaulich und streng formal) nachvollzogen und bewertet werden (es müssen etwa Fehler in Ketten von Schlussfolgerungen erkannt werden). Zu diesem Bereich zählt natürlich auch, Problemlösungen aktiv zu begründen und mathematische Beweise selbst durchzuführen. Testaufgaben im Bildungspanel, die mathematische Argumentationen berücksichtigen, beschränken sich jedoch darauf, gegebene Aussagen oder Argumente im Hinblick auf die Aufgabenstellung nachzuvollziehen und zu bewerten.

„Modellieren" ist – wie bereits in 7.2.1 erläutert – ein zentraler Bestandteil des zugrunde liegenden Begriffs von mathematischer Kompetenz. Ausgehend von einer problemhaltigen Realsituation muss zunächst ein Situationsmodell aufgebaut und daraus ein mathematisches Modell entwickelt werden, in welchem dann z. B. mit Hilfe bekannter Techniken oder Problemlösestrategien ein mathematisches Ergebnis gefunden wird. Dieses muss anschließend in der Realsituation interpretiert und validiert werden.

„Repräsentieren (Darstellungen verwenden)" umfasst die Fähigkeit, mit unterschiedlichen Repräsentationsformen von mathematischen Inhalten umgehen zu können. Mathematische Inhalte können dabei in verbaler oder schriftlicher, symbolischer oder bildlicher Form vorliegen. Bei jüngeren Altersgruppen spielen auch enaktive Darstellungsformen, d. h. auf Handlungen basierende Darstellungen eine wichtige Rolle. Der Gebrauch von mathematischen Darstellungen in Testaufgaben bedeutet, Informationen aus gegebenen Darstellungen (Tabelle, Graph oder Diagramm) zu entnehmen, zwischen verschiedenen Repräsentationen zu wechseln oder zu übersetzen oder Zusammenhänge zwischen verschiedenen Darstellungen herzustellen.

„Mathematische Probleme lösen" kann durch verschiedene Strategien erfolgen: konvergente oder divergente Ansätze wählen, Spezialfälle betrachten, Aussagen verallgemeinern, Lösungen systematisch ausprobieren, Problemsituation auf bekannte Situationen zurückführen usw. Damit eine Situation (für Personen in einer bestimmten Altersgruppe) ein mathematisches Problem darstellt, darf (für sie) kein offensichtlicher Lösungsweg vorhanden sein.

„Technische Fertigkeiten" kommen zum Einsatz, wenn Verfahren zur Lösung des Problems bekannt sind und ein Algorithmus abgerufen werden kann. Das können zum Beispiel abrufbares Wissen, verinnerlichte Rechenverfahren oder der zielgerichtete Einsatz von Hilfsmitteln sein. Die Verfahren selbst können dabei durchaus technisch anspruchsvoll sein. Die Aspekte „Mathematische Probleme lösen" und „Technische Fertigkeiten anwenden" schließen sich also in konkreten Einzelsituationen aus. Allerdings können in Aufgaben beide Komponenten hintereinander angesprochen werden, z. B. wenn nach der Auflösung eines Problems eine Rechnung durchzuführen ist. Auch ist weder Problemlösen per se schwierig, noch ist der Einsatz technischer Fertigkeiten per se einfach.

7.3 Ausblick

In diesem letzten Abschnitt soll ein Ausblick gegeben werden, welche empirischen Daten das Nationale Bildungspanel bezüglich der mathematischen Kompetenz voraussichtlich bereitstellen wird. Der Abschnitt gliedert sich in die drei Bereiche Kompetenzdimensionen, Querschnittsdaten und Längsschnittsdaten.

7.3.1 Kompetenzdimensionen

Mathematische Kompetenz wird im Rahmen des Nationalen Bildungspanels als eindimensionales Konstrukt mit Hilfe von Item-Response-Modellen (Rost, 2004; Wilson, 2005) ausgewertet und berichtet werden. Obwohl mit der Rahmenkonzeption zur mathematischen Kompetenz ein mehrdimensionaler Ansatz vorgelegt wird, lassen die Rahmenbedingungen der Kompetenzmessung keine differenziertere Auswertung zu. Die Testzeit, um mathematische Kompetenz zu messen, ist in den einzelnen Alterskohorten jeweils auf 30 Minuten beschränkt. Ein vollständiges Facettendesign ist somit nicht umsetzbar. Es wird aber angestrebt, bei allen Kompetenzmessungen die vier Inhaltsbereiche in weitgehend gleich hohen Anteilen zu berücksichtigen und sicherzustellen, dass auch unterschiedliche mathematische Denkprozesse gefordert werden. Mathematische Kompetenz soll somit für jede Altersstufe ein breites Spektrum an inhaltlichen und konzeptuellen Fähigkeiten abdecken.

7.3.2 Bereitstellung von Querschnittsdaten

Für alle Altersstufen und für alle Erhebungszeitpunkte, in denen mathematische Kompetenz gemessen wird, sollen statistische Daten zu den Probanden in Form von Individualschätzern (WLE) bereitgestellt werden. Diese Kennwerte sollen Aussagen über die Höhe der mathematischen Kompetenz im interindividuellen Vergleich mit der jeweiligen Alterskohorte erlauben. Auch querschnittliche Kohortenvergleiche, etwa zwischen der Kohorte der Neuntklässler und der Kohorte der Fünftklässler (vier Jahre später), sollen bei der Testkonzeption und Skalierung der Daten berücksichtigt werden. Dies setzt jeweils eine psychometrische Verlinkung der Kompetenzskalen voraus.

7.3.3 Skalierung von intraindividuellen Entwicklungen

Für ausgewählte Lebenszeitabschnitte sollen statistische Kennwerte bereitgestellt werden, die für die Testpersonen den jeweiligen Kompetenzzuwachs über die Zeit beschreiben. Dies setzt eine zusätzliche Skalierung der Datensätze mit jeweils mehreren Messzeitpunkten voraus. Die Herausforderung ist es hierbei zu untersuchen, inwieweit Kompetenzveränderungen innerhalb einer Bildungsetappe (z. B. während der Grundschulzeit) auf einer gemeinsamen Dimension als Kompetenzzuwächse abgebildet werden können (kumulativer Kompetenzerwerb) oder ob die Kompetenzveränderungen qualitativen Entwicklungssprüngen unterliegen.

Literatur

Blossfeld, H.-P. (2008). *Education as a Lifelong Process. A Proposal for a National Educational Panel Study (NEPS) in Germany. Part B: Theories, Operationalizations and Piloting Strategies for the Proposed Measurements*. Unveröffentlichter BMBF-Antrag. Bamberg: Universität Bamberg.

Blossfeld, H.-P., Doll, J. & Schneider, T. (2008). Bildungsprozesse im Lebenslauf – Grundzüge der zukünftigen Bildungspanelstudie für die Bundesrepublik Deutschland. *Recht der Jugend und des Bildungswesens, 3*, 321–328.

Blum, W., Drüke-Noe, C., Hartung, R. & Köller, O. (Hrsg.) (2006). *Bildungsstandards Mathematik: konkret. Sekundarstufe I: Aufgabenbeispiele, Unterrichtsanregungen, Fortbildungsideen*. Berlin: Cornelsen Scriptor.

Blum, W., Neubrand, M., Ehmke, T., Senkbeil, M., Jordan, A., Ulfig, F. et al. (2004). Mathematische Kompetenz. In M. Prenzel, J. Baumert, W. Blum, R. Lehmann, D. Leutner, M. Neubrand et al. (Hrsg.), *PISA 2003. Der Bildungsstand der Jugendlichen in Deutschland – Ergebnisse des zweiten internationalen Vergleichs* (S. 47–92). Münster: Waxmann.

Ehmke, T. & Siegle, T. (2007). How well do parents do on PISA? Results concerning the mathematical competency of parents and children in the German sample. In M. Prenzel (Ed.), *Studies on the educational quality of schools. The final report on the DFG Priority Programme* (pp. 61–77). Münster: Waxmann.

Kultusministerkonferenz (2003). *Bildungsstandards im Fach Mathematik für den Mittleren Schulabschluss. Beschluss vom 04.12.2003*. Neuwied: Luchterhand.

NCTM (2003). *Principles and Standards for School Mathematics*. Reston, VA: National Council of Teachers of Mathematics.

Niss, M. (2003). Mathematical Competencies and the Learning of Mathematics: The Danish KOM Project. In A. Gagatsis & S. Papastavridis (Eds.), *3rd Mediterranean Conference on Mathematical Education. Athens – Hellas 3–5 January 2003* (pp. 115–124). Athens: The Hellenic Mathematical Society.

OECD (2003). *The PISA 2003 Assessment Framework – Mathematics, Reading, Science and Problem Solving Knowledge and Skills*. Paris: OECD.

Rost, J. (2004). *Lehrbuch Testtheorie – Testkonstruktion* (2. Auflage). Bern: Huber.

Stern, E. (1998). *Die Entwicklung des mathematischen Verständnisses im Kindesalter*. Lengerich: Pabst Science Publishers.

Wilson, M. (2005). *Constructing Measures: an item response modeling approach*. Mahwah, N.J: Lawrence Erlbaum Associates.

8 Mathematiklernen vom Kindergarten bis zum Studium: Zusammenfassung und Ausblick

Aiso Heinze und Meike Grüßing

„Mathematiklernen vom Kindergarten bis zum Studium – Kontinuität und Kohärenz als Herausforderung für den Mathematikunterricht" lautet der Titel dieses Buches. In den vorhergehenden sieben Kapiteln haben Autorinnen und Autoren aus der Mathematikdidaktik, der Psychologie, den Erziehungswissenschaften und der Berufs- und Wirtschaftspädagogik wesentliche Ergebnisse zum Stand der Forschung und auch der Forschungsmethodik für ein Mathematiklernen in den Übergangsphasen zwischen einzelnen Bildungsinstitutionen dargestellt und diskutiert. Dies wurde ergänzt durch Ausblicke auf zukünftige Forschungslinien, exemplarisches Aufzeigen von Beispielen aus der Praxis sowie Anregungen für die Bildungsadministration.

Fasst man die Erkenntnisse der Beiträge dieses Buches zusammen, so kann zunächst festgestellt werden, dass es bezüglich der fachspezifischen Kompetenzentwicklung in den Übergangsphasen ein großes Defizit an empirischen Daten gibt. Vergleicht man die verschiedenen Übergänge, so scheint die Kompetenzentwicklung beim Wechsel vom Elementarbereich in den Primarbereich noch am besten erforscht zu sein. Alle weiteren Übergänge wurden im Hinblick auf die individuellen mathematischen Kompetenzen bisher eher selten untersucht. Dies ist vor allem deshalb bemerkenswert, weil es aufgrund von Praxiserfahrungen und auch aufgrund von Forschungsergebnissen unbestritten ist, dass an den Schnittstellen der Bildungsinstitutionen Inkohärenzen und damit auch besondere Herausforderungen für Lernende und Lehrende auftreten. Am auffälligsten ist dies beim Übergang von der Sekundarstufe II in ein Studium mit mathematischem Schwerpunkt. Hier bietet inzwischen fast jede Hochschule sogenannte Brückenkurse in Mathematik an, um den Schwierigkeiten von Studienanfängerinnen und –anfängern in den Erstsemestervorlesungen zu begegnen und die damit verbundenen Abbruchsquoten zu reduzieren.

8.1 Die Übergangsphasen vom Elementarbereich bis zum Tertiärbereich im Überblick

Für den Übergang vom Elementarbereich in den Primarbereich gibt es in Bezug auf die mathematische Kompetenz inzwischen eine Reihe von Forschungsergebnissen zu sogenannten Vorläuferfähigkeiten, die im Sinne von Prädiktoren für die Kompetenzentwicklung im Mathematikunterricht der Grundschule untersucht wurden. Ein wesentlicher Forschungszweig zielt dabei auf die frühzeitige Diagnose von Indikatoren für Rechenschwäche oder Rechenstörungen ab. Die im Kapitel 1 dargestellten Forschungserkenntnisse machen deutlich, dass der Elementarbereich im Hinblick auf die

Unterstützung der individuellen mathematischen Kompetenzentwicklung keinesfalls ignoriert werden darf. Dabei geht es weniger darum, die Schulzeit auf jüngere Kinder auszuweiten und abzuarbeitende Curricula für den Kindergarten zu entwickeln. Vielmehr sollte im Vordergrund stehen, inwieweit in informellen Kontexten mathematische Basiskompetenzen erworben werden können und welche Kompetenzen für den Eintritt in die Grundschule als unverzichtbar anzusehen sind. Betrachtet man den Bereich der Praxis, so scheint dieser Übergang wohl am meisten Beachtung zu finden (vgl. Kapitel 6.1). Es gibt nicht nur lokale, sondern inzwischen auch bundesweite Programme, die eine Kontinuität des Mathematiklernens thematisieren (z. B. TransKigs). Die flexible Schuleingangsphase stellt dabei ein wichtiges Instrument dar, sie bezieht aber in der Regel den Erwerb mathematischer Kompetenzen im Elementarbereich nicht explizit mit ein. Darüber hinaus wird dieses Instrument nicht flächendeckend genutzt, sodass eine Förderung in dieser Übergangsphase nur wenigen Kindern zugute kommt.

Bildungsverläufe beim Wechsel von der Primarstufe in die Sekundarstufe sind im Hinblick auf mathematische Kompetenz faktisch kaum untersucht (vgl. Kapitel 2, insbesondere 2.2). Ursache dafür sind zumeist die ungünstigen Rahmenbedingungen für empirische Studien, da gerade hier der Aufwand und die Stichprobenmortalität aufgrund der Verteilung der Schülerinnen und Schüler auf verschiedene weiterführende Schulen sehr hoch ist. Die meisten Studien enden somit in der Jahrgangsstufe 4 bzw. beginnen in der Jahrgangsstufe 5. Im Hinblick auf schulpraktische Maßnahmen lassen sich im Vergleich zur Schuleingangsphase eher wenige Beispiele benennen, die oft auf der Ebene einzelner Schulen oder Schulbezirke zu finden sind (vgl. Kapitel 6.2). Umso wichtiger sind hier die in Kapitel 6.2 angeführten Vorschläge zur möglichen Verbesserung der Situation.

Die Forschungslage zu den individuellen mathematischen Bildungsverläufen in der Sekundarstufe I muss für das Bildungssystem in Deutschland unter zwei Aspekten bewertet werden. Zum einen gibt es inzwischen einige Studien, die die Kompetenzentwicklung von Jugendlichen im Fach Mathematik untersucht haben. Zum anderen zeigt sich aber, dass die Forschungslage in Bezug auf individuelle Bildungsverläufe beim Wechsel zwischen den Schulformen der Sekundarstufe sowohl allgemein als auch speziell zum Mathematiklernen allenfalls als lückenhaft zu bezeichnen ist. Dass die Durchlässigkeit der unterschiedlichen Schulformen kaum problemlos möglich ist, zeigen bereits die oft nicht abgestimmten Curricula. Auch die in Kapitel 3.1 dargestellten Ergebnisse der Längsschnittstudie PALMA, die eine große Überschneidung der Leistungsverteilungen der Populationen der verschiedenen Schulformen zeigen, können dahingehend interpretiert werden. Als eine mögliche Hürde für einen Wechsel kann die unterschiedliche „mathematische Kultur" in den verschiedenen Schulformen diskutiert werden, die aufgrund der unterschiedlichen Curricula entstanden ist. Hierunter sind vor allem die Schwerpunktsetzungen bei den angestrebten Bildungszielen zu verstehen, die von einer Kompetenz zum Lösen bestimmter Aufgabentypen bis hin zu einem Verständnis von mathematischer Theorie reichen (vgl.

Kapitel 3.4). Auch wenn für alle Schulformen die Bildungsstandards für das Fach Mathematik gelten, so zeigt sich in der Umsetzung in den Lehr- und Rahmenplänen der Bundesländer doch für die Hauptschulen bzw. vergleichbare Schulformen die Betonung auf Rechenverfahren, während es am Gymnasium ansatzweise den Anspruch gibt, auch theoretische Aspekte der Mathematik zu betrachten.

Eine weitere Herausforderung für die Sekundarstufe, die ebenfalls im Kontext der Übergangsproblematik zu sehen ist, sind die Schülerinnen und Schüler der sogenannten „Risikogruppe". Wie in den Beiträgen 3.2 und 3.3 dargestellt wird, sind vor allem bei Jugendlichen in den Hauptschulen z. T. beträchtliche Kompetenzdefizite im Bereich mathematischer Basiskompetenzen festzustellen. Nicht selten liegen die Ursachen in einem unzureichenden Erwerb mathematischer Konzepte während der Grundschulzeit. Die Notwendigkeit einer differenzierten Förderdiagnostik ist entsprechend hervorzuheben.

Als Übergänge von der Schule in weiterführende Bildungs- oder Ausbildungsgänge werden in den Kapiteln 4 und 5 einige Aspekte der komplexen Schnittstellen Sekundarstufe I – berufliche Ausbildung sowie Sekundarstufe II – Hochschule betrachtet (ergänzt um exemplarische Praxisbeispiele in den Beiträgen 6.3 und 6.4). Für den in Kapitel 4 behandelten Wechsel von der Schule in die Berufsausbildung zeigt die derzeitige Forschungslage, dass die in der Schule erworbenen mathematischen Kompetenzen für viele Ausbildungszweige Einfluss auf das berufsspezifische Fachwissen haben. Eine große Herausforderung für die Forschung besteht bei diesem Übergang vor allem darin, die Beziehung der verschiedenen Bildungskonzeptionen der allgemeinbildenden Schule und der beruflichen Bildung im Detail zu charakterisieren. Während der allgemeinbildende Mathematikunterricht an der Bezugswissenschaft Mathematik orientiert ist und über diese Orientierung Standards für zu erwerbende mathematische Kompetenzen abgeleitet werden, beschreibt die berufsspezifische Handlungskompetenz ein Konstrukt, das einer Integration verschiedener Kompetenzen gleichkommt, bei denen die Mathematik nur ein Aspekt unter vielen ist. Forschungsbedarf besteht entsprechend darin, zunächst die Mathematik in ihrer beruflichen Verwendung zu konzeptualisieren. Parallel wären tatsächliche Kompetenzverläufe in der Übergangsphase zu untersuchen. Diese könnten neue Erkenntnisse ergeben, die weitere Impulse für die praktische Gestaltung des Übergangs Schule – berufliche Bildung bringen.

Der in Kapitel 5 betrachtete Übergang von der Schule in die Hochschule weist dagegen andere spezifische Probleme auf. Reduziert auf die inhaltliche Ebene besteht eigentlich eine Kontinuität in Bezug auf die Orientierung an der Bezugswissenschaft Mathematik. Diverse Inhalte der Anfängervorlesungen umfassen sogar die gleichen Inhaltsbereiche wie die gymnasiale Oberstufe (z. B. Analysis). Dennoch ist der Wechsel vom Mathematikunterricht der Schule in die Mathematikvorlesungen der Hochschule mit Inkohärenzen behaftet. Was bereits in dem Beitrag 3.4 für den Mathematikunterricht der Sekundarstufe thematisiert wurde, wird auch im Beitrag 5.2 wieder herangezogen: Es gibt eine unterschiedliche Schwerpunktsetzung bei der Behandlung mathematischer

Inhalte. Zwar ist die empirische Forschungslage zu den spezifischen Schwierigkeiten von Studienanfängerinnen und -anfängern defizitär, doch deuten die bisherigen Ergebnisse darauf hin, dass es beim Übergang an die Hochschule eine deutliche Verschiebung der Kompetenzanforderungen gibt. Die Herausforderung für die Forschung besteht an dieser Stelle darin, Kompetenzstrukturmodelle für die Übergangsphase zu entwickeln und auf deren Grundlage die Unterschiede herauszuarbeiten.

Für alle Übergänge lässt sich feststellen, dass auf der Ebene der Lehrpersonen sowie des Bildungssystems vergleichsweise wenig Abstimmung vorhanden ist. Die fachbezogenen Bildungspläne zeigen gerade an den Schnittstellen Inkohärenzen auf, die durch die Lehre bzw. den Unterricht erfahrungsgemäß nur wenig aufgefangen werden. Insbesondere kann festgehalten werden, dass das gemeinsame Bildungs- und Mathematikverständnis bzw. das flächendeckende Kooperationsverhalten unter dem Personal der verschiedenen Bildungsinstitutionen nur unzureichend vorhanden und somit ausbaufähig ist. Entsprechend stellt die Realisierung von Kontinuität und Kohärenz der mathematischen Bildungsangebote die entscheidende Herausforderung dar.

Eine der umfassendsten Studien von Bildungsverläufen in Deutschland wurde im Frühjahr 2009 gestartet: Im Rahmen einer nationalen Panelstudie (National Educational Panel Study) sollen Bildungsdaten einer repräsentativen nationalen Stichprobe erhoben und ausgewertet werden (vgl. die Vorstellung der Studie in Kapitel 7). Der Anspruch dabei ist, Bildungsverläufe über die Lebensspanne zu untersuchen und damit insbesondere auch die Kompetenzentwicklungsverläufe in Übergangsphasen zu erfassen. Die empirische Datenlage wird sich also in absehbarer Zeit verbessern und zu weiteren Erkenntnissen führen.

8.2 Themenbereiche für die Übergangsforschung

Versucht man die Ergebnisse der im Buch behandelten Übergänge zu strukturieren, so lassen sich für alle betrachteten Übergänge die drei Themenbereiche *Kompetenzentwicklung*, *Diagnostik* und *Ressourcen* zuordnen, jeweils bezogen auf die Ebenen *Lernende*, *Lehrpersonen* und *Rahmenbedingungen des Bildungssystems*. Wichtige Punkte, die für die zukünftige Forschung und Praxis eine Rolle spielen sollten, werden in der Tabelle 8.1 dargestellt. Dabei sind die genannten Aspekte für die einzelnen Übergänge jeweils noch spezifisch ausgeprägt. In den folgenden Abschnitten wird auf konkreten Forschungsbedarf und auf konkrete schulpraktische Handlungsfelder eingegangen.

Themenbereich Kompetenzentwicklung

Das wesentliche Forschungsdesiderat ist hier die Beschreibung von Kompetenzentwicklungsmodellen für den Bereich Mathematik mit einem spezifischen Fokus auf

8.2 Themenbereiche für die Übergangsforschung

Tabelle 8.1: Relevante Themenbereiche im Hinblick auf das Mathematiklernen vom Kindergarten bis zum Studium

	Lernende	Lehrende	Rahmenbedingungen im Bildungssystem
Kompetenzentwicklung	• Kompetenzentwicklung (unter Berücksichtigung von Motivation, Interesse, ggf. auch epistemologischen Überzeugungen) • Analyse günstiger und ungünstiger Lernbiographien • Bedingungsvariablen günstiger und ungünstiger Lernbiographien • Identifikation und Evaluation geeigneter Interventionen	• Kommunikation und Kooperation zwischen Erzieher/innen, Lehrkräften, Ausbildenden und Dozierenden in verschiedenen Bildungsinstitutionen • Bildungsverständnis (bezogen auf Mathematik) bei Erzieher/innen, Lehrkräften, Ausbildenden und Dozierenden in verschiedenen Bildungsinstitutionen • Professionelle mathematische und mathematikdidaktische Kompetenz	• Entwicklung von kohärenten Bildungsplänen für das Fach Mathematik • Beschreibung von Bildungsprofilen für alle Phasen im Bildungsverlauf, die insbesondere in den Übergängen kohärent sind • Anschlussfähigkeit von Schul- und Lehrbüchern sowie von Lernmaterialien • Internationaler Vergleich zur Charakterisierung von günstigen Rahmenbedingungen des Mathematiklernens
Diagnostik	• Prädiktoren für den mathematischen Bildungsverlauf • Fehlvorstellungen und epistemologische Überzeugungen zur Mathematik (auch conceptual change)	• Stärkung der diagnostischen Kompetenz von Erzieher/innen, Lehrkräften, Ausbildenden und Dozierenden • Entwicklung spezifischer professioneller Kompetenz im Hinblick auf Förderbedarf bei Lernenden (z. B. Dyskalkulie, Hochbegabung)	• Entwicklung diagnostischer Instrumente • Beschreibung spezieller Förderprogramme für leistungsschwache und leistungsstarke Lernende
Ressourcen		• Verbesserte Abstimmung der Ausbildung in Bezug auf die Übergangsphasen • Fortbildungsprogramme • Fachberatung für Erzieher/innen, Lehrkräfte, Ausbildende und Dozierende	• Überregionale Programme zur Verbesserung des Mathematiklernens in den Übergangsphasen • Ergänzendes Lehr- und Lernmaterial • Dissemination von einschlägigen Forschungsergebnissen

die Übergangsphasen im Bildungsverlauf. Wie in den Kapiteln 1–5 deutlich geworden ist, gibt es bisher nur sehr wenige längsschnittlich angelegte Studien, die generell Einblicke in die Kompetenzentwicklung geben können. Diese beziehen sich nicht selten nur auf Teilbereiche mathematischer Kompetenz und/oder fokussieren auf wenige Jahrgangsstufen und damit in der Regel auf eine Schulstufe. Speziell für die Spanne vom Elementarbereich bis zur frühen Sekundarstufe ist aber eine zu enge Sichtweise auf mathematische Teilbereiche nicht erfolgversprechend. So ist es unabdingbar, auch die Entwicklung übergreifender Kompetenzen wie die Sprachentwicklung und die Entwicklung im Verständnis von verschiedenen Repräsentationsformen und Ausdrucksmöglichkeiten mit einzubeziehen. Sie haben sich in verschiedenen Studien als wesentlich für den mathematischen Kompetenzerwerb erwiesen. Für die Übergänge in die Ausbildung und das Studium sind ebenfalls Spezifika zu beachten. Während bei der beruflichen Bildung der Übergang von mathematischen Kompetenzanforderungen zu mathematikhaltigen beruflichen Kompetenzanforderungen zu untersuchen ist, dürften beim Übergang von der „Schulmathematik" zur akademischen Mathematik an den Hochschulen langfristig aufgebaute individuelle Vorstellungen über Mathematik eine Rolle spielen.

Kompetenzentwicklungsmodelle sind notwendig, um einerseits auf der Ebene des Bildungssystems adäquate Bildungspläne zu entwerfen, an denen sich Erzieherinnen und Erzieher wie auch Lehrkräfte in Schule und Ausbildung sowie Dozentinnen und Dozenten orientieren können. Andererseits sind sie auch Grundlage zur Entwicklung der professionellen Kompetenz bei Erzieherinnen und Erziehern bzw. dem Lehrpersonal im Hinblick auf ein gemeinsames Bildungsverständnis. Letzteres ist Grundlage für eine bessere Kommunikation und Kooperation bezüglich der verschiedenen Übergänge sowie der Ausarbeitung von anschlussfähigen Lernmaterialien und Schulbüchern. Eine vergleichende internationale Analyse der Situation in anderen Ländern kann ggf. wertvolle Hinweise für das Vorgehen in Deutschland liefern.

Ergänzend zu generalisierbaren Modellen, die einen Rahmen für die individuelle Entwicklung mathematischer Kompetenz aufzeigen, sind die Untersuchungen von Verläufen individueller Lernbiografien von Bedeutung. Sie können Hinweise darauf geben, warum individuelle Bildungsverläufe in Übergangsphasen erfolgreich oder weniger erfolgreich verlaufen und wie Lernangebote zu verbessern sind.

Themenbereich Diagnostik

Wissenschaftlich fundierte diagnostische Methoden sind Grundlage für die Identifikation von individuellen Lernschwierigkeiten und ermöglichen damit frühzeitige Interventionen von Erzieherinnen und Erziehern bzw. Lehrkräften zur Vorbeugung von mathematischen Kompetenzdefiziten.

Auf der Ebene der Lernenden sind dazu empirisch gesicherte Erkenntnisse über individuelle Prädiktoren für noch zu erwerbende mathematische Kompetenzen un-

8.2 Themenbereiche für die Übergangsforschung 335

verzichtbar. Während es für den Übergang Elementarbereich – Primarbereich einige wenige Erkenntnisse gibt, liegen etwa für den Übergang Sekundarstufe I – Ausbildung und Sekundarstufe II – Studium kaum empirische Ergebnisse in Bezug auf das Fach Mathematik vor. Wichtig ist hierbei, dass es nicht allein um rein kognitive Prädiktoren geht, sondern dass auch nicht-kognitive Aspekte wie Motivation, Interesse oder auch epistemologische Überzeugungen zur Mathematik einzubeziehen sind.

Erzieherinnen und Erzieher bzw. Lehrende an Schulen und Hochschulen sowie auch Ausbildende in den Betrieben benötigen entsprechende diagnostische Kompetenzen bzw. ein professionelles Hintergrundwissen zum Umgang mit Diagnoseergebnissen. Notwendige Rahmenbedingungen sind die Entwicklung und Bereitstellung von Diagnoseinstrumenten und dazugehörige empirisch gesicherte Fördermaßnahmen.

Themenbereich Ressourcen

Eine Verbesserung der Kohärenz von mathematischen Lernangeboten, insbesondere für die Übergangsphasen, und die damit verbundene Steigerung der Kontinuität im Lernprozess geht einher mit der Bereitstellung von Ressourcen, deren Funktionalität sich in Evaluationen als effektiv und effizient herausgestellt hat. Geeignete Maßnahmen können eine Steigerung der professionellen Kompetenz von Erzieherinnen und Erziehern, Lehrkräften sowie dem Ausbildungspersonal bewirken. Beispiele sind Verbesserungen bzw. Ergänzungen in der Ausbildung oder umfassende Fortbildungsprogramme, die etwa durch Fachberaterinnen und Fachberater sichergestellt werden können. Ein wichtiger Aspekt ist dabei die forschungsorientierte Perspektive, die auf einer Bereitstellung von Forschungsergebnissen auf adäquaten Disseminationswegen basiert. Im Grunde sollte eine Institutionalisierung von Kommunikations- und Kooperationswegen der an den jeweiligen Übergängen beteiligten Bildungsinstitutionen angestrebt werden.

Die beschriebenen Forschungsdesiderata in den drei Themenbereichen *Kompetenzentwicklung*, *Diagnostik* und *Ressourcen* enthalten jeweils Potential für mehrjährige Forschungsprogramme. Der Bedarf für diese Forschung liegt dabei nicht allein in einem akademischen Interesse begründet. Wie in mehreren Beiträgen dieses Buches erwähnt, besteht ein Handlungsbedarf in der Praxis. Es wäre entsprechend wünschenswert, wenn sich die Kolleginnen und Kollegen in der Praxis und der Bildungsadministration auf empirisch abgesicherte Forschungsergebnisse stützen könnten, um so Projekte oder Programme für eine erfolgreiche Förderung des Mathematiklernens in Übergangsphasen zu initiieren.

Autorinnen und Autoren

Prof. Dr. Werner Blum
Professor für die Didaktik der Mathematik
Institut für Didaktik der Mathematik
Universität Kassel
Heinrich-Plett-Straße 40
34132 Kassel
E-Mail: blum@mathematik.uni-kassel.de

Dr. Christoph Duchhardt
Wissenschaftlicher Mitarbeiter
Abteilung Didaktik der Mathematik
Leibniz-Institut für die Pädagogik der
Naturwissenschaften Kiel
Olshausenstraße 62
24098 Kiel
E-Mail: duchhardt@ipn.uni-kiel.de

Dr. habil. Timo Ehmke
Wissenschaftlicher Mitarbeiter
Abteilung für Erziehungswissenschaften
Leibniz-Institut für die Pädagogik der
Naturwissenschaften Kiel
Olshausenstraße 62
24098 Kiel
E-Mail: ehmke@ipn.uni-kiel.de

Prof. Dr. Astrid Fischer
Professorin für Didaktik der Mathematik
Institut für Mathematik
Carl von Ossietzky Universität Oldenburg
26111 Oldenburg
E-Mail: astrid.fischer@uni-oldenburg.de

Hedwig Gasteiger
Wissenschaftliche Mitarbeiterin
Lehrstuhl für Didaktik der Mathematik
Ludwig-Maximilians-Universität München
Theresienstraße 39
80333 München
E-Mail: gasteiger@math.lmu.de

Helmut Geiser
Wissenschaftlicher Mitarbeiter
Abteilung für Erziehungswissenschaften
Leibniz-Institut für die Pädagogik der
Naturwissenschaften Kiel
Olshausenstraße 62
24098 Kiel
E-Mail: geiser@ipn.uni-kiel.de

Meike Grüßing
Wissenschaftliche Mitarbeiterin
Abteilung Didaktik der Mathematik
Leibniz-Institut für die Pädagogik der
Naturwissenschaften Kiel
Olshausenstraße 62
24098 Kiel
E-Mail: gruessing@ipn.uni-kiel.de

Rosa Gutschke M.A.
Büroleitung
Abteilung Didaktik der Mathematik
Leibniz-Institut für die Pädagogik der
Naturwissenschaften Kiel
Olshausenstraße 62
24098 Kiel
E-Mail: gutschke@ipn.uni-kiel.de

Thomas Hafner
Wissenschaftlicher Mitarbeiter
Institut für Didaktik der Mathematik
Universität Bielefeld
Universitätsstraße 25
33615 Bielefeld
E-Mail: thomas.hafner@uni-bielefeld.de

Prof. Dr. Aiso Heinze
Professor für Didaktik der Mathematik
Abteilung Didaktik der Mathematik
Leibniz-Institut für die Pädagogik der
Naturwissenschaften Kiel
Olshausenstraße 62
24098 Kiel
E-Mail: heinze@ipn.uni-kiel.de

Beate von der Heydt M.A.
Büroleitung
Abteilung Didaktik der Mathematik
Leibniz-Institut für die Pädagogik der
Naturwissenschaften Kiel
Olshausenstraße 62
24098 Kiel
E-Mail: heydt@ipn.uni-kiel.de

Prof. Dr. Rudolf vom Hofe
Professor für Didaktik der Mathematik
Institut für Didaktik der Mathematik
Universität Bielefeld
Universitätsstraße 25
33615 Bielefeld
E-Mail: vomhofe@math.uni-bielefeld.de

Prof. Dr. Michael Kleine
Professor für Didaktik der Mathematik
Fakultät 2 – Fach Mathematik
Pädagogische Hochschule Weingarten
Kirchplatz 2
88250 Weingarten
E-Mail: kleine@ph-weingarten.de

Prof. Dr. Kristin Krajewski
Juniorprofessorin für Diagnostik und Prävention von Lern- und Leistungsstörungen
Arbeitseinheit Bildung und Entwicklung
IDeA-Zentrum
Deutsches Institut für Internationale
Pädagogische Forschung Frankfurt
Schloßstr. 29
60486 Frankfurt am Main
E-Mail: krajewski@dipf.de

Wolfram Kriegelstein
Schulamtsdirektor Ansbach
Staatliches Schulamt im Landkreis Ansbach
Henry-Dunant-Str. 10
91522 Ansbach
E-Mail: wolfram.kriegelstein@
landratsamt-ansbach.de

Prof. Dr. Jens Holger Lorenz
Professor für Didaktik der Mathematik
Pädagogische Hochschule Heidelberg
Im Neuenheimer Feld 561
69120 Heidelberg
E-Mail: jens.lorenz@ph-heidelberg.de

Franziska Marschick
Wissenschaftliche Mitarbeiterin
Abteilung Didaktik der Mathematik
Leibniz-Institut für die Pädagogik der
Naturwissenschaften Kiel
Olshausenstraße 62
24098 Kiel
E-Mail: marschick@ipn.uni-kiel.de

Dr. Silke Meiner
Wissenschaftliche Mitarbeiterin
Institut für Mathematik
Technische Universität Berlin
Straße des 17. Juni 136
10623 Berlin
E-Mail: meiner@math.tu-berlin.de

Mathias Musch
Wissenschaftlicher Mitarbeiter
Abteilung Didaktik der Mathematik
Leibniz-Institut für die Pädagogik der
Naturwissenschaften Kiel
Olshausenstraße 62
24098 Kiel
E-Mail: musch@ipn.uni-kiel.de

Prof. Dr. Michael Neubrand
Professor für Didaktik der Mathematik
Institut für Mathematik
Carl von Ossietzky Universität Oldenburg
26111 Oldenburg
E-Mail: michael.neubrand@uni-
oldenburg.de

Prof. Dr. Reinhold Nickolaus
Professor für Berufspädagogik
Abteilung Berufs-, Wirtschafts- und
Technikpädagogik
Universität Stuttgart
Geschwister-Scholl-Straße 24D
70174 Stuttgart
E-Mail: Nickolaus@bwt.uni-stuttgart.de

Prof. Dr. Marianne Nolte
Professorin für Didaktik der Mathematik
Fakultät für Erziehungswissenschaft,
Psychologie und Bewegungswissenschaft
Universität Hamburg
Von-Melle-Park 8
20146 Hamburg
E-Mail: nolte.marianne@erzwiss.uni-hamburg.de

Kerstin Norwig
Wissenschaftliche Mitarbeiterin
Abteilung Berufs-, Wirtschafts- und
Technikpädagogik
Universität Stuttgart
Geschwister-Scholl-Straße 24D
70174 Stuttgart
E-Mail: Norwig@bwt.uni-stuttgart.de

Prof. Dr. Reinhard Pekrun
Professor für Psychologie
Lehrstuhl für Persönlichkeitspsychologie
& Pädagogische Psychologie
Ludwig-Maximilians-Universität München
Leopoldstraße 13
80802 München
E-Mail: pekrun@edupsy.uni-muenchen.de

Prof. Dr. Andrea Peter-Koop
Professorin für Didaktik der Mathematik
Institut für Mathematik
Carl von Ossietzky Universität Oldenburg
26111 Oldenburg
E-Mail: andrea.peter.koop@uni-oldenburg.de

Stefanie Rach
Wissenschaftliche Mitarbeiterin
Abteilung Didaktik der Mathematik
Leibniz-Institut für die Pädagogik der
Naturwissenschaften Kiel
Olshausenstraße 62
24098 Kiel
E-Mail: rach@ipn.uni-kiel.de

Prof. Dr. Kristina Reiss
Professorin für Didaktik der Mathematik
Lehrstuhl für Didaktik der Mathematik
Ludwig-Maximilians-Universität München
Theresienstraße 39
80333 München
E-Mail: reiss@math.lmu.de

Alexander Roppelt
Wissenschaftlicher Mitarbeiter
Institut zur Qualitätsentwicklung im
Bildungswesen
Humboldt-Universität zu Berlin
Unter den Linden 6
10099 Berlin
E-Mail: Alexander.Roppelt@IQB.hu-berlin.de

Prof. Dr. Ruedi Seiler
Professor für Mathematik
Institut für Mathematik
Technische Universität Berlin
Straße des 17. Juni 136
10623 Berlin
E-Mail: seiler@math.tu-berlin.de

Hans Spielhaupter
Wissenschaftlicher Mitarbeiter
Abteilung Didaktik der Mathematik
Leibniz-Institut für die Pädagogik der
Naturwissenschaften Kiel
Olshausenstraße 62
24098 Kiel
E-Mail: spielhaupter@ipn.uni-kiel.de

Dr. Stefan Ufer
Akademischer Rat a. Z.
Lehrstuhl für Didaktik der Mathematik
Ludwig-Maximilians-Universität München
Theresienstraße 39
80333 München
E-Mail: ufer@math.lmu.de

Daniel Wagner
Wissenschaftlicher Mitarbeiter
Abteilung Didaktik der Mathematik
Leibniz-Institut für die Pädagogik der
Naturwissenschaften Kiel
Olshausenstraße 62
24098 Kiel
E-Mail: wagner@ipn.uni-kiel.de

Dr. Sebastian Wartha
Wissenschaftlicher Mitarbeiter
Institut für Didaktik der Mathematik
Universität Bielefeld
Universitätsstraße 25
33615 Bielefeld
E-Mail: sebastian.wartha@math.uni-bielefeld.de

Silke Mikelskis-Seifert, Ute Ringelband, Maja Brückmann (Eds.)

Four Decades of Research in Science Education – from Curriculum Development to Quality Improvement

2008, 272 pp, pb., 29,90 €, ISBN 978-3-8309-2018-2

This volume gives an overview of research in science education with the focus on physics education from 1970 to the present. Different approaches to improve physics instruction in schools will be discussed. The first part of this book is dedicated to the curriculum research work and its further development up to the standards in science education we deal with today. School books as a teaching and learning tool are a further focus of the first part. The second part of this book deals with questions concerning students' understanding and interest as well as research on conceptual change, constructivism, analogies used in physics education and the model of educational reconstruction. In the third part of the book, we will change to the teachers' perspective. In the last decade, teachers' professional development has been seen as one of the most important factors of quality development in schools. Selected aspects of the following programmes will be presented: a Videotape Classroom Study in Germany, the IMST programme (Innovations in Mathematics and Science Teaching) in Austria, the German project "Physics in Context", and the German programme SINUS (programme for increasing the efficiency of teaching mathematics and the sciences).

Helga Jungwirth,
Götz Krummheuer (Hrsg.)
Der Blick nach innen: Aspekte der alltäglichen Lebenswelt Mathematikunterricht

Band 1
2006, 220 Seiten, br., 24,90 €, ISBN 978-3-8309-1737-3

Band 2
2008, 172 Seiten, br., 24,90 €, ISBN 978-3-8309-1777-9

Internationale Studien, insbesondere zuletzt PISA, haben den Mathematikunterricht zu einem Gegenstand des öffentlichen Interesses gemacht und zu zahlreichen Vorschlägen zu seiner Reform geführt. Die Interpretative Unterrichtsforschung, die seit jeher die detaillierte Rekonstruktion von Unterrichtswirklichkeit unter ihren konkreten Entstehungsbedingungen zum Ziel hat, vermag auch über die Realität hinter PISA Aufschluss zu geben. Vielfältige theoretische Perspektiven, reflektierte Methoden und „dichte Beschreibungen" der Phänomene sind auch in dieser Publikation ihr Angebot an die Leserinnen und Leser. Inhaltlich liegt ihr Fokus auf Thematiken, die von einer (weiterhin) zunehmenden Aktualität gekennzeichnet sind.

Empirische Studien zur Didaktik der Mathematik
hrsg. von Götz Krummheuer und Aiso Heinze

Band 1
Marcus Schütte
Sprache und Interaktion im Mathematikunterricht der Grundschule
Zur Problematik einer Impliziten Pädagogik
für schulisches Lernen im Kontext
sprachlich-kultureller Pluralität

2009, ca. 220 Seiten, br., 24,90 €, ISBN 978-3-8309-2133-2

Mit Hilfe von Analysemethoden der Interpretativen Unterrichtsforschung der Mathematikdidaktik rekonstruiert der Autor Phänomene der sprachlichen Gestaltung des Grundschulmathematikunterrichts in Einführungssequenzen neuer mathematischer Begriffe. Im Ergebnis zeigt sich ein vorwiegend informell und alltagssprachlich geprägter Unterrichtsdiskurs in dem entscheidende Aspekte der Bedeutungsaushandlung implizit bleiben. Eine solche Implizite Pädagogik ist dem Grundgedanken verhaftet, dass Schülerinnen und Schüler sich allein auf der Grundlage ihrer mitgebrachten Fähigkeiten Bedeutungen erschließen können. Anhand dieses vom Autor entwickelten Theoriekonzepts stellt er Hypothesen über Gelegenheiten zum Lernen einer multilingualen Schülerschaft in deutschen Klassen auf.

Band 2

Christina Collet

Förderung von Problemlösekompetenzen in Verbindung mit Selbstregulation

Wirkungsanalysen von Lehrerfortbildungen

2009, br., 34,90 €, ISBN 978-3-8309-2168-4

Die internationalen Vergleichsstudien und ergänzende Studien haben Schwächen der deutschen Schüler bei komplexen Aufgabenstellungen ans Licht gebracht. Zudem besteht Entwicklungspotential bei der Integration von Problemlösen in den Mathematikunterricht. In dieser Arbeit werden folgende Forschungsdesiderate aufgegriffen: Zum einen herrscht ein Mangel an empirisch erprobten Förderkonzepten zum Problemlösen und zum anderen fehlen empirische Studien, die Effekte von Lehrerfortbildungen sowohl bei den beteiligten Lehrkräften als auch den Schülern untersuchen. Basierend auf dem in diesem Projekt entwickelten materialgestützten Unterrichtskonzept zum Fördern von Problemlösekompetenzen in Verbindung mit Selbstregulation wurden Lehrerfortbildungen durchgeführt. Die fortgebildeten Lehrkräfte sollten dieses Unterrichtskonzept über die Dauer eines Schuljahres im regulären Mathematikunterricht der Sekundarstufe I umsetzen. Die Umsetzung des Unterrichtskonzeptes im Rahmen einer Feldstudie mit 48 Lehrkräften und deren Schülern wurde mithilfe unterschiedlicher quantitativer und qualitativer Erhebungsinstrumente evaluiert. Die Evaluation zeigt markante Effekte auf unterschiedlichen Ebenen: bei den Meinungen der Lehrkräfte, dem Lehrerwissen, dem Lehrerhandeln sowie auf der Ebene der Schüler.